BULLETIN

DE LA

SOCIÉTÉ DES SCIENCES

HISTORIQUES & NATURELLES

DE LA CORSE

XVIe ANNÉE
AOUT-SEPTEMBRE-OCTOBRE-NOVEMBRE-DÉCEMBRE 1896.
188e-189e-190e-191e-192e FASCICULES

BASTIA
IMPRIMERIE ET LIBRAIRIE OLLAGNIER.

1897.

SOMMAIRE

DES ARTICLES CONTENUS DANS LE PRÉSENT BULLETIN

Pages

Procès-Verbaux des Assemblées générales des Etats de Corse, tenues à Bastia de 1770 à 1773, publiés par M. A. DE MORATI . . . . LIV. 413

Pour paraître prochainement :

Osservazioni storiche sopra la Corsica dell'abbate Ambrogio Rossi. — Livre XIV, 1789-1794, publié par M. l'Abbé LETTERON.

Procès-Verbaux des Assemblées générales des Etats de Corse, tenues à Bastia de 1770 à 1784, 2ᵉ vol., publiés par M. A. DE MORATI.

Vie et Lettres de Sir Gilbert Elliot. — Traduction de M. SÉBASTIEN DE CARAFFA, Avocat.

PROCÈS-VERBAL

DE

L'ASSEMBLÉE GÉNÉRALE DES ÉTATS DE CORSE

SOCIÉTÉ DES SCIENCES HISTORIQUES ET NATURELLES
DE LA CORSE

PROCÈS-VERBAL

DE

L'ASSEMBLÉE GÉNÉRALE DES ÉTATS DE CORSE

TENUE A BASTIA

DU 15 AU 27 SEPTEMBRE 1770

PUBLIÉ

par **M. A. DE MORATI**

Vol. I.

BASTIA
IMPRIMERIE ET LIBRAIRIE OLLAGNIER

1897

PRÉFACE

On ne retrouve plus en entier la collection des Procès-Verbaux de l'Assemblée Générale des Etats de Corse, imprimés en français et en italien, à Bastia, chez Batini. Il n'en existe que des exemplaires dépareillés et dispersés aux Archives départementales d'Ajaccio, à la Bibliothèque Communale de Bastia et à la Bibliothèque des Avocats de cette Ville. Nous les avons, non sans peine, réunis et rapprochés, et, comme la série s'en est trouvée complète, nous avons proposé à la Société des Sciences Historiques de la Corse d'entreprendre la réimpression de cette importante collection et de la mettre, après une si longue disparition à la portée du public, nous offrant d'en diriger la publication, et d'ajouter aux Procès-Verbaux donnés en français seulement, la préface, les nombreuses corrections, les notes et les pièces justificatives qu'ils comportent.

La réunion des Etats de Corse ne fut ni annuelle ni régulière. Le duc de Choiseul, le comte de Vaux, M. de Marbeuf se montrèrent, il est vrai, disposés à les convoquer chaque année, et les Députés eux-mêmes demandèrent à s'assembler tous les ans, « le second Dimanche de Pâques, attendu que, » de cette manière, ils pourraient retourner dans leurs com- » munes respectives assez à temps pour veiller à leurs récol- » coltes » ; mais ces intentions ne furent jamais mises à exé- cution, soit que les Députés ne tinsent guère à ces réunions annuelles qui auraient été pour le pays l'occasion de fortes dépenses, soit que la Députation envoyée, après chaque ses- sion, pour présenter au Roi les demandes des Etats et leur rapporter ses réponses, retardée par les longueurs du voyage, ou retenue à Versailles par la multiplicité des affaires, ne fût jamais de retour au temps fixé (1). — Ces retards répétés donnèrent même lieu à des observations. M. de Marbeuf re- çut l'ordre de déclarer à l'Assemblée que le Roi qui, jus- qu'alors, avait, sur ses propres fonds, accordé des indemni- tés de séjour aux Députés, n'entendait plus supporter aucuns frais de Députations, ainsi qu'il était de règle dans les autres pays d'Etats (2).

Quoi qu'il en soit, de 1770 à 1789, pendant les vingt années qui suivirent la conquête, les Etats ne furent réunis que huit fois, en 1770, 1772, 1773, 1775, 1777, 1779, 1781 et 1785. On n'a donc que huit Procès-Verbaux, dont sept imprimés : celui de 1785 est resté en manuscrit italien. Ces Procès-Ver-

---

(1) En 1785, les Etats demandèrent que leur convocation n'eût lieu que de deux ans en deux ans. En 1789, l'ordre du Tiers-Etat représenta qu'il suffisait que cette convocation se fît de trois en trois ans, le 1er avril, à Corte.

(2) Procès-Verbal de la séance du 22 mai 1777.

baux, imprimés aux frais des États, sous l'inspection et l'approbation des Commissaires du Roi, et distribués par les Députés des Douze, ne paraissaient que longtemps après les sessions (1). La publication se faisait lentement: les matières à mettre en ordre et à traduire étaient nombreuses; il fallait, avant tout, attendre le retour des Députés chargés des réponses du Roi, et, comme elles devaient être placées en marge des Procès-Verbaux, cette publication s'en trouvait différée. Celui de 1781 ne fut prêt que six ans plus tard, en 1787. Quant au Procès-Verbal de 1785, il ne fut pas possible de l'imprimer. A partir de cette année, les États ne se réunirent plus. Les Députés désignés pour se rendre à Versailles : Monseigneur Santini pour le Clergé; Jacques-Marie Ponte, Procureur du Roi de la juridiction d'Ajaccio, pour la Noblesse; Paul Mattei, de Centuri, pour le Tiers-État, ne se mirent en route qu'au commencement de 1788. Les contestations qui s'étaient élevées à propos de l'élection du Député de l'Ordre de la Noblsssse et la mort de M. de Marbeuf, survenue à Bastia, le 20 septembre 1786, avaient retardé leur départ. — Arrivés à Versailles, ils trouvèrent les Ministres peu disposés à s'occuper des affaires de la Corse. Déjà la France agitée réclamait la convocation des États-Généraux. Présentés à la Cour, le 17 août seulement, et bien que le moment ne fût pas favorable pour remplir leur mission, ils s'en acquittèrent avec toute l'activité désirable, de concert avec l'Intendant de la Guillaumye et le Premier Pré-

---

(1) Le Procès-Verbal de 1772 fut imprimé en 1777; celui de 1777 en 1780; celui de 1779 en 1784.

sident du Conseil Supérieur, Gauthier, qui, de Corse, étaient venus les rejoindre. Vers la fin d'octobre, Mgr Santini rentra dans son diocèse de Nebbio ; Ponte et Mattei restèrent à Versailles, et leur séjour s'y prolongea pendant une année encore (1).

Cependant les événements s'étaient pressés : l'ouverture des Etats-Généraux avait eu lieu, et les Députés Corses, Buttafuoco, l'abbé Peretti, Colonna-Cesari et Saliceti, étaient arrivés. Bientôt les Etats-Généraux faisaient place à l'Assemblée Nationale ; le régime féodal, les privilèges des Provinces étaient abolis, et les Etats de Corse, comme toutes les autres Assemblées d'Etats du royaume, disparaissaient emportés par la Révolution. — La mission de Ponte et de Mattei était terminée. Ils quittèrent Paris, le 28 octobre 1789, après avoir rédigé un rapport dans lequel ils rendaient compte de toutes les affaires qu'ils avaient pu régler. Ce rapport et

---

(1) Ce fut pendant ce temps que s'ouvrit la seconde Assemblée des Notables dans laquelle devaient être discutées toutes les questions relatives à la tenue des Etats-Généraux (6 novembre 1788). La Corse n'avait pas été représentée, l'année précédente, à la première de ces Assemblées. Le Conseil Supérieur avait adressé à ce sujet ses remontrances, et le Roi avait fait répondre qu'il n'avait pas été possible de convoquer le Premier Président, le Procureur Général et les Notables de la Corse par suite de la distance qui les séparaient de la Cour. A l'occasion de la seconde réunion, les Députés Corses, après avoir écrit au comte de Brienne, ministre de la guerre, adressèrent au Roi un Mémoire dans lequel ils demandèrent avec insistance que leur pays fût représenté. Mgr Santini étant rentré en Corse, il fut décidé que Ponte et le Premier Président seraient appelés à siéger. Ponte fit partie du bureau du Comte d'Artois.

(V. Procès-Verbal de la Députation des Etats de 1785).

celui qu'ils firent de leur présentation à la Cour sont joints au Procès-Verbal manuscrit. De tous ces Procès-Verbaux, celui de 1785 est donc le plus complet. Il n'y en avait qu'un seul exemplaire aux Archives Départementales. Dans ces dernières années, M. Pierre Giubega, conseiller à la Cour d'Aix, en a fait don d'un second qui lui venait de Laurent Giubega, greffier en chef des Etats.

La collection se composera de quatre volumes et d'un cinquième, en forme d'Appendice, qui contiendra des notes et des pièces justificatives. Ce cinquième volume ne sera pas le moins intéressant. — Il est à remarquer, en effet, que les Procès-Verbaux ne comprennent pas certains documents importants, tels que les rapports des Députés à la Cour, les réponses en entier du Roi, les discours prononcés à l'ouverture des sessions dans lesquels le Commandant en chef et les Intendants exposaient les vues du Gouvernement et celles de leur propre administration. Ces pièces cependant étaient lues devant l'Assemblée et déposées au Greffe. Nous en avons déjà retrouvé un grand nombre ; toutes seront avec la Correspondance, les Mémoires, les Instructions relatifs aux Etats portées à l'Appendice. Ces matériaux, français et italiens, réunis et classés à leurs dates, formeront ainsi une collection aussi complète que possible, et, c'est en y recourant, comme à la source la plus certaine de renseignements, qu'on pourra connaître la véritable situation de la Corse après la conquête, les progrès qui s'y étaient accomplis, ses besoins et ses vœux à la veille de la Révolution Française.

Cette période de l'Histoire de la Corse, qui marque la fin de ses institutions nationales, et pendant laquelle se modifie si profondément son état politique et administratif, n'a pas encore été l'objet d'une étude approfondie. L'abbé de Germanes, qui écrivit de Paris l'Histoire des Révolutions de la Corse, n'a que fort peu de renseignements à fournir; ils s'arrêtent à 1774, et consistent dans des observations sans portée et quelques extraits de Procès-Verbaux des Assemblées de 1770 et 1772, avec un petit nombre de documents qui s'y rapportent, placés à la fin du dernier volume. On n'est pas mieux informé par Cambiagi qui ne va pas au delà des premières années de la conquête, et par Pommereul qui ne s'occupe de la Corse que pour exposer, en véritable idéologue, l'étrange système qu'il a imaginé pour la régénérer et assurer sa paix et sa prospérité. — Renucci donne sur cette époque des détails qui ne sont pas dépourvus d'intérêt : ses appréciations sur M. de Marbeuf et les Intendants sont même assez justes, et, comme il est rapproché des événements qu'il rapporte, il met au jour quelques-uns des incidents qui agitèrent les Etats et dont les Procès-Verbaux, toujours très réservés, ne font pas mention. Mais il n'y a dans son récit que des aperçus sommaires, de simples indications, l'analyse en un mot des travaux de l'Assemblée, et ce n'est pas assurément à l'aide de ces renseignements qu'on pourra se former une idée exacte des fonctions et du rôle que remplirent les Etats, et connaître à fond cette époque de changements et de transformations qui furent pour notre pays les conséquences du régime que la France lui avait imposé. Il existait donc dans l'Histoire de la Corse une lacune qu'il était temps de faire disparaître. C'est dans ce but que la Société des Sciences Historiques entreprend la réimpression de ces Procès-Verbaux, avec de nombreuses notes et pièces justificatives, dans l'espoir qu'un écrivain ayant le goût de la science et des études sérieuses ne tardera pas à en tirer, dans le cadre d'une narration continue, une œuvre définitive (1). Mais ces matériaux, si abondants qu'ils soient, ne sont pas tout pour l'histoire de cette époque ; il importe aussi de connaître les hommes dont le rôle y fut le plus marquant, ceux d'entre eux surtout qui exercèrent le plus d'influence sur les Etats. A cet égard, les Procès-Verbaux ne peuvent fournir, on le comprend, que d'insuffisantes indications. Nos notes répare-

---

(1) Mirabeau qui était arrivé en Corse dans le corps d'armée du comte de Vaux avec le grade de sous-lieutenant dans la légion de Lorraine, écrivit sur les lieux mêmes, une Histoire de la Corse que son père ne voulut jamais lui laisser imprimer. Il avait alors vingt ans : il s'était intéressé aux malheurs des Corses, et le despotisme des Génois avait excité son indignation. Il eut été curieux de connaître les réflexions et les vues de cet esprit actif et déjà lumineux sur le parti que la France pouvait tirer de sa nouvelle possession et sur le meilleur système d'administration qu'il lui convenait d'établir. Mirabeau, peu disposé à vanter ses ouvrages dans lesquels il reconnaissait les défauts d'une précipitation qui lui était habituelle, faisait quelque cas de ce début.

« Ce travail, dit-il, est très incorrect, sans doute, mais rempli de chaleur et de vérité, de vues et de faits bien observés dans un pays dont on n'a pas donné une idée exacte, parce que de mercenaires écrivains (les Germanes) ou de faux politiques (les Boswel) ont seuls entrepris d'en parler. Buttafoco, colonel au service de France, me faisait travailler l'Histoire de la Corse, et réellement j'en fis un ouvrage au-dessus de mon âge que jamais mon père, malgré la demande de la Corse entière et les supplications de Buttafoco, n'a voulu laisser imprimer, non plus que l'excellente topographie de toute l'Isle que j'avais décrite pas à pas, en voyant tout de mes yeux et avec tous les détails politiques, économiques, historiques possibles. Tout cela est en Provence; et Dieu sait si je la reverrai jamais. »

(Mémoires de Lucas de Montigny sur Mirabeau. — Tome III).

ront encore cette lacune et contiendront à ce sujet des informations la plupart inédites. C'est M. Saulnier, conseiller à la Cour de Rennes, ancien vice-président de la Société Archéologique de l'Ille-et-Vilaine, très versé dans la connaissance des familles nobles et parlementaires de la Bretagne, qui, avec un gracieux empressement, nous a fourni des renseignements tout à fait nouveaux sur M. de Marbeuf, originaire de cette province. D'autre part, M. Lacroix, archiviste de la Drôme, a bien voulu nous communiquer les recherches que nous lui avons demandées sur le comte de Narbonne. On ne savait rien ou presque rien de MM. de Monteynard, Chardon, Boucheporn et d'autres personnages qui prirent une grande part aux affaires de la Corse ; nos propres investigations ont amené la découverte de renseignements et de détails qui serviront à mieux les juger.

L'histoire des Etats est l'histoire même de la Corse, depuis 1770 jusqu'à 1789. C'est dans leur Assemblée composée de trois ordres, égaux quant au nombre, que viennent se décider toutes les questions importantes relatives à l'administration du pays, les impôts, l'éducation publique, l'agriculture, l'industrie, la police et toutes celles si diverses et si nombreuses qui se présentent d'un régime à l'autre. L'Assemblée ne possède plus comme les Consultes, au temps du gouvernement de Paoli, le pouvoir législatif et souverain : elle n'a que le droit de faire valoir les demandes contenues dans les Procès-Verbaux des Assemblées Provinciales, et de délibérer sur les matières admises par le Commandant en chef et les Intendants Commissaires du Roi. Elle conserve cependant une partie du pouvoir administratif, règle la répartition et la perception de l'impôt, nomme le Trésorier général et les Trésoriers des Provinces, les Commissaires des Juntes, chargés de la police intérieure, les Députés à la Cour et les Douze Nobles, établis auprès des Commissaires, pour examiner et discuter le compte du Trésorier Général, préparer les matières à mettre en délibération et faire exécuter, dans l'intervalle des sessions, les décisions qu'elle a prises. — Les pouvoirs des Etats de Corse sont donc restreints, comme ceux d'ailleurs des autres Etats du Royaume, mais on leur rendra cette justice qu'en toute occasion ils firent entendre d'utiles vérités, et qu'ils défendirent de leur mieux les intérêts du pays, soit en veillant avec un soin attentif à lui alléger le poids des impôts, soit en secondant les Commissaires du Roi dans toutes les mesures qui devaient assurer sa tranquillité et développer les progrès dont il était susceptible. L'insistance avec laquelle ils demandèrent le maintien des institutions nationales, leurs réclamations contre le Domaine qui revendiquait le droit de s'incorporer des forêts et de vastes étendues de terrains sur lesquels les Communes et les particuliers avaient de légitimes prétentions; leurs délibérations sur le partage des biens Communaux et sur le règlement définitif des abus champêtres préparés par les Commissaires du Roi ; le contrôle sévère qu'ils exercèrent sur les comptes de la Subvention et les demandes en décharge des adjudicataires, leur désintéressement, lorsqu'en 1770 et 1772 ils délibérèrent qu'ils renonçaient pour eux et pour leurs successeurs à toutes indemnités qui pouvaient leur revenir, et que les Podestats, Pères du Commun, Trésoriers et autres officiers, chargés du recouvrement de l'impôt, ne recevraient aucun salaire, témoignent de leur clairvoyance, de leurs lumières et de leur patriotisme. A différentes reprises, les Députés sollicitèrent auprès du Roi le rachat des esclaves Corses captifs à Alger et à Tunis, la mise en liberté des prisonniers détenus à Toulon, à la suite des troubles du Niolo, l'amnistie en faveur des Corses réfugiés en Toscane et l'abolition des condamnations prononcées à l'occasion de la Conspiration d'Oletta. — La délibération unanime qu'ils prirent sur la proposition des Evêques et la démarche qu'ils tentèrent en faveur du lieutenant-colonel Jacques-Pierre Abbatucci, dont il n'est pas fait mention dans le Procès-Verbal, les honorent et méritent d'être rapportées. C'était en 1779; les Etats se trouvaient réunis quand ils apprirent qu'Abbatucci avait été condamné à la marque pour subornation de témoins. Une supplique, conçue dans des termes élevés et touchants, fut aussitôt rédigée au nom de la Nation, et une députation, présidée par Mgr Santini, se présenta devant le Conseil Supérieur, en demandant qu'il fût sursis à l'exécution, afin qu'elle pût recourir à la grâce du Roi. La démarche resta sans effet; on sait ce qu'il advint. Le bourreau, gagné par les amis d'Abbatucci, ne procéda pas à l'exécution. L'affaire soumise au Roi fut renvoyée à son conseil qui annula la condamnation, et la cause ayant été portée devant le Parlement de Provence, Abbatucci fut reconnu innocent, réintégré dans son grade et plus tard fait Chevalier de Saint-Louis.

La réimpression de ces Procès-Verbaux, ainsi complétés, sera donc bien accueillie. Quels que soient cependant leur importance et l'intérêt qui s'y attache, l'étude en est aride et exige une attention très soutenue. Ils contiennent, en effet, des matières d'ordre si différent, mêlées les unes aux autres, tant de délibérations qui varient à chaque session, tant de réglements de comptes, de faits secondaires et de longueurs, qu'il n'est pas aisé d'en saisir l'ensemble, et même d'y faire des recherches. Il faudrait grouper toutes ces matières dans un cadre méthodique, et les traiter par chapitres, suivant leur nature, de telle sorte que, chacune d'elles présentée séparément puisse être facilement comprise et retenue. L'unité de composition produirait ainsi chez le lecteur une unité d'impression qui lui permettrait d'en embrasser le sens général. Nous essayerons, si nous en avons la force et le temps, d'entreprendre ce travail qui, tout en retraçant ainsi groupés les travaux de l'Assemblée, donnera, en même temps, sur sa composition, sa discipline et sa compétence, des indications détaillées qu'on trouvera difficilement dans les Procès-Verbaux. Ce travail pourra toucher aussi à d'autres sujets qui se rapportent aux Etats, mais dont il n'est pas question dans les Procès-Verbaux. On dirait, en les lisant, que nos Assemblées ne sortirent jamais de leur calme, et qu'elles ne furent jamais agitées par l'esprit de parti ou par des rivalités de personnes. Il est certain qu'il n'en fut par ainsi, et que les passions du pays vinrent parfois s'y réfléchir.

En entrant dans des détails sur cet rivalités, en mettant en scène, avec leurs passions et leurs intérêts, les personnages qui s'y trouvent mêlés, on arrivera à faire un jour complet sur cette époque de notre Histoire si rapprochée de nous et pourtant si peu connue. Les *Osservazioni storiche sopra la Corsica*, de Rossi, que M. le chanoine Letteron a publiées dans notre Bulletin, viennent, en attendant et très à propos, combler ces lacunes que présentent les Procès-Verbaux. L'ouvrage de Rossi en est le complément précieux. A partir de 1770, l'auteur, né à Ajaccio, vers 1750, est le contemporain des faits qu'il rapporte. Il a connu personnellement MM. de Marbeuf, Narbonne, Sionville, Beaumanoir, les Intendants et les Députés influents des Etats. Il suit, en observateur attentif, les séances des Assemblées, rend compte de leurs travaux, des incidents qui s'y produisent, des protestations qui s'élèvent quelquefois contre les propositions ou les actes d'administration des Commissaires, et supplée par des informations détaillées au silence des Procès-Verbaux. Son style manque de correction, mais ses récits et la diversité de ses anecdotes tiennent en éveil l'attention du lecteur ; ce qu'il raconte de la lutte qui s'engagea entre M. de Marbeuf et le comte de Narbonne, de la différence de vues et de caractère des deux généraux est particulièrement intéressant. Il est généralement bien renseigné. Grâce à ses relations avec le cardinal Fesch et les frères de Napoléon, il a pu puiser aux Archives Impériales, et il en a tiré les documents nombreux qui remplissent son Histoire (1).

Il y a donc beaucoup à louer dans Rossi ; ses sentiments sont ceux d'un patriote, et il a raison de s'élever contre certains abus d'autorité qu'il signale et qu'il reproche aux Commissaires. Mais souvent aussi il blâme tout et procède de

---

(1) L'ouvrage de Rossi qui se compose de dix-sept volumes, comprend l'Histoire de la Corse depuis la Chronique de Giovanni della Grossa jusqu'à 1813. La Société des Sciences Historiques n'a publié, pour le moment, que les XIIe, XIIIe et XIVe volumes. 1769-1775, 1775-1788, 1789-1794.

parti pris. Ennemi du pouvoir militaire, il ne tient pas compte des circonstances et des conditions que subissait l'administration nouvelle. Ses critiques contre les Intendants sont sévères; celles qu'il dirige, à toute occasion, contre M. de Marbeuf, dont l'attachement à la Corse et les bonnes intentions furent manifestes, ne sauraient être acceptées.

Pour juger l'administration de M. de Marbeuf et des Intendants, Rossi s'est placé à un point de vue inexact. Dans un sentiment que nous comprenons, mais sans pénétrer au fond des choses, comparant, à tout moment, le régime nouveau au Gouvernement national de Paoli, les défectuosités et l'arbitraire illimité de l'un, à la simplicité, à la justice, à la liberté de l'autre, il ne réfléchit pas que la situation avait complètement changé pour la Corse. En définitive, la France ne pouvait donner à notre pays que l'administration qu'elle possédait elle-même; or, elle se trouvait, à cette époque, au déclin d'un régime qui allait s'écrouler, sans constitution, sans lois écrites, pour assurer dans un ordre fixe et invariable les droits et les pouvoirs de chacun, et pour mettre la sûreté ainsi que la liberté individuelle à l'abri des atteintes arbitraires : la volonté du gouvernement était la loi unique à laquelle il fallait bien se soumettre, l'impôt s'établissait sans le consentement de la nation ; l'autorité royale intervenait dans le cours de la justice ; la presse ne jouissait d'aucune liberté, des lettres de cachet à profusion disposaient des personnes. Qu'on juge des effets de ce régime appliqué à un peuple peu habitué à se laisser gouverner, qui n'avait cédé qu'à la force, dans un pays, où les dernières agitations de la lutte se firent sentir encore, pendant quelques années, après la conquête.

La guerre terminée, le duc de Choiseul et le comte de Vaux comprenant, il est vrai, que le meilleur moyen d'arriver à sa soumission entière était de gagner sa confiance, en lui conservant ses consultes générales, l'institution la plus conforme à son caractère, à ses traditions, avaient facilement obtenu que la Corse fut déclarée pays d'Etats, privilège dont ne jouissaient que peu de Provinces, la Bretagne, l'Artois, la Bourgogne, la Flandre, le Languedoc, deux ou trois pays aux pieds des Pyrénées formant ensemble le quart du territoire (1). L'île avait été même, peu de temps après, érigée en pays de grand commandement, avec le marquis de Monteynard, alors Ministre de la guerre, pour Gouverneur.

Mais ces marques de faveur, quelque grandes qu'elles fussent, offraient en réalité plus d'apparences et d'honneurs

---

(1) Dès le mois de juillet 1769, le duc de Choiseul écrivait au comte de Vaux. « L'Isle pouvant être mise en pays d'Etat composé de trois Ordres peu nombreux et qui s'assembleraient tous les ans, pendant un temps limité, il semble que le moyen le plus naturel de faire adopter cette forme serait de la présenter dans une Consulte Générale que vous assembleriez à Corte ou dans tel lieu que vous choisiriez, mais en la réduisant à un petit nombre de Députés soit des Pièves, soit des Provinces. La nation accoutumée précédemment à discuter ses intérêts verrait dans ce procédé la disposition à la laisser jouir du même avantage. » Et le comte de Vaux lui répondait, le 21 janvier 1770 : « Les pays d'Etats croyant avoir quelque part à la distribution des subsides les payent avec moins de murmure. Je pense, Monseigneur, que cette administration est plus conforme au génie des peuples de cette Isle, et à la liberté dont ils croyaient jouir, quoiqu'ils fussent gouvernés par l'autorité tyrannique d'un seul ».

(*La conquête de la Corse et le Maréchal de Vaux*, d'après les archives du Château de Vaux. — *Revue des questions historiques*, 1880, par M. PAGUENAULT DE PUCHESSE).

que de libertés et de garanties. Conquise par les armes et contrainte de se rendre à merci, la Corse n'avait pu obtenir ni droits, ni franchises, ni conventions, comme les autres Provinces successivement réunies à la Couronne. Les attributions des Etats se trouvèrent donc très limitées. Privés de toute initiative et de toute force de résistance, ils restèrent soumis à un règlement sévère auquel le Commandant en chef et les Intendants ne manquèrent jamais de rappeler les Députés à la plus légère infraction. La moindre critique, la plus simple remontrance sur les actes du gouvernement étaient relevées par les Commissaires comme un manque de respect et une atteinte portée aux droits de la Couronne, à leurs propres prérogatives; leur formalisme fut extrême, leurs coups d'autorité fréquents. Les Procès-Verbaux et les récits de Rossi en fournissent les exemples les plus variés.

C'est ainsi que les Députés du Cap-Corse ayant demandé qu'il fût permis à l'Assemblée Générale de pouvoir y faire les propositions utiles qui auraient échappé aux Assemblées provinciales, les Commissaires répondirent que l'intention du Roi était qu'il ne fût rien changé à l'ordre établi de ne porter devant les Etats que les demandes arrêtées aux Assemblées des Provinces (1). A propos de l'Instruction dressée en 1775 par Mgr Santini sur un arrêté du Conseil qui prescrivait la forme pour régler le taux et la répartition de la Subvention, les Etats ayant exposé avec la plus grande modération que ces opérations avaient donné lieu à des erreurs et à des embarras nombreux, les Commissaires, sans faire aucun reproche au nouveau plan, déclarèrent que le préam-

---

(1) Séance du 7 juin 1775.

bule était la critique injuste et peu convenable de l'administration, que ces opérations ne méritaient aucun blâme, et qu'il ne doit jamais être permis aux Etats, ni à ceux qu'ils chargent de leurs pouvoirs de parler sans respect des arrêtés du Conseil du Roi et des actes de ses Commissaires (1). L'Instruction fut autorisée, mais sans approbation des termes employés dans le préambule.

Dans une autre circonstance, ils déclarèrent, comme nulle et non avenue, une séance de l'Assemblée, parce qu'elle s'était réunie sur la demande de l'Evêque du Nebbio, et non sur celle de l'Evêque d'Ajaccio auquel revenait la Présidence, d'après le rang de son sacre (2). Rossi cite des traits qui donnent la mesure des rigueurs commises contre les Députés.

En 1770, à la première réunion des Etats, et à l'occasion des réclamations du chapitre d'Ajaccio contre son Evêque, l'Assemblée ayant décidé qu'à défaut de juges arbitres, le différend serait renvoyé devant les Tribunaux ordinaires, le chanoine Pascal Susini, pour s'être permis de reprendre la discussion à la Séance suivante, malgré les observations qui lui avaient été adressées, fut mis aux arrêts jusqu'à nouvel ordre de la Cour, par M. de Marbeuf qui considéra cette reprise de la discussion et la persistance du Chanoine comme contraires au règlement qui portait que chaque motion devait être préalablement soumise aux Commissaires (3).

Quelques-uns des Députés qui prirent le parti de Mgr de Guernes et du comte de Narbonne furent l'objet de la même

---

(1) Séance du 14 mai 1777.
(2) Séance du 12 juin 1779.
(3) Séance du 27 septembre 1770.

rigueur. Ils avaient signé, hors séance, des pétitions pour soutenir les réclamations que Mgr de Guernes et le colonel César-Mathieu Petriconi, envoyés par les Etats, en qualité de Députés à la Cour, se proposaient d'adresser au Roi contre l'administration des Commissaires, et, comme il en avait été informé, au moment où il se disposait à se rendre à Versailles, pour se justifier, il les fit arrêter, pour s'être permis de délibérer en dehors de l'Assemblée. Mais ce fut particulièrement à son retour de la Cour, où il venait de triompher des attaques portées contre lui, que M. de Marbeuf signifia aux Députés les ordres exprès du Roi sur la police et la compétence de leurs Assemblées. L'occasion s'offrait à souhait pour les Commissaires : ils se trouvaient en face de Mgr de Guernes et de Petriconi qui s'étaient écartés de leurs pouvoirs en présentant à la Cour des réclamations et des demandes dont ils n'avaient pas été chargés par les Etats, et le moment était venu de leur faire sentir ainsi qu'aux Députés à quelle soumission ils étaient tenus, et à quels dangers ils s'exposaient, en portant atteinte à l'autorité des représentants du Roi.

« ..... Il est plusieurs questions, dit-il, dont les Etats
» n'ont aucun droit de se mêler, soit parce qu'elles n'ont au-
» cun rapport avec leurs intérêts communs, soit parce qu'elles
» sont d'un ordre supérieur. Par cette raison, à moins que
» les Etats ne soient consultés, il leur est interdit de s'occuper
» de tout ce qui est relatif à la formation des Tribunaux, à
» leurs privilèges, au nombre et aux titres des Officiers qui
» les composent, à leur traitement et aux matières dont la
» connaissance leur appartient. Il n'est point de leur ressort
» de traiter aucun des points qui ont rapport à la police gé-

» nérale et au maintien de l'ordre public, et ils doivent s'at-
» tendre à voir rejeter toutes les demandes qui pourraient
» conduire à diminuer les droits qui appartiennent à la Cou-
» ronne ou à l'autorité qu'elle veut bien confier à ses Com-
» missaires : enfin Sa Majesté ne souffrira pas qu'il soit
» traité des droits des particuliers, si ce n'est dans leur rap-
» port avec les affaires communes dans lesquelles elle veut
» bien entendre les Etats. Si les Assemblées générales ou
» particulières n'ont pas faculté de délibérer sur ces diffé-
» rents objets, à plus forte raison ne peuvent-elles pas la
» conférer. La règle générale est que les Députés qu'elles
» nomment se renferment dans les bornes de leur mission,
» et qu'ils se restreignent à faire valoir les demandes por-
» tées dans les Procès-Verbaux des Provinces ou dans le Ca-
» hier qu'ils sont chargés de présenter à Sa Majesté. Quel-
» que bonne que puisse être l'intention qui leur suggérerait
» d'autres propositions, Elle ne ferait jamais plier la règle :
» un des motifs qui avait porté Sa Majesté à désirer que les
» Evêques présidassent l'Assemblée de leur Province mani-
» festait clairement sa volonté à cet égard : Elle avait eu en
» vue que les Députés ne portassent à l'Assemblée générale,
» comme demandes de leurs Provinces, que les propositions
» qu'elles auraient consignées dans leur Procès-Verbal. Il en
» était de même des Députés à la Cour : les uns et les autres
» ne pourront proposer, au nom de leurs commettants, que ce
» qui sera exprimé dans les délibérations qui constitueront
» leur pouvoir, à moins que cette faculté ne leur fut expres-
» sement accordée pour des cas particuliers et très impor-
» tants : le témoignage d'une confiance aussi entière de la part
» des Etats ne pouvant avoir lieu que pour des causes infini-
» ment intéressantes.

» C'était donc pour éviter que les Députés pussent
» s'écarter des pouvoirs qui leur seraient donnés que Sa
» Majesté voulait qu'il leur fut remis des expéditions en
» bonne forme des délibérations qui les contiendraient, et, au
» lieu de l'usage établi pour les députations à la Cour de leur
» remettre le Procès-Verbal de l'Assemblée Générale pour
» être présenté à Sa Majesté, les Etats feront désormais ré-
» diger et arrêteront dans leur dernière Séance un extrait du
» dit Procès-Verbal lequel contiendra les demandes et re-
» présentations dont ils chargeront les Députés à la Cour et
» formeront le Cahier qui doit être présenté à Sa Majesté (1) ».

Les allusions étaient claires, les reproches personnels. Mgr de Guernes y répondit avec dignité, mais ses explications mécontentèrent plus vivement encore M. de Marbeuf. Trouvant qu'après leur retour de Versailles les Députés n'exécutaient pas les ordres du Roi avec la docilité et le respect voulus, et que les partisans de M. Narbonne continuaient leur opposition et leurs brigues, il se résolut de procéder avec une sévérité qui servît de leçon à tous ceux qui désormais oseraient méconnaître ses pouvoirs. Sans même attendre la fin de l'Assemblée, il décerna une lettre de cachet contre Petriconi qui fut arrêté et immédiatement embarqué pour Toulon. Quant à Mgr de Guernes, la session terminée, il lui signifia de rentrer dans son diocèse d'Aleria avec l'injonction de ne plus se présenter aux Assemblées des Etats. Le courageux Prélat eut à supporter un exil qui dura dix ans. Il s'y résigna, sans vouloir faire aucune soumission, et il n'en fut relevé qu'en 1789, sur la demande des Députés

---

(1) Séance du 23 mai 1777.

à la Cour de cette année. Ventura Benedetti, du Tiers-Etat, qui, pendant la Députation, n'avait rempli qu'un rôle effacé, échappa seul aux rigueurs du Commandant en chef.

Ces principes d'administration, ces coups d'autorité pratiqués sous l'ancien régime en Corse ne sont point pour nous surprendre ; ils étaient en France de l'essence du gouvernement, et les Rois ne se faisaient pas faute de les appliquer aussi bien contre les Sujets que contre les Assemblées des Etats et les Parlements. Il n'y avait pas longtemps que Louis XV, malgré les plus respectueuses remontrances, avait suspendu les Etats de Languedoc et placé sous ses ordres directs l'administration de cette Province, pour s'être refusée de consentir à un impôt du vingtième des revenus des biens établi contrairement à ses privilèges. C'est en vain qu'ils firent entendre qu'aucune imposition ne pouvait être assise sans leur accord, et qu'à eux seuls était réservé le droit d'en régler la répartition et le recouvrement ; le Roi ne voulut pas céder, et ce ne fut que deux ans après qu'il manda au maréchal de Richelieu, son principal Commissaire, de convoquer les Etats et de leur communiquer un arrêté de son Conseil qui leur permettait de reprendre leurs fonctions (1).

L'administration de Commissaires du Roi tenant en mains une pareille autorité ne pouvait donc participer, en Corse, que du caractère et des vices du gouvernement absolu qu'ils représentaient. Leurs qualités personnelles seules étaient capables d'y apporter quelques tempéraments. Celles dont M. de

---

(1) *Essai Historique sur les Etats de Languedoc*, par le Baron Trouvé. Première partie, p. 231-251, chez Firmin Didot, 1818.

Marbeuf fit preuve, pendant les longues années de son commandement, ne sauraient être contestées. Elles méritent qu'on s'y arrête, d'autant plus qu'en retraçant son intéressante physionomie il nous sera permis de faire connaître des événements et des faits qui se rattachent intimement à cette période de notre Histoire et sur lesquels nous n'avions aucune information exacte. — Rossi s'est chargé de fournir sur plusieurs points des renseignements tout à fait nouveaux : nos propres investigations les auront complétés.

Le comte de Marbeuf appartenait à une famille distinguée de la Noblesse Bretonne qui, de 1568 à 1734, avait donné neuf Conseillers, Présidents des enquêtes et Présidents à mortier au Parlement de Rennes. D'autres membres de la famille marquèrent dans l'armée ou l'Eglise : l'un d'eux figura aux Etats de Bretagne de 1647, en qualité de Commissaire du Roi avec Messieurs de Cucé et Fouquet, père du Surintendant, à l'époque où M. de la Meilleraye commandait la Province au nom d'Anne d'Autriche investie du gouvernement de la Bretagne. On voit encore, à Rennes, l'ancien hôtel des Marbeuf, de construction imposante et de grand aspect, portant leurs armes « d'azur à deux épées d'argent, les » pointes en bas mises en sautoir, aux gardes à poignées » d'or. » Acheté par le Procureur Général de Keradeuc de la Chalotais, il a pris le nom d'hôtel de Keradeuc. Madame de Sévigné, qui était une amie de Madame la Marquise de Marbeuf, parle souvent dans ses lettres de cette belle demeure et de la brillante Société qui s'y réunissait, au temps où le duc de Chaulnes gouvernait la Bretagne (1).

---

(1) Lettres de Madame de Sévigné à sa fille, 9, 11 et 18 mai 1689.

Louis-Charles-Réné de Marbeuf, né à Rennes, le 4 novembre 1712, était fils de Messire Charles-François-Claude de Marbeuf, Chevalier, Seigneur, Comte de Gué, Président au Parlement de Bretagne, et de Jeanne-Jacquette de Musvillard.

Entré à seize ans comme Enseigne au Régiment du Bourbonnais, Capitaine en 1732, Colonel en 1748, il fut employé en cette qualité à l'armée de Westphalie. Brigadier en 1759, il servit dans ce grade comme Lieutenant du Roi des quatre Evêchés de la Haute-Bretagne, jusqu'à ce qu'il fût nommé Maréchal Général des logis à l'armée d'Espagne. Maréchal de Camp en 1762, premier gentilhomme de la chambre du feu Roi de Pologne, Duc de Lorraine et de Bar, Commandeur de l'Ordre de Saint Louis, M. de Marbeuf fut envoyé, deux ans après, en Corse, pour y garder avec sept bataillons les places que les Génois n'étaient plus en état de défendre. Il avait alors cinquante deux ans.

Dans la Convention passée entre la France et la République de Gênes il avait été stipulé que les Troupes françaises ne devaient pas faire la guerre, et que le Roi, sous sa garantie, offrirait sa médiation pour faciliter la tranquillité de l'Ile et régler sa pacification définitive. L'exécution d'une pareille convention exigeait une habileté et une prudence peu communes. Il fallait concilier les intérêts les plus opposés, les prétentions des Génois qui entendaient conserver leur droit de souveraineté avec la résolution bien arrêtée de Paoli de rejeter tout accommodement qui ne reconnaîtrait pas la liberté et l'indépendance de son pays, observer la neutralité au milieu des rivalités et des défiances des deux partis, et suivre, en même temps, les instructions du duc de Choiseul qui avait déjà formé sur la Corse des projets dont il gardait le secret. Pendant ce premier commandement, qui dura près de quatre ans, M. de Marbeuf, sans s'écarter des conditions du traité, et sans mécontenter les Génois, réussit, par sa conduite, à s'attirer l'estime des Corses, justement alarmés de cette intervention.

Mais aucun projet d'accommodement ne put aboutir. Bientôt la France, ayant obtenu de Gênes la cession de la Corse, Choiseul envoya de nouvelles troupes pour en prendre possession. La guerre s'en suivit : M. de Marbeuf y prit la part la plus active, sous les ordres du marquis de Chauvelin et du comte de Vaux, se trouva à toutes les actions, fut blessé à Borgo et contribua au succès des opérations militaires et à la soumission de l'Ile.

La guerre terminée, le comte de Vaux en reçut le gouvernement qu'il ne garda que peu de temps. Trouvant son autorité trop limitée, et n'ayant pu faire accepter toutes ses vues sur l'administration du pays, il demanda, malgré l'insistance du duc de Choiseul, son rappel en France, et M. de Marbeuf, déjà promu Lieutenant-Général, le remplaça en avril 1770, avec le titre de Commandant en chef.

Doué d'un caractère ferme et intègre, d'un esprit cultivé, prompt et pénétrant, appliqué aux affaires, aimant, sans chercher la popularité, la société des Corses, dont il écrivait et parlait la langue, M. de Marbeuf, avec beaucoup de dignité, même de hauteur, unissait au sentiment très élevé de son autorité la politesse et les habitudes d'un grand seigneur. En crédit à la Cour, où son neveu, Evêque d'Autun, plus tard Archevêque de Lyon, tenait la feuille des bénéfices, généreux, charitable, il dépensait non seulement les cent mille francs de son traitement, mais les revenus de son riche patrimoine. Ayant reçu en propriété, comme récompense de ses services, le vaste domaine de Cargese, érigé en marquisat, il y fit des dépenses considérables, et consacra une grande partie de sa fortune à le mettre en culture. Resté, en 1783, sans enfants de son premier mariage avec Madame de Quemadec, M. de Marbeuf se remaria, quelques mois après, à soixante-dix ans, avec Catherine-Antoinette de Fenoyl, fille du Maréchal de camp comte de Fenoyl, agée de dix-sept ans. Il n'avait que deux neveux, fils de son frère aîné, l'un marquis de Marbeuf, ancien gentilhomme de la manche du Roi, alors duc de Berry, sans enfants, l'autre Evêque d'Autun, comte de Lyon, Président né perpétuel des Etats de Bourgogne dont nous avons parlé.

C'était pour perpétuer son nom, et assurer sa fortune qu'il contractait une union si disproportionnée. La Comtesse arriva, l'année suivante, en Corse, où elle fut reçue au milieu des démonstrations de la joie la plus vive. Avant même son arrivée, la Commission des Douze, en l'absence des Etats qui ne se trouvaient pas réunis, avait fait célébrer ce mariage par des fêtes brillantes à Bastia, et lorsqu'ils s'assemblèrent en 1785, leur premier soin fut d'envoyer une députation la complimenter. Déjà elle avait une fille née à Bastia, le 24 décembre 1784: un peu plus d'un an après, et quelques mois seulement avant la mort du comte de Marbeuf, survenue le 20 septembre 1786, elle accoucha d'un fils (1). M. de Marbeuf avait ainsi passé vingt-deux ans dans notre pays, supporté jusqu'à un âge avancé le poids et les fatigues d'un

---

(1) Archives municipales de Bastia. Extrait des registres de la paroisse Sant-Jean.

commandement des plus pénibles, résisté aux atteintes d'un climat qui éprouva bien des fois sa santé, et renoncé à l'existence tranquille et commode que ses grandes relations, son rang et sa fortune lui auraient procurée en France.

La Comtesse était une femme accomplie ; les grâces de son esprit, les charmes de sa jeunesse, une piété sérieuse et une grande charité lui avaient acquis les sympathies et le respect de la population qui lui témoigna ses regrets et ses vœux les plus sincères, quand elle quitta la Corse, pour aller s'établir sur le continent où l'attendaient les plus terribles épreuves (1).

---

(1) Rentrée en France avec ses deux enfants, la comtesse de Marbeuf se vit dépouillée, pendant la Révolution, de tous les biens qui composaient la fortune de son mari, des immenses jardins que les Marbeuf possédaient aux Champs Elysées et du domaine de Cargese. Sa nièce, veuve du marquis de Marbeuf, périt sur l'échafaud ; son neveu, l'archevêque de Lyon, émigra à Lubeck. Lorsque les Anglais se furent emparés de la Corse, elle s'adressa au Vice-Roi Elliot et lui demanda d'être rétablie dans ses possessions de Cargese. Mais à ce moment même, Bonaparte vainqueur en Italie, chargeait le Général Gentili de reprendre l'Ile aux Anglais. Les démarches de Mgr Santini auquel elle avait confié ses intérêts ne purent donc avoir aucun effet, et la ruine de Madame de Marbeuf se trouva consommée. — (Tiré d'une lettre de Mgr de Marbeuf à Mgr Santini, de Lubeck, 2 décembre 1795).

Devenu Empereur Napoléon se rappela les services que le comte de Marbeuf avait rendus à sa famille. Informé, en 1806, que le jeune de Marbeuf sortait de l'Ecole Militaire de Fontainebleau comme sous-lieutenant au 25e dragons, il lui fit écrire qu'il lui accordait une pension de six mille francs, et qu'il le prenait pour officier d'ordonnance : la même année il assigna une égale pension à la Comtesse.

La plus grande des douleurs était réservée à cette malheureuse mère.

— XIX —

Il n'était pas facile d'administrer la Corse après le brusque et profond changement qu'elle venait de subir. Il s'agissait non seulement de mettre fin aux dernières agitations de la guerre, mais d'appliquer à des populations nouvelles, « extrêmement difficiles à connaître (1) », un régime tout différent de celui que Paoli avait su leur faire accepter et de les attacher à la France, en calmant leurs défiances. La prudente fermeté de Marbeuf, sa sévérité quand il la jugea nécessaire, sa justice et souvent son indulgence éclairée lui firent obtenir, en quelques années, les résultats qu'il recherchait sincèrement, malgré les obstacles de toutes sortes qu'il rencontra dans l'état du pays, les préventions, les attaques dont il fut l'objet, dans les premiers temps de son commandement, et qui lui vinrent aussi bien de la part de quelques députés influents que de Français en place ou nouvellement établis, de ses officiers mêmes, et surtout de celui dont il devait le plus espérer le concours, du comte de Narbonne-Pelet, son Maréchal de Camp, Commandant en second à Ajaccio.

Ce fils qui était devenu un des brillants officiers de Cavalerie de l'armée fut tué, pendant la campagne de Russie, au combat de Krasnoë, en chargeant, à la tête de son régiment de chevau-légers, une division Russe qui battait en retraite; il avait vingt-six ans.

Retirée du monde, Madame de Marbeuf ne se consacra plus qu'aux bonnes œuvres. Elle entra dans la maison du Sacré-Cœur de Varennes, où elle prononça ses vœux et où elle mourut, le 18 mars 1839, après avoir donné l'exemple de toutes les vertus.

Sa fille s'était mariée avec le comte Valon d'Ambrugeac qui devint Lieutenant-Général et Pair de France sous la restauration. (Tiré des notes de M. le conseiller Saulnier de Rennes).

(1) Le Corse est un peuple extrêmement difficile à connaître, ayant l'imagination très vive et les passions extrêmement actives. (Lettre de Bonaparte à Miot. Quartier de Vérone, 3 frimaire, an V).

Le comte Jean-François de Narbonne-Pelet, né en 1725, à Saint-Paul-Trois-Château, dans le Dauphiné, de Claude de Pelet, qui avait longtemps servi dans l'infanterie, et de Marie-Madeleine de Rochier, d'une noble famille du Vivarais, s'était distingué au siège de Port-Mahon, sous le Maréchal de Richelieu, et dans la dernière guerre d'Allemagne, en arrêtant, à la tête des grenadiers Royaux, pendant trois jours, à Fritzlar (Hesse), les Prussiens du duc de Brunswick, ce qui avait permis au duc de Broglie de dégager l'armée menacée d'être coupée. Il avait reçu la Grand-Croix de Saint Louis et, pour perpétuer le souvenir de ce fait d'armes, obtenu du Roi d'ajouter à son nom celui de Fritzlar. Arrivé à Ajaccio avec les premiers bataillons de Chauvelin, et bien accueilli par M. de Marbeuf (1), il fut chargé des opérations militaires dans cette partie de l'Ile. La campagne finie, au lieu de rentrer, comme la plupart des officiers, auxquels les garnisons de Corse offraient peu d'attraits, M. de Narbonne était resté à Ajaccio. Il paraissait s'y plaire, vantait la fidélité des populations du delà des monts à la France, se disait l'un des descendants par sa mère du Maréchal Alphonse d'Ornano et traitait en parents les membres de cette famille. Les habitants de Bastelica, le pays de Sampiero, étaient particulièrement l'objet de sa bienveillance. Il se montrait habillé du costume de laine des paysans Corses, les visitait dans leurs villages, leur donnait des fêtes et pre-

---

(1) Vous êtes heureux d'avoir le comte de Narbonne ; c'est un homme d'un grand mérite, et quand vous le connaîtrez vous l'aimerez et l'estimerez beaucoup.

(*Bulletin des Sciences Historiques*, 1883-1884. Lettres de Mgr de Marbeuf à Mgr Jadard, Commissaire du Roi, à Ajaccio).

nait part à leurs divertissements (1). C'est ainsi qu'il se lia d'amitié avec quelques chefs importants du delà des monts et que la franchise et la familiarité de ces manières lui attirèrent de ce côté la popularité qu'il aimait. Appelé à remplacer M. de Marbeuf, quand celui-ci passait en France, et mettant à profit l'occasion pour étendre ses relations et son influence, il parvint à se former un parti considérable à l'aide duquel et grâce à son crédit à la Cour, il espérait se faire accorder le commandement en chef. Déjà il l'avait sollicité à l'époque où le comte de Vaux s'était démis de son gouvernement, mais M. de Marbeuf, Lieutenant-général, plus âgé et qui comptait en Corse des services de beaucoup plus importants, lui avait été préféré.

Des causes personnelles, une grande différence des caractères, des vues tout à fait opposées sur l'administration du pays avaient amené le désaccord entre les deux généraux et fait naître des divisions dans le pays et surtout dans l'Assemblée des Etats. D'humeur emportée, ne revenant jamais sur ses décisions, inaccessible aux recommandations et aux prières, M. de Narbonne apportait dans l'exercice du commandement une rigueur extrême qui contrastait avec la familiarité de ses habitudes et de ses manières. Il frappait l'Ile de terreur par des arrestations, des incendies, des dévastations, et il les faisait exécuter par les soldats du Régiment Provincial dont les excès ajoutaient à ces désolations. Le système de M. de Marbeuf était tout autre. Pénétré du sentiment plus élevé de sa responsabilité, connaissant mieux le pays, ayant compris que les Corses étaient plus sensibles aux

---

(1) Rossi, Tome XII, chapitre V.

bons traitements qu'à la force, il tempérait les rigueurs de son Lieutenant, se laissait toucher par les supplications des familles, usait d'indulgence et facilitait souvent la sortie des fugitifs de l'Ile.

Cette conduite modérée et prudente qui semblait le mieux convenir à la situation du pays lui attira les récriminations et les attaques les plus contradictoires. Pendant que des officiers et des fonctionnaires français reprochaient à M. de Marbeuf sa faiblessse contre les bandits et l'accusaient « de ne » se plaire qu'avec les habitants de l'Ile au point d'avoir » plutôt l'air de les craindre que de les commander (1) », des chefs Corses influents se plaignaient de son administration violente et arbitraire. Sans se découvrir ouvertement, M. de Narbonne encourageait les uns et les autres, avec assez de réserve cependant pour se ménager une retraite.

Le désaccord et la rivalité entre les deux généraux n'avaient pas échappé à la clairvoyance des Députés, et chacun, suivant son intérêt ou ses passions, prenait parti pour l'un ou pour l'autre dans l'espoir de profiter du pouvoir qui devait être l'enjeu de la lutte. Les mérites de M. de Marbeuf et de M. de Narbonne, leur influence à la Cour, leurs chances de réussite étaient l'objet de leurs entretiens et de leurs discussions: les élections des députés aux Assemblées Provinciales, aux Etats, à la Cour devenaient une source de brigues et de divisions: l'esprit public était vivement agité. Les partisans de M. de Narbonne, qui se voyaient exclus des emplois et des

---

(1) *Mémoire Historique sur la Corse*, par un Officier du Régiment de Picardie, 1774, 1777.
(*Bulletin des Sciences Historiques.* Avril, Mai, Juin 1889).

faveurs, se montraient surtout d'une animation extrême ; ils croyaient que la lutte se terminerait à son avantage, et déjà ils escomptaient la considération et les profits qui leur reviendraient, s'il parvenait à obtenir ce commandement qui était l'objet de son ambition.

Depuis le commencement jusqu'à la fin de ces intrigues, M. de Marbeuf se conduisit en habile homme. Il les connaissait et les suivait jour par jour. Sans se presser de les arrêter, il les laissait grossir pour les rendre plus certaines, afin qu'étant mieux connues, on ne pût les dénier, et, quoiqu'il en fut profondément blessé, il réservait son ressentiment pour ne le laisser éclater qu'au moment où il pourrait sûrement et d'un seul coup atteindre et frapper tous ses ennemis.

Ce moment approchait. En 1775, le Roi ayant donné l'ordre de réunir les Etats, l'ouverture en fut fixée au 25 mai. Le parti de M. de Narbonne y paraissait tout puissant. Arrivé lui-même, dès le premier jour, à Bastia, il y fut l'objet des manifestations les plus flatteuses ; l'Assemblée le fit complimenter par une députation, et, le lendemain, elle lui accorda le titre de Noble Corse de première classe avec le droit à perpétuité pour lui et les fils aînés de sa famille de siéger aux Etats du pays et de prendre part à leurs délibérations. Mais l'intérêt principal de la session résidait pour lui dans le choix des députés à la Cour. Comme c'était en profitant des attaques qu'ils dirigeraient contre M. de Marbeuf qu'il comptait le plus pour le supplanter, il mit tout en œuvre pour assurer l'élection de Députés favorables à ses desseins. Il y réussit : Mgr de Guernes, pour le clergé, le colonel Petriconi, pour la noblesse, et Ventura Benedetti, pour le Tiers-Etat. eurent le plus grand nombre de suffrages.

D'Auxerre, où il était Vicaire-Général, Jean-Joseph de Guernes avait été appelé à l'Evêché d'Aleria, aussitôt que le Pape eut accordé au Roi la nomination aux Evêchés et bénéfices de Corse (1770). Ayant trouvé son diocèse dans le désordre, suite des révolutions et des guerres qui affligeaient le pays depuis quarante ans, il pourvut à son administration avec un zèle désintéressé, introduisit de sages réformes dans son clergé, répara son Eglise et son Palais Episcopal, établit des écoles à ses frais et fit distribuer, en temps de disette, jusqu'à 4,000 mesures de grains aux habitants de la contrée.

C'était un Prélat dont le caractère ferme et résolu égalait les lumières et la piété.

Petriconi passait pour un officier distingué, d'un esprit indépendant et décidé: il servait la France depuis l'âge de quatorze ans, et avait fait, avec le comte de Vaux, la campagne de Corse, comme lieutenant-colonel de la Légion commandée par d'Arcambal. Il partageait en tout les sentiments de Mgr de Guernes avec lequel il était très lié. L'un et l'autre avaient des appuis à la Cour et connaissaient les ministres et les bureaux. Quant à Benedetti, il gardait contre M. de Marbeuf un vif ressentiment. S'étant uni, après Pontenovo, avec le curé de Guagno pour faire la guerre de partisans, il s'empara de M. de Viricu, colonel du Régiment de Provence, et de quelques soldats que la tempête avait jetés sur la côte, à la hauteur de Vico, et il traita si bien ses prisonniers que l'officier français s'enhardit jusqu'à lui conseiller de se soumettre, en lui promettant non seulement son pardon et celui de ses gens, mais des faveurs particulières.

Benedetti crut à sa parole et suivit le Colonel à Ajaccio. Il y fut immédiatement arrêté. Ses protestations contre une conduite si déloyale furent inutiles. On le transporta en Amérique et il n'en revint que quelque temps après, sur la demande que fit au Roi l'Assemblée des Etats. Benedetti rendait M. de Marbeuf responsable de ce mauvais traitement.

On ne saurait douter des bonnes intentions et des convictions des trois Députés. Mais il est évident qu'ils n'eurent pas la conception exacte de leur mission, qu'ils dépassèrent les pouvoirs qu'ils tenaient des Etats et que, se faisant illusion sur leur influence et celle de M. de Narbonne, ils entreprirent contre M. de Marbeuf, sans mesurer les mécomptes et le danger auquel ils s'exposaient, une lutte imprudente et inégale dont l'insuccès était certain. Au dire de Rossi, qui abonde en détails sur leur mission, Mgr de Guernes et Petriconi, arrivés à Versailles, n'hésitèrent pas à accuser le Commandant en chef non seulement de s'être livré contre des Députés à des outrages, à des menaces, à des arrestations injustes, d'avoir pesé sur les délibérations de l'Assemblée et altéré même les Procès-Verbaux des séances, mais ils représentèrent toute son administration comme oppressive, imprévoyante et contraire en tout aux intérêts du Roi. D'après eux, les Députés se trouvaient privés de toute initiative, au point de ne pouvoir émettre, séance tenante, aucune proposition nouvelle ; l'Assemblée n'exerçait aucun contrôle sur les finances du pays ; la subvention était trop lourde et inégalement repartie ; le domaine mettait la main sur les biens des Communes, des particuliers, et troublait des possessions paisibles et séculaires, sous prétexte de rentrer dans les droits du Souverain ; la magistrature était mal composée, les Commissaires des Juntes mal choisis et toujours en conflit soit avec les Podestats Majors soit avec les Justices Royales ; l'agriculture, le commerce, l'industrie, restaient sans encouragement ; les emprisonnements se multipliaient ; la Tour de Toulon était remplie de détenus Corses. Après avoir présenté sous ces tristes couleurs la situation du pays, les Députés se chargèrent d'exposer, dans de nombreux mémoires, les remèdes qu'il convenait d'y apporter en proposant les changements, les projets et les plans d'amélioration qu'ils jugeaient utiles et indispensables.

Assurément l'administration des Commissaires n'était pas à l'abri de critiques et de reproches, et c'est dans de bonnes intentions que les Députés demandaient d'y apporter les modifications et les améliorations proposées dans leurs mémoires. Sans doute aussi M. de Marbeuf, dont le caractère très susceptible ne supportait pas d'opposition, avait commis des abus de pouvoir et exercé trop souvent sur l'Assemblée des Etats une influence trop personnelle. Mais tout se trouvait exagéré dans les attaques sans mesure qui ne tenaient aucun compte des rigueurs des règlements eux-mêmes, du régime militaire sous lequel la Corse était placée, des difficultés que présentait l'état du pays et des efforts faits par les Commissaires pour les surmonter.

Ce qui apparaissait plus clairement encore, c'est que les Députés ne se renfermaient pas dans les bornes de leur mission, et que cette lutte et ces rivalités amenaient une telle confusion de pouvoirs et un tel désordre qu'il était temps d'y mettre un terme. Les ministres, MM. de Maurepas, Saint-Germain, le prince de Montbarrey, après avoir fait un accueil favorable à Mgr de Guernes et à Petriconi, et entendu M. de Marbeuf, arrivé à Versailles aussitôt après la clôture des

Etats, subissant tour à tour des influences contraires, et en présence d'assertions, sur tous les points opposées, restèrent quelque temps indécis. Ils prirent, à la fin, le parti de demander par eux-mêmes en Corse les informations qui devaient les éclairer. L'Evêque, retenu à la Cour, présenta des attestations; le Commandant en chef envoya les siennes, et les ministres purent à la fin se convaincre que la plupart des plaintes et des accusations n'étaient pas justifiées, que d'autres avaient été exagérées et inspirées plutôt par l'esprit de parti que par l'intérêt du bien public. Il fut donc arrêté que le Roi n'y donnerait pas suite et que, sans examiner les plans et les projets des Députés, il serait répondu, conformément à l'Edit, aux seules demandes présentées et délibérées par l'Assemblée.

Le différend ainsi terminé à l'avantage de M. de Marbeuf, les Députés prirent congé du Roi, non sans avoir obtenu les marques ordinaires de ses faveurs et de sa bienveillance. En outre des gratifications accordées pour leur long séjour à Versailles et à Paris, Mgr de Guernes reçut 12,000 livres pour rétablir son Palais Episcopal, Benedetti fut anobli avec une concession importante de terrains, et Petriconi eut la promesse d'être nommé Conseiller honoraire au Conseil Supérieur de Bastia. A tous il fut expressément recommandé d'aider à la pacification du pays, de s'en remettre à la bonté du Roi, d'exécuter en tout ses ordres et de rester soumis à l'autorité de ses Commissaires. Quant à M. de Narbonne, qui s'était vivement employé à soutenir les plaintes et les demandes des Députés, voyant qu'il n'était plus possible de continuer la lutte contre M. de Marbeuf, soit qu'il eût demandé son rappel en France, soit que ce rappel lui eût été imposé, il quitta la Corse avant le retour des Députés (1).

Cependant l'agitation continuait dans le pays. M. de Narbonne était parti, mais ses adhérents, que Mgr de Guernes et Petriconi, durant leur mission, avaient entretenus de promesses, ne renonçaient ni à leurs desseins ni à leurs espérances. Mal instruits des dernières décisions, ils tenaient ferme, concertaient de nouvelles attaques contre les Commissaires, réunissaient des protestations et se proposaient de soutenir devant la prochaine Assemblée des Etats, où ils se croyaient en majorité, les plaintes et les demandes rejetées que l'Evêque, malgré les ordres du Roi, se proposait d'y renouveler. M. de Marbeuf en écrivit à Versailles ; il signala le projet des Dé-

---

(1) Promu Lieutenant-Général, en 1784, il remplaça en Dauphiné le duc de Clermont-Tonnerre et représenta le Roi aux Etats de Romans en 1788.

Le comte de Narbonne se déclara, dès les premiers jours de la Révolution, l'un des défenseurs les plus décidés de la Cour, et lui conseilla de repousser par la force tous les mouvements populaires. Il se trouvait à Versailles, dans les journées des 5 et 6 Octobre, au moment de l'envahissement de la foule et de la garde nationale de Paris. « M. Narbonne-Fritzlar, dit Madame de Tourzel dans ses Mémoires, qui se trouvait auprès du Roi supplia Sa Majesté de lui donner quelques troupes et quelques pièces de canon, l'assurant qu'elle en serait bientôt débarrassée. Il faut garder, disait-il, les ponts de Sèvres et de Saint-Cloud : ou elle renoncera à son projet ou elle passera per Meudon. Placé alors sur les hauteurs, je la canonnerai et avec de la cavalerie je la poursuivrai dans sa fuite, de manière qu'il n'en rentrera pas un seul dans Paris. Le Roi qui espérait ramener toujours par la bonté les esprits égarés ne put se déterminer à adopter un projet qui devait faire couler le sang de ses sujets. »

Le Comte de Narbonne émigra. Rentré en France, il mourut en 1804.

putés à la Cour et les représentant comme les principaux auteurs des dissidences et des troubles qui se produisaient, il réclama au besoin contre eux les mesures les plus sévères.

Le Roi fit droit à sa demande et prévint en même temps Mgr de Guernes « de ne traiter que les objets dépendants de la mission dont il avait été chargé, de supprimer les demandes particulières que son zèle lui avait suggérées et qui, quoique discutées dans les comités ou entretiens paaticuliers, n'étaient pas jugées admissibles ou susceptibles d'être mises en délibération, et d'être singulièrement attentif à éviter toutes les matières qui pouvaient échauffer les esprits et provoquer la fermentation à laquelle les Corses avaient une propension prochaine. » — « Les vertus de la discrétion et de la circons-
» pection et de la douceur sont celles dont je vous recom-
» mande le plus constant usage. Il est des moments où le zèle
» trop ardent indispose les esprits, retarde et souvent fait
» échouer le succès des bonnes intentions dont on est animé...
» Vous devez être sur vos gardes et éloigner tout propos qui
» tendant à inspirer du trouble et du mécontentement tour-
» nerait nécessairement à votre désavantage et deviendrait
» contraire au bien et à la régénération du peuple Corse. Il
» me reste aussi quelques craintes sur l'effervescence et l'in-
» discrétion que j'ai quelquefois remarquées chez M. de Pe-
» triconi. Recommandez-lui de ma part de la tranquillité et de
» la sagesse dans ses propos. Le temps doit vous avoir appris
» et vous apprendra à l'un et à l'autre qu'il faut, par un gros
» temps, louvoyer pour ne pas être submergé avant d'arriver
» au port (1). » On ne saurait mieux dire, ni adresser avec plus

---

(1) La lettre a été écrite par Mgr de la Houssaye, chargé du département de la Corse. — V. Rossi, Livre XIII, pp. 61, 62.

de raison et de politesse des conseils, des reproches et même des menaces.

Cette Assemblée de 1777, dont la session devait durer plus de deux mois, s'ouvrit le 11 mai, à Bastia. La ville était remplie des bruits les plus divers, l'esprit public agité, et dans l'attente de graves résolutions. Mgr de Guernes se présenta, accompagné de Petriconi et de Benedetti, et lut, à la première séance, un long rapport non seulement sur les demandes contenues dans le Procès-Verbal des Etats précédents, mais sur toutes les réclamations soumises au Roi et aux ministres en dehors de sa commission, en ajoutant que si ces demandes n'avaient pas été délibérées, les Députés et le Roi surtout en connaissaient les motifs, qu'elles étaient l'expression sincère des intérêts et des vœux du pays, et qu'il appartenait à l'Assemblée de les soutenir. Ce rapport et les applaudissements qui l'accueillirent irritèrent au plus haut point M. de Marbeuf. Il se contint cependant et se borna à ordonner la lecture des réponses du ministre de la guerre sur les seules demandes comprises dans le Procès-Verbal et délibérées. On passa, les jours suivants, à l'examen de tout ce qui se rapportait à la Subvention, à l'élection des Députés et au nouveau règlement sur la discipline des Assemblées générales et particulières. Ces premières séances furent très animées, et quelques-unes des propositions des Commissaires soulevèrent des réclamations et des résistances, mais ces oppositions ne durèrent pas longtemps. M. de Marbeuf sut bientôt gagner un grand nombre des adhérents de M. de Narbonne et des amis de Mgr de Guernes, et les uns par réflexion, les autres par crainte ou par intérêt ne tardèrent pas à renoncer à une lutte qui leur apparaissait pleine de dangers. C'est alors qu'assuré de la majorité de l'Assemblée, sentant sa force, et muni des pleins pouvoirs du Roi, il se décida à ne plus garder de ménagements. Rappelant aux Etats quels étaient les pouvoirs des Députés à la Cour, et comment Mgr de Guernes et Petriconi s'en étaient départis dans leur mission, M. de Marbeuf reprit une à une les plaintes présentées à Versailles contre son administration, et, après les avoir discutées avec une grande habileté, il demanda à l'Assemblée de reconnaître que ces plaintes n'étaient ni fondées ni admissibles, et que les deux Députés avaient dépassé leur mandat et violé ses règlements. Ces raisons graves et précises ou plutôt ces ordres ne pouvaient manquer de faire une très vive impression sur une Assemblée ainsi disposée. Elle accorda aux Commissaires tous les témoignages, toutes les attestations qu'ils réclamaient, et, pour donner à M. de Marbeuf une preuve plus sensible encore des sentiments de gratitude et de respect dont elle était animée envers lui, elle délibéra qu'une pierre de marbre serait érigée solennellement à Bastia sur la façade de la maison des Douze pour perpétuer la mémoire des services qu'il avait rendus à la Corse (1). Au milieu de la déroute et de l'abandon de leurs partisans, l'attitude de Mgr de Guernes et de Petriconi fut ferme et résolue ; ils ne voulurent rien désavouer de ce qu'ils avaient exposé au Roi, et, protestant toujours des bonnes intentions dont ils étaient animés, ils attendirent courageusement les effets des ressentiments de Marbeuf.

Nous avons dit quel en fut l'éclat. L'Evêque rélégué dans son Diocèse, le Colonel embarqué pour Toulon, leur parti anéanti, le peuple de plus en plus disposé à la tranquillité,

---

(1) Séance du 4 juin des Etats de 1779.

M. de Marbeuf ne rencontra plus désormais aucun obstacle dans l'exercice de son commandement dont l'autorité et le crédit grandirent encore, lorsque, peu de temps après, le Roi lui donna en marquisat la Colonie Grecque de Cargese (1) et la Grand'Croix de Saint Louis.

Mais s'il est juste d'accorder à M. de Marbeuf la plus grande part dans tout ce qui s'accomplit en Corse à cette époque, il ne faut pas oublier que son œuvre d'organisation, soumise à de grandes difficultés qui tenaient de la nature des choses, lui fut facilitée par les Intendants, dont les attributions touchaient à toute l'administration. Ceux que le Roi envoya dans l'Ile, MM. Chardon, Colla de Pradine, de Boucheporn et de la Guillaumye, sortaient des Parlements ou des Conseils du Roi, et ils s'acquittèrent de leur tâche en hommes depuis longtemps rompus à la pratique des affaires.

Des édits, des ordonnances en grand nombre avaient tout d'un coup établi en Corse, dans un pays régi jusqu'alors par les principes les plus élémentaires du gouvernement, la plupart des services qui fonctionnaient en France. On avait réglementé l'impôt, la police des campagnes, le cadastre, le domaine, le commerce, et de nos Institutions nationales laissé subsister seulement le Statut Civil, et, à quelques égards, le régime municipal. C'était là une assimilation à laquelle les populations n'étaient pas préparées et dont la mise en pratique devait rencontrer les plus graves obstacles. Au milieu de la confusion et des difficultés qui étaient la conséquence de ces changements précipités, les Intendants firent preuve d'une activité, d'un esprit de suite et d'une va-

---

(1) Lettres patentes du 17 juin 1778.

riété de connaissances vraiment remarquables, et si la marche de tous ces services, particulièrement confiés à leur vigilance, fut incertaine et embarrassée, au début, le pays, grâce à leurs sages mesures auxquelles vinrent se joindre les marques fréquentes de la bonté et des libéralités du Roi, ne tarda pas à ressentir des améliorations qu'il serait injuste de ne pas rappeler.

On connait Chardon par la correspondance de Voltaire qui vante son intégrité et ses lumières. Après avoir, comme intendant, administré Sainte-Lucie jusqu'à la réunion de cette colonie au gouvernement de la Guadeloupe, il était rentré en France, et, nommé maître de requêtes au Conseil d'Etat, il avait été, sur la recommandation de Voltaire et du duc de Choiseul, désigné comme rapporteur dans le procès de Sirven qui faisait alors grand bruit. Voltaire défendait contre l'intolérance du clergé et des Parlements la famille de Sirven comme il avait défendu les Calas. Le chef de cette malheureuse famille avait été condamné par le Parlement de Toulouse, mais regardant ses juges comme trop prévenus ou trop irrités, il n'osait point purger son décret.

Voltaire avait fait alors présenter une requête au nom du Roi, et c'est sur cette requête que Chardon avait été nommé rapporteur. Il faut dire à son honneur que ses conclusions furent favorables à Sirven; mais le Conseil le renvoya encore devant le Parlement de Toulouse. Très en faveur auprès du duc de Choiseul, nommé dès le 10 mai 1768, Intendant en Corse et Premier Président du Conseil Supérieur, Chardon se trouva investi de pouvoirs étendus qui ne s'accordaient pas avec ceux du Gouverneur Général, comte de Vaux. Il s'éleva bientôt des conflits que le caractère des deux personnages et les ordres contradictoires de la Cour vinrent aggraver, et le duc de Choiseul dut intervenir ; il les régla en faveur du Commandant militaire (1). Le comte de Vaux ne tarda pas à rentrer en France : Chardon fut remplacé par Colla de Pradine, et les fonctions d'Intendant et de Premier Président restèrent définitivement séparées. A Pradine, qui ne resta en Corse que deux ans, succéda Boucheporn. Avocat-général à Metz à vingt-sept ans, avec dispense d'âge, puis maître de requêtes au Conseil du Roi, quand le Parlement fut réuni par le Chancelier de Maupeou à celui de Nancy, Boucheporn arrivé en Corse en 1775, y exerça ses fonctions jusqu'en 1785. Il fut le collaborateur dévoué de M. de Marbeuf et se trouva exposé aux vives attaques du parti de M. de Narbonne. Appelé à l'Intendance de Pau et Bayonne il garda sa place jusqu'au moment où les généralités furent abolies (2).

---

(1) « Je vous ai fait suffisamment connaître, écrivait le ministre à Chardon, pendant votre séjour à Versailles, que les ordres donnés par M. le comte de Vaux, en quelque genre que ce soit, doivent être littéralement exécutés, sauf à vous à lui faire des représentations si la matière en est susceptible..... C'est à quoi je ne puis trop recommander d'apporter toute votre attention. »
(*La conquête de la Corse et le Maréchal de Vaux. — Revue des questions historiques*, Tome 28, 1880, par M. BAGUENAULT DE PUCHESSE).

(2) Il se retira à Toulouse pendant que ses deux fils prirent service à l'armée de Condé. Des banquiers de Bâle auxquels il avait adressé des lettres de change, lui ayant écrit au sujet des difficultés qu'ils rencontraient à les négocier, la correspondance fut saisie. Arrêté et traduit devant le Tribunal révolutionnaire de la Haute-Garonne, de Boucheporn fut condamné à avoir la tête tranchée dans les 24 heures. L'arrêt fut exécuté. Napoléon avait conservé un bon souvenir de Boucheporn. L'Intendant avait été l'ami et le protecteur de son père; les deux jeunes gens ses compagnons d'enfance, Madame de Boucheporn la marraine

Quant à la Guillaumye, il était Conseiller au Parlement de Provence. Venu en Corse à un moment où le pays jouissait d'une tranquillité parfaite, son administration fut plus douce que celle de ses prédécesseurs et se continua avec le vicomte de Barrin qui avait remplacé M. de Marbeuf, jusqu'à l'époque où la Révolution fit disparaître les Intendants et supprima les réunions de pays d'Etats ou d'Assemblées Provinciales.

Il n'entre pas dans le cadre restreint de ce travail d'examiner tous les actes d'une administration qui s'exerça sur tant d'objets différents. C'est en se reportant à ces Procès-Verbaux de Sessions qui duraient plus d'un mois, qu'on peut se rendre compte de la multiplicité des affaires, grandes ou petites, dont l'Assemblée eut à s'occuper, de l'intelligence et du soin avec lesquels elles étaient traitées.

En nous bornant à retracer ce qu'elle fit pour rendre moins dur le poids de la Subvention des impôts et pour développer l'agriculture, l'industrie et l'instruction publique, nous en dirons assez pour montrer que les Commandants en chef, les Intendants aussi bien que les Députés cherchèrent à procurer au pays les avantages dont il était susceptible, que leur administration fut aussi bonne et éclairée qu'on pouvait l'espérer.

---

de son frère Louis. Il se montra pour cette famille aussi bienveillant qu'il le fut pour celle de Marbeuf. Les deux Boucheporn furent rayés de la liste des émigrés et chargés plus tard de postes d'honneur et de confiance aux Cours de Hollande et de Westphalie. La femme de l'un d'eux née Marie Tinot, devint sous-gouvernante des enfants de Hollande et éleva en cette qualité les deux fils de la reine Hortense.

(Extrait de l'*Eloge Historique de M. de Boucheporn*, par A. DURAND, avocat à Metz).

C'est ainsi que l'ancienne forme de l'impôt, c'est-à-dire l'imposition par feu, pratiquée par la République de Gênes et sous le Gouvernement de Paoli, qui avait l'inconvénient de charger également le pauvre et le riche, fut remplacée par une Subvention annuelle à acquitter en quatre payements égaux, sans distinctions ni privilèges, par chaque Province de l'Ile, dans la proportion de ses facultés et de celles des contribuables. Cette Subvention n'atteignit jamais 200,000 livres ; 120,000 étaient versées directement dans la caisse royale, à titre d'abonnement ; le restant était laissé aux Etats pour en faire tel emploi d'utilité publique ou de bienfaisance qu'ils jugeaient convenable. Mais, comme la rentrée s'en opérait difficilement, le Roi, après avoir souvent prorogé les paiements et accordé des remises, consentit, sur la demande des Etats, en considération de la rareté de l'argent, du défaut des communications et de la pauvreté de la plus grande partie des habitants, à substituer à la Subvention en argent une Subvention en nature de fruits au vingtième des récoltes.

Dans chaque Province les denrées contribuables étaient adjugées au plus offrant et dernier enchérisseur, et sur le produit de l'adjudication, le Roi, après avoir prélevé les 120,000 livres de son abonnement, laissait tout l'excédent à la disposition des Etats.

Cette forme d'imposition très simple dispensait de toutes recherches sur la valeur des biens et mettait fin aux erreurs, aux infidélités des déclarations, aux inexactitudes des rôles et aux inégalités qui avaient rendu si difficile le recouvrement de l'impôt en argent. Le pays en retira de réels avantages : la perception ne rencontra plus d'obstacles, le contribuable fut soulagé, et les Etats trouvèrent dans l'excédent des ressources pour faire face aux dépenses dont ils étaient chargés. Le prix des adjudications, en effet, s'éleva de plus en plus, à 212,546, en 1779, à 230,986 en 1781, à 256,262 en 1785, à 244,225 en 1788. Quant aux droits prélevés sur la consommation, ils montaient à 180,000 fr. pour la sortie et l'entrée des marchandises ; la vente du sel rapportait 90,000 fr.; le contrôle et le papier timbré 25,000 fr.; les droits de pêche et quelques droits d'Octroi, à Bastia, 10,000 fr. Le total de toutes les contributions de production et de consommation était donc évalué à 500,000 fr. soit à 4 livres par tête d'habitant de tout sexe et de tout âge. Le produit entier se dépensait en Corse, et, comme il ne suffisait pas pour solder les charges civiles, le Roi y envoyait annuellement 250,000 fr. pour y suppléer, indépendamment des fonds remis pour l'entretien des troupes et pour les autres dépenses militaires qui montaient encore, en 1777, à trois millions (1).

L'agriculture et l'industrie furent de la part du Roi, de ses Commissaires et des Etats l'objet d'une protection et d'encouragements qu'elles n'ont pas toujours retrouvés sous d'autres Gouvernements. A la distance où nous sommes, lorsqu'on considère le peu de progrès qu'elles ont faits en Corse, on ne peut que lire avec intérêt les Edits, les Ordonnances rendus, les mémoires et les projets formés pour développer les productions du pays et y introduire celles qui n'y étaient pas cultivées, et, s'il s'y trouve quelques dispositions dont

---

(1) NECKER. *De l'administration des Finances en France*, V. 1, p. 226, et *Mémoires historiques sur la Corse*, par un Officier du Régiment de Picardie (1774-1777), publiés par la Société des sciences historiques, 1889.

l'application ne pouvait être réalisée ou aurait présenté des inconvénients, il en ressort que le plus souvent les règles en étaient sages et prévoyantes, et que leur mise en pratique serait aujourd'hui même d'une grande utilité. Dès le mois de juin 1771, un Edit sur les mésus champêtres pourvut à la police des campagnes: des modifications y furent successivement ajoutées, et telle était la continuelle attention apportée à cette partie de l'administration qu'en 1785, dans leur dernière session, les Etats, invités à présenter tous les changements qu'ils croyaient nécessaires, soumirent aux Commissaires un projet de règlement définitif à cet effet. Les terrains défrichés et mis en culture, les marais desséchés furent exemptés d'impôts pendant cinq années, et la caisse des Etats autorisée à faire des prêts de petites sommes aux propriétaires qui les demandaient pour cultiver leurs terres. On accorda une gratification de dix sous par pied greffé de mûrier, d'olivier, de citronnier venu du continent, et de quatre sous par châtaignier à condition de le planter dans un terrain inférieur propre à sa culture. Un arrêté du Conseil de 1784 affranchit de l'imposition les ruches à miel et des droits de douane la cire importée sur le continent; l'année suivante, les Etats proposèrent pour chaque ruche nouvelle une rétribution de dix sous, payables moitié sur la caisse des Etats, moitié sur la caisse civile. Le Roi et les Etats avancèrent des sommes considérables pour les pépinières de l'Arena, de Calvi, d'Ajaccio et de Portovecchio. Pour encourager la production des bestiaux de bonne qualité, chaque commune fut assujettie à mettre en prairies artificielles et naturelles autant de fois deux arpents qu'il y avait de têtes de gros bétail, et, comme la rareté et le peu de variété des cultures exposaient le pays à la disette et à la famine, et que les troupes étaient obligées de faire venir, à grands frais, les légumes du continent, l'Assemblée sur l'invitation du Roi, proposa, dans sa dernière session, d'obliger chaque propriétaire sous peine d'amende, à ensemencer six livres au moins de légumes par an et vingt livres par paire de bœufs. En 1778, à l'occasion d'une disette générale, le Roi vint au secours de toutes les communes de l'Ile et leur fit délivrer 1,121 quintaux de blé pour les semences, 2,400 quintaux de farine, 124,000 bachins d'orge, en leur permettant de fixer elles-mêmes les termes du payement. Grâce aux mêmes encouragements, l'Industrie fit quelques progrès. Un Sieur Brueys, arrivé, en 1775, à Bastia, avec la recommandation du gouvernement pour se livrer à l'éducation des vers à soie, en acheta, dès 1778, jusqu'à 38,000 livres, monta cinq métiers de filature, fabriqua des bas de soie et poussa ses essais jusqu'à les teindre en noir. Des écheveaux examinés par des maîtres teinturiers à Paris, Aix, Nîmes et Lyon furent trouvés d'une qualité supérieure à la soie du Piémont. Le gouvernement avait invité l'Intendant, M. de Boucheporn, à faire à Brueys une avance de 6,000 livres et à réclamer en sa faveur le concours des Etats.

Trois mille livres furent accordées à un Sieur Beugin qui avait construit une savonnerie à Bastia ; une somme semblable à un Sieur Bertrand pour avoir formé une huilerie à la Provençale, des lettres de naturalisation aux ouvriers français et étrangers qui seraient venus créer des établissements de poterie avec des exemptions et des privilèges pour en favoriser le développement. En 1785, une fabrique de toiles ordinaires fonctionnait déjà à Bastia, et un suisse de Neufchâtel, dont les projets avaient été acceptés par le Ministre et par l'Intendant, se proposait d'en former une autre de toiles peintes.

Dès les premières années, les Commissaires du Roi avaient proposé d'établir une Université à Corte avec quatre facultés de théologie, de droit, de médecine et des arts, des Collèges à Bastia, à Ajaccio, à Cervione et à Calvi, des pensionnats à Bastia et à Ajaccio, et des Ecoles dans la campagne, sous l'administration des Evêques, avec la faculté pour les communautés de s'imposer de taxes pour subvenir à la dépense. Mais il fallut bientôt renoncer à fonder cette Université, faute de moyens suffisants pour l'entretenir. Le revenu net des biens affectés à l'Instruction publique ne pouvait s'élever qu'à 14,436 livres. On dut donc se borner à l'établissement des quatre Collèges dont la dépense pour chacun d'eux, calculée avec toute l'économie possible, montait à 5,000 livres. Pour suppléer à ce qui manquait au revenu destiné à leur entretien, le Roi y pourvut de ses propres fonds, en faisant remettre par l'Econome des biens appartenant à l'Instruction publique 1,250 livres par an à chaque Collège.

Le projet d'établir une Université à Corte que Paoli avait pu réaliser et auquel sa pensée, toujours tournée vers la Corse, s'attachait encore, à la fin de sa vie, était resté cher au pays. En 1781, les Commissaires firent connaître que le gouvernement avait l'intention de supprimer deux Collèges et d'appliquer à la création de l'Université les fonds qui leur étaient alloués, ou de suppléer par d'autres moyens à cette dépense, et qu'il avait augmenté à cet effet les revenus particuliers de l'Instruction publique, en lui affectant, par lettres patentes du 31 octobre 1781, les biens confisqués des fugitifs qui, malgré les amnisties, se refusaient de rentrer en Corse. Invités à contribuer à cet établissement, les Etats répondirent qu'il était de l'intérêt du pays de laisser subsister les quatre Collèges, offrirent pour l'Université 12,000 livres à prendre sur le bénéfice de la Subvention, même une somme plus forte, si elle était nécessaire, et en sollicitèrent la prompte création. On s'occupa encore de ce projet en 1785, mais le temps manqua pour le mettre à exécution.

Ces Collèges, avec leur programme d'études restreint, des écoles de couvent, quelques autres écoles de communes pourvurent donc à l'instruction de la jeunesse, pendant tout ce temps ; mais, comme elle ne pouvait y trouver qu'un enseignement insuffisant, le gouvernement vint libéralement à son aide en faisant instruire et élever à ses frais des enfants appartenant à la noblesse dans les Ecoles militaires, des demoiselles à Saint-Cyr, vingt jeunes gens dans les Séminaires d'Aix, et en réservant, dans les dernières années, quatre places au Collège Mazarin pour de jeunes nobles désignés par l'Assemblée des Etats au duc de Nivernais qui représentait la famille du Cardinal.

La Corse manquant de bons ouvriers, le colonel en second du Royal-Corse, Rossi, proposa en 1785, moyennant une dépense de mille écus par an, de faire apprendre dans leurs garnisons aux soldats Corses de son régiment des métiers qu'ils auraient rapportés, à la fin de leur congé, dans les villages, et le Roi, ayant approuvé le projet, voulut se charger de la dépense et mit à la disposition de Rossi la somme demandée.

Cette administration portait ses fruits, lorsque l'Assemblée des Etats s'ouvrit, pour la dernière fois, le 25 mai 1785. Les Commissaires lui soumirent un grand nombre de projets et notamment les règlements qu'ils avaient préparés sur le partage des biens communaux, les voies de communication, les enfants trouvés, l'exercice de la médecine, de la pharmacie, et la police des campagnes. Elle les examina et les discuta avec ordre et la notion parfaite des intérêts du pays, vérifia avec une grande sévérité les différentes demandes en remises ou décharges présentées par les adjudicataires des denrées contribuables, et, après avoir délibéré sur toutes les réclamations des Provinces, elle termina sa Session le 7 juillet.

C'est de l'exécution de ces diverses décisions et des autres travaux utiles de leur administration que MM. de Barrin et de la Guillaumye s'occupèrent pendant les quelques années qui précédèrent la Révolution. Le pays vivait dans le calme, des améliorations sensibles se réalisaient progressivement, les Commissaires avaient renoncé aux mesures de rigueur, et la Commission des jurisconsultes chargée par l'Assemblée de préparer les mémoires qu'ils jugeraient nécessaires pour l'établissement des lois décisives les plus convenables aux besoins, aux mœurs et aux institutions du pays était sur le point d'achever ses travaux, lorsque la Révolution, survenant tout à coup, emporta l'ancien régime. Les Provinces furent les premières abolies, leurs Assemblées d'Etats supprimées, et la Corse, déclarée partie intégrante de la Nation française, se trouva définitivement associée à tous ses droits et à la liberté. Le peuple Corse ne pouvait qu'accueillir favorablement la Révolution. Ses principes en effet étaient les siens ; ils répondaient à son caractère et à ses traditions. La démocratie sortait de tout son passé : la souveraineté du peuple n'avait pas besoin de lui être révélée par les lois nouvelles, et, comme il était habitué à la liberté et à l'égalité qui avaient grandi avec lui pendant ses luttes nationales et sous le gouvernement de Paoli, il ne ressentit qu'affaibli le contre-coup du bouleversement général, et sut se garder, avec une rare sagesse, des excès et des désordres qui marquèrent la Révolution dans tant d'autres pays.

Tels furent les hommes et les choses de l'ancien régime en Corse qu'il faut juger non avec nos idées libérales d'aujourd'hui et nos conceptions plus parfaites de la science politique, mais en tenant compte des difficultés, des erreurs et des principes de gouvernement de l'époque où il fut appliqué. Aussi bien, après avoir examiné dans ces Procès-Verbaux l'ensemble de l'œuvre des Etats et des Commissaires du Roi, et considéré leur activité laborieuse et leur accord pour le bien public et aussi les services rendus, il est juste d'affirmer que, dans la limite de leurs moyens, ils se sont acquittés de leur tâche pour le plus grand avantage du pays, qu'ils n'ont pas mérité les attaques que l'Assemblée d'Orezza, en 1790, dans un premier moment de réaction, porta si violemment contre eux, et que, somme toute, les abus de l'ancien régime se firent sentir moins gravement en Corse qu'en France. C'est ainsi que dans une épreuve de vingt années, la Corse forma ses premiers liens avec la France, qu'elle comprit que sa destinée politique était fixée, et qu'en 1789, avant toute demande et toute représentation, elle réclama devant les Etats Généraux, comme la faveur à laquelle elle attachait le plus de prix, celle de faire partie de la Nation Française et de ne pouvoir en être séparée sans le consentement de ses propres Etats.

Saint-Florent, 28 mai 1897.

A. DE MORATI.

PROCÈS-VERBAL

DE

L'ASSEMBLÉE DE LA CONSULTE GÉNÉRALE

DE LA NATION CORSE

Convoquée à Bastia le 15 Septembre 1770

Séance du 15 Septembre 1770.

Monseigneur Louis-Charles-René, Comte de Marbeuf, Premier Gentilhomme de la Chambre du feu Roi de Pologne, Duc de Lorraine et de Bar, Lieutenant de Roi des quatre Evêchés de la haute Bretagne, Commandeur de l'Ordre Royal et Militaire de Saint Louis, Lieutenant Général des Armées du Roi, Commandant en chef dans l'Ile de Corse, Capraja et autres, Commissaire du Roi, Président ladite Consulte,

Et Monseigneur Daniel-Marc-Antoine Chardon, Chevalier, Conseiller du Roi en ses Conseils, Maître des Requêtes ordinaire de Son Hôtel, Premier Président de son Conseil Supérieur de l'Ile de Corse, Intendant de Justice, Police, Finances, Fortifications, Vivres, Troupes et Commissaire départi par Sa Majesté pour l'exécution de ses ordres dans l'étendue de ladite Ile, de celle de Capraja et autres, aussi Commissaire du Roi à ladite Consulte; Lesdits Seigneurs le Comte de Marbeuf et Chardon, assistés de Me Ottavio Questa, Commis-Greffier de la Consulte, et accompagnés de Monseigneur Doria,

Evêque d'Ajaccio, de Monseigneur Stefanini, Evêque de Sagone, de Monseigneur Guasco, Evêque de Nebbio, (*Monseigneur de Saporiti, Evêque de Mariana, absent*) ; de M. Suzzoni, Grand-Vicaire de l'Evêché d'Aleria, de MM. de Varese et Guasco, Chanoines, Députés du Chapitre de Mariana, de MM. Cittadella et Versini, Chanoines, Députés du Chapitre de Sagone, de MM. Felce et Cottoni, Chanoines, Députés du Chapitre d'Aleria, de MM. Susini et Peraldi, Chanoines, Députés du Chapitre d'Ajaccio, de MM. Antonietti et Pieve, Chanoines, Députés du Chapitre du Nebbio, de MM. Pariggi et Passani, Chanoines, Députés du Chapitre de Corbara, de MM. Cruciani et Massimi, Chanoines, Députés du Chapitre de Calenzana, de MM. Carli et Vitali, Chanoines, Députés du Chapitre de Speloncato, de MM. Piccioni et de Mari, Chanoines, Députés du Chapitre de Luri, des Pères Semidei, Vice-Provincial, et Cristofari, Religieux, Députés de l'Ordre des Servites, Feliceto, Provincial, et Aldrovandi, Religieux, Députés de l'Ordre des Cordeliers, Pierre de Ville, Provincial, et Jean-François de Bastia, Religieux, Députés de l'Ordre des Récollets, Bonaventure de Venaco, Provincial, et Léonard de Lota, Religieux, Députés de l'Ordre des Capucins, des Pères Ferri, Supérieur, et Giavarini, Religieux, Députés de l'Ordre des Dominicains, (*le Supérieur des Missionnaires, absent*) ; de MM. Battesti, Piévan de Rostino, et Viterbi, Piévan de Casinca, Députés Ecclésiastiques de la Province de Bastia ; de MM. Jean-Quilico Casabianca, Paul Casabianca-Gavini, Antoine Massei, Charles Grimaldi, Jean-Decio Grimaldi et Anicet-François Pietri, Députés Nobles de la même Province ; des Sieurs Joseph Morelli, Antoine-François Pietri, Pierre-Félix Giuseppi, Pierre-Marie Colombani, Louis Pietri et Joseph Guerini, Députés du Tiers-Etat de la même Province de Bastia ; de M. Antoine Piazza, Piévan d'Oletta, Député Ecclésiastique de la Province du Nebbio, de M. Tiburce Morati, Député Noble de la même Province, du Sieur Antoine-François Galeazzini, Député du Tiers-Etat de ladite Province du Nebbio : de MM. Mathieu Alma, Piévan de Brando, et François Bustoro, Curé de Meria, Députés Ecclésiastiques de la Province du Cap-Corse, de MM. Jean-Baptiste Gentile et François Gentile, Députés Nobles de la même Province, des Sieurs Jules-François Nobili et Jean-Baptiste Franceschi, Députés du Tiers-Etat de ladite Province du Cap-Corse ; de M. Panzani, Piévan d'Oppino, Député Ecclésiastique de la Province d'Aleria, de M. Jean-Joseph Lepidi, Député Noble de ladite Province, du Sieur Paul-Dominique Susini, Député du Tiers-Etat de la même Province d'Aleria ; de MM. Sylvestre Gabrielli, Piévan de Rogna, et Félix Battistini, Piévan de Castello, Députés Ecclésiastiques de la Province de Corte, de MM. Paul-Marie Rossi, François Colonna et Xavier Grazietti, Députés Nobles de la même Province, des Sieurs Antoine-François Colonna, Jean Defendini et Ange-Louis Cremona, Députés du Tiers-Etat de ladite Province de Corte ; de M. Antoine Villanova, Prévôt de Calenzana, Député Ecclésiastique de la Province de Calvi, de M. Laurent Giubega, Député Noble de la même Province, du Sieur Charles-Louis Giannini, Député du Tiers-Etat de ladite Province de Calvi ; de M. Vincent de Petris, Piévan d'Aregno, Député Ecclésiastique de la Province de la Balagne, du sieur Joseph Mortini, Député du Tiers-Etat de la même Province, (*M. Marc-Antoine Lanzalavi, Député Noble de ladite Province, absent*) ; de M. François-Antoine Susini, Piévan d'Ornano, Député Ecclésiastique de la Province d'Ajaccio, de MM. Marc-Aurèle Rossi, Marc Colonna, Marc Alberti, Dominique Seta et Jacques-Pierre Abbatucci, Députés Nobles de la même Province, des Sieurs Jean-Baptiste Orto, François Stefanini, Bernardin Rossi, Dominique Ornani et Jean-Dominique Foata, Députés du Tiers-Etat de ladite Province d'Ajaccio, (*M. Martin Morelli, Archiprêtre d'Ajaccio, autre Député Ecclésiastique de ladite Province, absent*) ; de M. Giovanni de Luca, Prévôt de Renno, Député Ecclésiastique de la Province de Vico, de M. Dominique-Marie Colonna, Député Noble de ladite Province, du Sieur Jean-Mathieu Mainetti, Député du Tiers-Etat de la même Province de Vico ; de MM. Joseph-Marie, abbé d'Olmeto, et Jacques Rocca, curé de la Serra, Députés Ecclésiastiques de la Province de Sartene, Bonifacio, Portovecchio et Istria, de MM. Roch-François Cesari et Joseph-Antoine Durazzi, Députés Nobles de la même Province, et des Sieurs Antoine-François Filippi et Paul-François Istria de Loretta, Députés du Tiers-Etat de ladite Province.

Ordre et Rang de MM. les Députés. — Après avoir entendu la Messe solennelle du Saint Esprit, célébrée par Mgr l'Evêque d'Ajaccio, dans l'Eglise Paroissiale de Saint Jean de cette Ville, se sont rendus dans l'Eglise de la Conception, rue Saint Nicolas, disposée pour servir de Salle des assemblées de ladite Consulte, où étant, il a été mis en délibération quel rang MMgrs les Evêques, les Députés des Eglises Cathédrales, ceux des Eglises Collégiales, ceux des Ordres Religieux, enfin les Députés des Provinces, tiendraient entr'eux. Sur quoi il a été arrêté que pour la présente Consulte seulement et sans préjudicier aux droits de chacun, les Députés siégeraient dans l'ordre suivant. Savoir :

Mgr l'Evêque d'Ajaccio, Mgr l'Evêque de Sagone, Mgr l'Evêque du Nebbio et M. le Grand-Vicaire d'Aleria à la droite de Mgr le Comte de Marbeuf, et après Mgr Chardon, MM. les Députés tant des Eglises Cathédrales et Collégiales que des Ordres Religieux, à la gauche de Mgr le Comte de Marbeuf conformément aux intentions du Roi, et dans l'ordre suivant. Savoir : Pour les Eglises Cathédrales, Bastia, Sagone, Aleria, Ajaccio et Nebbio ; pour les Eglises Collégiales, Corbara, Calenzana, Speloncato, Luri ; et pour les Ordres Religieux, les Servites, les Cordeliers, les Récollets, les Capucins, les Dominicains, sans néanmoins que les dites places puissent nuire ni préjudicier à aucuns des Sièges, Eglises ni Ordres Religieux susnommés, ni leur donner aucune attribution de prééminence, faisant au contraire Mgrs les Evêques et Députés ci-dessus toutes réserves et protestations pour la conservation de leurs droits qu'ils entendent faire valoir en temps et lieux par titres ou autrement, desquels dires, réserves et protestations, MM. les Commissaires du Roi ont donné acte.

Et quant au rang des Députés des Provinces, il a été arrêté à la pluralité des voix que lesdits Députés siégeraient dans l'ordre suivant, savoir : ceux de Bastia, ceux du Nebbio, ceux du Cap-Corse, ceux d'Aleria, ceux de Corte, ceux de Calvi, ceux de la Balagne, ceux d'Ajaccio, ceux de Vico, ceux de Sartene, Bonifacio, Portovecchio et Istria, sans toutefois que les dites places puissent tirer à conséquence, ni qu'une Province puisse en induire aucun droit de prééminence sur les autres, faisant au contraire lesdits Députés toutes réserves et protestations chacun en droit-soi pour la conservation des droits de leurs Provinces respectives, dont MM. les Commissaires du Roi ont donné acte.

Remise et lecture des Pouvoirs des Députés. — Après quoi ledit Me Questa, Commis-Greffier, a dit que tous les Députés des Provinces ont remis au Greffe de la Consulte, leurs pouvoirs en bonne forme, sur quoi MM. les Commissaires du Roi ont ordonné que la lecture en serait faite.

Ledit Me Questa a en conséquence fait lecture à haute voix des dits pouvoirs dont la teneur suit etc.

Discours de MM. les Commissaires. — Ensuite Mgr le Comte de Marbeuf a dit etc.

Mgr Chardon a dit etc.

Prestation de Serment de la Nation. — Après les Discours de MM. les Commissaires du Roi, il a été procédé au renouvellement du Serment de la Nation représentée par MM. les Evêques et les Députés, lesquels en touchant les saintes écritures ont juré entre les mains de mon dit Seigneur le Comte de Marbeuf, sur la foi qu'ils doivent à Dieu leur Créateur, d'être bien et fidèlement soumis à Sa Majesté Très-Chrétienne de qui ils se reconnaissent vrais et légitimes Sujets, de ne point porter les armes contre son service pour quelque cause et dans quelque occasion que ce puisse être, de ne recevoir ni dons, ni pensions d'aucun autre Prince ou Puissance ennemis de Sa Majesté, de révéler tout ce qui pourrait parvenir à leur connaissance de contraire au bien de son service, d'obéir aux Gouverneur, Commandants, Intendant et à tous autres qu'il plaira à Sa Majesté commettre pour le commandement et administration de l'Ile, en un mot de vivre et de faire tout ce dont de bons et fidèles Sujets de Sa Majesté sont tenus.

Signature des Procès-verbaux de chaque délibération. — Il a été arrêté dans la présente Séance que, pour satisfaire aux intentions de Sa Majesté qui veut que chaque délibération soit signée par MM. les Commissaires du Roi, par deux de Mgrs les Evêques, deux Piévans, deux Députés Nobles et deux Députés du Tiers-Etat, lesdits Evêques et Députés seront pris à tour de rôle en suivant le rang convenu au présent procès-verbal ; après quoi la séance a été remise à demain, 16 de ce mois, 10 heures du matin, et MM. les Commissaires du Roi, Mgrs les Evêques d'Ajaccio et de Sagone, MM. Battesti et Viterbi, Piévans, MM. Jean-Quilico Casabianca et Antoine Massei, Députés Nobles, et les Sieurs Joseph Morelli et Antoine-François Pietri, Députés du Tiers-Etat, ont signé le Procès-verbal de la présente Séance.

A Bastia, les jour, mois et an susdits.

Signés : ANTONIO FRANCESCO PIETRI, Podestat d'Ampugnani. — GIUSEPPE MORELLI, Podestat de Casinca. — ANTONIO MASSEI. — GIAN QUILICO CASABIANCA. — PAOLO VITERBI, Piévan de Casinca. — GIAN FRANCESCO BATTESTI, Piévan de Rostino. — ANGELO EDUARDO STEFANINI, Evêque de Sagone. — BENEDETTO ANDREA DORIA, Evêque d'Ajaccio.

CHARDON, *Intendant, Commissaire du Roi.*
LE COMTE DE MARBEUF, *Président.*

Séance du 16 Septembre 1770.

Formation d'un Comité. — Mgrs les Commissaires du Roi et Mgrs les Evêques et Députés dénommés dans le Procès-Verbal de la Séance d'hier s'étant rendus à la Salle d'assemblée de la Consulte, Mgrs les Commissaires du Roi ont dit qu'il serait intéressant, pour abréger et faciliter la décision des affaires importantes et longues à traiter, que l'on formât un Comité composé d'un certain nombre de Membres de la Consulte, à l'effet d'y préparer les matières à discuter que l'on reporterait ensuite à l'Assemblée Générale où il en serait délibéré dans la forme prescrite par le règlement ; qu'il résulterait de cet expédient usité dans toutes les Provinces de Pays d'Etats, les plus grands avantages, attendu la difficulté de traiter avec méthode des objets de détail, si on les traite de prime abord vis-à-vis d'un grand nombre de délibérants, au lieu qu'en commençant par les ébaucher avec un petit nombre, on les débat avec plus d'ordre et de clarté, on les développe mieux ; les différentes manières de les envisager se réduisent à un seul point de vue et le bien public se trouve réuni à la plus prompte expédition des affaires. Mgrs les Commissaires du Roi ont en conséquence proposé la formation dudit Comité : Sur quoi et la matière mise en délibération, Mgrs les Evêques et Députés ont reconnu l'utilité de l'arrangement proposé, et il a été arrêté à la pluralité des voix que ledit Comité sera composé, savoir : pour Mgrs les Evêques, de Mgr Stefanini, Evêque de Sagone ; pour les Chapitres des Eglises Cathédrales, de M. le Chanoine Guasco ; pour les Chapitres des Eglises Collégiales, de M. le Chanoine Pariggi ; pour les Ordres Religieux, du P. Semidei, Vice-

Provincial des Servites, et du P. Provincial des Observantins ou Cordeliers.

Pour la Province de Bastia, de MM. Jean-Quilico Casabianca et Charles-François Pietri.

Pour la Province du Nebbio, de MM. Tiburce Morati et Antoine-François Galeazzini.

Pour la Province du Cap-Corse, de MM. François Gentile et Jules-François Nobili.

Pour la Province d'Aleria, de MM. Jean-Joseph Lepidi et Paul-Dominique Susini.

Pour la Province de Corte, de MM. Paul-Marie Rossi et Antoine-François Colonna.

Pour la Province de Calvi, de MM. Laurent Giubega et Charles-Louis Giannini.

Pour la Province de la Balagne, de M. Joseph-Antoine Mortini.

Pour la Province d'Ajaccio, de MM. Marc-Aurèle Rossi et Jacques-Pierre Abbatucci.

Pour la Province de Vico, de MM. Dominique-Marie Colonna et Jean-Mathieu Mainetti.

Et pour la Province de Sartene, Bonifacio, Portovecchio et Istria, de MM. Joseph-Antoine Durazzi et Antoine-François Filippi.

Il a été arrêté en outre que les membres du Comité s'assembleront tous les jours à six heures du soir chez Mgr l'Evêque Stefanini, à l'effet de traiter différents objets importants, tels que l'imposition de la Subvention ordonnée par le Roi, ainsi que les moyens de parvenir au paiement des cent vingt mille livres auxquelles Sa Majesté l'a réduite pour cette première année, la formation des Prairies naturelles et artificielles et autres objets qui leur seront remis par Mgrs les Commissaires du Roi.

Et a été la présente délibération signée tant par Mgrs les Commissaires du Roi, que par Mgr Guasco, Evêque du Nebbio, et M. Suzzoni, Grand-Vicaire de l'Evêché d'Aleria, par MM. Piazza et Alma, Députés, Piévans, par MM. Charles Grimaldi et Jean-Decio Grimaldi, Députés Nobles, et par les Sieurs Félix Giuseppi et Pierre-Marie Colombani, Députés du Tiers-Etat.

Signés : Pietro Maria Colombani. — Pietro Felice Giuseppi. — Carlo Grimaldi. — Gian Decio Grimaldi. — Matteo de Alma, Piévan. — Antonio Piazza, Deputato. — Suzzoni, Vicaire d'Aleria. — Fr. Matteo, Evêque du Nebbio.

Chardon.
Le Comte de Marbeuf.

Administration de la Justice. — Ensuite Mgrs les Commissaires du Roi ont dit que Sa Majesté, non contente d'avoir rendu la tranquillité aux habitants de cette Ile par la force de ses armes, avait voulu encore leur assurer les moyens d'en jouir paisiblement sous la protection des Lois ; que sa bienfaisance avait déjà pourvu à cet objet essentiel dans les points les plus intéressants par les Edits et Déclarations pour l'administration de la Justice tant au Civil, qu'au Criminel, par la création de dix Tribunaux de première instance et d'un Tribunal de dernier ressort, enfin par l'établissement des Maréchaussées ; que, quoique la Nation ait dû déjà retirer de ces différentes Lois les avantages les plus marqués, Sa Majesté est néanmoins dans la disposition non seulement d'y ajouter encore successivement les Lois qui lui paraîtront les plus propres au maintien de l'ordre public, mais même d'apporter à celles établies les changements que la Nation désirera, et qui n'auront rien de contraire ni à l'équité ni aux principes d'une saine et sage administration. Mgrs les Commissaires du Roi ont ajouté que la plupart des Provinces ayant donné pouvoir à leurs Députés de demander sur cet objet divers changements, il paraissait convenable d'examiner ici ces différentes demandes et de les mettre en délibération.

Observation du Statut Corse de préférence à l'Ordonnance Civile du mois de Septembre 1769. — Procédant en conséquence à l'examen desdites demandes, et commençant par celle faite par beaucoup de Provinces pour que le Statut Corse soit suivi de préférence à l'Ordonnance Civile du mois de Septembre 1769, il a été arrêté, que quand les lois données par Sa Majesté pour la Corse et notamment l'Ordonnance Civile, auront été traduites en Italien, et adressées aux Provinces (ce que Mgrs les Commissaires du Roi ont assuré devoir être fait incessamment), lesdites Provinces fourniront des Mémoires où elles expliqueront dans le plus grand détail, non seulement les articles de ces mêmes Ordonnances qui leur paraîtront devoir être changés, ainsi que les lois et dispositions qu'elles désireront qu'on y substitue, mais encore les motifs des changements de cette nature qu'elles auront proposés, et que Mgrs les Commissaires du Roi seront priés d'envoyer ces Mémoires au Ministre, à l'effet d'obtenir sur iceux les ordres de Sa Majesté.

Fixation de l'intérêt de l'argent à cinq pour cent. — Sur la demande de la Province de Calvi, tendante à ce que l'intérêt de l'argent fût fixé à cinq pour cent ; Mgrs les Commissaires du Roi ont répondu que Sa Majesté a prévenu les désirs de la Nation sur cet objet : que l'intérêt légal de l'argent en France est fixé à cinq pour cent, et que Sa Majesté ayant voulu que la Corse fût traitée à cet égard comme le surplus de son Royaume, dont elle fait partie, y a établi la même fixation par son Edit du mois de Juin dernier, enregistré au Conseil Supérieur de cette Ile le premier de ce mois. Et sur ce que MM. les Députés ont représenté qu'il existe en Corse une sorte de Constitution dite *à Cens* qui n'est pas prévue par l'Edit du mois de Juin dernier et sur laquelle il serait à désirer que le Roi expliquât ses volontés, il a été arrêté qu'il sera remis à Mgrs les Commissaires du Roi des Mémoires détaillés sur l'objet du *Cens*, et ils ont été suppliés de vouloir bien, d'après ces Mémoires, solliciter les décisions des ordres de Sa Majesté à cet égard.

Attribution de Juridiction aux Podestats. — Sur la demande de toutes les Provinces, tendante à ce que l'on rende aux Podestats le pouvoir qu'ils avaient autrefois, de juger jusqu'à concurrence d'une certaine somme, et qui leur a été interdit par un Arrêt du Conseil Supérieur de Corse du 23 janvier dernier, Messeigneurs les Commissaires du Roi ont annoncé de la part de Sa Majesté que la faculté de juger jusqu'à concurrence d'une certaine somme sera rendue aux Podestats, et que cet objet fera partie d'un Réglement que Sa Majesté doit bientôt faire expédier concernant l'administration Municipale (1).

Même attribution de Juridiction au Conseil Municipal de la Ville d'Ajaccio. Etablissements de Juges dans quelques endroits. — Mgrs les Commissaires du Roi ont observé que cet arrangement satisfera à la demande faite par la Province d'Ajaccio, pour que le Conseil Municipal fût autorisé à juger, et ils ont ajouté qu'il en sera de même de la demande de la Province de Sartene, Bonifacio, Portovecchio et Istria, tendante à l'établissement d'un juge à Attalà et d'un autre à Portovecchio, puisque la faculté qu'auront les Podestats de juger, remplira l'objet qu'avait en vue cette Province d'épargner aux habitants d'Attalà ou de Portovecchio l'inconvénient

---

(1) *Décision de Sa Majesté :*
Elle leur sera rendue, et cet objet fera partie du Réglement qui paraîtra bientôt sur l'administration municipale.

d'être obligés d'aller plaider en première instance soit à Sartene, soit à Bonifacio (1).

Toute l'Assemblée a reçu, avec une acclamation unanime, cette nouvelle marque des bontés du Roi, et elle a supplié Mgrs les Commissaires de vouloir bien faire parvenir à Sa Majesté le témoignage de la reconnaissance dont la Nation est justement pénétrée.

Etablissement dans chaque Village d'un Officier public sous telle dénomination que ce soit, pour exploiter et en attendant y autoriser les Notaires. — Sur la demande de la Province de la Balagne tendante à l'établissement d'un Huissier dans chaque village, et sur celle faite par le plus grand nombre des autres Provinces, pour que les exploits et assignations puissent être portés et délivrés par des Notaires ; les Députés de la Province de la Balagne ont dit que l'intention de cette Province n'avait pas été de demander l'établissement d'un Huissier par Village, mais seulement que, conformément à l'usage ancien, il y eût dans chaque Communauté un Surrogat ou un Particulier de la classe de ceux appelés *Cursori* ou *Uscieri,* ou autre quelconque qui fût autorisé à porter les exploits et assignations, sur quoi tous les autres Députés s'étant rangés au même avis, il a été arrêté que Mgrs les Commissaires du Roi seraient suppliés de demander à Sa Majesté un Règlement, en vertu duquel il soit établi, dans chaque Communauté, un Officier public sous quelque dénomination que ce soit, destiné à porter les assignations, exploits et dont le salaire soit fixé sur un pied modique.

L'Assemblée a en même temps demandé que jusque-là les Notaires soient autorisés, sans tirer à conséquence, à porter les assignations et exploits surtout dans les lieux où il n'y a

---

(1) *Décision de Sa Majesté :*
L'attribution de juridiction rendue aux Podestats satisfera à ces divers objets de demande.

point d'Huissiers ou bien quand ils sont trop éloignés, et que leur transport, à cause de la grande distance, deviendrait trop dispendieux (1).

Après quoi la Séance a été remise à demain, 17 de ce mois, huit heures et demie du matin, et le procès-verbal de la présente Séance a été signé tant par Mgrs les Commissaires du Roi, que par Mgrs les Evêques, Grand-Vicaire et Députés qui ont souscrit la première délibération prise dans ladite Séance.

A Bastia, les jour, mois et an susdits.

Signés : Pietro Maria Colombani. — Pietro Felice Giuseppi. — Carlo Grimaldi. — Gian Decio Grimaldi. — Matteo de Alma, Piévan. — Antonio Piazza, Deputato. — Suzzoni, Vicaire d'Aleria. — Fr. Matteo, Evêque du Nebbio.

Chardon.
Le Comte de Marbeuf.

Séance du 17 Septembre 1770.

Mgrs les Commissaires du Roi et Mgrs les Evêques, Grand-Vicaire et Députés, ci-devant dénommés, s'étant rendus à la Salle d'Assemblée de la Consulte, il a été procédé à la continuation de l'examen des différentes demandes faites par les Provinces relativement à la législation ainsi qu'il suit.

Rédaction des actes et pièces de procédure en Italien. — Sur la demande de beaucoup de Provinces, tendant à ce qu'il soit permis de rédiger les actes en Italien et de procéder dans

---

(1) *Décision de Sa Majesté* :
Les notaires sont autorisés provisoirement à exploiter les lieux où il n'y a pas d'huissiers.

les Tribunaux en la même langue, Mgrs les Commissaires du Roi ont observé qu'actuellement les actes des Notaires se rédigent en Italien et que les plaidoyers se font aussi le plus souvent en Italien, soit dans les Justices Royales, soit même au Conseil Supérieur, que Sa Majesté ne se refuse pas absolument à ce que la Nation continue, quant à présent, d'en user de la sorte, mais que la langue Française devant devenir par la suite familière aux Corses et même leur langue naturelle comme elle est celle des autres Sujets du Roi, l'intention de Sa Majesté est que l'on règle dans cette Consulte le temps que la Nation désirera, et qui lui sera accordé, pour ne pouvoir plus plaider ni contracter qu'en Français.

L'Assemblée en témoignant sa reconnaissance de cette marque de bonté du Roi, a répondu que la Nation ne négligera rien à l'effet de s'instruire assez de la langue Française, pour être dans un temps très court, en état de plaider et contracter dans cette langue ; et elle a supplié Mgrs les Commissaires de ne pas laisser ignorer à Sa Majesté son zèle et son empressement à cet égard.

Règlement des frais de Justice. — On a ensuite passé à la demande faite par le plus grand nombre des Provinces, pour que les frais de Justice soient réglés par un Tarif, ainsi qu'à la demande de la Province de Vico tendante à ce que la taxe de ces frais soit faite suivant le Statut Corse, à celle de la Province d'Ajaccio tendante à ce que les frais des Tribunaux Ecclésiastiques soient aussi taxés, et à celle de la même Province dont l'objet est que Mgrs les Evêques, lors des visites qu'ils font dans leurs Diocèses, s'en tiennent pour leurs droits et ceux de leurs Greffiers aux usages pratiqués par leurs Prédécesseurs (1).

---

(1) *Décision de Sa Majesté :*
Les Juges et Procureurs du Roi doivent exercer gratis leurs fonctions ; à l'égard des autres Officiers, leurs droits et salaires seront incessamment réglés par un Tarif. En attendant suivre celui de 1745.

Mgrs les Commissaires du Roi ont répondu que l'intention de Sa Majesté est que ses Juges et ses Procureurs exercent gratis toutes leurs fonctions, au moyen des appointements qu'ils reçoivent ; qu'à l'égard des droits des Avocats, Greffiers, Procureurs et Huissiers, Sa Majesté ne tardera pas à faire connaître ses intentions par un règlement qui conciliera l'avantage de la Nation et la mesure de ses facultés avec le bien de la Justice.

L'Assemblée a demandé que jusqu'à l'arrivée du Tarif annoncé, l'on suive par intérim et sans tirer à conséquence celui fait par la République de Gênes en 1745, sous l'administration de M. de Giustiniani alors Commissaire Général en Corse, ce Tarif étant le plus avantageux à la Nation.

Sur quoi il a été arrêté et Mgrs les Commissaires ont accordé sous le bon plaisir du Roi, que jusqu'à ce que Sa Majesté ait adressé un Tarif en Corse pour régler les frais de Justice, celui fait par la République de Gênes en 1745 sera observé, attendu d'ailleurs qu'il n'y en a aucun de fixe et de scellé de l'autorité du Roi, qui s'observe actuellement.

Droits des Tribunaux Ecclésiastiques et droits de Mgrs les Evêques et de leurs Greffiers, lors de leurs visites. — Quant aux demandes de la Province d'Ajaccio sur les droits des Tribunaux Ecclésiastiques et sur ceux de Mgrs les Evêques et Greffiers lors de leurs visites, il a été arrêté à la pluralité des voix que la Province enverra à Mgrs les Commissaires du Roi des Mémoires bien détaillés relativement à ces objets, afin qu'ils veuillent bien prendre sur iceux les ordres de Sa Majesté.

Résidence des Juges dans l'intérieur de chaque Province. — Sur la demande de la Province de Bastia tendante à ce que la résidence des Juges soit fixée dans l'intérieur de chaque Province, les Députés de la Province de Bastia ont représenté que si le Juge, qui réside dans la Ville de Bastia, était transféré ailleurs, les habitants de ladite Ville seraient privés du privilège dont ils jouissent, et dans lequel le Roi les a confirmés au mois de Septembre dernier, de ne pouvoir être obligés de plaider tant en demandant, qu'en défendant devant d'autre Juge que celui qui réside en ladite Ville, sur quoi il a été arrêté qu'il sera dressé par rapport à cet objet des Mémoires qui seront présentés à Mgrs les Commissaires du Roi avec prière de les mettre sous les yeux de Sa Majesté et de solliciter ses ordres à cet égard.

Distraction des trois Pièves de Caccia, Canale et des Costières de la Juridiction de Bastia, et leur adjonction à la Juridiction du Nebbio. — En cet endroit Mgrs les Commissaires du Roi ont proposé que l'on détachât de la Juridiction de Bastia les trois Pièves de Caccia, Canale et des Costières pour les annexer à la Juridiction du Nebbio, attendu qu'elles se trouvent plus éloignées de Bastia, qu'elles ne le sont de Saint-Florent; sur quoi les Députés de la Province de Bastia se sont réunis pour déclarer que le vœu unanime desdites Pièves est de rester dans le ressort de la Juridiction de Bastia, et pour demander qu'il ne soit fait à cet égard aucun changement.

Etablissement d'une seconde Juridiction Royale dans la Province de Bastia. — Ensuite les Députés de ladite Province de Bastia ont supplié Mgrs les Commissaires du Roi de demander à Sa Majesté qu'en considération de la grande étendue de ladite Province, il soit établi dans son intérieur, une seconde Justice Royale dont le ressort sera composé des Pièves les plus éloignées de la Ville de Bastia, et la Justice de Bastia conservera la Ville, ainsi que les Pièves qui en sont les plus voisines.

Résidence au Poggio d'Oletta du Juge, du Procureur du Roi, et du Greffier de la Juridiction du Nebbio, pendant les mois de Juillet, Août, Septembre et Octobre de chaque année. — Sur la demande de la Province du Nebbio tendant à ce que le Siège de la Juridiction Royale soit toujours à Saint-Florent et que les Causes qui n'excéderont pas vingt-cinq livres y soient jugées sommairement et sans appel ; il a été arrêté, et Mgrs les Commissaires du Roi ont accordé, sous le bon plaisir de Sa Majesté, que le Juge Royal, le Procureur du Roi et le Greffier du Nebbio résideront à Saint-Florent pendant les mois de Novembre, Décembre, Janvier, Février, Mars, Avril, Mai, et Juin de chaque année et que dans les mois de Juillet, Août, Septembre et Octobre, pendant lesquels l'air à Saint-Florent est très malsain, ils résideront au Poggio d'Oletta, où il est plus salubre. La Province du Nebbio représentée par ses Députés s'est à cet effet obligée en la meilleure forme possible de faire fournir, sans qu'il en coûte rien au Roi, des emplacements convenables tant pour la Salle de Justice et pour le Greffe, que pour les prisons, comme aussi de subvenir aux dépenses qui seront nécessaires à l'effet de mettre la Salle de la Justice et le Greffe en état de servir et de rendre les prisons sûres et bien fermées ; ladite Province s'est pareillement obligée de fournir au Juge, au Procureur du Roi et au Greffier, pendant les quatre mois de leur résidence au Poggio d'Oletta, des logements convenables à la charge toutesfois qu'ils seront tenus d'en payer les loyers (1).

Attribution au Juge du Nebbio, de prononcer sans appel, dans les Causes qui n'excèdent pas 25 livres. — Quant à la demande qui tendait à ce que le Juge de Saint-Florent fût autorisé à prononcer sans appel dans les Causes qui n'excèdent pas vingt-cinq livres, tous les Députés s'y sont unanimement opposés, et cette demande a été universellement rejetée.

Confirmation des Jugements antérieurs à la prise de possession de Sa Majesté. — Sur la demande faite par quelques

---

(1) *Décision de Sa Majesté :*
Accordé.

Pièves, pour que les jugements antérieurs à la prise de possession de Sa Majesté soient confirmés, Mgrs les Commissaires du Roi ont répondu, qu'il faut distinguer les jugements rendus par des Tribunaux établis en vertu d'un pouvoir légitime, d'avec les jugements émanés ou de Paoli ou des juges qui avaient embrassé son parti, que les jugements de la première espèce seront maintenus, mais que les autres tirant leur origine d'une autorité illégitime et usurpée, l'intention de Sa Majesté est qu'ils soient regardés comme non avenus, sauf toutefois les actes qui font preuves ou qui établissent l'état des familles (1).

Sur quoi il a été arrêté unanimement que Mgrs les Commissaires du Roi seront suppliés d'intéresser, en faveur de la Nation, le cœur paternel de Sa Majesté, afin que, par un effet de la sagesse et de la bonté qui la caractérise, elle veuille bien épargner à ses Sujets Corses le préjudice que pourrait leur causer la nullité d'un grand nombre de jugements rendus avant que Sa Majesté ait pris possession de l'Ile.

Sûreté pour les parents des bandits et fugitifs. — Sur la demande de la Province de Vico, tendante à ce qu'il soit pourvu à la sûreté des familles dont les membres sont bandits et fugitifs, Mgrs les Commissaires du Roi ont assuré la Nation, au nom de Sa Majesté, que les familles ne seront point inquiétées, lorsqu'elles ne donneront ni protection ni secours à leurs parents bandits ou fugitifs (2).

Juridiction Ecclésiastique. Pouvoir de Mgrs les Evêques pour accorder des dispenses. — Ensuite Mgrs les Commissaires du Roi ont dit que l'attention de Sa Majesté à ne rien

---

(1) *Décision de Sa Majesté:*
Les jugements rendus par les Tribunaux légitimement établis, seront maintenus: ceux rendus par Paoli, ou les Juges qui tenaient de lui leur pouvoir, seront regardés comme non avenus.

(2) *Décision de Sa Majesté:*
Il leur sera donné toute sûreté et protection, autant qu'ils n'aideront d'aucuns secours leurs parents bandits et fugitifs.

négliger de ce qui peut assurer la tranquillité et le bien-être de ses Sujets Corses, lui ayant fait porter ses vues relativement à la législation, au-delà de ce qui concerne celles Civile et Criminelle, elle a aussi fait connaître ses intentions sur la Juridiction Ecclésiastique, sur l'administration du temporel des Bénéfices vacants, et sur l'exercice du droit de régale, que toutes ces lois sont en vigueur et font ressentir les heureux effets de la sage prévoyance de Sa Majesté. Mgrs les Commissaires ont après cela proposé l'examen d'une demande relative aux pouvoirs dont doivent jouir Mgrs les Evêques d'accorder des dispenses. Mgrs les Commissaires ont observé, à cet égard, qu'en France les Evêques ne donnent point de dispenses au second degré, mais que Sa Majesté leur a permis d'annoncer à la Nation, qu'elle voudra bien se concerter avec la Cour de Rome sur le degré auquel les Evêques de Corse pourront accorder des dispenses à l'instar de ce qui se pratique en France sur cette matière (1).

Sur quoi Mgrs les Evêques d'Ajaccio, de Sagone et du Nebbio ont prié Mgrs les Commissaires de recevoir la déclaration qu'ils ont faite, que cette demande a été formée sans leur participation et qu'ils ne prétendent à aucune extension de pouvoirs sur cette matière, de laquelle déclaration Mgrs les Commissaires leur ont, à leur réquisition, donné acte.

Et a été la présente délibération signée tant par Mgrs les Commissaires du Roi, que par Mgrs les Evêques d'Ajaccio et de Sagone, par MM. Panzani et Bustoro, Députés Ecclésiastiques, par MM. Tiburce Morati et Anicet-François Pietri, Députés Nobles, et par les Sieurs Louis Pietri et Joseph Guerini, Députés du Tiers-Etat.

CHARDON.
LE COMTE DE MARBEUF.

---

(1) *Décision de Sa Majesté :*
Le Roi se concertera avec la Cour de Rome pour faire jouir les Evêques de Corse, relativement aux Dispenses, des mêmes droits attribués à cet égard aux autres Evêques de France.

Dudit jour 17 Septembre 1770.

Reconnaissance de la Noblesse. — Mgrs les Commissaires du Roi ont dit que la Corse, qui a témoigné en tout temps le désir d'avoir une Noblesse nationale, vient de recevoir à cet égard une nouvelle preuve des dispositions où est Sa Majesté de se prêter aux vues de la Nation. Que l'Edit, qu'elle a donné au mois d'Avril dernier, et qui a été enregistré au mois de juin suivant au Conseil Supérieur de cette Ile, remplit d'une manière satisfaisante pour ses Sujets Corses l'objet qu'ils ont dû se proposer, que cet Edit distingue quatre sortes de Noblesse : 1º Celle *Prouvée,* c'est-à-dire, dont on justifiera deux cents ans de possession. 2º Celle *Avouée,* c'est-à-dire, dont les preuves ne pourront être faites complètement et pour laquelle Sa Majesté pourra, selon les circonstances, suppléer à leur insuffisance; cette Classe comprendra aussi la Noblesse Militaire, créée par Edit du mois de Novembre 1750. 3º La Noblesse *Créée,* source de grâces pour ceux des Sujets de Sa Majesté qui se rendront dignes de l'obtenir. 4º Enfin la Noblesse *Etrangère,* dont le Roi n'a formé une Classe que pour se prêter à la délicatesse de la Nation en autorisant et consacrant, même par un Edit, la différence qu'elle a toujours mise entre cette Noblesse et celle nationale.

Mgrs les Commissaires ont ajouté que les dispositions de cet Edit pourvoit suffisamment aux différentes demandes faites par quelques Provinces au sujet de la Noblesse, ce que MM. les Députés ont reconnu, et en témoignant leur gratitude du nouveau bienfait que Sa Majesté daigne leur accorder en cette occasion, ils ont dit unanimement que la Nation se conformera aux dispositions dudit Edit.

Et a été la présente délibération signée tant par Mgrs les Commissaires du Roi que par Mgrs les Evêques et Députés, qui ont souscrit celle prise déjà dans la présente Séance.

Chardon.
Le Comte de Marbeuf.

Dudit jour 17 Septembre 1770.

Monnaie de Paoli. — Mgrs les Commissaires du Roi ont dit que la Nation ne peut méconnaître les avantages que le Roi lui a procurés en supprimant la monnaie frauduleuse, et de mauvais aloi, que Paoli a fait frapper depuis 1762, jusqu'en 1768, monnaie dont la valeur intrinsèque était des deux tiers au-dessous de la valeur numéraire qu'il y avait attachée, et dont l'empreinte inconnue était d'ailleurs rejetée par les Etats voisins; que Sa Majesté pour remplacer cette monnaie défectueuse en a tiré de ses propres richesses une autre dont la libre circulation dans tous les Etats étrangers, facilite le commerce de ses Sujets Corses et leur donne l'assurance de trouver de cette nouvelle monnaie, par tout et en tout temps, la même valeur pour laquelle ils l'auront reçue. Mgrs les Commissaires du Roi ont ajouté que Sa Majesté en même temps qu'elle s'est déterminée à un changement aussi utile pour la Corse, a pris de justes précautions à l'effet qu'aucun de ses Sujets ne fût lésé par la suppression de la monnaie vicieuse qu'elle proscrivait, qu'elle a donné des ordres dans le temps à son Commissaire départi, pour qu'il fût établi des Bureaux où les particuliers nantis de cette monnaie pussent la changer contre de la monnaie de France, que ces ordres ont été exécutés et que le délai fixé pour ce change a été assez long pour donner le temps à chaque particulier de se défaire de ce qu'il avait de monnaie de Paoli.

Rétablissement de la monnaie de Paoli, ou échange de ce qui en reste encore. — Procédant ensuite à l'examen des demandes faites par plusieurs Pièves de la Province de Bastia et par la Province d'Ajaccio, soit pour que la monnaie du Pays recouvrât sa première valeur et le cours qu'elle avait précédemment, soit pour que Sa Majesté retirât sur l'ancien pied ce qui en reste encore : Mgrs les Commissaires ont répondu que le Roi n'est point disposé à accueillir ces différentes demandes, qu'en rétablissant le cours de la monnaie de Paoli, il préjudicierait à la Nation, en ce qu'il y aurait un vuide réel dans le gage représentatif de la valeur des échanges, que d'un autre côté Sa Majesté en différant comme elle l'a fait, la suppression de cette monnaie a donné des preuves de son attention à ménager les intérêts de ses Sujets Corses, que ceux qui n'ont pas voulu profiter de la facilité qu'ils avaient de s'en défaire, doivent être considérés comme des fanatiques aveugles sur leurs véritables avantages, et qu'ils doivent supporter la peine de leur obstination.

Sur quoi l'Assemblée a supplié Mgrs les Commissaires de permettre que ceux qui se trouvent chargés de cette monnaie leur adressent des mémoires, où ils expliqueront les circonstances qui ont exigé qu'ils la reçussent, et les ordres Supérieurs qui les y ont forcés et elle a demandé avec instance que Mgrs les Commissaires veuillent bien s'intéresser en faveur de ces particuliers, pour leur obtenir quelques grâces de Sa Majesté.

Après quoi la Séance a été remise à demain, dix-huit de ce mois, huit heures et demie du matin, et le Procès-verbal de la présente Séance a été signé tant de Mgrs les Commissaires du Roi, que de Mgrs les Evêques et Députés qui ont souscrit les autres délibérations de ce jour.

CHARDON.
LE COMTE DE MARBEUF.

Séance du 18 Septembre 1770.

Confection du Terrier Général de l'Ile de Corse. — Mgrs les Commissaires du Roi et Mgrs les Evêques, Grand-Vicaire et Députés ci-devant dénommés s'étant rendus à la Salle d'Assemblée de la Consulte, Mgrs les Commissaires du Roi ont fait donner lecture par le Commissaire Greffier de l'Edit de Sa Majesté du mois de Mai 1770, qui prescrit la confection du Terrier Général de l'Ile de Corse, après laquelle lecture Mgrs les Commissaires ont dit que le but de Sa Majesté dans cet Edit ne tend qu'à l'avantage de ses Sujets Corses, qu'en réunissant à son Domaine les fonds qui seront reconnus lui appartenir, elle en fera ensuite des concessions à des conditions favorables pour ceux qui les prendront, que les profits que feront ces Colons, en les mettant en état de cultiver avec fruit les terrains qui leur auront été concédés, augmenteront les richesses de la Corse, accroîtront sa population et soulageront chaque individu au moyen de ce que les charges se trouveront reparties sur une plus grande somme d'objets et un plus grand nombre de contribuables.

Biens communaux et incultes. — Procédant ensuite à l'examen des diverses demandes faites par les Provinces relativement aux Domaines, Mgrs les Commissaires ont rappelé : 1º Celle de la Province de Vico tendante à ce que le Domaine de la Paomia et des Cinq-Tours demeure commun et reste dans l'état où il est aujourd'hui, libre de toutes charges ; 2º Une autre demande de la même Province tendante à ce que les biens communaux en général restent libres aussi et sans aucune charge comme ils sont à présent; 3º Une demande de la Province de Sartene, Bonifacio, Portovecchio et Istria dont l'objet est de réclamer plusieurs terrains soi-disant communaux (1).

Mgrs les Commissaires du Roi ont dit à cet égard, que bien loin que ces différentes demandes aient paru admissibles à Sa Majesté, elle les a vues au contraire avec beaucoup de mécontentement ; que le terrain de la Paomia est un domaine de la République de Gênes qui l'avait cédé aux Grecs et que la Province de Vico n'y a aucun droit ; que si l'on remontait à l'origine de la possession de la plupart de ces vastes terrains censés communaux, on reconnaîtrait que les Communautés qui les réclament n'y ont que des droits fort équivoques ; que le désastre des Guerres les ayant dévastés et rendus déserts, les Communautés les plus voisines se les sont disputés, et que les plus puissantes s'en sont emparées ; que l'état d'inculture où ils sont aujourd'hui prive l'Ile d'une source abondante de richesses ; qu'il ne peut résulter un avantage réel de la faculté accordée au premier occupant, par le chapitre 39 du Statut Corse, de pouvoir les ensemencer et en jouir pendant trois ans, attendu le peu de préparation et de soin que donnera à un terrain un particulier qui n'en aura qu'un usufruit précaire et momentané ; que Sa Majesté à qui, à la rigueur, ces terrains abandonnés appartiendraient à titre de déshérence, veut bien se réduire à y prendre une portion comme le premier et le principal des habitants de chaque Communauté, qu'en même temps qu'elle en distribuera une partie à des cultivateurs laborieux et intelligents, elle en accordera aussi aux Communautés, aux Pièves et aux Provinces, à la condition de les exploiter et cultiver convenablement ;

---

(1) *Décision de Sa Majesté* :
Le Roi, à qui tous ces terrains appartiendraient à titre de déshérence, voudra bien se restreindre à y prendre la portion qui ne peut lui être contestée, et il accordera le surplus aux Communautés, aux Pièves et aux Provinces à la charge de les cultiver convenablement.

que Sa Majesté, pour retrouver une partie des dépenses que que la protection et l'administration de l'Ile lui occasionnent, imposera toutes les terres à proportion de leur produit, et qu'elle pourra même, afin d'exciter plus efficacement l'émulation de ses sujets Corses, imposer les terres incultes et mal cultivées dans une proportion plus forte que celles dont la culture aura été portée à un degré supérieur.

Réclamation de quelques terres. — Sur la demande de la Province de Sartene, Bonifacio, Portovecchio et Istria, et sur sur celle de la Province de Calvi, l'une et l'autre ayant pour objet la réclamation de quelques terres, Mgrs les Commissaires ont répondu que l'Edit, dont il vient d'être donné lecture, satisfait à ces différentes demandes, qu'en exécution de cet Edit ceux qui prétendent à la propriété des terres, dont il s'agit, devront en fournir des déclarations soutenues de titres, et que l'examen qui en sera fait dans la forme prescrite, fera connaître si leurs prétentions sont légitimes ou non (1).

L'Assemblée a déclaré qu'elle ne peut que souscrire avec tout le respect qu'elle doit aux ordres de Sa Majesté, à ceux qui viennent de lui être annoncés, et que la Nation se fera un devoir de s'y conformer exactement, soit pour l'exécution de l'Edit concernant le Terrier, soit pour les terrains réputés communaux.

Et a été la présente Délibération signée tant par Mgrs les Commissaires du Roi, que par Mgr l'Evêque du Nebbio et Mgr le Grand-Vicaire d'Aleria, par MM. Gabrielli et Battestini, Députés-Piévans, par MM. Gentile de Nonza et Gentile de Brando, Députés Nobles, et par les Sieurs Susini et Galeazzini, Députés du Tiers-Etat.

CHARDON.
LE COMTE DE MARBEUF.

---

(1) *Décision de Sa Majesté :*
Il y est pourvu par l'Edit concernant le Terrier.

Du dit jour 18 Septembre 1770.

Fixation du prix du sel à 15 deniers de France la livre, poids de marc dans les Ports et Places maritimes, et à 30 deniers la livre dans les Places de l'intérieur, aussi argent de France et poids de marc. — Mgrs les Commissaires du Roi ont dit qu'ils doivent faire part à l'Assemblée des intentions de Sa Majesté par rapport au prix du sel, que la fixation qui en a été précédemment faite à huit deniers la livre pour celui levé dans les places maritimes, et à quatorze deniers pour celui levé dans les places de l'intérieur, ne peut subsister par plusieurs raisons.

1º Parce que le sel se vendait alors monnaie de Gênes et qu'actuellement il ne circule plus en Corse d'autre monnaie que celle de France.

2º Parce que le sel se débitait en Corse poids de Gênes, et que Sa Majesté veut présentement qu'on ne s'y serve plus d'autre poids que de celui connu en France, sous le nom de poids de marc.

3º Parce que la fixation ci-dessus est onéreuse à Sa Majesté.

Mgrs les Commissaires ont en conséquence proposé au nom du Roi qu'à l'avenir le sel fût vendu en Corse sur le pied de quinze deniers de *France* la livre, *poids de marc*, pris dans les magasins des Places des Ports maritimes, et à trente deniers de *France* la livre, aussi *poids de marc*, pour le sel qui sera débité dans les entrepôts de l'intérieur de l'Ile, en réservant néanmoins à tous particuliers, même à ceux qui résident dans l'intérieur de l'Ile, la faculté de se fournir de sel par eux-mêmes aux magasins généraux des Ports et Places maritimes, où ils ne le payeront qu'au prix de quinze deniers de *France* la livre, *poids de marc*.

Sur quoi et la matière mise en délibération, l'Assemblée voulant donner une preuve de sa soumission aux ordres du Roi, et de l'empressement qu'elle a de saisir toutes les occasions de lui plaire, a arrêté unanimement qu'à l'avenir le prix du sel demeurera fixé à quinze deniers de *France* la livre, *poids de marc*, ce qui revient à six livres cinq sous le quintal, même poids et argent, pour le sel pris dans les magasins généraux des Places et Ports maritimes, et à trente deniers la livre ou douze livres dix sous le quintal, aussi argent de *France* et *poids de marc*, le sel qui sera débité dans les magasins de l'intérieur de l'Ile ; qu'il sera libre néanmoins à tous les habitants, même à ceux qui résident dans l'intérieur, de se fournir de sel par eux-mêmes aux magasins généraux des Ports et Places maritimes, où ils ne le payeront qu'au prix de quinze deniers la livre ou six livres cinq sous le quintal, argent de *France* et *poids de marc*. L'Assemblée a au surplus supplié Mgrs les Commissaires de vouloir bien demander à Sa Majesté qu'elle donne des ordres, pour que le sel qui sera envoyé en Corse soit de bonne qualité, et pour qu'il soit établi dans les Provinces de l'Ile le nombre d'entrepôts que le besoin et la commodité du consommateur rendront nécessaires.

Après quoi la Séance a été remise à demain 19 de ce mois, huit heures et demie du matin et le Procès-verbal de la présente Séance a été signé tant par Mgrs les Commissaires du Roi, que par Mgrs les Evêques, Grand-Vicaire et Députés qui ont souscrit la première délibération de ce jour.

CHARDON.
LE COMTE DE MARBEUF.

Séance du 19 Septembre 1770.

Droits d'importation et exportation des Marchandises. — Mgrs les Commissaires du Roi et Mgrs les Evêques, Grand-Vicaire et Députés, ci-devant dénommés, s'étant rendus en la Salle d'Assemblée, Mgrs les Commissaires du Roi ont dit que les droits d'importation et exportation des marchandises sont perçus en Corse, en conformité d'une Ordonnance que Sa Majesté a autorisé son Commissaire départi à rendre le vingt-quatre Décembre 1768, qu'il résulte de l'exécution de cette Ordonnance les plus grands avantages pour la Nation, soit par rapport à l'exemption de tous droits accordés aux commestibles et denrées de première nécessité, soit par rapport à la juste proportion établie entre les droits que doivent payer les marchandises qui viennent de France, et dont le commerce demande à être particulièrement protégé, et les droits auxquels sont assujetties les marchandises tirées de l'Etranger. Mgrs les Commissaires du Roi ont ajouté que, quelque soit l'utilité que la Nation retire de cette Ordonnance, Sa Majesté, animée du désir de lui procurer des avantages encore plus marqués, s'est déterminée à donner sur la perception des droits en Corse un nouveau règlement qu'elle se propose d'y faire publier au plutôt; que suivant ce règlement les denrées transportées dans l'Ile d'un lieu à l'autre ne payeront rien, que l'exportation des denrées du cru de l'Ile sera très-favorisée par la modicité des droits qu'elles supporteront, qu'à l'égard des denrées, marchandises et effets qui seront introduits en Corse, leur importation, malgré les droits qui seront exigés, sera tout entière à l'avantage de la Nation, au moyen de la distinction qui sera faite pour la fixation de ces droits, selon le lieu d'où viendront ces marchandises, denrées et effets, et selon le pavillon sous lequel l'importation s'en fera.

Demandes de Ports francs et d'exemptions de tous droits. — Procédant ensuite à l'examen des demandes faites par plusieurs Provinces et Piéves, soit pour avoir des Ports francs, soit pour jouir de l'exemption de tous droits de Douane, Mgrs les Commissaires du Roi ont répondu que Sa Majesté n'entend point accueillir ces différentes demandes, que si elle y déférait de même qu'à celles semblables dont elles ne manqueraient pas d'être suivies, la Corse ne serait bientôt plus qu'un seul port franc, que tous ces ports francs se nuiraient réciproquement, et que les Villes qui les auraient obtenus ne jouiraient pas du fruit qu'elles s'en promettent ; qu'enfin les habitants de l'Ile trouveront dans le règlement de Sa Majesté qui vient de leur être annoncé des avantages suffisants et propres à concilier les divers intérêts (1).

Sur quoi et la matière mise en délibération, il a été arrêté que la Nation se conformera aux intentions du Roi, et que Mgrs les Commissaires seront suppliés de faire valoir en cette circonstance sa soumission, ainsi que les intérêts des Provinces et des pauvres.

Et a été la présente Délibération signée tant par Mgrs les Commissaires du Roi, que par Mgrs les Evêques d'Ajaccio et de Sagone, par MM. Villanova et de Petris, Députés Piévans, par MM. Colonna et Grazietti, Députés Nobles, et par les Sieurs Cremona et Defendini, Députés du Tiers-Etats.

CHARDON.
LE COMTE DE MARBEUF.

---

(1) *Décision de Sa Majesté :*
Refusé.

Dudit jour 19 Septembre 1770.

Droits d'ancrage et traite foraine. — Mgrs les Commissaires du Roi ont annoncé que l'intention de Sa Majesté était que les droits d'ancrage et traite foraine continuassent à être payés; ils ont observé que ces droits, dont l'origine est aussi éloignée que celle des droits d'importation et d'exportation, se perçoivent également dans tous les Etats des Souverains, que d'ailleurs ils ne sont ni considérables en eux mêmes, ni fort à charge aux habitants.

Entretien des deux Ports de Macinaggio et Centuri. — Sur quoi il a été arrêté unanimement que la Nation se conformera aux intentions de Sa Majesté. Et sur ce qu'il a été représenté par les Députés du Cap-Corse, que les deux Ports de cette Province, situés au lieu dit le Macinaggio et Centuri, ayant été faits aux dépens des Communautés, il serait à désirer que Sa Majesté voulût bien permettre que les dites Communautés retirassent un droit quelconque par chaque bâtiment qui mouillerait dans lesdits Ports, pour subvenir à leur entretien, ou que Sa Majesté voulût bien se charger du dit entretien (1).

Il a été arrêté qu'il sera référé à Sa Majesté sur cette demande d'après les mémoires qui seront remis à Mgrs les Commissaires par les Députés du Cap-Corse.

Et a été la présente Délibération signée tant par Mgrs les Commissaires du Roi, que par Mgrs les Evêques et Députés qui ont souscrit la Délibération précédente.

CHARDON.
LE COMTE DE MARBEUF.

---

(1) *Décision de Sa Majesté* :
Le Roi se chargera de cet entretien.

Dudit jour 19 Septembre 1770.

Etablissement du Papier timbré, du Contrôle et de l'Insinuation. — Mgrs les Commissaires du Roi ont dit que Sa Majesté pour donner plus d'authenticité aux actes, assurer leur existence, et conserver leurs dispositions, avait établi les formalités du Papier timbré, du Contrôle et de l'Insinuation, formalités observées dans tout son Royaume, que ces établissements sont d'autant plus précieux, qu'ils donnent aux actes la publicité qui leur est nécessaire, qu'ils remédient aux fraudes qui pourraient s'y glisser, ainsi qu'à la perte qui pourrait s'en faire, et qu'ils rendent ostensible la nature des engagements qui sont stipulés par chaque acte et qu'il peut devenir intéressant de connaître pour assurer le bon ordre des Sociétés : que l'établissement du papier timbré n'est pas une chose nouvelle en Corse, et que Sa Majesté ne fera à cet égard que remplacer par un timbre légitime à ses Armes, celui que Paoli avait établi. Mgrs les Commissaires ont ajouté que les trois Edits que Sa Majesté se propose de donner à ses Sujets ne tarderont pas à paraître et à être rendus publics dans l'Ile.

Sur quoi l'Assemblée a unanimement répondu que la Nation se conformera aux intentions du Roi, lorsqu'elles seront manifestées.

Et a été la présente Délibération signée tant par Mgrs les Commissaires du Roi, que par Mgrs les Evêques et Députés qui ont souscrit les autres de ce jour.

CHARDON.
LE COMTE DE MARBEUF.

Dudit jour 19 Septembre 1770.

Construction des chemins. — Mgrs les Commissaires du Roi ont dit que les constructions des chemins se sont faites jusqu'à présent par les Troupes et aux frais du Roi, mais que l'intention de Sa Majesté est que cet objet par la suite soit à la charge de la Nation, attendu que l'amélioration des chemins l'intéresse directement par l'usage qu'elle en fait, et l'utilité qu'elle en retire ; Mgrs les Commissaires ont ajouté qu'ils ont ordre de Sa Majesté d'écouter ce que la Nation pourra leur proposer, soit sur les chemins qu'il convient d'établir pour l'avantage de l'agriculture et du commerce, soit sur la meilleure manière d'y procéder, ou en envoyant aux chemins des travailleurs fournis par les Villages, ou à prix d'argent, soit sur les précautions que les circonstances locales peuvent rendre nécessaires pour leurs constructions.

Sur quoi il a été arrêté unanimement que lorsque les Députés seront de retour dans leurs Provinces respectives, ils rassembleront tous les éclaircissements qu'ils pourront se procurer, pour en fournir des mémoires tant sur les chemins qu'il conviendrait d'établir pour l'avantage de l'agriculture et du commerce, que sur la meilleure manière et la moins onéreuse d'y procéder ; lesquels mémoires Mgrs les Commissaires du Roi seront priés de faire parvenir à Sa Majesté pour obtenir ses ordres à cet égard.

Dédommagement en faveur de la Piève d'Olmi. — Procédant ensuite à l'examen des demandes faites par les Pièves et Provinces dans leurs Assemblées particulières relativement aux chemins, il a été arrêté sur celle de la Piève d'Olmi Province de Calvi, tendant à ce que les particuliers qui ont souffert du nouveau chemin allant d'Olmi à Calvi, soient dédommagés, et que l'ancien chemin soit rétabli et raccommodé ; que la Piève d'Olmi enverra un mémoire expositif des dommages qu'elle a éprouvés par la construction du chemin dont il s'agit, duquel chemin, ainsi que de l'ancien, il sera fait dans ledit mémoire une désignation claire, pour être statué sur icelui ce qu'il appartiendra.

Secours demandé par la Province de Vico pour les excavations des rochers. — Sur la demande de la Province de Vico tendante à l'allégement des travaux des chemins, les Députés de ladite Province ont observé qu'elle n'a pas entendu demander d'être dispensée des travaux des chemins, connaissant tout l'avantage que les grandes routes peuvent procurer à la Nation, mais que la Province désirerait, attendu que l'endroit, où ses habitants travaillent, a beaucoup de rochers, à l'excavation desquels ils ne sont pas faits, que Mgrs les Commissaires du Roi voulussent bien venir à leur secours, soit en leur procurant des mineurs, ou autres ouvriers plus au fait qu'eux, de travailler à l'excavation des rochers, soit par tel autre moyen que la prudence de Mgrs les Commissaires pourra leur suggérer.

Et a été la présente Délibération signée tant par Mgrs les Commisaires du Roi, que par Mgrs les Evêques et Députés qui ont souscrit les autres de ce jour.

CHARDON.
LE COMTE DE MARBEUF.

Dudit jour 19 Septembre 1770.

Commerce et Manufactures. — Mgrs les Commissaires du Roi ont dit que la Nation est trop éclairée pour ne pas sentir que le commerce et les manufactures étant le seul moyen de mettre en valeur les produits de la terre et d'augmenter les richesses des habitants, rien ne saurait être plus intéressant pour elle, que de porter les vues sur des objets aussi essentiels ; que Sa Majesté est disposée à lui accorder son appui dans tout ce qui peut y être relatif, que les projets et le travail de ceux qui chercheront par des découvertes utiles et des soins efficaces à aggrandir le commerce, et animer l'industrie, seront accueillis avec distinction, et que Mgrs les Commissaires s'empresseront en toute occasion de faire valoir auprès de Sa Majesté les talents, le zèle et le patriotisme de ceux qui en feront paraître.

Sur quoi tous les Députés ont unanimement répondu qu'ils sont pénétrés de reconnaissance des intentions bienfaisantes de Sa Majesté, et qu'ils ne le sont pas moins des dispositions favorables que Mgrs les Commissaires veulent bien leur témoigner à cet égard.

Diminution du prix des huiles à l'Ile-Rousse. — Procédant ensuite à l'examen des demandes faites par les Députés des Provinces relativement au Commerce, et commençant par la demande de la Province de la Balagne sur l'espèce de ligue et de concordat que font entre eux les marchands d'huile de *Sestri di Levante*, pour ne mettre aux huiles de la Balagne qu'un prix très bas qui leur ménage des profits considérables au détriment de la Province et des cultivateurs, Mgrs les Commissaires du Roi ont répondu que la Province de la Balagne trouvera un remède à cet abus dans l'Edit qu'ils ont déjà annoncé et qui doit régler les droits d'entrée et de sortie; que l'exportation des huiles sera dirigée de préférence vers la France, au moyen de ce qu'elles ne paieront, lorsqu'elles seront exportées pour cette destination et sous le pavillon Français, qu'un modique droit de deux pour cent, au lieu que les Etrangers se trouveront presque exclus du commerce des huiles par les droits considérables auxquels elles seront assujetties, lorsqu'elles seront exportées hors de France et sous pavillon étranger ; que même Sa Majesté, dont la bienfaisance pour la Corse est sans borne, se propose, sinon d'interdire, du moins de gêner l'introduction en France des huiles d'Italie, en les remplaçant par celles de Corse (1).

Sur quoi tous les Députés, et notamment ceux de Calvi et de la Balagne, ont rendu grâces à Sa Majesté de cette faveur signalée, et ont supplié Mgrs les Commissaires de lui faire parvenir l'expression de leur vive reconnaissance.

Prix excessif du fer et de l'acier. — Sur la demande des Provinces de Vico et de Sartene, Bonifacio, Portovecchio et Istria, tendante à ce que le prix de l'acier et du fer soit réduit et remis sur le pied qu'il était dans le temps de l'administration de la République de Gênes, Mgrs les Commissaires ont répondu que les objets de commerce tels que l'acier et le fer ne doivent point être taxés, que la liberté du commerce en assure les progrès, et que la Nation au lieu de solliciter la réduction du prix des marchandises, doit chercher dans son labeur et dans son industrie, les moyens ou de les payer leur valeur, ou d'en faire baisser le prix par l'abondance que le travail des habitants, leur émulation et la concurrence doivent nécessairement établir (2).

Introduction du vin étranger à Ajaccio. — Sur la demande de la Province d'Ajaccio tendante à ce qu'il soit défendu d'introduire à Ajaccio du vin étranger, Mgrs les Commissaires ont répondu que cette demande a paru inadmissible à Sa Majesté qui dès le mois de février ou de mars 1769 l'avait déjà rejetée, et avait chargé son Commissaire départi de la

---

(1) *Décision de Sa Majesté :*
Il y sera pourvu par la modicité des droits de sortie auxquels seront assujetties les huiles destinées pour la France et les forts droits qui seront réglés pour leur exportation dans l'étranger.
(2) *Décision de Sa Majesté :*
Il ne peut être taxé.

faire connaître à la ville d'Ajaccio. Mgrs les Commissaires ont observé que la base du commerce est la liberté, que c'est aux habitants d'Ajaccio à faire leur vin assez bon, et à le tenir à un prix assez raisonnable, pour lui procurer la préférence, et qu'aucun marchand ne porterait du vin du dehors à Ajaccio, s'il n'était sûr de l'y vendre, et de trouver dans cette vente un avantage et un bénéfice certains. (1).

Et a été la présente Délibération signée tant par Mgrs les Commissaires du Roi, que par Mgrs les Evêques et Députés qui ont souscrit les autres de ce jour.

Chardon.
Le Comte de Marbeuf.

Dudit jour 19 Septembre 1770.

Cultivation. Réunion au domaine de Sa Majesté des terrains qui seront restés incultes pendant 3 années consécutives. — Mgrs les Commissaires du Roi ont dit que Sa Majesté, toujours occupée du bonheur de la Corse, a cru nécessaire, pour lui assurer celui dont elle désire la faire jouir, de chercher les moyens les plus capables d'exciter les habitants au défrichement et à la culture des terres, qu'en conséquence elle se propose de rendre une Ordonnance, en vertu de laquelle tout terrain qui sera demeuré inculte pendant trois années consécutives, à compter du jour de la publication de cette même Ordonnance, sera censé abandonné et réuni de plein droit au domaine de Sa Majesté, pour en être disposé par elle suivant sa volonté. Mgrs les Commissaires du Roi ont ajouté que

---

(1) *Décision de Sa Majesté :*
Elle ne saurait être prohibée.

cette disposition de Sa Majesté devait engager la Nation à redoubler ses efforts, que la meilleure manière et la plus sûre d'intéresser le cœur paternel de Sa Majesté, était de montrer de la bonne volonté et de l'empressement pour l'exécution de ses ordres, chacun suivant ses facultés et ses forces, que Mgrs les Commissaires du Roi n'auront rien de plus à cœur, que de faire valoir les preuves de zèle que donnera chaque habitant pour remplir les vues de Sa Majesté.

Mgrs les Commissaires du Roi ont annoncé de plus aux Députés que Sa Majesté les verra avec satisfaction rechercher et proposer les moyens en tout genre, qui seront les plus propres à favoriser la culture des terres, ainsi qu'à faire l'avantage des cultivateurs, auxquels Sa Majesté a destiné une protection particulière.

Sur quoi tous les Députés ont répondu qu'ils chercheront toujours à montrer de la bonne volonté et du zèle pour exécuter les ordres de Sa Majesté, qu'en conséquence ils remettront à Mgrs les Commissaires du Roi des mémoires contenant les moyens qu'ils croiront les plus propres pour la culture des terres ; mais qu'ils espèrent que Sa Majesté voudra bien regarder avec la bonté qui la caractérise, le peu de force d'une nation épuisée par de longs malheurs et quarante années de guerre ; que son cœur paternel ne se refusera pas à prendre en considération les efforts que la Nation fera toujours pour mériter les bienfaits, et qu'elle daignera continuer de tendre à ses nouveaux Sujets un bras secourable.

Mgrs les Commissaires du Roi ont en conséquence été suppliés d'interposer leurs bons offices, à l'effet de faire valoir les sentiments de la Nation Corse pour le meilleur des Rois et le plus digne d'être aimé.

Après quoi la Séance a été remise à après-demain, 21 de ce mois, dix heures du matin, et le procès-verbal de la présente Séance a été signé tant par Mgrs les Commissaires du

Roi, que par Mgrs les Evêques et Députés qui ont souscrit les Délibérations de ce jour ci-devant transcrites.

CHARDON.
LE COMTE DE MARBEUF.

Séance du 21 Septembre 1770.

Assistance à la Consulte de M. Cassoni, en qualité de Grand-Vicaire de Mgr l'Evêque de Mariana et Accia. — Mgrs les Commissaires du Roi et Mgrs les Evêques, Grand-Vicaire et Députés ci-devant dénommés s'étant rendus dans la Salle d'Assemblée de la Consulte, il y est comparu M. Ambroise de Cassoni qui a exhibé à Mgrs les Commissaires du Roi des lettres de Mgr l'Evêque du Diocèse de Mariana et Accia, lesquelles le nomment et établissent Vicaire-Général dudit Diocèse, lesquelles lettres, en date du 18 juin 1770 et signées *D. M. Ep. Marian. Accien.*, lui ont été rendues, après que lecture en a été faite par le Commis-Greffier et mon dit M. Cassoni a en conséquence pris Séance à la Consulte en ladite qualité de Vicaire-Général de l'Evêché de Mariana et Accia.

Subvention. — Ensuite Mgrs les Commissaires ont dit que les deux mémoires rendus successivement publics, concernant la Subvention dont Sa Majesté a jugé à propos d'ordonner la levée dans l'Ile de Corse, ont dû faire connaître aux Députés : 1° la justice et la nécessité de l'établir ; 2° l'avantage de l'imposer sur les biens-fonds de préférence à tout autre genre de subside ; 3° enfin la méthode suivant laquelle l'intention de Sa Majesté est qu'elle soit répartie et perçue ; que Mgrs les Commissaires croiraient inutile de rappeler ici les principes et les détails contenus dans ces deux mémoires; qu'ils ne doutent point que les Députés par la lecture qu'ils en ont prise et l'étude particulière qu'ils en ont faite, ne s'en soient pénétrés ; qu'ils sont même instruits que ces principes et ces détails ont été saisis par les membres du Comité, établi suivant la Délibération du 16 de ce mois, lesquels s'en sont occupés dans plusieurs séances ; Mgrs les Commissaires persuadés de l'empressement avec lequel les Députés ici présents chercheront à remplir à cet égard les vues de Sa Majesté, pensent qu'il suffit pour fixer d'une manière plus précise la détermination qu'ils ont à prendre, de leur faire envisager qu'elle doit porter principalement sur deux objets ; savoir en premier lieu la répartition et payement des 120 mille livres auxquelles Sa Majesté, par une suite des bontés que la Corse ne cesse d'éprouver de sa part, a bien voulu réduire la première année de cette subvention, c'est-à-dire, celle du premier octobre 1770, en second lieu l'observation des formalités prescrites par Sa Majesté, pour constater le montant et la valeur des productions de toute nature tant végétales qu'animales, dont le résultat doit servir à l'assiette et répartition de la subvention qui sera exigée chaque année par Sa Majesté, à compter de celle qui sera réglée à la Consulte prochaine pour l'année du premier octobre 1770, au premier octobre 1771.

Mgrs les Commissaires ont observé par rapport au premier objet, que le payement du premier quart des 120 mille livres devant être effectué au premier janvier 1771, l'Assemblée doit s'appliquer à écarter tous moyens de répartition qui seraient de nature par les longueurs qu'ils entraîneraient à reculer ce premier payement au-delà de l'époque fixée, et ils ont ajouté que les productions recueillies cette année par chaque contribuable n'ayant point été constatées, il en résultera inévitablement quelque inégalité dans la répartition ; mais que l'Assemblée doit considérer que cette inégalité ne tirera point à conséquence au moyen de ce qu'elle sera réparée quand il s'agira de répartir la seconde année de la subvention, lors de laquelle répartition, il sera fait compensation conformément aux intentions de Sa Majesté, de ce que chacun aura payé de trop ou de trop peu pour la première année.

Mgrs les Commissaires relativement au second objet ont prévenu les Députés qu'il n'est question de leur part, que d'exposer leurs doutes sur les points du plan de la subvention, qu'ils pourraient n'avoir pas saisi suffisamment, ou leurs représentations sur ceux qui pourraient leur en paraître susceptibles.

Répartition et paiement des 120 mille livres montant de la subvention à payer pour l'année du premier octobre 1769, au premier octobre 1770. — Sur quoi et la matière mise en délibération, il a été arrêté, sous le bon plaisir de Sa Majesté, relativement au premier objet, c'est-à-dire, à la répartition et payement des 120 mille livres à quoi Sa Majesté a fixé la subvention de l'année du premier octobre 1769, au premier octobre 1770, que ladite somme de 120 mille livres sera partagée en trois portions égales de 40 mille livres chacune, dont une sera supportée par les Provinces au-delà des Monts qui sont: *Ajaccio, Vico et Sartene, Bonifacio, Portovecchio et Istria;* une autre par les deux Provinces de *Bastia et d'Aleria,* et la troisième et dernière par les Provinces *du Cap-Corse, du Nebbio, de Corte, de Calvi et de la Balagne;* que du premier tiers payable par les Provinces au-delà des Monts, il y en aura à la charge de la Province d'Ajaccio 19 mille livres, à la charge de la Province de Vico 4 mille livres et à la charge de la Province de Sartene, Bonifacio, Portovecchio et Istria 17 mille livres; que du second tiers payable par les Provinces de Bastia et Aleria, il y en aura à la charge de la Province de Bastia 28 mille livres et à la charge de la Province d'Aleria 12 mille livres: et que du dernier tiers payable par les autres Provinces, il y en aura à la charge de la Province du Cap-Corse 6 mille livres, à la charge de la Province du Nebbio 6 mille 400 livres, à la charge de la Province de Corte 9 mille 200 livres et à la charge des Provinces de Calvi et de la Balagne 18 mille 400 livres (1).

Que pour parvenir ensuite à subdiviser la quote-part de chaque Province entre les Pièves, celle de chaque Piève entre les Communautés, et celle de chaque Communauté entre les contribuables, il sera opéré de la manière suivante :

1º. Immédiatement après la séparation de la Consulte et le retour des Députés dans leurs Provinces, les Curés, Podestats et Pères du Commun de chaque Communauté, après avoir entendu tous les particuliers de leurs districts respectifs, feront, suivant un modèle qui leur sera remis et qui devra être uniforme par tout, un état détaillé noms par noms de tous les revenus tant de la terre, que des animaux qui la meublent, que chaque particulier aura recueillis cette année en commençant par les foins et les grains, et finissant par le reste de la récolte.

2º. Tous ces états seront remis par les Podestats et Pères du Commun de chaque Communauté, aux Podestats et Pères du Commun de la Piève dont elle fera partie, et il sera ensuite convoqué dans le chef-lieu de chaque Province, et sous la police d'un Subdélégué de M. l'Intendant et Commissaire départi, une Assemblée composée des Députés de la dite Province, ainsi que des Podestats et Pères du Commun des Pièves *seulement,* lesquels y présenteront les états qui leur auront été remis, comme il a été dit ci-dessus, par les Podestats et Pères du Commun des Communautés.

3º. Lesdits états seront examinés, calculés et arrêtés dans ladite Assemblée et on y fixera en même temps le prix et la valeur de chaque espèce de denrées et productions, au moyen

---

(1) *Décision de Sa Majesté :*
Approuvé le plan de répartition proposé.

de quoi on connaîtra l'objet des revenus et l'on répartira en conséquence la quote-part de chaque Province par Piève, ensuites par Communauté, et enfin par particulier. Cette Assemblée devra être tenue dans toutes les Provinces au 15 novembre prochain au plus tard, en sorte que rien ne s'oppose à ce que le recouvrement du premier quart des 120 mille livres soit fait conformément aux intentions de Sa Majesté, au premier janvier 1771.

4º. La répartition qui sera faite dans ladite Assemblée ne comprendra que les trois premiers quartiers de la somme à répartir pour l'année entière. A l'égard du quatrième quartier, la répartition en sera différée jusqu'au 15 septembre prochain, auquel temps on se sera procuré des notions plus exactes sur le véritable revenu des productions de toute espèce, et alors il sera fait raison et compensation à chaque Piève, Communauté et particulier du trop ou trop peu payé pour les trois premiers quartiers.

5º. Quoiqu'il ait été dit que les Podestats et Pères du Commun de chaque Communauté, pour avoir dans les états qu'ils seront tenus de former, le total des récoltes de toute espèce, y comprendront la récolte des foins et des grains de cette année, ce ne sera néanmoins que dans la vue de faciliter la répartition provisionelle des 120 mille livres. La véritable règle de cette répartition sera le résultat des renseignements que l'on va commencer incessamment à prendre par rapport aux vins, huiles, châtaignes, animaux etc. et que l'on continuera de se procurer jusques et compris la récolte des foins et des grains de l'année prochaine, ce qui fera connaître le total du revenu d'une année entière, alors on pourra s'apercevoir de l'inégalité qu'il y aura eue dans la répartition des 120 mille livres tant entre les trois *Divisions* de l'Ile, qu'entre les Provinces de chaque *Division*, et lesdites *Divisions* et Provinces seront d'autant diminuées ou chargées dans la contribution de l'année prochaine.

6°. Enfin le prix que sera donné aux différentes productions dans l'Assemblée, dont il vient d'être parlé, n'aura pour objet que la répartition provisionnelle des 120 mille livres montant de la subvention de la première année et il n'influera en rien sur l'appréciation qui, en exécution des ordres de Sa Majesté, doit être faite l'année prochaine.

En cet endroit Mgrs les Commissaires ont fait pour et au nom de Sa Majesté toute réserve à l'effet que la fixation des 120 mille livres auxquelles le Roi s'est restreint pour cette année, ne puisse faire règle pour l'année prochaine ; Sa Majesté se réservant de proportionner par la suite ses demandes aux véritables facultés de ses sujets, ainsi qu'à l'étendue des besoins que lui occasionnera la nécessité de les protéger et de les défendre.

Formalités prescrites pour parvenir à l'assiette et répartition de la subvention de chaque année, à compter de celle qui sera réglée dans la Consulte prochaine, pour l'année du premier octobre 1771. — Sur le second objet de la présente Délibération, c'est-à-dire sur les formalités prescrites par Sa Majesté, pour parvenir à l'assiette et répartition de la subvention de chaque année, il a été arrêté que la Nation se conformera à cet égard aux intentions de Sa Majesté telles qu'elles sont expliquées et détaillées dans les articles suivants :

Article Premier.

Par les soins des Podestats et Pères du Commun de chaque Village et Communauté, et à la diligence, si besoin est, de l'Inspecteur à ce préposé par Mgr l'Intendant et Commissaire départi, toutes les récoltes, dépouilles et productions quelcoпques, végétales et animales, provenant des fruits de la terre et des bestiaux qui la meublent, seront reconnues, constatées, nombrées et mesurées et il en sera tenu des registres exacts par lesdits Podestats et Pères du Commun d'après les déclarations des tenanciers.

Art. 2.

Les dites reconnaissances, dénombrements et mesurages seront faits sur la généralité des productions tant végétales qu'animales de préférence et avant aucune distraction de celles qui doivent servir à acquitter les dîmes, cens et redevances, sous quelques dénominations que ce puisse être.

Art. 3.

Nulle propriété, à quelque titre qu'elle soit tenue, ne sera exceptée de la déclaration, reconnaissance, dénombrement et mesurage de ses productions.

Art. 4.

Tout possédant biens, cultivant héritages et ayant possession de bestiaux dans une Province, Piève ou Communauté autre que celle où il fait son habitation, sera tenu à déclaration, dénombrement et mesurage dans la Communauté, Piève ou Province où seront lesdits biens.

Art. 5.

Les dites déclarations, dénombrements, reconnaissances et mesurages auront lieu à compter des productions végétales qui vont être incessamment recueillies, telles que les vins, huiles, châtaignes et autres, et il y sera procédé immédiatement après la récolte desdites productions. Il y sera procédé en même temps aux déclarations, dénombrements et reconnaissances des productions animales ; et immédiatement après la récolte des foins et des grains de 1771 on en fera pareillement les déclarations, dénombrements, reconnaissances et mesurages, ce qui formera et embrassera le cercle d'une année entière.

Art. 6.

La Consulte de 1771 ne sera convoquée et tenue qu'après que toutes les déclarations, dénombrements, reconnaissances et mesurages de la récolte des foins et des grains auront pu être faites et réunies, et dans les Assemblées Provinciales, qui auront lieu avant ladite Consulte pour nommer les Députés qui devront y assister, il sera dressé procès-verbal en présence des Subdélégués de Mgr l'Intendant et Commissaire départi, sous la police desquels seront tenues lesdites Assemblées, de la valeur commune qu'auront eue dans chaque Province pendant le cours d'une année, les productions végétales et animales de toute espèce, tant celles constatées en 1771, telles que les foins et les grains, que celles constatées en 1770, telles que les vins, huiles, châtaignes et animaux.

Art. 7.

D'après les fixations de prix et de valeur données aux différentes productions par lesdits procès-verbaux, et d'après les registres tenus par les Podestats et Pères du Commun, lesquels registres seront par eux adressés à Mgr l'Intendant et Commissaire départi, l'on réglera dans la Consulte générale de ladite année 1771 la subvention dont chaque Province aura à contribuer en faveur du Gouvernement et au profit de Sa Majesté, laquelle subvention sera portée à tel nombre de vingtièmes que Sa Majesté aura jugé à propos de déterminer.

Art. 8.

La même marche sera suivie d'année en année, en sorte que le résultat des produits des vins, huiles et châtaignes de 1771 et des productions animales de la même année, réuni au résultat des produits du foin et des grains recueillis en 1772, serve à régler l'assiette et répartition de la subvention qui sera fixée dans la Consulte de 1771 et ainsi de suite d'une année à l'autre.

Art. 9.

L'acquittement de la subvention de chaque année sera divisé, pour la plus grande facilité des contribuables, en quatre paiements égaux de trois mois en trois mois, aux termes de janvier, avril, juillet et octobre de chaque année.

Art. 10.

Au moyen de ce que personne ne sera exempt de la subvention, pas même les Ecclésiastiques, Sa Majesté fera remise du Don gratuit qu'il était en usage de payer, sauf à tenir compte seulement des arrérages dûs jusqu'au premier octobre 1769.

Art. 11.

Sa Majesté n'entend pas néanmoins comprendre dans cette remise le Don gratuit consenti en 1765 par les Bénéficiers de l'Ile pour partie de la dotation de l'Université, les motifs qui ont déterminé, et qui doivent maintenir cet établissement, étant l'expression du zèle particulier des Ecclésiastiques pour l'éducation de la jeunesse, ne peuvent souffrir aucune altération, et doivent au contraire devenir communs à tous les Bénéficiers de l'Ile sans aucune exception, aussi Sa Majesté se propose-t-elle de donner à ce Don gratuit en particulier une forme stable en le revêtissant de son autorité et en l'étendant à toute l'Ile, de manière que l'Université en reçoive le secours dont elle a besoin pour l'entretien de ses Professeurs et les autres dépenses indispensables.

Art. 12.

La contribution de chaque Communauté dont elle demeurera garante jusqu'à la remise dans la caisse de la Province sera recueillie par les Podestats et Pères du Commun du lieu, et portée au Receveur ou Trésorier constitué à cet effet dans chaque Province et qui a été nommé par les dites Provinces et sous leur cautionnement dans les Assemblées tenues au mois de juin dernier, lesquels Receveurs ou Trésoriers Provinciaux verseront dans la Caisse Civile à Bastia les deniers provenant de leur recette.

Art. 13.

Pour les soins et peines que les Podestats et Pères du Commun prendront pour le recouvrement de la quote-part, dont leur Communauté aura à contribuer, il leur sera accordé une remise de deux pour cent sur la recette qu'ils feront et il sera accordé à chaque Receveur ou Trésorier Provincial un pour cent aussi sur la recette qu'il fera.

Art. 14 et Dernier.

Toutes les contestations qui surviendront relativement au présent système de réglement et à l'exécution du présent plan d'imposition seront portées pardevant Mgr l'Intendant et Commissaire départi, qui les jugera sommairement et sans frais et qui aura seul le droit d'en connaître sauf l'appel au Conseil de Sa Majesté ; pourront néanmoins être présentées aux Consultes générales lesdites difficultés pour avoir à cet égard l'avis et l'opinion du Corps de la Nation, mais Mgr l'Intendant pourra seul rendre sur celles des Ordonnances et faire réglement.

L'Assemblée a ajouté qu'en même temps que la Nation s'empresse de donner à son Souverain des marques de son respect et de sa soumission, elle ose espérer qu'il ne cessera pas de jeter des regards de bienfaisance et de commisération sur le triste état où elle se trouve réduite par les longs malheurs et les grands désastres qu'elle a éprouvés, et qu'en conséquence Sa Majesté par une suite de sa justice ordinaire, voudra bien proportionner le montant de la subvention de chaque année, à la modicité des facultés de ses Sujets. L'Assemblée a supplié, à cet effet, Mgrs les Commissaires du Roi de mettre au pied du Trône les témoignages de l'obéissance de la Nation Corse, et d'intéresser en sa faveur les bontés paternelles de Sa Majesté.

L'Assemblée a supplié aussi Mgrs les Commissaires de faire valoir auprès du Roi le mémoire qu'elle se propose de leur remettre et qui contiendra ses respectueuses représentations ;

1°. Sur la déduction qu'il semblerait juste de faire des frais et dépenses de culture et de récolte avant d'asseoir l'imposition de la subvention, de manière qu'elle ne s'étendît que sur les produits nets (1) ;

2°. Sur la justice qu'il paraîtrait y avoir à faire supporter aux terrains confisqués au profit de Sa Majesté, sur des

---

(1) *Décision de Sa Majesté* :
Le Roi veut bien faire espérer à la Nation, que jusqu'à des temps plus heureux pour l'agriculture, les demandes n'excéderont pas le vingtième des produits nets, déduction faite des semences et frais de culture.

fugitifs, la portion d'imposition dont ils seront susceptibles, s'ils étaient possédés par leurs anciens propriétaires (1) ;

3º Sur le désir unanime qu'a toute la Nation que les poules soient exceptées de la Contribution Générale, une imposition sur ces sortes d'animaux ne pouvant que rappeler des temps malheureux dont il ne doit rester aucun vestige sous le règne de Louis-le-Bien-Aimé (2).

Exemption du Clergé. — Et par Mgrs les Evêques il a été dit tant en leur nom, que par tout le Clergé, qu'en même temps qu'ils sont disposés à donner à Sa Majesté en toute occasion des preuves du respect et de la soumission dont ils sont pénétrés pour sa Personne Sacrée, ils ne peuvent cependant s'empêcher de faire ici leurs protestations contre tout ce qui pourrait blesser les droits de l'Episcopat et du Clergé Corse, se réservant d'en détailler les causes dans un mémoire qu'ils se proposent de remettre à Mgrs les Commissaires du Roi, pour être pris sur icelui les ordres de Sa Majesté (3).

Après quoi la Séance a été remise à demain, vingt-deux de ce mois, dix heures du matin, et le procès-verbal de la présente a été signé tant par Mgrs les Commissaires du Roi, que par Mgrs les Grands Vicaires de l'Evêché d'Aleria et de celui de Mariana et Accia, par MM. de Luga et Susini, Députés Piévans, par MM. Giubega et Rossi, Députés Nobles, et par les Sieurs Giovanni et Colonna, Députés du Tiers-Etat.

CHARDON.
LE COMTE DE MARBEUF.

---

(1) *Décision de Sa Majesté:*
Tous les fonds qui constituent le Domaine de S. M. en Corse, à quelque titre que ce soit, seront assujettis à la subvention.
(2) *Décision de Sa Majesté:*
Accordé.
(3) *Décision de Sa Majesté:*
L'exemption en faveur des biens du clergé refusée.

Séance du 22 Septembre 1770.

Plantations de châtaigniers. — Mgrs les Commisaires du Roi et Mgrs les Evêques, Grands Vicaires et Députés ci-devant dénommés s'étant rendus dans la Salle d'Assemblée de la Consulte, Mgrs les Commissaires ont dit que la culture du châtaignier en Corse y est multipliée à l'infini, et occupe plusieurs terrains qui seraient susceptibles d'être employés à des productions d'un genre plus utile, et que Sa Majesté instruite de cet abus désire que la Nation s'occupe des moyens d'y remédier (1).

Sur quoi et la matière mise en délibération, il a été arrêté unanimement qu'à l'avenir il ne sera plus permis à personne, de quelque qualité ou condition qu'elle soit, de faire aucune plantation de châtaigniers sans en avoir obtenu la permission de Mgr l'Intendant, lequel voudra bien n'en accorder que dans les circonstances où les plantations proposées devraient se faire dans des terrains qui ne seraient propres à aucune autre culture plus avantageuse au pays ; et Mgrs les Commissaires ont été suppliés de s'intéresser auprès de Sa Majesté, pour que la présente délibération soit autorisée par un Arrêt de son Conseil.

Et a été ladite Délibération signée tant par Mgrs les Commissaires du Roi, que par Mgr l'évêque d'Ajaccio et Mgr le Grand Vicaire de l'Evêché de Mariana et Accia, par MM. Battesti et l'Abbé d'Olmeto, Députés Piévans, par MM. Colonna d'Istria et Rossi, Députés Nobles et par les Sieurs Mortini et Cremona, Députés du Tiers-Etat.

CHARDON.
LE COMTE DE MARBEUF.

---

(1) *Décision de Sa Majesté :*
L'Arrêt du Conseil demandé pour défendre les nouvelles plantations de châtaigniers sera incessamment expédié.

Dudit jour 22 Septembre 1770.

Chèvres. — Mgrs les Commissaires du Roi ont observé que l'abondance des troupeaux de chèvres cause le plus grand préjudice en Corse, soit par les dégâts que ces animaux commettent dans les endroits où ils broutent, soit par les inimitiés, querelles et procès qui en résultent entre les propriétaires des terres où ils vont paître. Mgrs les Commissaires ont annoncé que l'intention du Roi est en conséquence qu'il soit fait à cette Consulte un réglement qui aura deux objets, l'un de déterminer le nombre de chèvres que chaque particulier pourra conserver en raison de l'étendue de ses possessions, l'autre de déterminer également les lieux que ces animaux pourront fréquenter, et ceux qui seront interdits. Mgrs les Commissaires ont ajouté que les Députés ne peuvent donner une attention trop sérieuse à un réglement aussi utile, ni trop s'attacher à la recherche des moyens les plus efficaces pour renfermer dans de justes bornes la multiplication de ce bétail.

Sur quoi tous les Députés convenant de l'utilité du réglement proposé, ont représenté que son importance exige qu'il soit fait à loisir, après qu'ils en auront conféré entr'eux, et il a en conséquence été arrêté qu'ils remettraient à Mgrs les Commissaires du Roi, avant la fin de la Consulte, des mémoires sur la détermination à donner au nombre de chèvres que chacun pourra avoir, et sur la manière la plus convenable de remédier aux abus que cause ce bétail.

Et a été la présente Délibération signée tant par Mgrs les Commissaires du Roi, que par Mgrs les Evêques, Grand Vicaire et Députés qni ont souscrit celle précédente.

CHARDON.
LE COMTE DE MARBEUF.

Dudit jour 22 Septembre 1770.

Étrangers qui viennent en Corse pour la culture des terres. — Mgrs les Commissaires du Roi ont dit que rien n'est plus préjudiciable à la Nation que d'appeler les étrangers, notamment les Lucquois, pour y cultiver les terres et y faire les principaux ouvrages ; que ces étrangers, après avoir vécu six mois aux dépens de la Nation, emportent encore, dans leurs pays, la majeure partie des profits de la terre, dont les Corses font toutes les avances et fournissent le fond.

Mgrs les Commissaires ont en conséquence proposé aux Députés de n'admettre à l'avenir ces étrangers dans l'île, qu'autant qu'ils y prendront domicile, y formeront des établissements, et partageront les charges de l'Etat, et pour cet effet de chercher à les y faire fixer en leur faisant des cessions et accensements de terrains à des compositions favorables.

Sur quoi, et la matière mise en délibération, les Députés ont observé qu'ils sentent la justice de la proposition de Mgrs les Commissaires du Roi, mais que l'état actuel de la Corse leur paraît exiger que d'ici à quelques années les étrangers, notamment les Lucquois, y viennent travailler comme à l'ordinaire, sauf au habitants à les engager par la suite à s'établir dans le pays, pour augmenter le nombre des cultivateurs.

Et a été la présente Délibération signée tant par Mgrs les Commissaires du Roi, que par Mgrs les Evêques, Grand Vicaire et Députés qui ont souscrit les deux autres de ce jour.

CHARDON.
LE COMTE DE MARBEUF.

Dudit jour 22 Septembre 1770.

Destruction des Bandits. — Mgrs les Commissaires ont observé que le nombre considérable de Bandits qui désole depuis longtemps cette île, mérite de la part de la Nation l'attention la plus sérieuse ; qu'ils ne doivent pas laisser ignorer aux Députés que Sa Majesté n'est que trop portée à croire que la Nation n'a pas fait à beaucoup près tout ce qu'elle devait, pour parvenir à l'expulsion de ces Brigands, et qu'elle ne saurait donner des preuves plus sûres de son attachement pour la personne du Roi, qu'en concertant elle-même et avisant aux moyens de purger l'île des Bandits, dont elle est infestée.

Sur quoi l'Assemblée a unanimement supplié Mgrs les Commissaires d'assurer Sa Majesté, que la Nation n'a rien plus à cœur que la destruction des Bandits, et qu'elle sera prête, en toute occasion, de manifester les dispositions où elle est d'employer tous les moyens possibles à cet effet.

Et a été la présente Délibération signée tant par Mgrs les Commissaires du Roi, que par Mgrs les Evêques, Grand Vicaire et Députés qui ont souscrit les trois autres de ce jour.

CHARDON.
LE COMTE DE MARBEUF.

Dudit jour 22 Septembre 1770.

Commission des Douze. — Mgrs les Commissaires du Roi ont annoncé que l'intention du Roi est que dans le nombre des Députés Nobles présents à cette Consulte, il en soit nommé douze, au choix de ladite Consulte, dont huit des Provinces d'en-deçà les Monts, et quatre des Provinces d'au-delà, pour, alternativement et à tour de rôle, résider au nombre de deux pendant deux mois consécutifs, auprès de Mgrs les Commissaires, de Sa Majesté, y entretenir correspondance avec les dix autres, suivre l'exécution de ce qui aura été délibéré dans la Consulte et préparer les matières à mettre en délibération dans la suivante, le tout sous l'autorité et la présidence de Mgrs les Commissaires du Roi. Mesdits Seigneurs les Commissaires ont ajouté que chacun des douze qui seront nommés, sera payé à raison de cinquante écus par mois de service, et que les deux qui se trouveront de tour, lors de la tenue de la prochaine Consulte, y auront séance de droit, autour du Bureau, quoique non élus pour assister en qualité de Députés à ladite Consulte.

Mgrs les Commissaires ont en conséquence proposé à l'Assemblée de procéder à l'instant à ladite nomination, ce qui ayant été exécuté et chacun des membres de ladite Assemblée ayant donné séparément sa voix, le plus grand nombre des suffrages s'est trouvé réuni : savoir pour les Provinces d'en-deçà les Monts en faveur de MM. 1. Jean-Quilicus Casabianca ; 2. Antoine Massei ; 3. Docteur Charles Grimaldi ; 4. Tiburce Morati ; 5. Jean-Baptiste Gentile ; 6. Laurent Giubega ; 7. Anicet Pietri, et 8. Paul-Marie Rossi ; et pour les Provinces d'au-delà des Monts en faveur de MM. 1. Marc-Aurèle Rossi ; 2. Marc Colonna ; 3. Jacques-Pierre Abbatucci, et 4. Joseph-Antoine Durazzi.

Après quoi la Séance a été remise à après demain, vingt-quatre de ce mois ; et le Procès-verbal de la présente Séance a été signé tant de Mgrs les Commissaires du Roi, que par Mgrs les Evêques, Grand Vicaire et Députés qui ont souscrit les délibérations précédentes de ce jour.

Chardon.
Le Comte de Marbeuf.

Séance du 24 Septembre 1770.

Tirage par la voie du sort, des mois de service de chaque membre de la Commission des douze. — Mgrs les Commissaires du Roi, et Mgrs les Evêques, Grands Vicaires et Députés, ci-devant dénommés, s'étant rendus dans la Salle d'Assemblée de la Consulte, Mgrs les Commissaires du Roi ont proposé que les membres de la Commission des Douze, élus avant-hier à la pluralité des voix, tirassent au sort, pour régler les deux mois de service de chacun d'entr'eux, ce qui ayant été unanimement accepté, il a été à l'instant formé douze billets sur lesquels il a été écrit, savoir ; sur deux, *mois d'Octobre et Novembre 1770 ;* sur deux autres, *mois de Décembre 1770 et Janvier 1771 ;* sur deux autres, *mois de Février et Mars 1771 ;* sur deux autres, *mois d'Avril et Mai 1771 ;* sur deux autres, *mois de Juin et Juillet 1771,* et sur les deux derniers, *mois d'Août et Septembre 1771 ;* après quoi chacun des douze membres ayant pris l'un desdits billets qui étaient fermés, et ouverture faite d'iceux, ils sont échus ainsi et dans l'ordre qu'il suit, savoir : les deux billets timbrés *mois d'Août et Septembre 1770,* à MM. Massei et Durazzi ; ceux timbrés *mois d'Octobre et Novembre 1770,* à MM. Colonna et Casabianca ; ceux timbrés *mois de Décembre 1770 et Janvier 1771,* à MM. Morati et Marc-Aurelio Rossi ; ceux timbrés *mois de Février et Mars 1771,* à MM. Paul-Marie Rossi et Laurent Giubega ; ceux timbrés *mois d'Avril et Mai 1771,* à MM. le Docteur Grimaldi et Gentile, et ceux timbrés *mois de Juin et Juillet 1771,* à MM. Pietri et Abbatucci.

Et a été la présente Délibération signée tant par Mgrs les Commissaires du Roi, que par Mgrs les Evêques de Sagone et du Nebbio, par MM. Piazza et Viterbi, Députés Piévans, par MM. Seta et Albertini, Députés Nobles, et par les Sieurs de Stefani et Orto, Députés du Tiers-Etats.

CHARDON.
LE COMTE DE MARBEUF.

Dudit jour 24 Septembre 1770.

Prairies naturelles et artificielles. — Mgrs les Commissaires ont fait donner lecture d'un Mémoire rendu public par ordre de Sa Majesté sur la convenance et la nécessité de l'établissement des prairies naturelles ou artificielles en Corse, lequel Mémoire indique, pour parvenir à cet établissement, les moyens qui suivent.

1º Que chaque Communauté soit assujettie à travailler et mettre en prairies naturelles ou artificielles autant de deux arpents de terrains pris dans les Communes, qu'il y aura de têtes de gros bétail dans la Communauté, comme bœufs, vaches, chevaux, ou mulets.

2º Qu'après que des gens à ce experts auront été chargés par Mgr l'Intendant de reconnaître des terrains propres à cet établissement, lesdits terrains soient défrichés, labourés, et ensemencés aux frais de la Communauté, soit par les habitants même, soit par des étrangers soldés par elle, et la dépense pour ce faire imposée sur les individus qui la composent, sans privilége ni distinction, en raison du nombre des têtes de bétail que chaque particulier possédera.

3º Que les premières dépouilles du terrein ainsi mis en valeur, soient divisées en autant de parts et portions qu'il y aura de têtes de gros bétail dans la Communauté, et que chaque habitant en prenne sa part, à proportion du nombre de bestiaux pour lequel il aura contribué.

4º Que le terrein, lorsqu'il sera en pleine production d'herbe et de fourrages, soit partagé entre les habitants, en proportion du nombre de parts pour lequel il aura été imposé au payement des avances du défrichement.

Mgrs les Commissaires ont observé qu'il résultera de l'exécution de ce plan, que les terrains mis en prairies cesseront d'être Communaux, et que le parcours y sera interdit ; mais que les habitants de chaque Communauté trouvant dans la dépouille de ces mêmes terrains une subsistance plus que suffisante pour la nourriture de leurs bestiaux, n'auront plus besoin de la vaine pâture, et n'auront plus aucun avantage à laisser, comme ils ont fait jusqu'ici, des terrains immenses en friche, pour donner à leurs bestiaux les moyens de chercher une subsistance qu'ils n'y trouvent même pas : Mgrs les Commissaires ont ajouté que l'insuffisance d'une pareille nourriture se démontre par le mauvais état des bestiaux de cette Ile, qui sont maigres et chétifs ; qu'aucun pays cependant n'est plus propre à l'établissement des prairies, que la multitude des montagnes et collines forme des Vallons très favorisés de la nature pour un pareil établissement, et que la pente réglée des ruisseaux et des rivières y faciliterait les moyens d'arrosement : enfin Mgrs les Commissaires ont fait envisager aux Députés combien il importe pour la Nation de s'occuper de la culture des prairies, que sans cette culture, elle ne pourra jamais entretenir un grand nombre de bestiaux; que sans l'abondance des bestiaux, elle ne pourra se procurer celle des engrais ; et que sans cette dernière resource, elle ne parviendra jamais à avoir des récoltes avantageuses. Mgrs les Commissaires ont en conséquence invité l'Assemblée à donner à cet objet toute l'attention qu'il mérite.

Sur quoi et la matière mise en délibération, les Députés ont représenté qu'ils sentent l'utilité des prairies, et la nécessité de s'occuper de leur établissement; que la Nation en conséquence se conformera avec autant de zèle que de célérité, aux ordres de Sa Majesté, qui viennent d'être annoncés à l'Assemblée ; mais que l'établissement des prairies étant une chose nouvelle et inconnue en Corse, il serait nécessaire pour que l'operation se fît avec fruit, et d'une manière avantageuse aux habitants, que Sa Majesté voulût bien envoyer dans les Provinces des personnes au fait de la confection et établissement des prairies, qui connussent bien les terreins qui y sont propres, ainsi que le genre de culture nécessaire, et qui pussent guider les habitants dans leurs opérations. Il a en conséquence été arrêté que Mgrs les Commissaires du Roi seraient suppliés de mettre sous les yeux de Sa Majesté cette demande, et de s'intéresser en outre auprès d'elle, pour obtenir que les dépenses qui seront nécessaires à l'effet d'instruire et diriger les habitants de cette Ile dans l'établissements et la culture des prairies, ne soient point à la charge de la Nation.

Et a été la présente délibération signée tant par Mgrs les Commissaires du Roi, que par Mgrs les Evêques et Députés qui ont souscrit la précédente de ce jour.

CHARDON.
LE COMTE DE MARBEUF.

Dudit jour 24 Septembre 1770.

Honoraires des Députés. — Mgrs les Commissaires du Roi ont dif que l'intention de Sa Majesté est que dans le cas où il serait d'usage et nécessaire d'allouer aux Députés des honoraires et frais de Députation, ils soient réglés dans cette Consulte, tant pour les Députés qui y ont été envoyés par les Provinces, que pour ceux envoyés aux Assemblées Provinciales seulement par les Pièves. Mgrs les Commissaires du Roi ont ajouté que Sa Majesté entend que la dépense des honoraires et frais dont il s'agit, soit ajoutée au montant des Impositions, ensorte qu'elle soit répartie sur la Nation entière.

Sur quoi et la matière mise en délibération tous MM. les Evêques, Grands Vicaires, Députés des Chapitres d'Eglises Cathédrales et Collégiales, Députés des Ordres Religieux, et Députés des Provinces ont été unanimement d'avis de ne prendre aucuns honoraires, afin de ne pas augmenter les charges de la Nation, et ils ont arrêté que ce qui est réglé à cet égard par la présente Consulte fera loi pour l'avenir, en sorte qu'à aucune Consulte les Députés ne puissent exiger d'honoraires. Ils ont en outre supplié Mgrs les Commissaires de vouloir bien ne pas négliger de faire considérer à Sa Majesté que leur transport à Bastia, le séjour qu'ils sont forcés d'y faire, et leur retour dans leurs domiciles, les constituent dans des frais assez considérables que le remboursement de ces frais n'aurait pu leur être refusé, et que le sacrifice qu'ils en font, est une preuve bien convaincante de l'état d'épuisement où les longs malheurs dont la Nation a été la victime l'ont réduite.

Et a été la présente Délibération signée tant par Mgrs les Commissaires du Roi, que par Mgrs les Evêques et Députés qui ont souscrit les autres de ce jour.

CHARDON.
LE COMTE DE MARBEUF.

Dudit jour 24 Septembre 1770.

Districts de toute nature. — Mgrs les Commissaires ont dit que quand Sa Majesté a déterminé par un Réglement le district et composition de chacune des Provinces de l'Ile, ce n'a été que par provision et pour la convocation de la Consulte de 1770 seulement, son intention étant que dans cette même Consulte on arrête une distribution constante de l'arrondissement de chaque Province et de celui de chaque Piève ou Ville, pour servir par la suite à la convocation de pareilles Assemblées, et que pour y parvenir il soit arrêté, toutes fois sans préjudicier aux droits d'autrui, des listes et états exacts, à l'effet d'établir,

1º Le ressort de chaque Province, c'est-à-dire la dénomination des Villes et Pièves qui la composeront.

2º L'étendue et circonscription du territoire de chacune desdites Provinces, en le déterminant par des chemins, bornes et témoins immuables autant qu'il sera possible.

3º L'étendue et circonscription du terrain de chaque Piève.

4º L'étendue et circonscription du terrain de chaque Communauté.

Mgrs les Commissaires ont ajouté que Sa Majesté veut aussi que l'on établisse de même dans cette Consulte, l'étendue et circonscription du ressort de chaque Evêché.

Sur quoi et la matière mise en délibération, il a été arrêté unanimement que comme un travail aussi important et d'un détail aussi étendu ne peut se finir pendant la tenue de la Consulte, que l'on ne peut même s'en occuper avec succès dans le moment présent faute de mémoires et de connaissances locales, qui soient assez sûres, il sera donné aux Podestats et Pères du Commun de chaque Piève des avertissements, pour que dans les Assemblées Provinciales qui devront se tenir au mois de Novembre prochain à l'effet de régler la repartition des 120 mille livres de la Subvention, ils apportent des mémoires contenant l'étendue et la circonscription du territoire de chaque Piève, le nom des Villages qui la composent et de leurs bornes, pour du tout en former, Province par Province, tant par les Députés de chacune, que par lesdits Podestats et Pères du Commun, les mémoires les plus exacts qu'il sera possible, lesquels seront remis à Mgrs les Commissaires du Roi.

Prétention de la Ville de Bastia de députer directement à la Consulte, comme formant Province par elle-même. — Procédant ensuite à l'examen des différentes demandes faites par les Pièves et Provinces relativement aux divers districts et arrondissements; sur celle faite par la Ville de Bastia, lors de l'Assemblée Provinciale, pour que ladite Ville fournisse directement trois Députés à la Consulte, comme faisant Province par elle-même, attendu qu'elle est composée de plus de mille feux; il a été présentement demandé par les Députés de la Province, qu'au cas que cette prérogative fût accordée à la Ville de Bastia, les Pièves qui composent aujourd'hui le surplus de la Province, en formassent une séparée sous la dénomination *Della Terra del Comune* qu'elle portait autrefois; et le reste de l'Assemblée s'est opposée à ladite demande de la Ville de Bastia sur le fondement qu'elle ne pourrait être accordée, à moins qu'on n'en usât de même soit pour la Ville d'Ajaccio qui a plus de mille feux, soit pour toutes les autres Villes de l'Ile qui ont aussi plus de mille feux ou peuvent les avoir par la suite; sur quoi il a été arrêté qu'il en serait référé à Sa Majesté par Mgrs les Commissaires du Roi à l'effet d'obtenir ses ordres à cet égard (1).

Distraction de la Piève d'Istria de la Province de Sartene etc. et son incorporation à la Province d'Ajaccio. — Sur la demande de la Piève d'Istria d'être incorporée à la Province d'Ajaccio de préférence à la Province de Sartene, Bonifacio, Porto-Vecchio et Istria, les Députés de cette dernière Province ont dit que les raisons qu'ils ont à opposer à cette demande seraient d'une trop longue discussion pour pouvoir être traitées dans la Consulte; d'un autre côté il a été dit pour le Piève d'Istria, qu'elle était en état de fournir des mémoires contenant des moyens propres à établir sa demande;

---

(1) *Décision de Sa Majesté :*
Refusé.

sur quoi il a été arrêté qu'il serait envoyé sur cet objet des mémoires respectifs à Mgrs les Commissaires du Roi, lesquels seraient priés de prendre sur iceux les ordres de Sa Majesté.

Demande de la Pière de la Mezzana de faire Pière seule et par elle-même. — Sur la demande de la Pière de *Mezzana*, Province d'Ajaccio, tendante à faire Pière seule par elle-même, sans avoir rien de commun avec *Appietto, Peri, Corticchiato et Tavaco;* et subsidiairement à ce que, dans le cas où lesdits lieux y resteroient réunis, elle pût avoir un plus grand nombre de Députés; il a été dit par les Députés de la Province d'Ajaccio qu'ils ne s'opposent pas à ce que la *Mezzana* forme Pière par elle-même; mais que *Appietto* ne peut en former une séparée, ayant toujours fait partie de la Pière d'Ajaccio; qu'à l'égard de *Peri, Corticchiato* et *Tavaco*, ils consentent à ce qu'ils forment une Pière particulière et tous les Députés s'étant rangés du même avis, il a été arrêté qu'il en seroit référé par Mgrs les Commissaires à Sa Majesté pour prendre sur ce ses ordres (1).

Après quoi la Séance a été remise à demain, 25 de ce mois, huit heures et demie du matin, et le Procès-verbal de la présente a été signé tant par Mgrs les Commissaires du Roi, que par Mgrs les Evêques et Députés qui ont souscrit les autres Délibérations de ce jour.

CHARDON.
LE COMTE DE MARBEUF.

---

(1) *Décision de Sa Majesté :*
Accordé. Il sera expédié un Arrêt du Conseil en conséquence.

Séance du 25 Septembre 1770.

Erection de l'Ile-Rousse en ville. — Mgrs les Commissaires du Roi et Mgrs les Evêques, Grands Vicaires et Députés ci-devant dénommés, s'étant rendus dans la Salle d'Assemblée de la Consulte, Mgrs les Commissaires du Roi ont fait donner lecture par le Commis-Greffier d'un mémoire par lequel les habitants de l'Ile-Rousse demandent que l'endroit de ce nom soit erigé en Ville, et Mgrs les Commissaires ont prévenu l'Assemblée que l'intention de Sa Majesté est que cette proposition soit agitée dans cette Consulte, et qu'on y entende tous ceux qui croiraient devoir s'y opposer (1).

Sur quoi et la matière mise en délibération, les Députés de la Province de la Balagne et ceux de l'Eglise Collégiale de Corbara ont insisté pour l'érection de l'Ile-Rousse en Ville, ils ont représenté que cette faveur, et en général la protection que le Roi accorderait à son Port, procurerait à toute la Balagne les plus grands avantages.

Les Députés de la Province de Calvi ont au contraire formé opposition à la demande de l'Ile-Rousse, et ils ont remis à Mgrs les Commissaires du Roi un mémoire qui en contient les moyens, en les suppliant de vouloir bien le faire parvenir à Sa Majesté, et par le reste des Députés il a été dit unanimement qu'auparavant de songer à former de l'Ile-Rousse une Ville, il faut que le lieu soit devenu plus considérable, que le nombre de ses habitants et celui de ses maisons se soient accrus au delà du peu qu'il en renferme aujourd'hui.

---

(1) *Décision de Sa Majesté :*
Refusé.

En conséquence et après que la matière a été suffisamment discutée et débattue, il a été arrêté qu'il en seroit rendu compte à Sa Majesté par Mgrs les Commissaires pour obtenir ses ordres à cet égard.

Et a été la présente Délibération signée tant par Mgrs les Commissaires du Roi, que par Mgr l'Evêque d'Ajaccio, et Mgr le Grand Vicaire de l'Evêché d'Aleria, par MM. Battesti et Roccaserra, Députés Piévans, par MM. Lanzalavi et Abbatucci Députés Nobles, et par les Sieurs Rossi et Foata, Députés du Tiers-Etat.

Chardon.
Le Comte de Marbeuf.

Dudit jour 25 Septembre 1770.

Demandes particulières des Pièves et des Provinces. Province de Bastia. — Mgrs les Commissaires ont dit qu'il restait maintenant à examiner les demandes particulières faites par les Provinces sur des objets autres que ceux généraux qui ont été traités jusqu'à ce jour. Procédant en conséquence à cet examen, il a été commencé par les demandes de la Province de Bastia, ainsi qu'il suit.

Taxe des comestibles. — Sur celle tendante à ce que les comestibles soient taxés, Mgrs les Commissaires du Roi ont répondu qu'elle a été rejetée par Sa Majesté comme contraire aux principes d'une bonne administration, la liberté et l'encouragement étant les vraies sources de l'abondance (1).

Demande d'un Orateur de la Nation à la Cour. — Sur la de-

---

(1) *Décision de Sa Majesté :*
Refusé.

mande tendante à ce que la Nation ait un Orateur Corse à la Cour, Mgrs les Commissaires ont dit que Sa Majesté n'a pas jugé à propos non plus de l'accueillir (1).

Demande de trois Députés par Piève à la Consulte. — Sur la demande tendante à ce que chaque Piève envoye trois Députés à la Consulte générale, Mgrs les Commissaires ont déclaré aussi que Sa Majesté s'y est également refusée, et ils ont ajouté que la Nation doit considérer que cent personnes d'élite seront toujours autant éclairées sur les véritables intérêts que le seraient les deux cents ou environ dont la Consulte serait composée si l'on y admettait trois Députés de chaque Piève (2).

Nominations en faveur des Nationaux aux charges, bénéfices et emplois. — Sur la demande tendante à ce qu'il soit disposé des Bénéfices, Charges et Emplois en faveur des Nationaux, Mgrs les Commissaires ont répondu, au nom de Sa Majesté, qu'elle considère les Corses et les Français comme un seul Peuple, qu'elle dispensera des grâces en France aux Corses, comme en Corse aux Français, et que les Corses y gagneront, en ce qu'ils auront plus de places à espérer en France, que les Français n'en peuvent posséder en Corse, que beaucoup de Corses recueillent déjà le fruit des dispositions favorables de Sa Majesté à cet égard, et que ceux qui prétendent également à ses grâces, doivent s'appliquer à les mériter (3).

Mgrs les Commissaires du Roi ont ajouté que ce qu'ils viennent de déclarer au nom de Sa Majesté sur cette demande

---

(1) *Décision de Sa Majesté:*
Refusé.
(2) *Décision de Sa Majesté:*
Refusé.
(3) *Décision de Sa Majesté:*
Sa Majesté qui n'admet aucune différence entre les deux Nations, dispensera indistinctement des grâces aux Corses en France, comme aux Français en Corse.

de la Province de Bastia répond à celles semblables faites par plusieurs autres Provinces, et nommément celle du Cap-Corse.

Demande d'un Procureur par Pière. — Sur la demande tendante à ce qu'il soit nommé un Procureur par Pière, Mgrs les Commissaires ont dit que ce serait multiplier inutilement les objets, que les Pères du Commun et Podestats sont les Procureurs nés des Pièves; mais que chaque Province aura un Procureur, et que cette disposition fera partie du Règlement que Sa Majesté doit bientôt donner sur l'administration Municipale (1).

Mésus champêtres. — Sur la demande tendante à ce qu'il soit employé des précautions contre les mésus champêtres, Mgrs les Commissaires ont assuré l'Assemblée que Sa Majesté s'en occupe actuellement (1).

Incorporation de la Corse à la Couronne. — Sur la demande tendante à ce que la Corse soit incorporée à la Couronne, Mgrs les Commissaires du Roi ont rappelé à l'Assemblée les assurances qu'ils lui ont données à cet égard au nom de Sa Majesté, lors de l'ouverture de la présente Consulte, et ils ont ajouté que l'attention constante de Sa Majesté à rechercher et saisir tous les moyens de contribuer au bonheur de la Corse, doit convaincre la Nation du désir qu'elle a de se l'attacher par des liens perpétuels (1).

Uniformité des poids et mesures. — Sur la demande tendante à ce qu'il soit établi des poids et mesures uniformes, Mgrs les Commissaires ont répondu que c'est une chose ac-

---

(1) *Décision de Sa Majesté :*
Refusé; mais il y aura un Procureur pour chaque Province.
(2) *Décision de Sa Majesté :*
Il y sera pourvu.
(3) *Décision de Sa Majesté :*
Cette incorporation est effectuée, et tout prouve à la Nation que S. M. veut se l'attacher par des liens perpétuels.

cordée déjà, et sur laquelle Sa Majesté a prévenu le vœu de la Nation (1).

Population de l'Ile. — Sur la demande tendante à ce que l'on pourvoie aux moyens d'augmenter la population de l'Ile, Mgrs les Commissaires ont répondu, au nom du Roi, que Sa Majesté s'en occupe, mais que ces moyens doivent être mesurés sur des possibilités préalables, lesquelles doivent elles-mêmes être précédées par l'opération de la reconnaissance des propriétés, afin d'établir ce qui appartient à Sa Majesté et de constater les terrains dont elle aura à disposer en faveur de nouveaux Colons (2).

Etablissement des maisons et hôpitaux de charité. — Sur la demande tendante à ce qu'il soit établi des maisons et hôpitaux de charité, Mgrs les Commissaires ont annoncé que Sa Majesté en prépare actuellement les moyens, mais que cet objet exige d'autant plus de lenteur, que les facultés son plus restreintes (3).

Réunion des quatres Monastères de Religieuses de Bastia en deux ; et érection de semblables Monastères dans d'autres Provinces. — Sur la demande tendante à ce que les quatre Monastères de Religieuses qui sont à Bastia soient réunis en deux, et qu'on en établisse de semblables dans d'autres Provinces, soit pour l'éducation des filles, soit pour servir d'asile à celles qui se destinent au Célibat, Mgrs les Commissaires ont répondu que Sa Majesté est disposée à favoriser la réunion que l'on propose des quatre Monastères en question, en deux seulement; qu'à l'égard du projet d'en établir de nouveaux, il entre peu dans les vues de population dont Sa Majesté s'occupe,

---

(1) *Décision de Sa Majesté :*
Il y a été pourvu.
(2) *Décision de Sa Majesté :*
Sa Majesté s'en occupe.
(3) *Même décision.*

mais qu'elle pourra néanmoins l'accueillir, pourvu qu'on le restreigne à l'indispensable (1).

Remise des biens confisqués par la République de Gênes. — Sur la demande tendante à ce que les particuliers dont les biens ont été confisqués par la République de Gênes, soient remis en possession de ces mêmes biens, Mgrs les Commissaires ont répondu que ces renvois en possession se prononcent journellement ; mais que l'intention de Sa Majesté est que les choses soient réciproques, et que ceux qui ont embrassé le parti de la République rentrent de même dans les biens que Paoli leur a confisqués (2).

Maintien des Privilèges. — Sur la demande tendante à la conservation des Privilèges accordés soit à quelques Provinces, soit à quelques Villes, Communautés, ou particuliers, Mgrs les Commissaires ont dit qu'il faut connaître positivement les privilèges que l'on réclame, que Sa Majesté est disposée à maintenir ceux qui seront légitimes et n'auront rien de contraire à la justice et à l'égalité ; mais qu'elle supprimera ceux qui seront usurpés ou abusifs (3).

Réunion aux territoires considérables des petits domaines qui y sont enclavés. — Sur la demande tendante à ce que les propriétaires de territoires considérables, soient admis à réunir à titre d'échanges ou acquisitions les petits Domaines qui y sont enclavés, Mgrs les Commissaires ont répondu que cette

---

(1) *Décision de Sa Majesté :*
Sa Majesté favorisera la réunion demandée ; à l'égard des nouveaux établissements, quoiqu'ils s'éloignent de ses vues, elle pourra s'y prêter aussi, pourvu qu'on les restreigne à l'indispensable.

(2) *Décision de Sa Majesté :*
Cette remise s'accorde journellement au fur et à mesure des réclamations ; mais elle doit être réciproque, c'est à dire que les biens confisqués par Paoli doivent être remis de même.

(3) *Décision de Sa Majesté :*
Il faut avant tout les faire connaître. Sa Majesté maintiendra ceux qui sont légitimes, et ne supprimera que ceux usurpés ou abusifs.

demande peut avoir quelques rapports avec l'utilité publique qu'elle mérite d'être approfondie, et que Sa Majesté se portera à accorder tout ce qui ne blessera pas les droits de la justice.

Université, desséchements, ouvrages publics, et autres établissements utiles. — Sur les demandes tendantes à l'établissement d'une Université composée de Facultés de Théologie de Médecine et de Droit, à des desséchements de marais, constructions de Ports et autres ouvrages publics, Mgrs les Commissaires du Roi ont dit que Sa Majesté ne refusera pas de concourir à des établissements de cette nature; mais qu'il faut que la Nation en indique les moyens et les fournisse (1).

Les Députés de ladite Province de Bastia et tous les autres ici présents ont déclaré qu'ils n'ont rien à opposer aux Décisions qui viennent de leur être annoncées sur ces différentes demandes, et qu'ils s'y conformeront avec tout le respect et toute la soumission qu'ils doivent aux ordres de Sa Majesté.

Et a été la présente déclaration signée tant par Mgrs les Commissaires du Roi, que par Mgrs les Evêque, Grand Vicaire et Députés qui ont souscrit la précédente de ce jour.

CHARDON.
LE COMTE DE MARBEUF.

Dudit jour 25 Septembre 1770.

Demandes de la Province du Nebbio. — Mgrs les Commissaires en continuant l'examen des différentes demandes particulières des Provinces, ont passé à celles de la Province du Nebbio, et il y a été procédé ainsi qu'il suit.

---

(1) *Décision de Sa Majesté:*
C'est à la Nation à en indiquer les moyens et à les fournir.

Privilèges réclamés par la Ville de Saint-Florent. — Sur la demande de la Ville de Saint-Florent tendante à ce que ses Privilèges lui soient conservés à titre de Capitale, et sur celle tendante à ce que lesdits Privilèges soient réglés conformément à ceux qui sont attribués à Calvi et Bonifacio ; Mgrs les Commissaires ont répondu que la Ville de Saint-Florent aurait dû faire connaître et détailler les Privilèges dont elle entend jouir, afin que l'objet en pût être pesé et discuté dans cette Consulte, que Sa Majesté se serait portée volontiers à adopter ce qui y aurait été convenu et contre lequel un tiers n'aurait pas réclamé ; autant néanmoins qu'il n'en serait pas résulté d'exception trop marquée avec le système général d'administration que Sa Majesté entend suivre.

Sur quoi les Députés de la Province du Nebbio, ont fait pour la Ville de Saint-Florent, toutes réserves de faire connaître et détailler les Privilèges dont elle demande à jouir, et réciproquement il a été fait par les autres Députés ici présents toutes réserves de discuter et débattre, s'il y a lieu, les demandes de Ville de Saint-Florent, lorsque l'objet leur en sera connu.

Et a été la présente Délibération signée tant par Mgrs les Commissaires du Roi, que par Mgrs les Evêque, Grand Vicaire et Députés qui ont souscrit les autres de ce jour.

Chardon.
Le Comte de Marbeuf.

Dudit jour 25 Septembre 1770.

Demandes de la Province du Cap-Corse. — Mgrs les Commissaires ont observé qu'il ne paraît pas qu'il y ait une seule demande dans le nombre de celles faites par la Province du

Cap-Corse, à laquelle il n'ait été répondu implicitement soit en traitant les différents objets généraux dont on s'est occupé dans cette Consulte, soit en traitant les demandes particulières de la Province de Bastia.

Demandes de la Province d'Aleria. — Passant ensuite aux demandes de la Province d'Aleria, il a été procédé à leur examen ainsi qu'il suit :

Continuation d'un Aqueduc, et réparation de deux églises. — Sur la demande tendante à la continuation de l'Aqueduc, commencé par M. le Marquis de Seignelai et à la réparation tant de l'Eglise Cathédrale de Campoloro, que de celle de Saint Marcel du Fort d'Aleria, lesquelles dépenses la Province a proposé de prendre sur le produit de l'Evêché d'Aleria pendant la Vacance, Mgrs les Commissaires du Roi ont répondu au nom de Sa Majesté que la Province étant dans le cas de retirer le fruit de la perfection de l'Aqueduc, c'est à elle d'en supporter la dépense, et que les fonds des Economats ne peuvent y être appliqués ; qu'à l'égard de la réparation des deux Eglises, la dépense en doit être acquittée sur les revenus que ces Eglises possèdent ; que si la perception en a été interrompue à cause des troubles, rien ne doit empêcher de les percevoir aujourd'hui, et qu'en tout cas, à défaut de resources, c'est à la dévotion des fidèles à y suppléer (1).

Desséchement de marais. — Sur la demande tendante à ce qu'il soit permis de dessécher les filets de marais, il a été arrêté, conformément à l'observation qu'en ont fait Mgrs les Commissaires, que la Province enverra avant tout des mémoires qui indiqueront les marais à dessécher et les moyens de le faire sans inconvénient.

---

(1) *Décision de Sa Majesté :*
Il y doit y être pourvu, savoir pour l'Aqueduc, par la Province ; et pour les deux Eglises sur les revenus de ces mêmes Eglises, ou avec les secours que fournira la dévotion des fidèles.

Règlement concernant le Parcours. — Sur la demande d'un Règlement concernant le Parcours, Mgrs les Commissaires ont annoncé à l'Assemblée que Sa Majesté qui sent l'utilité d'un pareil Règlement s'en occupe maintenant, et qu'il sera commun à toutes les Villes de l'Ile, et ils ont invité l'Assemblée à concourir en ce qui dépendra d'elle par des mémoires solides, à la confection d'un règlement aussi intéressant (1).

Etablissement d'un Port à la Pruneta. — Sur la demande tendante à l'établissement d'un Port à Pruneta, Mgrs les Commissaires du Roi ont renvoyé l'Assemblée à ce qu'ils ont dit par rapport à plusieurs établissements utiles, que Sa Majesté ne se refusera point à en faciliter l'exécution, mais que la Province qui en retirera seule l'avantage doit conséquemment en supporter la dépense, et indiquer avant tout, les moyens d'y parvenir (2).

Bestiaux fournis par la Province d'Aleria pour la subsistance de l'Officier et du Soldat. — Sur les représentations faites par ladite Province d'Aleria au sujet des Bestiaux qu'on oblige les habitants de fournir pour assurer la subsistance de l'Officier et du Soldat, Mgrs les Commissaires ont répondu que Sa Majesté est disposée à faire cesser, autant qu'elle pourra, l'objet de ces représentations, et qu'elle s'occupe de la recherche des moyens les plus propres à concilier l'intérêt des habitants avec la nécessité de procurer à ses troupes tout ce qui est nécessaire pour leur subsistance.

Sur quoi il a été dit par les Députés de la Province d'Aleria et tous les autres ici assemblés, que la Nation n'aura rien de plus à cœur que de se conformer aux intentions de Sa Majesté sur l'objet de ces diverses demandes.

---

(1) *Décision de Sa Majesté :*
Il en sera rendu un incessamment à ce sujet
(2) *Décision de Sa Majesté :*
C'est à la Province à en indiquer les moyens et à les fournir.

Et a été la présente délibération signée tant par Mgrs les Commissaires du Roi, que par Mgrs les Evêque, Grand Vicaire et Députés qui ont souscrit les autres de ce jour.

CHARDON.
LE COMTE DE MARBEUF.

Dudit jour 25 Septembre 1770.

Demandes de la Province de Corte. — Mgrs les Commissaires du Roi étant passés à l'examen des demandes particulières de la Province de Corte, il y a été procédé ainsi qu'il suit :

Rétablissement de l'Université. — Sur celle tendante au rétablissement de l'Université de Corte, Mgrs les Commissaires du Roi ont répondu que cette demande ayant pour objet de donner des facilités aux habitants de l'intérieur pour l'éducation de leurs enfants, merite d'être accueillie, et que Sa Majesté est très disposée à la prendre en considération.

Précautions à prendre pour brûler les makis, sans qu'il en résulte d'incendie. — Sur celle tendante à ce qu'il soit pris des précautions pour que l'on brûle les makis sans s'exposer à des incendies, il a été arrêté qu'il sera remis à Mgrs les Commissaires du Roi des mémoires sur les moyens les plus convenables d'obvier aux incendies que peut occasionner le feu mis aux makis.

Empoisonnement des rivières. — Sur la demande tendante à ce qu'il soit fait défenses d'empoisonner les rivières pour y prendre du poisson, Mgrs les Commissaires ont annoncé que cet objet entrera dans le Règlement que Sa Majesté se propose de donner incessamment au sujet des mésus champêtres. Ils ont au surplus observé que ce genre de délit est prévenu par des lois nationales dont les Juges ordonnent l'exécution toutes les fois que l'occasion le requiert (1).

Rétablissement du Couvent qui existait dans le Niolo. — Sur la demande tendante au rétablissement du Couvent qui existait autrefois dans la Piève du Niolo, Mgrs les Commissaires ont répondu que cette demande a paru à Sa Majesté exiger une mûre considération, et que son intention n'est pas d'y statuer dans le moment présent.

Et a été la présente Délibération signée tant par Mgrs les Commissaires du Roi, que Mgrs les Evêque, Grand Vicaire et Députés qui ont souscrit les autres Délibérations de ce jour.

CHARDON.
LE COMTE DE MARBEUF.

Dudit jour 25 Septembre 1770.

Demandes de la Province de Calvi. — Il a été ensuite procédé à l'examen des demandes particulières de la Province de Calvi, ainsi qu'il suit:

Prescription des Cens. — Sur la demande tendante à ce que la Piève de Pino soit déchargée des Capitaux et intérêts des Cens qui n'ont pas été perçus depuis 30 ans, Mgrs les Commissaires ont observé que l'on doit distinguer les Cens dûs au Roi, d'avec ceux dûs à des particuliers; que ceux dûs au Roi sont imprescriptibles, de même que tous les autres droits qui lui appartiennent; mais que ceux dûs à des particuliers se peuvent prescrire; sur quoi les Députés de la Province de Calvi ont représenté que ceux de la Piève de Pino ont rectifié leur demande lors de l'Assemblée Provinciale, et qu'ils y ont proposé que les arrérages de Cens ne puissent se

---

(1) *Décision de Sa Majesté:*
Il y sera pourvu.

prescrire qu'autant qu'ils n'auroient pas été perçus depuis 60 ans, et que pendant cet intervalle il ne serait intervenu ni Sentence ni Jugement.

La matière mise en délibération, il a été arrêté qu'il en sera référé à Sa Majesté et Mgrs les Commissaires ont été suppliés d'intéresser sa Souveraine justice, pour que le temps de la Guerre ne soit point compté dans les années de la prescription, attendu l'impossibilité où se sont trouvés alors les habitants de pouvoir acquitter leurs rentes.

Travail dans les forêts des Montagnes. — Sur la demande tendante à ce qu'il soit permis de travailler dans les forêts des Montagnes,

Possessions des terres nommées la Paratella *et* Colle de Calvi. — Sur celle tendante à ce que la Province soit mantenue dans la possession des terres nommées *la Paratella* et *Colle de Calvi*,

Fondation de dix places dans le Collège del Bene à Gênes. — Et sur celle tendante à la conservation de dix places fondées par le Sieur Jacques Girolamo, dans le Collège *del Bene* à Gênes,

Il a été arrêté que les Députés de la Province de Calvi donneraient des mémoires qui seraient remis à Mgrs les Commissaires du Roi avec prière de prendre sur iceux les ordres de Sa Majesté.

Banque champêtre de Calvi. — Sur la demande tendante à ce que l'on fasse un Règlement à l'égard de la Banque champêtre de Calvi, Mgrs les Commissaires ont assuré l'Assemblée que Sa Majesté accordera tous règlements convenables en faveur de cet établissement, et il a été arrêté que les Députés de la Province de Calvi feront passer le projet de ce Règlement à Mgrs les Commissaires pour être mis par eux sous les yeux de Sa Majesté (1).

---

(1) *Décision de Sa Majesté:*
Le Roi accordera tout règlement convenable en faveur de cet établissement.

Et a été la présente délibération signée tant par Mgrs les Commissaires du Roi, que par Mgr les Evêque, Grand Vicaire et Députés qui ont souscrit les autres de ce jour.

CHARDON.
LE COMTE DE MARBEUF.

Dudit jour 25 Septembre 1770.

Demandes de la Province de la Balagne. — Il a été procédé à l'examen des demandes particulières de la province de la Balagne, ainsi qu'il suit :

Etablissement d'un Collège à l'Algajola. — Sur celle tendante à ce qu'il soit établi un Collège à Algajola, au moyen des fonds laissés par le Prêtre Ignace Leca, Mgrs les Commissaires ont observé qu'il ne peut être statué sur cet objet, qu'après que les titres qui y ont rapport auront été examinés, et qu'il aura été reconnu si en effet le legs dont il s'agit est susceptibile de l'application proposée.

Droit de pâturage dans le territoire des Agriates. — Sur la demande tendante à la conservation du droit de pâturage dans le territoire des Agriates, il a été arrêté que la Province enverra à Mgrs les Commissaires du Roi des mémoires sur cette demande, soutenus de titres, et les suppliera de vouloir bien les faire valoir auprès de Sa Majesté.

Après quoi la Séance a été remise à demain, 26 de ce mois, huit heures et demie du matin, et le Procès-verbal de la présente a été signé tant par Mgrs les Commissaires du Roi, que par Mgr les Evêque, Grand Vicaire et Députés qui ont souscrit les autres délibérations de ce jour.

CHARDON.
LE COMTE DE MARBEUF.

Séance du 26 Septembre 1770.

Demandes de la Province d'Ajaccio. — Mgrs les Commissaires du Roi et Mgrs les Evêques, Grands Vicaires et Députés, ci-devant dénommés, s'étant rendus dans la Salle d'Assemblée de la Consulte, il a été procédé à la continuation de l'examen des demandes particulières des Provinces, et d'abord de celles de la Province d'Ajaccio, ainsi qu'il suit :

Exécution du Testament du Comte Polveroso, en faveur de l'Eglise Cathédrale d'Ajaccio. — Sur la demande tendante à ce qu'il soit pourvu aux réparations et entretien de l'Eglise Cathédrale d'Ajaccio, et à l'exécution des dispositions testamentaires du Comte *Polveroso*, qui a légué à cette Eglise le produit du Comté *del Frazzo :* il été arrêté qu'il serait remis des mémoires à Mgrs les Commissaires pour éclaircir cet objet et qu'on y joindrait les actes de cette donation, et tous autres propres à donner des renseignements utiles ; au surplus Mgrs les Commissaires ont observé qu'il y a une instance à ce sujet pendante en justice réglée, et que c'est aux parties qui l'y ont introduite à en suivre le cours.

Hôpital d'Ajaccio. — Sur la demande tendante à ce qu'il soit mis ordre à l'administration de l'Hôpital d'Ajaccio, Mgrs les Commissaires ont répondu qu'il faut d'abord connaître les revenus, ensuite constater les abus qui se sont glissés dans leur administration, après quoi on avisera aux moyens d'y rétablir le bon ordre, et il a en conséquence été arrêté qu'il sera remis des mémoires circonstanciés à ce sujet à Mgrs les Commissaires.

Contestations entre Mgr l'Evêque d'Ajaccio, et les habitants Corses originaires d'Ajaccio. — Sur la demande tendante à ce qu'une Contestation qui existe pour un droit de dîmes entre Mgr l'Evêque d'Ajaccio, et les habitants Corses originaires d'Ajaccio, soit décidée sans être portée en justice réglée, Mgrs les Commissaires du Roi ont observé qu'il serait à-propos que les parties s'en remissent à des Arbitres qu'elles nommeraient respectivement, il a été arrêté qu'avant tout lesdites parties donneront à Mgrs les Commissaires des mémoires contenant leurs moyens réciproques et soutenus de pièces.

Séminaire d'Ajaccio. — Sur la demande tendante à ce que la maison et le revenu du Séminaire d'Ajaccio soient appliqués à l'établissement d'un Collège pour les études, Mgrs les Commissaires ont répondu qu'il est préalablement nécessaire de peser la convenance ou disconvenance, et de s'assurer si l'institution du Séminaire peut permettre l'application proposée ; sur quoi il a été arrêté qu'il sera remis à Mgrs les Commissaires des mémoires détaillés à ce sujet.

Droits prétendus sur les territoires appelés Confinaccia *et* Confinella. — Sur la demande faite par la Piève de Cauro pour la Communauté de Bastelica, au sujet des droits prétendus par cette Communauté contre la Ville d'Ajaccio sur les territoires appelés *Confinaccia* et *Confinella*, il a été dit pour la Ville d'Ajaccio par plusieurs Députés de la Province que les deux territoires en question appartiennent au Roi, comme faisant partie du Domaine de la Confina dont la République de Gênes était propriétaire, et que la Communauté de Bastelica n'a conséquemment rien à y prétendre ; il a été répondu pour la Communauté de Bastelica par d'autres Députés de la Province, qu'en même temps que ladite Communauté reconnaît que Sa Majesté est propriétaire des deux territoires dont il s'agit, elle réclame des droits de pâturage sur ces deux mêmes territoires ; sur quoi il a été arrêté qu'il sera remis à Mgrs les Commissaires des mémoires circonstanciés sur cet objet.

Contestation de la Piève de Talavo, et celle d'Ornano. — Sur la demande tendante à ce que les différends de la Piève de Talavo et de celle d'Ornano au sujet des Communes de *Chiavari* soient définitivement jugés dans le terme qu'il plaira à Mgrs les Commissaires du Roi de prescrire, par les trois Arbitres que les Pièves se sont choisis, et qu'à defaut de l'un desdits trois arbitres on s'en tienne au jugement des deux autres, il a été arrêté que les arbitres seront tenus de mettre la contestation à fin dans le mois d'Octobre, et il a été fait par Mgrs les Commissaires toutes réserves et protestations au nom de Sa Majesté, contre ce qu'il pourrait y avoir de contraire aux droits du Roi, dans la Sentence arbitrale qui interviendra (1).

Etablissement d'un Cimetière à Ajaccio. — Sur la demande tendante à l'établissement d'un Cimetière dans la Ville d'Ajaccio, pour remédier à l'infection que causent les sépultures dans les Eglises, il a été arrêté que la Ville d'Ajaccio cherchera un emplacement convenable, s'assemblera pour aviser aux moyens d'en payer le prix et fera homologuer en la forme usitée et prescrite par les règlements, sa délibération.

Secours à donner au Couvent de Religieuses qui est à Ajaccio. — Sur la demande tendante à ce que le Roi accorde sa protection au seul Couvent de Religieuses qui est dans la Ville d'Ajaccio, Mgrs les Commissaires ont répondu que le Roi destine une égale protection à toutes les classes de ses Sujets Corses; mais que c'est à la Ville d'Ajaccio, à indiquer les moyens de soulager ce Couvent, et même à les fournir ; sur quoi il a été arrêté qu'il sera remis un mémoire à Mgrs les Commissaires à ce sujet.

Prétention des Curés de la Piève de Cinarca pour droit de dîmes. — Sur la demande des Curés de la Piève de Cinarca

---

(1) *Décision de Sa Majesté :*
Les Arbitres respectivement nommés par ces Pièves seront tenus de terminer la contestation dans tout le mois d'octobre.

tendante à ce qu'ils participent à la dîme, il a été arrêté qu'ils établiront leur prétention par un mémoire soutenu de titres, lequel sera remis à Mgrs Commissaires.

Salaire des Gardiens des Vignes. — Sur la demande tendante à ce que les droits et salaires des gardiens des vignes soient modérés, Mgrs les Commissaires ont répondu qu'il faut préalablement fournir des renseignements tant sur les usages relatifs à la garde des terres, que sur les usages relatifs aux droits perçus par les gardiens, et il a en conséquence été arrêté qu'il sera remis un mémoire circonstancié à Mgrs les Commissaires du Roi à ce sujet.

Bestiaux à fournir pour la subsistance de l'Officier et du Soldat. — Sur la demande tendante à ce que l'habitant soit dispensé de fournir de la viande aux Officiers et Soldats, Mgrs les Commissaires du Roi ont répondu, comme ils l'ont fait dans la Séance d'hier sur une demande semblable de la Province d'Aleria, que Sa Majesté s'occupe actuellement des moyens de concilier les intérêts de ses Sujets Corses, avec la nécessité d'assurer la subsistance de ses Troupes.

Droit de pâturage prétendu par la Pième d'Ornano sur les terres du Comté del Frazzo. — Sur la demande de la Pième d'Ornano, de jouir du droit de pâture sur les terres du Comté *del Frazzo*, il a été arrêté que le droit réclamé sera établi par un mémoire qui sera soutenu de titres, et sera ensuite remis à Mgrs les Commissaires.

Réserve de la Pième de Talavo de n'adhérer aux Actes de la présente Consulte, qu'autant que la Corse restera sous la domination de S. M. — Sur la réserve faite par la Pième de Talavo de n'adhérer aux actes convenus et transcrits dans cette Consulte, qu'autant que la Corse restera sous la domination de Sa Majesté, Mgrs les Commissaires ont déclaré au nom du Roi qu'il n'a point désapprouvé cette réserve, mais que tout ce qu'il fait pour le bonheur de la Corse, est un sûr garant de la ferme intention où il est de la laisser immuablement annexée à la Couronne.

Nomination des Nationaux aux Evêchés vacants. — Sur la demande tendante à ce que les Evêchés qui vaqueront soient donnés aux Nationaux, Mgrs les Commissaires ont répondu que sur trois qui étaient vacants, deux ont été donnés à des Corses et un à un Français; qu'au surplus Sa Majesté n'est pas dans l'intention de souffrir que son choix soit gêné, et qu'elle suivra toujours en pareil cas ce qui lui sera dicté par sa justice, et par son amour pour les Peuples (1).

Etablissement d'une Université à Ajaccio. — Sur la demande tendante à l'établissement d'une Université à Ajaccio, Mgrs les Commissaires ont répondu que cette demande sera soumise aux moyens, et il été arrêté qu'il leur sera remis un mémoire contenant ceux qui paraîtront devoir être proposés pour remplir cet objet.

Considération à apporter de la part des Commandants envers les Podestats. — Sur la demande tendante à ce que les Podestats et autres Officiers Municipaux soient traités par les Commandants avec une certaine considération, Mgr le Comte de Marbeuf a assuré l'Assemblée qu'il donnera les ordres convenables à ce sujet.

Et a été la présente délibération signée tant par Mgrs les Commissaires du Roi, que par Mgrs les Evêques de Sagone et du Nebbio, par MM. Piazza et Viterbi, Députés Piévans, par MM. Cesari Rocca et Colonna de Leca, Députés Nobles, et par les Sieurs Filippi et Mainetti, Députés du Tiers Etat.

CHARDON.
LE COMTE DE MARBEUF.

---

(1) *Décision de Sa Majesté :*
Sa Majesté n'entend point être gênée dans son choix.

Dudit jour 26 Septembre 1770.

Demandes de la Province de Vico. Demandes de la Province de Sartene, Bonifacio, Porto-Vecchio et Istria. — Mgrs les Commissaires du Roi ayant observé que dans le nombre des demandes faites par la Province de Vico, il n'y en a pas une seule à laquelle il n'ait été répondu implicitement soit en traitant les objets généraux agités jusqu'à présent dans cette Consulte, soit en traitant les demandes particulières des autres Provinces, ils ont passé aux demandes particulières de la Province de Sartene, Bonifacio, Porto-Vecchio et Istria, à l'examen desquelles il a été procédé ainsi qu'il suit.

Concession et maintien de privilèges. — Sur la demande de la Piève de Bonifacio tendante à la concession et maintien de divers privilèges, Mgrs les Commissaires ont répondu que Sa Majesté ne statuera sur aucune demande de ce genre qu'après que les titres qui l'établissent, auront été produits, et il a en conséquence été arrêté qu'il sera remis à Mgrs les Commissaires, relativement aux privilèges réclamés par la Piève de Bonifacio, un mémoire soutenu de titres.

Peines contre ceux qui refusent les charges municipales. — Sur la demande tendante à ce qu'il soit prononcé des peines contre ceux qui refusent les charges des Communautés, Mgrs les Commissaires ont répondu au nom de Sa Majesté que cette demande sera accueillie de sa part (1).

Conservation du Magistrat des anciens de Sartene et de leurs fonctions. — Sur la demande de la Piève de Sartene tendante

---

(1) *Décision de Sa Majesté :*
Il en sera prononcé

à ce que le Magistrat des anciens soit conservé avec attribution du droit d'élire les Censeurs de Police, et de juger jusqu'à 200 livres, Mgrs les Commissaires ont répondu qu'il faut avant tout que la Piève fasse connaître l'institution et les prerogatives de ce Magistrat, ses fonctions, et s'il tient lieu des Podestats et Pères du Commun ; il a en conséquence été arrêté que tous ces éclaircissements seront rassemblés dans un mémoire qui sera remis à Mgrs les Commissaires.

Erection de Sartene en Ville. — Sur la demande tendante à ce que Sartene soit érigée en Ville, il a été arrêté, après que la matière a été mise en délibération, et que les Députés des autres Provinces ont été entendus, qu'il ne paraît pas convenable de s'occuper dans le moment présent de mettre Sartene en Ville ; et qu'il faut attendre que l'agrandissement de ses maisons et l'augmentation de ses habitants l'aient rendue susceptible de cette distinction (1).

Loyer des logements occupés par les Troupes à Sartene. — Sur la demande tendante au payement du loyer des logements occupés par les Troupes à Sartene, Mgrs les Commissaires ont répondu que ces logements doivent en effet être payés, mais à compter du premier Avril dernier seulement, que cette dépense, suivant les ordres de Sa Majesté, est à la charge des Villes et Communautés, auxquelles les propriétaires des emplacements occupés par les Troupes doivent en conséquence s'adresser pour avoir leur payement, sauf aux dites Villes et Communautés à imposer sur elles-mêmes le montant (2).

Achat des farines pour les Troupes, dans la Province seulement, et aux mêmes prix payés à Bastia. — Sur la demande

---

(1) *Décision de Sa Majesté :*
Refusé.
(2) *Décision de Sa Majesté :*
Les logements de cette nature seront payés, mais par les Villes et Communautés, et à compter du premier avril 1770 seulement.

tendante à ce que les farines nécessaires pour la subsistance des Troupes soient achetées dans la Province et payées sur le même pied qu'elles se vendent à Bastia ; Mgrs les Commissaires ont répondu que Sa Majesté a rejeté cette demande et qu'elle a même vu, avec surprise, que la Nation prétendit lui prescrire les lieux et les prix de ses achats (1).

Etablissement d'un Collège à Sartene. — Sur la demande tendante à l'établissement d'un Collège à Sartene, Mgrs les Commissaires du Roi ont répondu que cet objet mérite quelque attention, mais que c'est à la Province à fournir des moyens de s'en occuper ; il a en conséquence été arrêté qu'il en sera formé un mémoire détaillé, lequel sera remis à Mgrs les Commissaires avec prière de le faire valoir auprès de Sa Majesté.

Exemption des visites casuelles, et tailles errantes. — Sur la demande tendante à l'affranchissement des visites casuelles errantes, Mgrs les Commissaires ont assuré l'Assemblée au nom de Sa Majesté qu'il n'y aura point en Corse d'imposition de ce genre (2).

Droits de chasse et de pêche. — — Sur la demande de la liberté de la chasse et de la pêche, Mgrs les Commissaires ont répondu que la liberté de la chasse ne sera point autorisée par Sa Majesté, mais que celle de la pêche pourra l'être avec quelques modifications ; sur quoi l'Assemblée a déclaré qu'elle s'en rapporte à ce que Sa Majesté ou Mgrs les Commissaires jugeront à propos d'ordonner à cet égard (3).

Rétablissement d'un Séminaire. — Et sur la demande de

---

(1) *Décision de Sa Majesté :*
Refusé.
(2) *Décision de Sa Majesté :*
Il n'y en aura point.
(3) *Décision de Sa Majesté :*
La liberté de la chasse ne sera point accordée, celle de la pêche pourra l'être avec des modifications.

la Piève de Scopamene tendante au rétablissement du Séminaire d'Ajaccio, Mgrs les Commissaires ont répondu au nom de Sa Majesté qu'elle est disposée à y donner son attention.

Et a été la présente Délibération signée tant par Mgrs les Commissaires dn Roi, que par Mgrs les Evêques et Députés qui ont souscrit la précédente.

CHARDON.
LE COMTE DE MARBEUF.

Dudit jour 26 Septembre 1770.

Demandes des Chapitres et des Ordres Religieux. Chapitre de Mariana et Accia. — Mgrs les Commissaires ont proposé à l'Assemblée de délibérer sur les demandes faites aussi tant par les Chapitres, que par les Ordres Religieux, ce qui a été accepté; il a été en conséquence commencé par les demandes du Chapitre de Mariana et Accia, à l'examen desquelles il a été procédé ainsi qu'il suit.

Exécution du Testament de M. Fornari en faveur de l'Eglise Cathédrale. — Sur la demande tendante à l'exécution entière du Testament de M. Leonard Fornari, et à ce que Sa Majesté veuille interposer l'autorité de son Envoyé à Gênes, à l'effet que la maison Fornari, qui est Génoise, y satisfasse; Mgrs les Commissaires du Roi ont observé qu'il faut avant toutes choses connaître les dispositions de ce Testament, ainsi que la nature des objets légués à l'Eglise Cathédrale de Mariana et Accia, et ceux dont la délivrance peut avoir été refusée par les héritiers Fornari ; il a en conséquence été arrêté que le Chapitre remettra à Mgrs les Commissaires du Roi un état détaillé à ce sujet et soutenu de pièces (1).

---

(1) *Décision de Sa Majesté :*
Cet objet est du ressort de la justice ordinaire.

Rétablissement du Séminaire. — Sur la demande tendante au rétablissement du Séminaire, et à la rentrée des droits qui lui sont affectés, il a été arrêté que le Chapitre remettra aussi à Mgrs les Commissaires un mémoire relatif à cet objet.

Erection de l'Evêché de Mariana et Accia en Archevêché. — Sur la demande tendante à l'érection de l'Evêché de Mariana et Accia en Archevêché, il a été arrêté aussi que ce sera la matière d'un mémoire particulier qui sera remis à Mgrs les Commissaires du Roi, à l'effet de l'appuyer auprès de Sa Majesté.

Augmentation des revenus des Prébendes. — Sur la demande tendante à ce que le revenu des prébendes soit augmenté, au moyen de la réunion qui y serait faite d'environ vingt-neuf Bénéfices simples, au décès des différents Titulaires, il a pareillement été arrêté que le Chapitre remettra un mémoire à ce sujet à Mgrs les Commissaires.

Etablissement de facultés de Théologie et de Droit. — Et sur la demande tendante à ce que l'Université des Etudes ait des Facultés tant de Droit Civil et Canonique, que de Théologie, Mgrs les Commissaires ont répondu que cet objet mérite une sérieuse attention, et que d'ailleurs la Province doit aviser aux moyens de subvenir à la dépense qui en résulterait.

Et a été la présente Délibération signée tant par Mgrs les Commissaires du Roi, que par Mgrs les Evêques et Députés qui ont souscrit les autres Délibérations de ce jour.

CHARDON.
LE COMTE DE MARBEUF.

Dudit jour 26 Septembre 1770.

Demandes du Chapitre d'Aleria. Prétention des Ecclésiastiques de ne pouvoir être cités devant un Juge Laïque. Attri-

bution au Juge Ecclésiastique de toutes actions pour dîmes, prémices, et autres objets de piété. — Procedant à la continuation de l'examen des demandes des Chapitres et Ordres Religieux, Mgrs les Commissaires ont mis en délibération deux demandes faites par le Chapitre d'Aleria, l'une tendante à ce qu'aucun Ecclésiastique ne puisse être cité, assigné ni appelé devant un Juge Laïque tant en matière civile qu'en matière criminelle, l'autre tendante à ce que toutes actions pour dîmes, prémices, oblations, cens et autres objets de piété soient jugées par le Tribunal de l'Evêque ; Mgrs les Commissaires ont observé à cet égard que l'une et l'autre de ces deux demandes sont également contraires aux règlements de Sa Majesté qui prescrivent les bornes dans lesquelles doit être renfermée la Compétence des Juges Ecclésiastiques en Corse (1).

Et a été la présente Délibération signée tant par Mgrs les Commissaires du Roi, que par Mgrs le Evêques et Députés qui ont souscrit les autres de ce jour.

CHARDON,
LE COMTE DE MARBEUF.

Dudit jour 26 Septembre 1770.

Demandes du Chapitre d'Ajaccio. — Il a été procédé à l'examen des différentes demandes du Chapitre d'Ajaccio, ainsi qu'il suit.

Exécution du Testament du Comte Polveroso en faveur de l'Eglise Cathédrale. — Sur la demande tendante à ce que les

---

(1) *Décision de Sa Majesté :*
Il y est pourvu par l'Ordonnance publiée en Corse sur la Juridiction ecclésiastique.

réparations de l'Eglise Cathédrale, et les fournitures des Ornements soient prises sur le produit du Comté *del Frazzo* légué à la dite Eglise par le Comte de Polveroso, et à ce que Mgr l'Evêque d'Ajaccio tienne compte des Messes annuelles et amendes qu'il reçoit ;

Différends entre l'Evêque et le Chapitre. — Sur la demande relative aux différends qui divisent Mgr l'Evêque et le Chapitre d'Ajaccio par rapport au Séminaire ;

Nomination des Sacristains. — Sur celle tendante à ce que les Sacristains soient élus par le Chapitre ;

Droits du Greffier de l'Evêque. — Sur celle tendante à ce que le Greffier de Mgr l'Evêque se renferme pour la perception de ces droits dans la taxe prescrite par les Souverains Pontifes et suivie par ses prédécesseurs ;

Ornements de l'Eglise Cathédrale. — Et sur les plaintes portées par le Chapitre de ce que Mgr l'Evêque retire par devers lui les Ornements Ecclésiastiques, et ne permet pas aux Chanoines de s'en servir, quoiqu'ils soient communs (1) ;

Mgrs les Commissaires ont observé qu'ils sont instruits que ces divers objets sont la matière de procès pendant actuellement dans des Tribunaux de Justice réglée; qu'en conséquence les parties ont la voye d'y faire valoir leurs prétentions respectives ; Mgrs les Commissaires ont néanmoins ajouté qu'il serait à désirer pour empêcher l'éclat inséparable des procès de cette nature, que ceux dont il s'agit pussent ou se terminer à l'amiable, ou être décidés par des Arbitres.

Augmentation des revenus des Prébendes. — Sur la demande tendante à ce que pour augmenter les revenus des Prébendes on détache de l'Evêché plusieurs Bénéfices qui y sont réunis;

Nomination de l'Organiste. — Sur celle tendante à ce que l'Organiste soit à la nomination du Chapitre (2) ;

---

(1) *Décision de Sa Majesté :*
Tous ces objets sont du ressort de la justice ordinaire.
(2) *Décision de Sa Majesté :*
Cet objet est du ressort de la justice ordinaire.

Le Séminaire d'Ajaccio à la charge des écoles. — Et sur celle tendante à ce que le Séminaire soit chargé des écoles;

Il a été arrêté qu'il sera remis à Mgrs les Commissaires du Roi des mémoires séparés, soutenus de titres.

Et a été la présente Délibération signée tant par Mgrs les Commissaires du Roi, que par Mgrs les Evêques et Députés qui ont souscrit les autres de ce jour.

CHARDON.
LE COMTE DE MARBEUF.

Dudit jour 26 Septembre 1770.

Demandes des Ordres Religieux (Servites). — Il a été procédé à l'examen des demandes faites par les Religieux de l'Ordre des Servites, ainsi qu'il suit :

Exemption des droits d'entrée et de sortie, et de toute imposition. — Sur la demande tendante à l'exemption des droits d'entrée et de toute imposition, Mgrs les Commissaires ont répondu que personne n'est exempt des droits d'entrée en Corse, et qu'à l'égard des impositions, comme celle que Sa Majesté vient d'établir. elle doit être assise sur toutes les terres sans distinction, les fonds que l'Ordre des Servites peut posséder en Corse, y seront nécessairement assujettis (1).

Indemnité en faveur du Couvent de Bastia. — Sur la demande d'un secours en faveur du Couvent de Bastia pour l'indemniser de ce qu'il a été privé pendant cinq ans de la permission de quêter ;

Permission de recevoir à perpétuité des Religieux. Permis-

---

(1) *Décision de Sa Majesté :*
Refusé.

sion de faire faire tels et tels édifices que l'Ordre jugera convenable. — Et sur la demande tendante à ce que l'Ordre pour se perpétuer puisse recevoir toujours des Religieux, comme aussi à ce qu'il soit permis audit Ordre de faire faire dans ses Couvents et Eglises tels édifices qu'il voudra, sans qu'il puisse en être jamais privé non plus que de ses autres biens, il a été arrêté qu'il en sera référé à Sa Majesté par Mgrs les Commissaires, à l'effet de connaître ses intentions à cet égard.

Election du Provincial sans le concours des Religieux étrangers. Admission du Provincial, de son Collègue et du Définiteur au Chapitre général de l'Ordre. — Sur la demande tendante à ce que les Religieux des maisons du dit Ordre établies en Corse puissent élire leur Provincial entr'eux et sans le concours de Religieux étrangers, et à ce que ledit Provincial, son Collègue et le Définiteur aient leurs voix dans le Chapitre général de l'Ordre.

Autorité du Supérieur de chaque Couvent. — Et sur la demande tendante à ce que tout Supérieur ait droit de gouverner son Couvent, et d'y ordonner des peines ou des récompenses ;

Il a été arrêté qu'il sera remis à Mgrs les Commissaires des mémoires où les dites demandes seront plus particularisées.

Et a été la présente Délibération signée tant par Mgrs les Commissaires du Roi, que par Mgrs les Evêques et Députés qui ont souscrit les autres de ce jour.

CHARDON.
LE COMTE DE MARBEUF.

Dudit jour 26 Septembre 1770.

Religieux Observantins. — Il a été procédé à l'examen des demandes faites par les Religieux Observantins ainsi qu'il suit :

Célébration de la fête de Saint Louis, dans les Eglises du dit Ordre. — Sur la demande tendante à ce que la fête de Saint Louis soit célébrée de préférence dans leurs Eglises, que tous les Chevaliers de Saint Louis, Officiers et Troupes de Sa Majesté soient tenus d'y assister ; qu'il soit enjoint à cet effet aux maisons de leur Ordre qui n'auraient point d'Autel dédié à Saint Louis, ni de Tableau représentant ce Saint de s'en pourvoir ;

Etablissement d'une manufacture de draps, secours et exemption de logements à cet effet. — Sur la demande tendante à ce qu'il leur soit permis d'établir dans un de leurs quatre Couvents une manufacture de draps pour la fabrication des draps qui servent à les vêtir (1) ;

Et sur la demande tendante à ce qu'il leur soit accordé un secours pour l'établissement de cette manufacture, et qu'on ne loge point de troupes dans le Couvent où elle sera placée ;

Il a été arrêté qu'il en sera référé par Mgrs les Commissaires du Roi à Sa Majesté, afin d'obtenir ses ordres relativement à ces divers objets.

Ménagemens pour le logement des Troupes dans leurs Couvents. — Sur la demande tendante à ce qu'il ne soit logé que le moins de Troupes possible dans leurs Couvents, surtout dans ceux de Noviciat, afin que les jeunes Religieux ne soient pas distraits de leurs exercices et études, Mgr le Comte de Marbeuf a répondu qu'il aura pour leurs représentations à ce sujet, tous les égards qui pourront se concilier avec les besoins du service du Roi.

Et été la présente Délibération signée tant par Mgrs les Commissaires du Roi, que Mgr les Evêques et Députés qui ont souscrit les autres de ce jour.

CHARDON.
LE COMTE DE MARBEUF.

---

(1) *Décision de Sa Majesté :*
Sa Majesté protégera et encouragera cette manufacture si elle présente quelque utilité publique.

Dudit jour 26 Septembre 1770.

Introduction des livres pernicieux en Corse. — Mgrs les Commissaires du Roi ont fait donner lecture par le Commis Greffier d'un Mémoire que leur a été remis par Mgrs les Evêques d'Ajaccio, de Sagone et du Nebbio, et par Mgrs les Grands Vicaires de l'Evêché de Mariana et Accia et de celui d'Aleria, lequel mémoire contient les représentations que leur zèle leur a inspirées, sur ce qu'il s'introduit en Corse des livres contraires tant à la Religion, qu'aux bonnes mœurs; Mgrs les Commissaires ont observé à cet égard qu'il a déjà été pris des précautions pour mettre obstacle autant qu'il est possible à l'entrée des livres pernicieux dans cette Ile, que les caisses de livres adressées aux Libraires de cette Ville ne leur sont remises qu'après avoir subi une visite exacte, et qu'il s'en fait aussi de temps en temps dans leurs magasins; au surplus Mgrs les Commissaires ont ajouté, que pour seconder, comme elles doivent l'être, les pieuses sollicitudes de Mgrs les Evêques et Grands Vicaires, il sera donné des ordres à l'effet de redoubler d'exactitude dans les visites des livres introduits en Corse, ou qu'on y introduira par la suite.

Et a été la présente Délibération signée tant par Mgrs les Commissaires du Roi, que par Mgrs les Evêques et Députés qui ont souscrit les autres de ce jour.

Chardon.
Le Comte de Marbeuf.

---

(1) *Décision de Sa Majesté:*
On y met obstacle autant qu'il est possible par les visites qui se font à cet égard d'après les ordres de l'Intendant Commissaire départi en Corse.

Dudit jour 26 Septembre 1770.

Levée d'une Milice Nationale. — Mgr le Comte de Marbeuf a dit qu'il a ordre de Sa Majesté de faire connaître l'intention où elle est de lever en cet Ile une Milice Nationale, et qu'il ne doute point qu'une proposition qui marque la confiance qu'a Sa Majesté dans la fidélité de ses Sujets Corses, ne soit reçue avec le plus vif empressement. Mgr le Comte de Marbeuf a ajouté que les frais de la levée et entretien de cette Milice seront à la charge de la Nation, et monteront à environ seize mille livres par an.

Sur quoi et la matière mise en délibération, tous les Députés ont assuré d'un commun accord Mgr le Comte de Marbeuf, que la Nation toujours jalouse de faire éclater son zèle pour le service du Roi, s'empressera d'en donner en cette occasion de nouveaux témoignages; en conséquence il a été arrêté unanimement que la levée de Milice proposée en Corse y aura lieu conformément au plan qui en sera réglé par Sa Majesté ou en vertu de ses ordres; et qu'à cet effet la Nation fournira annuellement les seize mille livres auxquelles la dépense en est évaluée.

Et a été la présente Délibération signée tant par Mgrs les Commissaires du Roi, que par Mgrs les Evêques et Députés qui ont souscrit les autres de ce jour.

CHARDON.
LE COMTE DE MARBEUF.

Dudit jour 26 Septembre 1770.

Gvavure, et dépôt entre les mains du Potestat, d'un cachet par chaque Piève. — Mgr le Comte de Marbeuf a dit qu'il serait à désirer pour le maintien du bon ordre et la sûreté publique, qu'il fût déposé dans chaque Piève, entre les mains du Potestat, un cachet gravé aux armes de la Corse, et contenant en chef le Numéro de ladite Piève : que chaque habitant ne pût s'absenter de sa Piève sans être muni d'un Certificat signé du Podestat et Pères du Commun, et scellé dudit cachet, à peine d'être réputé bandit ou vagabond, et d'être puni comme tel ; et que, de même, aucun habitant ne pût vendre de Bestiaux, sans être porteur d'un Certificat signé aussi des Podestat et Pères du Commun de sa Piève, et scellé pareillement du cachet dont il s'agit, lequel certificat attesterait qu'il est en effet propriétaire desdits Bestiaux. Mgr le Comte de Marbeuf a ajouté que la dépense de ces cachets ne formerait point une nouvelle charge pour la Nation, attendu qu'elle serait prise sur les fonds accordés pour la Milice.

Sur quoi et la matière mise en délibération, il a été unanimement arrêté que la Nation se conformera de point en point aux dispositions qui viennent d'être annoncées à l'Assemblée par Mgr le Comte de Marbeuf.

Et a été la présente Délibération signée tant par Mgrs les Commissaires du Roi, que par Mgrs les Evêques et Députés qui ont souscrit les autres de ce jour.

CHARDON.
LE COMTE DE MARBEUF.

Dudit jour 26 Septembre 1770.

Naturalisation du Sieur de Grossi. — Mgr Gentile, Député Noble du Cap-Corse, ayant fait part du désir qu'a le Sieur de Grossi, Secrétaire Interprète du Conseil Supérieur, et Génois de Nation, d'être naturalisé Corse, comme il a déjà été naturalisé Citoyen de Bastia, toute l'Assemblée s'est portée par acclamation à donner audit Sieur de Grossi cette marque de son affection, et en conséquence il a été unanimement arrêté qu'il jouira, sous le bon plaisir du Roi, de tous les Privilèges et Prérogatives dont jouissent et doivent jouir les Sujets de Sa Majesté nés Corses, et que Sa Majesté sera suppliée d'accorder audit Sieur de Grossi toutes Lettres à ce nécessaires (1).

Et a été la présente Délibération signée tant par Mgrs les Commissaires du Roi, que par Mgrs les Evêques et Députés qui ont souscrit les autres de ce jour.

CHARDON.
LE COMTE DE MARBEUF.

Dernière Séance du 27 Septembre 1770.

Offrande d'une Médaille, et Députation de trois Sujets pour la présenter à Sa Majesté. — Mgrs les Commissaires du Roi et Mgrs les Evêques, Grand Vicaire et Députés ci-dessus nom-

---

(1) *Décision de Sa Majesté:*
Sa Majesté a fait expédier un Brevet qui remplit l'objet de cette demande.

més s'étant rendus dans la Salle d'Assemblée de la Consulte, tous les Députés ont dit qu'ils sont pénétrés de la plus vive reconnaissance pour toutes les bontés, dont Sa Majesté ne cesse de les combler, qu'ils désireraient faire parvenir au pied du Trône du meilleur des Rois, l'hommage respectueux des sentiments, dont ils sont animés; qu'il leur semblerait que la manière la plus propre d'exprimer leur respect, leur amour et leur vénération pour leur Souverain, serait de consacrer par un monument durable le jour heureux où la Corse a passé sous la domination de Louis le bien-aimé, lequel monument en retraçant à la postérité l'époque de la félicité de la Nation, lui retrace en même temps l'attachement, la fidélité et la reconnaissance de ses habitants pour le Maître le plus chéri et le plus digne de l'être (1);

Que la faveur la plus signalée que Sa Majesté pût accorder à la Nation serait de permettre que la Médaille qu'elle fera frapper, lui soit présentée par trois Députés membres de la présente Assemblée, l'un choisi parmi Mgrs les Evêques, un autre parmi les Nobles et un troisième pour représenter le Tiers-Etat.

En conséquence Mgrs les Commissaires du Roi ont été très instamment suppliés d'employer leurs bons offices, pour que Sa Majesté permette à la Nation de faire frapper une Médaille qui représente l'époque fortunée de la réunion de la Corse au Royaume de la France, ainsi que la présente Assemblée, et qui serve en même temps de monument perpétuel de la fidélité, de l'amour et de la vénération des nouveaux Sujets de Sa Majesté pour sa Personne Sacrée.

Mgrs les Commissaires du Roi ont été aussi unanimement suppliés d'employer leurs bons offices, pour obtenir de Sa Majesté la grâce, que cette Médaille lui soit présentée par

---

(3) *Décision de Sa Majesté* :
Accepté, et le choix des trois Députés, approuvé.

Mgr Stefanini, Evêque de Sagone, élu pour représenter le Clergé de Corse, M. Massei, élu pour représenter l'ordre des Nobles, et M. Giubega, élu pour représenter le Tiers-Etat.

Clôture du présent Procès-verbal. — Après quoi Mgrs les Commissaires du Roi ont demandé s'il n'y avait plus de propositions à faire, et sur ce qu'il ne s'en est point trouvé, le présent Procès-Verbal, après avoir été lu et publié, la Consulte siégeante, est demeuré clos, les jour, mois et an que dessus.

Remerciment prononcé au nom de l'Assemblée par M. Marc-Aurèle Rossi. — Ensuite de quoi Mgrs les Commissaires du Roi ont été remerciés au nom de toute l'Assemblée par le Sieur Marco Aurelio Rossi, Député de la Province d'Ajaccio, des bons offices qu'ils ont rendus en toute occasion à la Nation, et particulièrement dans la présente Consulte.

Fait et publié à l'Assemblée de la Consulte, le 27 Septembre 1770.

CHARDON.
LE COMTE DE MARBEUF.

PROCÈS-VERBAL

DE

L'ASSEMBLÉE GÉNÉRALE DES ÉTATS DE CORSE

SOCIÉTÉ DES SCIENCES HISTORIQUES ET NATURELLES
DE LA CORSE

PROCÈS-VERBAL

DE

L'ASSEMBLÉE GÉNÉRALE DES ÉTATS DE CORSE

TENUE A BASTIA

LE 1er MAI 1772 ET JOURS SUIVANTS

PUBLIÉ

par M. A. DE MORATI

Vol. II.

BASTIA
IMPRIMERIE ET LIBRAIRIE OLLAGNIER

1896

Séance du Premier Mai au matin

Mgr Louis-Charles-René, Comte de Marbeuf, Premier Gentilhomme de la Chambre du feu Roi de Pologne, Duc de Lorraine et de Bar, Lieutenant de Roi des quatre Evêchés de la Haute-Bretagne, Commandeur de l'Ordre Royal et Militaire de Saint Louis, Lieutenant-Général des Armées du Roi, Commissaire du Roi, présidant ladite Consulte ;

Et Mgr Barthélemy de Colla de Pradine, Chevalier, Conseiller d'honneur au Parlement de Provence, Intendant de Justice, Police, Finances, Fortifications, Vivres, Troupes, Commissaire départi par Sa Majesté pour l'exécution de ses ordres dans l'étendue de ladite Ile, et autres en dépendantes, aussi Commissaire du Roi à ladite Consulte.

Nosdits Seigneurs le Comte de Marbeuf et de Colla de Pradine, assistés du Sieur Joseph-Marie Cuttoli, Commis-Greffier des Etats, et accompagnés de Mgr Doria, Evêque d'Ajaccio, de Mgr Stefanini, Evêque de Sagone, de Mgr Guasco, Evêque du Nebbio, de Mgr de Guernes, Evêque d'Aleria, de M. Ferdinandi, Grand Vicaire de Mariana ; de MM. Varese et Guasco, Chanoines, Députés du Chapitre de Mariana ; de MM. Pieraggi et Ciaccaldi, Chanoines, Députés du Chapitre de Sagone ; de MM. Biaggini et Rostini, Chanoines, Députés du Chapitre d'Aleria; de MM. Colonna et Pietra-Santa, Chanoines, Députés du Chapitre d'Ajaccio; de MM. Piantanida et Mattei, Chanoines, Députés du Chapitre du Nebbio, de MM. Savelli et Franceschini, Chanoines, Députés du Chapitre de Corbara; de MM. Buonacorsi et Frediani, Chanoines, Députés du Chapitre de Calenzana; de MM. Benedetti et Abraini, Chanoines, Députés du Chapitre de Speloncato; (absents les deux Chanoines, Députés du Chapitre de Luri); du Père Salamanca, Supérieur des Missionnaires; des Pères Feliceto, Provincial, et Michel-Ange, de Pietrabugno, Religieux, Députés de l'Ordre des Cordeliers; des Pères Semidei, Provincial, et Caraccioli, Religieux, Députés de l'Ordre des Servites; des Pères Pierre, de la Ville de Bastia, et Ange-François, de Granajola, Religieux, Députés de l'Ordre des Récollets; des Pères Bonaventure, de Venaco, et Calixte, de Bastia, Religieux, Députés de l'Ordre des Capucins; du Père Clément-Mariano Chiavarini, Religieux, Député de l'Ordre des Dominicains; de MM. Charles Grimaldi et Pierre Abbatucci, Membres de la commission des douze Nobles qui se trouvent à leur tour ; de MM. Pompei, Piévan de Moriani, et Astolfi, Piévan de Casacconi, Députés Ecclésiastiques de la Province de Bastia ; de MM. Jean-Quilico Casabianca, Sébastien Buttafuoco, Philippe Costa, Joseph-Marie Guasco, Paul-Saint Mari et Cangione San Giovanni, Députés Nobles; des Sieurs Pierre-Paul Luccioni, Louis Belgodere, Jean-Antoine Marchetti, Antoine-Philippe Perfetti, Etienne Petrignani et Antoine-François Leandri, Députés du Tiers-Etat de la Province de Bastia; de M. Joseph Saliceti, Piévan d'Oletta et Député Ecclésiastique de la Province du Nebbio ; de M. Tiburce Morati, Député Noble, et du Sieur Antoine-François Galeazzini, Député du Tiers-Etat de la susdite Province du Nebbio ; de MM. François, Piévan de Canari, et Ogliastri, Curé de Nonza, Députés Ecclésiastiques de la Province de Cap-Corse ; de MM. Jean-André Alessandrini et Jean-Antoine Antoni, Députés Nobles, et des Sieurs Ange-François Ferandini et Jules-François Nobili, Députés du Tiers-Etat de la susdite Province du Cap-Corse; de M. Charles-Mathieu Manenti, Curé du Pianello, Député Ecclésiastique de la Province d'Aleria ; de M. Pierre-Paul Cottone, Député Noble, et du Sieur Modeste Paoli, Député du Tiers-Etat de ladite Province d'Aleria; de MM. Marc-Jean Turquini, Piévan de Bozio, et Antoine-Marie Alberti, Piévan de Venaco, Députés Ecclésiastiques de la Province de Corte; de MM. Vincent Adriani, Salvadore Carlotti et Decio Emanuelli, Députés Nobles, et des Sieurs Jean-Augustin Zuccarelli, Antoine-Pierre Carlotti et Jean-Paul Natali, Députés du Tiers-Etat de la susdite Province de Corte; de M. Damien Giubega, Député Noble de la Province de Calvi ; de M. Jean-François Ciaccaldi, Député du Tiers-Etat de ladite Province ; (M. Jean-André Antonelli, Piévan de Calvi et Député Ecclésiastique, absent); de M. Jean-Baptiste Costa, Piévan de Giussani, Député Ecclésiastique de la Province de Balagne; de M. Jean-André Fabbiani, Député Noble, et du Sieur Pierre-Paul Monti, Député du Tiers-Etat de ladite Province de Balagne ; de M. Saint-Jean Peraldi, Recteur de Peri, Député Ecclésiastique de la Province d'Ajaccio; (M. Paschal Martinenghi, Curé d'Eccica et Suarella, autre Député Ecclésiastique, absent) ; de MM. Charles Buonaparte, Annibal Folacci, Paul-Baptiste Ferri, Dominique Cuttoli, Jean-Charles Paganelli, Députés Nobles, et des Sieurs Jean-Baptiste Giustiniani, Antoine Murati et Antoine Guarguale, Députés du Tiers-Etat de la susdite Province d'Ajaccio; (les Sieurs Antoine Carcopino et Michel-Ange Renucci, aussi Députés du Tiers-Etat, absents); de M. François Massimi, Curé d'Orto, Député Ecclésiastique de la Province de Vico; de M. François-Marie Bianchi, Député Noble, et du Sieur Pierre Grimaldi, Député du Tiers-Etat de ladite Province de Vico; de MM. Decio Maestrali, Curé de Levie, Député Ecclésiastique de la Province de Sartene, Bonifacio, Portovecchio, et Istria; (M. François-Xavier Casalunga, Curé d'Arbillara, autre Député

Ecclésiastique, absent); de MM. Jean-Grégoire Ortoli et Antoine-François-Paul Durazzi, Députés Nobles, et du Sieur Bernard Cresci, Député du Tiers-Etat de la même Province; (le Sieur Pierre-Paul Peretti, autre Député du Tiers-Etat, absent).

Après avoir entendu la Messe solennelle du Saint-Esprit, célébrée par Mgr Stefanini, Evêque de Sagone, dans l'Eglise Paroissiale de Saint-Jean de cette Ville, se sont rendus dans l'Eglise de la Conception, rue Saint-Nicolas, disposée pour servir de Salle des Assemblées des Etats; et y étant arrivés Nosseigneurs les Commissaires du Roi ont mis en Délibération quel devait être le rang que tiendraient entr'eux Mgrs les Evêques, les Députés des Eglises Cathédrales, ceux des Eglises Collégiales, ceux des Ordres Religieux, finalement les Députés des Provinces; sur quoi il a été unanimement arrêté (*mais avec les protestations et réserves dont il sera parlé ci-après*) que quant à Mgrs les Evêques, Députés Ecclésiastiques des Chapitres, et Députés des Provinces, ils tiendront le même rang qu'ils eurent à la première Consulte, et qu'ils siègeront dans l'ordre qui suit; savoir: Mgr l'Evêque d'Ajaccio, Mgr l'Evêque de Sagone, Mgr l'Evêque du Nebbio, Mgr l'Evêque d'Aleria et M. le Vicaire Général de Mariana, à la droite de M. le Comte de Marbeuf, et après M. de Colla de Pradine; que MM. les Députés des Eglises Cathédrales et Missionnaires siègeront suivant le règlement de la Consulte, à la gauche de M. le Comte de Marbeuf et dans l'ordre suivant, savoir: pour les Eglises Cathédrales, Mariana, Sagone, Aleria, Ajaccio et Nebbio; pour les Eglises Collégiales, Corbara, Calenzana, Speloncato et Luri, ensuite les Missionnaires.

Mais à l'égard des Députés Religieux, ceux de l'Ordre des Observantins ayant représenté combien il était juste qu'ils eussent la préséance sur tous les autres Ordres qui assistent à la présente Assemblée, tant parce que le leur est le plus ancien, à l'exception de celui des Dominicains, qui n'ayant dans l'Ile qu'un seul Couvent sans Province, n'est pas dans le cas de faire concourir pour la préséance son Supérieur avec les Provinciaux des autres Ordres, que parce que leur Maison Conventuelle se trouve aussi la plus ancienne ; tous les Députés des autres Maisons Religieuses, (excepté le Supérieur des Dominicains), ont unanimement reconnu combien cette prétention était fondée et raisonnable, et l'Assemblée est convenue qu'elle aurait son effet, ce qui a été exécuté. Quant aux Députés des Servites, des Capucins et Réformés, n'ayant point fait valoir leurs droits respectifs sur la préséance entr'eux et les autres Ordres, refusant d'ailleurs d'accorder aux Servites celle qu'ils avaient obtenue lors de la dernière Consulte, il a été arrêté par l'Assemblée que pour cette fois seulement, et sans tirer à conséquence, on remettrait au sort le rang que chacun de ces Ordres aurait à tenir ; et en conséquence il a été fait trois billets, sur l'un desquels se sont inscrits les Députés de l'Ordre des Réformés ; sur le second ceux de l'Ordre des Capucins ; et sur le dernier les Députés de l'Ordre des Servites ; ensuite il a été fait trois autres billets, sur l'un a été écrit *premier rang*, sur l'autre *second rang*, et sur le troisième *dernier rang*. Ces billets fermés, tirés au sort, lus et passés dans les mains de chaque Religieux, sont échus de la manière suivante ; savoir : celui du premier rang aux Députés de l'Ordre des Servites ; celui du second rang aux Députés de l'Ordre des Réformés ; et le troisième, portant dernier rang, aux Députés de l'Ordre des Capucins, et après eux a pris séance le Député de l'Ordre des Dominicains, sans cependant que cette distribution de rang puisse dans aucun temps, ni d'aucune manière nuire aux prérogatives de chaque Diocèse, Eglise Cathédrale, ou Collégiale, et des Ordres Religieux ci-dessus nommés, ni leur donner aucun titre, droit, ni attribution de prééminence, lesquelles prérogatives resteront, et demeureront intactes, et dans le même état où elles étaient avant la présente distribution de rangs ; à l'effet de quoi Mgrs les Evêques d'Ajaccio, d'Aleria, du Nebbio (Mgr l'Evêque de Sagone absent pour cause d'incommodité qui lui est survenue après la célébration de la Messe) ont présenté par écrit leurs respectives protestations, lesquelles ont été lues dans l'Assemblée à haute et intelligible voix, et ont été portées ensuite sur le Registre des Mémoires ; et MM. les Députés des Chapitres et des Ordres Religieux ont fait de vive voix les mêmes protestations pour la conservation de leurs droits et prérogatives, se réservant de faire valoir leurs raisons en temps et lieux par titres, ou autrement, desquelles réserves et protestations Nosseigneurs les Commissaires du Roi ont donné acte.

Et quant au rang des Députés des Provinces, il a été arrêté d'une seule voix, que les Députés siégeraient dans l'ordre suivant ; savoir : ceux de Bastia, ceux du Nebbio, ceux du Cap-Corse, ceux d'Aleria, ceux de Corte, ceux de Calvi, ceux de Balagne, ceux d'Ajaccio, ceux de Vico, ceux de Sartene, Bonifacio, Portovecchio et Istria, sans toutefois que lesdites places qui seront réglées pour cette Assemblée, puissent former aucun titre de prééminence en faveur d'aucune Province ; faisant, au contraire, lesdits Députés, toutes réserves et protestations, chacun en droit soi, pour la conservation des droits, raisons et prérogatives de leurs Provinces respectives ; entendant faire valoir en temps et lieux, leurs raisons, titres et prétentions.

Le Sieur Giubega admis à la place de Greffier en chef de l'Assemblée générale ou Etats de Corse. — La Province de la Rocca, ou autrement de Sartene, Bonifacio, Portovecchio et Istria, a fait par écrit, par la voie de ses Députés, les mêmes protestations et réserves dont il a été donné lecture, et qui ont été ensuite portées sur le Registre des Mémoires, desquelles protestations et réserves Nosseigneurs les Commissaires du Roi ont donné acte comme dessus. Après Mgrs les Evêques, MM. les Députés des Eglises Cathédrales et Collégiales, ceux des Maisons Religieuses, et les Députés des Provinces ont pris séance conformément aux rangs convenus, le Sieur Laurent Giubega a présenté ses Lettres-Patentes de Greffier en chef des Etats adressées à Mgrs les Commissaires du Roi, et à MM. les Députés qui composent les trois Ordres de la présente Assemblée générale dont, après en avoir été fait lecture par le Commis-Greffier, Nosseigneurs les Commissaires du Roi et MM. les Députés voulant donner une prompte exécution aux susdites Lettres-Patentes, après avoir fait prêter serment, dans la forme accoutumée, audit Sieur Giubeca, d'être toujours fidèle à Sa Majesté, et de se comporter irréprochablement dans l'exercice de sa place, ils l'ont reçu, admis et installé dans la charge de Greffier en chef des Etats de Corse, en conséquence l'ont mis en possession et jouissance de tous les droits, honneurs, prérogatives, franchises et émoluments attachés audit emploi, à l'effet de quoi ledit Sieur Giubega a pris place au Bureau qui est aux pieds de Mgrs les Commissaires du Roi, ainsi qu'il est porté par le Réglement du 16 Avril 1770, avec faculté d'écrire et signer tous les Actes et les Délibérations qui seront prises dans les Assemblées générales et particulières, et d'en délivrer toutes expéditions requises et nécessaires comme il est ordonné dans sa commission qui lui a été rendue, après que lecture en a été faite.

Ensuite ledit Sieur Giubega, Greffier en chef des Etats, a dit que tous les Députés, tant des Eglises Cathédrales, Collégiales, et Ordres Religieux, que les Députés des Provinces, ont remis au Greffe des Etats leurs pouvoirs en bonne forme, desquels par ordre de Mgrs les Commissaires du Roi il a été fait lecture, et ils se sont trouvés être de la teneur exprimée et portée sur le second Registre destiné à y inscrire les pouvoirs des Députés.

Discours de Mgrs les Commissaires du Roi. — Ensuite Mgr le Comte de Marbeuf a dit, etc.

Et Mgr De Colla de Pradine a dit, etc.

Souscription des Procès-Verbaux de chaque Délibération. —

Et conformément à ce qui est prescrit par Sa Majesté dans le Règlement de la Consulte, qui porte que chaque Délibération sera signée par Mgrs les Commissaires du Roi, par deux de Mgrs les Evêques, deux Piévans, deux Députés Nobles et deux Députés du Tiers-Etat, il a été arrêté que lesdits Evêques et Députés seront pris à tour de rôle, en suivant le rang convenu dans le présent Procès-Verbal; après quoi la séance a été remise à demain neuf heures du matin.

Mgrs les Commissaires du Roi, Mgrs les Evêques d'Ajaccio et du Nebbio (en l'absence de Mgr Stefanini, Evêque de Sagone), MM. Astolfi et Pompei, Piévans, MM. Jean-Quilico Casabianca et Sébastien Buttafuoco, Députés Nobles; et les Sieurs Pierre-Paul Luccioni et Louis Belgodere, Députés du Tiers-Etat, ont signé le présent Procès-Verbal de la présente séance.

Par Nosseigneurs les Commissaires du Roi,
Signé : GIUBEGA.

Séance du 2 Mai 1772.

Nosseigneurs les Commissaires du Roi, Mgrs les Evêques (Mgr Stefanini, Evêque de Sagone, absent), et MM. les Députés, nommés dans le Procès-Verbal de la séance d'hier, s'étant rendus à la Salle de l'Assemblée de la Consulte, Nosseigneurs les Commissaires du Roi ont dit, qu'une des prérogatives dont Sa Majesté a bien voulu faire jouir la Nation, a été de l'ériger en Pays d'Etat, composé de trois Ordres; savoir : l'Eglise, la Noblesse et le Tiers-Etat; qu'à l'époque des premières Assemblées des Piéves et des Provinces, dans lesquelles furent élus les Députés chargés d'assister à la Consulte passée, de même qu'à l'époque des Assemblées préparatoires de la présente Assemblée générale, le nombre des Nobles reconnus était si peu considérable, qu'il fallut admettre comme représentant l'Ordre de la Noblesse, non seulement ceux qui avaient titres et preuves, mais encore ceux qui étaient communément réputés Nobles; que cette facilité qui était alors un effet de la nécessité, ne doit plus subsister à l'avenir, attendu que beaucoup de familles ont déjà fait leurs preuves au Conseil Supérieur à Bastia, ainsi qu'il est prescrit par l'Edit du Roi ; que l'intention de Sa Majesté est de mettre fin à la condescendance employée jusqu'à présent, laquelle en confondant les vrais Nobles avec ceux qui ne le sont pas, prive les premiers de la distinction dont ils ont le droit de jouir.

A cet effet Nosseigneurs les Commissaires du Roi ont signifié et déclaré au nom de Sa Majesté, qu'encore que pour cette fois les représentants l'Ordre de la Noblesse soient admis à l'Assemblée et y tiennent rang, sans que les titres de plusieurs aient été reconnus, cependant cette facilité ne pourra faire titre à aucun pour prétendre à la Noblesse, et que dans la suite, soit dans les Assemblées des Pièves, soit à l'Assemblée générale, personne ne sera reçu au nombre des représentants l'Ordre de la Noblesse, s'il n'a été reconnu et jugé Noble au Conseil Supérieur après y avoir produit ses titres, ou qu'il n'ait obtenu de la bienfaisance du Roi des Lettres-Patentes pour suppléer au défaut des titres, ou une nouvelle concession de Noblesse; qu'à l'égard des Pièves qui n'auront pas de Nobles dans leurs districts respectifs pour envoyer à l'Assemblée Provinciale, il y sera suppléé par un nombre égal pris par augmentation dans le Tiers-Etat, et qu'il en sera usé de même dans les Assemblées provinciales, où il ne se trouverait pas un nombre suffisant de Nobles pour députer aux Etats; en sorte que dans tous les cas chaque Piève ait dans les Assemblées provinciales le nombre de trois Députés, et que chaque Province ait aux Etats un nombre de Députés laïques, proportionné à celui de ses feux.

Serment de garder le secret. — Ensuite Nosseigneurs les Commissaires du Roi ont dit, qu'il est d'usage, dans les Assemblées d'Etats, que les Membres qui les composent promettent de ne point révéler ce qui s'y traite, et surtout le secret des opinions qui y sont ouvertes; que cette loi serait nécessaire dans la présente Assemblée Générale laquelle en ayant reconnu l'avantage, tous les Membres dont elle est formée ont unanimement promis et juré ; savoir: Mgrs les Evêques et Ecclésiastiques en portant la main à la poitrine, et les Députés laïques après l'avoir levée, de ne rien divulguer de ce qui sera dit, fait et proposé; de ne point révéler les opinions et avis qui y seront ouverts ou adoptés par qui que ce soit; en un mot, d'observer religieusement la loi du secret sans s'en écarter directement ni indirectement, duquel Serment Nosseigneurs les Commissaires du Roi ont donné acte (1).

Et a été la présente Délibération signée, tant par Nosseigneurs les Commissaires du Roi, que par Mgr de Guernes, Evêque d'Aleria, M. Ferdinandi, Vicaire Général de l'Evêché de Mariana, MM. Manenti et Alberti, Députés Ecclésiastiques, MM. Philippe Costa et Joseph-Marie Guasco, Députés Nobles, les Sieurs Jean-Antoine Marchetti et Etienne Petrignani, Députés du Tiers-Etat.

Par Nosseigneurs les Commissaires du Roi,
Signé : GIUBEGA.

Dudit jour 2 Mai 1772.

Subvention. — Nosseigneurs les Commissaires du Roi ont dit, que Sa Majesté ayant établi en Corse l'imposition de la

---

(1) *Décision de Sa Majesté :*
Sa Majesté approuve le Serment exigé de tous les Membres de l'Assemblée de ne point en révéler les Délibérations.

Subvention, payable sur le montant des produits de toute espèce, tant végétaux qu'animaux, elle daigna par un effet de la bienfaisance qui lui est naturelle, ne fixer qu'à cent vingt mille livres la première année commencée le premier Octobre 1769, et finie le premier Octobre 1770, et que cette fixation fut encore prorogée pour la seconde année du premier Octobre 1770 au premier Octobre 1771 ; que la Nation n'a pas dû se flatter qu'une rétribution aussi modique pût subsister toujours ; que le Roi avait été dans l'intention de faire percevoir une quantité déterminée à un certain nombre de vingtièmes du montant net des productions ; mais que ne pouvant s'en rapporter aucunement aux déclarations et appréciations faites jusqu'à ce jour, lesquelles sont d'une inexactitude trop évidente pour qu'il en fît la règle de ses demandes, il n'a pu faire autrement que de demander une somme fixe pour la Subvention de la troisième année. Nosseigneurs les Commissaires du Roi ont en conséquence annoncé à l'Assemblée que Sa Majesté, pour l'année commencée le premier Octobre 1771 et qui finira le premier Octobre 1772, demande pour tenir lieu du montant des deux vingtièmes du produit net des fruits de la terre, tant végétaux qu'animaux, cent quatre-vingt mille livres, c'est-à-dire, seulement une moitié de plus de ce qu'Elle demanda la première année ; que la Corse ne doit pas trouver cette fixation trop onéreuse ; qu'elle serait plus considérable si les déclarations avaient été faites avec exactitude et les appréciations avec justesse ; que la Nation doit regarder comme un bienfait de Sa Majesté une taxe marquée ainsi au coin de la modération ; mais qu'en tout cas elle n'aurait à se plaindre que d'elle-même, puisque si elle avait déclaré avec sincérité ses produits, on y aurait proportionné exactement la Subvention ; que la Nation en acceptant la contribution qui lui est demandée de cent quatre-vingt mille livres, pourra choisir elle-même les moyens d'en régler la répartition ; mais que dans le cas où elle refuserait d'y adhérer, et prendre les mesures convenables pour parvenir par des déclarations exactes à une répartition solide et proportionnée, Nosseigneurs les Commissaires du Roi ont ordre de Sa Majesté d'établir dans toutes Provinces, Pièves et Communautés tel nombre de Vérificateurs et Contrôleurs qu'ils jugeront nécessaires sur le rapport desquels le Roi fera exiger le montant net des deux vingtièmes de tout genre de production, avec la fixation d'un salaire proportionné aux produits qui auront été reconnus, et aux évaluations qui en auront été faites ; que tous les frais qu'occasionnera une semblable administration seront à la charge de la Nation, et en sus des deux vingtièmes dûs pour la contribution, lesquels Sa Majesté entend percevoir francs de toutes charges et dépenses ; que ne pouvant donner aucune confiance aux déclarations faites jusqu'à présent, Sa Majesté sera obligée de régler l'imposition sur les produits qui seront déclarés à commencer de la prochaine récolte des foins, et successivement jusqu'à l'entière récolte des autres productions à recueillir dans l'époque de l'Assemblée de 1773, auquel temps on pourra clairement connaître les qualités et les prix des denrées sujettes à la contribution, et il sera facile de répartir entre les Provinces, Pièves et Communautés l'imposition de 1771 à 1772 ; mais qu'en attendant, la portion dont chacun devra contribuer sera réglée provisoirement sur telles portions qui seront arbitrées par Nosseigneurs les Commissaires du Roi, sauf la rectification de la répartition définitive qui en sera faite dans la prochaine Assemblée générale de 1773 ; en conséquence Nosseigneurs les Commissaires du Roi ont exhorté l'Assemblée à en délibérer avec toute l'attention qu'exige un objet aussi important. Sur quoi et la matière mise en délibération, l'Assemblée générale désirant avec ardeur donner dans tous les temps et dans toutes les circonstances, les preuves les plus certaines de son entière soumission aux intentions de Sa Majesté et faire éclater le juste empressement qu'elle a de se soumettre avec respect à ses volontés, pour rendre plus authentiques les sentiments de devoir, de respect et de gratitude, dont la Nation est pénétrée envers le meilleur des Rois; il a été unanimement arrêté et convenu que la Subvention de l'année du premier Octobre 1771, au premier Octobre 1772, sera conformément à la demande de Sa Majesté de cent quatre-vingt mille livres; mais quant aux moyens d'en régler la répartition, l'Assemblée se réserve de prendre par la suite ses mesures, qui seront toujours dirigées vers le but de faciliter cette répartition, et de la rendre le plus équitable qu'il sera possible, en même-temps que l'Assemblée s'empresse de marquer sa résignation aux ordres de son Souverain; MM. les Députés ont dit, qu'ils se réservent de mettre sous les yeux compatissants de Sa Majesté l'état d'indigence et de misère, dans lequel languit encore la Nation.

Et a été la présente Délibération signée, tant par Nosseigneurs les Commissaires du Roi, que par Mgrs les Evêques, Vicaire Général et Députés qui ont souscrit avec nous, Greffier en chef des Etats de Corse, la première Délibération prise dans la présente Séance.

Dudit jour 2 Mai 1772.

Répartition de la Subvention. — Nosseigneurs les Commissaires du Roi ont dit, qu'il ne suffirait pas pour remplir les intentions de Sa Majesté de s'occuper de la répartition des cent quatre-vingt mille livres de Subvention demandées pour l'année du premier Octobre 1771, au premier Octobre 1772, mais qu'il faut encore pourvoir à la répartition définitive des deux premières années montant à cent vingt mille livres pour chacune, que dans la Consulte de 1770, il ne fut fait qu'une répartition provisoire par Province, que la quote-part de chaque Province fut ensuite répartie au mois de Décembre entre les Pièves et les Communautés, quant aux trois premiers quarts, réservant le partage du quatrième quart pour le mois de Septembre suivant, auquel temps on espérait que suivant les nouvelles déclarations qui seraient fournies, on pourrait avoir des notions certaines sur le trop ou trop peu que chaque Province, Piève ou Communauté et individu aurait payé par proportion aux produits respectifs et à la quantité de Subvention ; que cette répartition finale indiquée au mois de Septembre dernier n'eut pas lieu, parce qu'on jugea plus expédient d'attendre l'Assemblée générale qu'on présumait devoir être prochaine pour ne faire tant du montant de la première année, que de celui de la seconde qu'une seule et même répartition ; que depuis Sa Majesté s'étant déterminée à renvoyer à la présente époque la tenue des Etats, Elle ordonna pour ne pas interrompre le recouvrement de la Subvention, que la répartition faite au mois de Décembre 1770, pour les trois premiers quarts de la première année, serait prorogée provisoirement tant pour le dernier quart de cette première année, que pour les deux premiers quarts de la seconde année, qui devait écheoir avant la tenue de la présente Assemblée, sauf la répartition définitive qui serait faite alors pour le montant des deux années réunies, dont il resterait encore deux termes à écheoir ; que la justice exige de réaliser aujourd'hui l'espérance donnée à la Nation depuis si long-temps, de rectifier une répartition qui excite à juste titre ses plaintes ; que les déclarations fournies en dernier lieu devraient naturellement servir de base à cette répartition, et donner les moyens de la rendre juste et égale ; mais que la Nation ne peut disconvenir qu'elles ne méritent aucune confiance, et que les observations contenues dans la lettre de M. le Marquis de Monteynard, Ministre et Secrétaire d'Etat de la Guerre, écrite à Nosseigneurs les Commissaires du Roi, et rendue publique dans l'Ile par la voye de la commission des Douze mettent en évidence toutes les irrégularités et les inconséquences, tant des déclarations des produits, que des évaluations qui en ont été faites en argent, qu'il serait superflu d'en répéter ici le détail; que les déclarations fournies jusqu'à présent peuvent être rangées sous trois classes; que les unes, quoiqu'elles ne puissent être regardées comme vraies et exactes dans tous les points, s'éloignent moins que les autres de la vérité, telles que celles des Provinces de Calvi, Balagne et Cap-Corse, que d'autres Provinces, paraissent avoir fait les leurs dans la vue précisément de faire croire que dans la répartition provisionelle faite à la Consulte de mil sept cent soixante-dix, elles n'ont été taxées ni au-dessus, ni au-dessous de la quote-part de Subvention qu'elles doivent payer à proportion de leurs produits; que telles sont les Provinces de Bastia, Nebbio, Ajaccio et Vico. Finalement que d'autres ont opéré dans la vue de persuader qu'elles étaient trop chargées par la répartition provisionnelle, et affaibli de la manière la plus évidente l'objet de leurs produits, de même que leurs appréciations; que les Provinces de cette troisième classe sont celle d'Aleria et celles de Sartene, Bonifacio, Portovecchio et Istria.

Nosseigneurs les Commissaires du Roi ont ajouté, que toutes ces irrégularités ne portent aucun préjudice aux intérêts du Roi, mais que c'est une partie de la Nation qui fait tort à l'autre; que si Sa Majesté prend part à l'assiette de la Subvention, c'est seulement comme Juge entre ses Sujets, et parce que la justice et la protection qu'elle leur doit, la déterminent à interposer son autorité pour établir l'ordre; qu'à cet effet Elle propose à la Nation, sans cependant lui en faire une Loi, de récompenser la sincérité des Provinces de Calvi, Balagne, Corte et Cap-Corse laissant subsister leurs taxes actuelles, au lieu de leur donner les augmentations dont leurs déclarations les font paraître susceptibles; de maintenir également les taxes mises à la charge de deux Provinces d'Aleria et de Sartene, Bonifacio, Portovecchio et Istria, afin qu'elles ne profitent pas des diminutions qu'elles ont cherché à se procurer ; et enfin, quant aux quatre Provinces de Bastia, Nebbio, Ajaccio et Vico de faire entre elles une nouvelle répartition du montant de leurs taxes, dans la proportion de leurs déclarations ; que la Nation, soit en adoptant cette distribution, soit en choisissant une autre quelconque, doit pourvoir encore à la répartition entre les Pièves et les Communautés, de même qu'aux moyens d'en faire une ensuite dans chaque Communauté, entre les individus, le tout suivant l'intention de Sa Majesté qui est de faire contribuer chaque Province, Pièvc, Communauté et individu à raison du produit des récoltes, que autrement il sera établi des Vérificateurs et Contrôleurs aux déclarations, dont le salaire à charge de la Nation, augmentera le poids qu'elle a à supporter.

Sur quoi, la matière mise en Délibération, quelques-uns de MM. les Députés ont fait sentir combien il serait utile, même nécessaire, pour remplir les intentions de Sa Majesté, tant par rapport à la répartition des cent quatre-vingt mille livres, à quoi elle a fixé la Subvention de l'année courante, que pour établir la répartition définitive des deux années précédentes, de former un Comité d'un certain nombre de Sujets tirés des diverses Eglises, Ordres Religieux et Provinces, conjointement avec les deux Membres de la commission des Douze et le Greffier en chef de la Consulte, lequel Comité serait chargé de s'occuper du choix des moyens qui lui paraîtraient les plus justes et les moins embarrassants pour répartir les cent quatre-vingt mille livres de Subvention, ainsi que pour faire raison aux diverses Provinces, Pièves, Communautés et individus du trop, ou du trop peu payé, on à payer pour la Subvention des deux premières années ; que ledit Comité serait en outre autorisé à examiner et discuter tous les articles les plus intéressants à proposer dans la présente Assemblée, afin que d'après cet examen, et cette discussion préalables, l'Assemblée puisse ensuite avec plus de facilité, et en plus grande connaissance de cause, prendre telles délibérations qu'elle jugera les plus propres à l'avantage commun, ainsi qu'il en est usé dans les Pays d'Etats, et que cela s'est pratiqué ici lors de la Consulte dernière (1).

Formation d'un Comité. — Nosseigneurs les Commissaires du Roi ayant bien voulu se prêter à cette proposition, ont permis à l'Assemblée de procéder à la formation dudit Comité; et en conséquence après en avoir délibéré, il a été unanimement arrêté que le Comité sera composé des Sujets suivants, savoir : pour Mgrs les Evêques, de Mgr Guasco ; pour les Eglises Cathédrales, de M. le Chanoine Rostini ; pour les Eglises Collégiales, de M. Buonaccorsi ; pour les Ordres Religieux, du Père Caliste, Capucin ; pour la Province de Bastia, de MM. Casabianca, Costa et Belgodere; pour la Province du Nebbio, de MM. Saliceti, Piévan, et Tiburce Morati ; pour la Province du Cap-Corse, de MM. Alessandrini et Nobili ; pour la Province de Corte, de MM. Turquini, Piévan, et Carlotti ; pour la Province d'Aleria de MM. Manenti, Piévan, et Cottone; pour la Province de Calvi, de MM. Giubega et Ciaccaldi ; pour la Province de Balagne, de MM. Costa, Piévan, et Fabbiani ; pour la Province d'Ajaccio, de MM. Buonaparte et Folacci ; pour la Province de Vico, de MM. Massimi, Piévan, et Bianchi ; pour la Province de Sartene, Bonifacio, Portovecchio et Istria, de MM. Maestrali, Piévan, et Cresci.

---

(1) *Décision de Sa Majesté :*
Le Règlement donné par Sa Majesté sur l'ordre des Assemblées à l'art 13, fait connaître ses intentions sur les Comités et sur les objets qui peuvent y être traités. Elle n'approuve pas que ceux sur lesquels elle veut bien entendre la Nation soient examinés et discutés hors de l'Assemblée Générale et de la présence de ses Commissaires. Ce qui se passe dans les autres pays d'Etats n'entrant pour rien dans ses motifs, ni pour, ni contre. Et ce qu'il lui plaît d'accorder à la Nation ne doit jamais être cité comme une raison de rien changer aux règlements qui sont particuliers à la Corse.

Lesquels Sujets proposés et nommés par les diverses Provinces, Ordres Religieux et Chapitres, pour la formation du Comité, ont été confirmés et approuvés par toute l'Assemblée, et ont été chargés de s'occuper, conjointement avec les deux Membres de la commission des Douze, de l'examen et choix des moyens qu'ils estimeront les plus convenables pour répartir dans une juste proportion les cent quatre-vingt mille livres, montant de la Subvention de la présente année, ainsi que les cent vingt mille livres des deux années précédentes, et qui sont payées en partie, et doivent l'être entièrement dans les deux quartier sprochains, de manière autant qu'il sera possible, qu'aucune Province, Piève, Communauté ou individu ne reste chargée de plus qu'elle ne devra supporter proportionnellement à ses productions ; et à la charge encore par les Membres dudit Comité, d'examiner et discuter les objets les plus intéressants qui seront agités à la Consulte, et d'en faire le rapport à l'Assemblée, pour être pris ensuite par elle telles Délibérations qui seront jugées utiles et nécessaires. Il a été arrêté de plus, que les Membres du Comité, pour faciliter les opérations qui leur sont confiées, s'assembleront chaque jour à sept heures du soir chez Mgr l'Evêque Guasco.

Après quoi la Séance a été renvoyée à après-demain, quatre de ce mois, à neuf heures du matin. Et le Procès-verbal de la présente Séance a été signée, tant par Nosseigneurs les Commissaires du Roi, que par Mgrs les Evêque, Vicaire-Général et Député qui ont souscrit les précédentes Délibérations de ce jour.

Séance du 4 Mai 1772.

Imposition pour le payement des logements occupés par les Troupes ou pour le service du Roi. — Nosseigneurs les Commissaires du Roi, et Mgrs les Evêques, (M. Stefanini Evêque de Sagone, absent), Vicaire-Général et Députés ci-devant nommés s'étant rendus à la Salle d'Assemblée des Etats, Nosseigneurs les Commissaires du Roi ont dit, que la Nation doit sentir l'avantage que lui procure la présence des Troupes en Corse, soit par la protection qu'elle en reçoit, soit par la consommation qu'elles font des denrées du Pays, consommation qui produit une circulation d'argent qui ne s'était point encore vue dans cette Ile.

Que cet avantage est tellement reconnu en France, que toutes les Provinces désirent d'avoir dans leur district un corps de Troupes, quoique ces mêmes Provinces, ou les Villes soient obligées de leur fournir tout ce qui les concerne ; que le séjour des Troupes est plus précieux encore dans cette Ile, que par tout ailleurs, attendu qu'elles la font jouir de la tranquillité qui lui manquait ; que ces Troupes tournant en Corse à l'avantage commun, il ne serait pas juste qu'elles ne fussent à la charge que d'un petit nombre de Particuliers, comme elles le seraient si les Propriétaires des Maisons et Magasins occupés pour les logements, les Hôpitaux et les effets relatifs à leur service, n'étaient pas payés de leurs loyers ; que Sa Majesté n'ayant point en Corse des Casernes, c'est à la Nation à les fournir, qu'il ne serait pas possible de loger les soldats à tour de rôle chez les habitants, attendu que toutes les Maisons ne seraient pas également propres pour les recevoir ; qu'il est conséquemment nécessaire de destiner à cet effet des Maisons et emplacements en indemnisant les Propriétaires ; que la Nation ne doit pas ignorer les réclamations réitérées faites par les Propriétaires des Maisons et Magasins occupés par les Troupes et par les effets du Roi ; que l'intention de Sa Majesté est que les loyers en soient payés aux frais de la Nation à compter du premier Avril 1770 ; qu'en laissant à la charge de chaque Communauté les loyers des logements occupés dans son territoire, ce serait pour elle une contribution trop onéreuse; qu'en formant des districts composés d'un certain nombre de Communautés les plus voisines de celles où les Troupes sont établies et conséquemment le plus à portée de jouir du bénéfice qui en résulte, ce ne serait pas non plus le moyen le plus convenable, attendu que la formation de ces districts ne pourrait être assujettie à des règles fixes; qu'elle deviendrait difficile dans les endroits de l'Ile où les Communautés sont éloignées les unes des autres, et qu'elle ne le serait pas moins dans les parties où les quartiers sont le plus rapprochés; que l'expédient le plus juste est celui de faire contribuer à cette dépense l'universalité de l'Ile; que dans cette vue, et dans celle d'établir des principes certains relativement à l'assiette des logements, Sa Majesté a fait dresser un projet de règlement sur lequel l'Assemblée a à délibérer.

Nosseigneurs les Commissaires du Roi ont à l'instant fait lire par le Greffier des Etats ledit projet de règlement, après laquelle lecture ils ont ajouté que quoiqu'il ne puisse avoir force de loi qu'ensuite de la Délibération de l'Assemblée, et de la décision de Sa Majesté qui interviendra à ce sujet (1); néan-

---

(1) *Décision de Sa Majesté :*
Le Roi n'approuve pas qu'on ait qualifié de projet de règlement ce qui a été arrêté et signé en commandement le 26 juillet 1771. Le mémoire qui accompagne ce règlement porte expressément que les articles dont il est composé sont *les règles générales et les principes* auxquels la Nation sera assujettie et qu'il ne lui reste à délibérer que sur la manière de répartir entre tous les sujets de l'Ile la somme nécessaire pour acquitter le loyer des maisons occupées par les Troupes.

On était encore moins fondé à dire que le Règlement du 16 juillet 1771 ne pourrait avoir force de loi qu'ensuite de la délibération de l'Assemblée et de la décision de Sa Majesté à ce sujet. Les Ordonnances qu'il plaît à Sa Majesté de donner à la Corse pour le bonheur et la tranquillité de ses nouveaux sujets, n'ont pas besoin de leur consentement pour avoir force de loi, et la condescendance avec laquelle elle veut bien les entendre quand il lui plaît ne fut jamais un titre pour suspendre l'exécution des Règlements qu'elle aura déterminés avant de les avoir entendus.

moins pour en assurer l'exécution sans aucun rétardement, il a été pris des mesures à l'effet de constater en la manière qui y est prescrite les loyers à payer tant pour le logement des Soldats, que pour les Hôpitaux et Magasins, depuis le premier Avril 1770, jusqu'au premier Avril 1771 ; que selon les états particuliers qui en ont été fournis, et le relevé qui en a été fait, la dépense de ces dix-huit mois monte à soixante-quatre mille sept livres, trois sous, un denier; que d'un autre côté les maisons louées étant assujetties, suivant l'Article 7 du Règlement qui vient d'être lu, à l'imposition qui doit se faire pour contribuer à cette dépense, et l'Assemblée ayant d'ailleurs la liberté d'y assujettir aussi les maisons occupées par leurs Propriétaires, il a été donné des ordres pour que tous les Propriétaires déclarassent, tant celles de leurs maisons qui sont louées, que celles qu'ils habitent eux mêmes ; que malgré toute la célérité qui a été recomandée pour qu'il en fût formé des Registres dans chaque Communauté, ceux de la Province de Sartene, Bonifacio, Portovecchio et Istria ne sont point arrivés, et que dans d'autres Provinces il y a des Communautés, même des Pièves entières, qui sont dans le même cas, ce qui n'a pas permis de présenter le tableau de tous les loyers contribuables, comme on a présenté celui de tous les loyers dûs; que néanmoins l'Assemblée est en état de délibérer, tant sur le projet de règlement qui est proposé, que sur les moyens de contribuer à la dépense dont il s'agit, et de suppléer à l'insuffisance plus que vraisemblable des produits des maisons, soit louées, soit occupées par les Propriétaires; que la Nation ne doit pas considérer cet objet comme surcroît d'imposition, puisqu'il ne regarde que la Nation même, et que d'ailleurs Sa Majesté désirant lui faire éprouver tous les ménagements compatibles avec les besoins indispensables de son service, elle s'occupe maintenant des mesures à prendre pour rassembler davantage les quartiers de ses Troupes, et les rendre de cette manière moins nombreux et moins à charge au Pays.

Sur quoi, la matière mise en Délibération, il a été arrêté que l'Assemblée reconnaissant l'utilité du séjour des Troupes de Sa Majesté en cette Ile, en même temps la justice de sa demande, elle souscrit avec soumission à la contribution des logements qui vient de lui être indiquée ; mais en même temps l'Assemblée a dit, qu'elle ne peut se dispenser de faire envisager dans les termes les plus respectueux, la difficulté de cette perception, qui unie aux autres impositions, forme un poids disproportionné à l'état présent de dépopulation et de pauvreté de cette Ile ; et tous les Députés ont supplié instamment Nosseigneurs les Commissaires du Roi d'interposer leurs bons offices pour intéresser le cœur tendre et toujours bienfaisant de Sa Majesté, et mettre sous ses yeux la misère absolue d'une Nation qui, quoique remplie de zèle pour son service, de respect et de reconnaissance pour sa Personne Sacrée, manque des moyens et des ressources nécessaires pour subvenir à de telles impositions ; à l'égard des expédients à employer pour acquitter le montant des logements, il a été arrêté que le Comité particulier s'occupera du choix qu'il jugera les plus convenables, et en fera ensuite son rapport aux Etats (1).

---

(1) *Décision de Sa Majesté* :

Le logement militaire est une prestation aussi indispensable que la Subvention. Il ne serait pas juste que les propriétaires des maisons occupées par les troupes en perdissent l'usage et le loyer. La même charge répartie sur l'universalité ne sera d'aucune conséquence pour aucun des individus qui contribueront.

Comme c'est la Nation qui se paye elle-même, et que le Roi n'en touche rien, on ne peut pas même dire que cette somme soit une imposition.

Enfin, les propriétaires des maisons louées ou occupées par eux ne payant rien à la Subvention, les deux vingtièmes qui leur sont demandés pour les logements ne tombant que sur des produits contribuables qui ne sont pas encore imposés, l'imposition n'est ni doublée, ni cumulée, et les termes de doléance employés dans cette Délibération tombent à faux.

Et a été la présente Délibération signée, tant par Nosseigneurs les Commissaires du Roi, que par Mgrs les Evêques Doria et Guasco, par MM. Paul-Saint Mari et Cangione San Giovanni, Députés Ecclésiastiques, et les Sieurs Perfetti et Leandri, Députés du Tiers-Etat.

Par Nosseigneurs les Commissaires du Roi,
Signé : GIUBEGA.

Dudit jour 4 Mai 1772.

Nosseigneurs les Commissaires du Roi ont dit, que le Mémoire publié avant la Consulte de 1770, relativement à la Subvention n'accorde aux Podestats et Pères du Commun que deux pour cent de remise sur le recouvrement de la Subvention. Qu'il est évident qu'une rétribution aussi modique est infiniment au-dessous des soins qu'ils sont obligés de se donner, tant pour l'assiette et la perception de l'impôt, que pour les mesurages, vérifications et enregistrements dont ils sont tenus, surtout depuis l'Instruction, publiée au mois de Juin 1771. Que Sa Majesté est en conséquence dans l'intention que cette remise soit augmentée, mais qu'en même temps elle soit à la charge de la Subvention, de manière que la somme qui aura été demandée rentre nette et libre de toute charge ; qu'il convient pour cet effet que l'Assemblée délibère sur la fixation dont il s'agit, laquelle néanmoins ne pourra excéder cinq pour cent.

Sur quoi, et la matière mise en Délibération, l'Assemblée considérant combien vont devenir onéreux pour la Nation les surcroîts d'imposition qui lui ont été annoncés, en envisageant l'impossibilité où elle est d'y subvenir : il été arrêté d'une voix unanime que pour donner des preuves de patriotisme, et en même temps pour faire connaître à Sa Majesté l'état misérable des habitants de cette Ile, les Podestats, Pères du Commun, Trésoriers et autres Officiers chargés des vérifications, recouvrements et dépôts de la Subvention s'y emploiront *gratis*, et sans aucune récompense ; mais afin de rendre ce travail moins à charge, il a été arrêté que lesdits Trésoriers et autres Officiers nécessaires pour le recouvrement de la Subvention seront changés chaque année en sorte que chacun y soit nommé à son tour (1).

Et a été la présente Délibération signée tant par Nosseigneurs les Commissaires du Roi, que par Mgrs les Evêques, Piévans et Députés qui ont la souscrit précédente de ce jour.

---

(1) *Décision de Sa Majesté :*
La rétribution pour le recouvrement de la Subvention sera augmentée aux Podestats et Pères du Commun.

Cette Délibération ne peut pas subsister, le Roi en désapprouve également les motifs et les dispositions. Il faut que l'ouvrage des Déclarations se fasse et se fasse bien. Il est dû un salaire à ceux qui y donneront leur temps et leurs soins ; on s'est plaint que deux pour cent pris sur la Subvention pour les Podestats ne les indemnisaient pas ; le Roi a autorisé ses Commissaires à consentir que cette attribution fût doublée et portée à quatre pour cent. Mais parce qu'on a fait connaître au nom de Sa Majesté, que les frais de perception devaient regarder la Nation, non seulement elle ne trouve plus les deux pour cent trop modiques, mais elle les retranche. Ce qui était juste quand le Roi payait, ne peut pas cesser de l'être quand la Nation en est chargée, et les intentions de Sa Majesté à cet égard sont la matière d'un Règlement à publier sur la Subvention.

Le Règlement ci-dessus énoncé c'est l'Arrêt du Conseil d'Etat du Roi du 24 octobre 1772, qui accorde le 4 pour 100 aux Podestats et Pères du Commun, et un pour 100 au Trésorier, qui seront levés au-dessus de la Subvention, suivant les Articles 24 et 25 du susdit Arrêt.

Dudit jour 4 Mai 1772.

Nosseigneurs les Commissaires du Roi s'étant fait représenter le relevé qui a été formé des différentes demandes des Pièves et des Provinces relatives au Sel, il a été procédé a leur examen ainsi qu'il suit:

Sur ce que plusieurs Pièves et Provinces se sont plaintes de la mauvaise qualité du Sel qui se vend en Corse, Nosseigneurs les Commissaires du Roi ont répondu, qu'il a été pris des mesures avec la Ferme générale chargée de la fourniture du Sel en France, pour qu'il n'en soit remis en Corse que du bon; qu'on s'est déjà aperçu de l'effet des ordres donnés à cet égard, les derniers envois s'étant trouvés d'une qualité beaucoup meilleure que les précédentes; que de plus, Sa Majesté s'occupe des moyens de rétablir les Salines de Saint Florent, ce qui procurera à la Nation le double avantage de consommer une qualité de Sel qui lui est connue, et de voir mettre en valeur une production qui lui est naturelle.

Sur les demandes de la Pièvre de Canale, Province de Bastia, de la Pièvre de Sartene, Province du même nom, et des Pièves de Carbini et Istria, même Province, tendantes à ce qu'il soit établi des Regrats dans divers endroits indiqués par lesdites Pièves:

Nosseigneurs les Commissaires du Roi ont répondu, que l'Ordonnance rendue au mois de Septembre 1770, par M. Chardon, alors Intendant, établit par rapport au Sel deux prix différents; un de trente deniers de France la livre, ou douze livres dix sous le quintal poids de marc pour le Sel vendu dans l'intérieur; l'autre de quinze deniers seulement la livre, poids de marc et argent de France, pour celui qui se vend dans les

Places maritimes; qu'il y a, soit dans l'intérieur de l'Ile, soit sur les bords de la Mer, des Entrepôts, ou Regrats, trop peu éloignés des Magasins généraux des Places maritimes pour comporter l'application du prix de trente deniers, ou qui en sont à une trop grande distance, pour que Roi puisse y faire vendre le Sel au prix de quinze deniers; que les nouveaux établissements proposés seraient dans l'un ou l'autre de ces cas; qu'il faudrait conséquemment des prix graduels, ce qui compliquerait cette partie d'administration; que pour y obvier, l'intention du Roi est de ne faire vendre de Sel pour son compte qu'à Corte, Bastia, Bonifacio, Ajaccio, Calvi, Ile-Rousse, Saint Florent et au Macinaggio, où Sa Majesté se propose d'établir incessamment un Magasin; qu'Elle laissera subsister, outre les Magasins généraux de ces diverses Villes, les Regrats qui peuvent exister dans quelques-unes d'entr'elles; qu'à Corte le Sel sera vendu au prix de trente deniers; que partout ailleurs il le sera à quinze seulement; que les Provinces, Pièves et Communautés qui désireront d'autres Regrats, auront la liberté de traiter avec des Particuliers aux meilleures conditions qu'il leur sera possible; que ces Particuliers néanmoins ne pourront exercer lesdits Regrats qu'en vertu d'une commission de M. l'Intendant signée de lui, laquelle désignera le Magasin où lesdits Regrattiers seront tenus de se fournir, et où le Sel leur sera livré au prix de quinze deniers la livre; qu'ils seront soumis à la surveillance du Receveur desdits Magasins, à celle de l'Inspecteur des Domaines, et aux ordres de M. l'Intendant; que M. l'Intendant pourra aussi les révoquer, en laissant toutefois aux Provinces, Pièves et Communautés qui les auront présentés, la liberté d'en choisir d'autres pour les remplacer.

Sur la demande de la Piève de Luri, Province du Cap-Corse, tendante à ce que le Sel se vende au Macinaggio et à Centuri comme à Bastia,

Nosseigneurs les Commissaires du Roi ont répondu, que

l'assurance qui vient d'être donnée de l'établissement prochain d'un Magasin de Sel au Macinaggio satisfait à cette demande.

Sur celle de la Piève de Portovecchio, Province de Sartene, tendante à ce que le Sel s'y débite au même prix qu'à Bastia,

Nosseigneurs les Commissaires du Roi ont répondu, que la suppression annoncée du Magasin de Portovecchio, rend cette demande inutile et sans objet.

Sur la demande de la Province entière de Balagne et particulièrement de la Piève d'Ostriconi, tendante à ce que le Sel soit vendu au prix et au poids fixé par l'Ordonnance de M. Chardon, qui commence d'être altérée,

Nosseigneurs les Commissaires du Roi ont assuré l'Assemblée qu'ils ont pris des informations certaines à l'effet de savoir s'il se pratiquait dans la Piève d'Ostriconi quelques abus sur le prix ou sur le poids du Sel; qu'il résulte des éclaircissements qui leur ont été fournis à ce sujet, que ces abus cités n'existent point; qu'il y a eu seulement quelque mal-entendu provenant de ce qu'on avait pensé que la fixation portée par l'Ordonnance de M. Chardon, était faite argent de Gênes et non argent de France; qu'au surplus, s'il était reconnu que ces abus, ou tous autres subsistassent effectivement, la Nation ne doit pas douter de tout empressement avec lequel on pourvoirait aux moyens d'y apporter remède.

Sur la demande de la Piève de Cursa, Province d'Aleria, et de la Piève de Viggiano, Province de Sartene, tendante à ce que le Sel soit diminué et remis sur l'ancien pied,

Nosseigneurs les Commissaires du Roi ont répondu, que Sa Majesté n'a pas accueilli cette demande, qui est tout-à-fait contraire aux règles établies en connaissance de cause, et d'après le consentement de la Nation.

Sur quoi MM. les Députés composant la présente Assemblée ont tous témoigné la tendre reconnaissance qu'ils doivent aux vues bienfaisantes qui ont porté Sa Majesté à prendre en considération les demandes respectueuses desdites Pièves et Provinces; mais en même-temps ils ont unanimement supplié Nosseigneurs les Commissaires du Roi que dans le cas où il resterait dans les Magasins de l'Ile du Sel de l'ancienne qualité qui corrompait toutes les choses auxquelles on l'employait, ils daignent obtenir de Sa Majesté d'en faire supprimer la vente.

Et a été la présente Délibération signée tant par Nosseigneurs les Commissaires du Roi, que par Mgrs les Evêques, Piévans et Députés qui ont souscrit les précédentes Délibérations de ce jour.

Séance du 5 Mai 1772.

Rapport des Députés à la Cour. — Nosseigneurs les Commissaires du Roi et Mgrs les Evêques, Vicaire Général et Députés ci-devant dénommés s'étant rendus dans la Salle d'Assemblée des Etats, Nosseigneurs les Commissaires du Roi ont dit, que M. Stefanini, Evêque de Sagone et Député à la Cour par la dernière Consulte au nom du Clergé a fait connaître le désir qu'il aurait de rendre compte de sa mission à l'Assemblée; mais que son indisposition le privant de cet avantage, il souhaiterait que les deux autres Députés qui eurent avec lui l'honneur de se présenter au Roi et à la Famille Royale fissent en son nom ce rapport.

Sur quoi, et la matière mise en délibération, les Membres de l'Assemblée ont témoigné la part qu'ils prennent à l'indisposition de Mgr l'Evêque de Sagone, et il a été arrêté que les deux autres Députés seront admis à rendre compte de leur mission à l'Assemblée générale. et que par le Commis-Greffier il sera donné avis de la présente détermination à M. Massei l'un d'eux, ce qui a été exécuté aussitôt. Après quoi, mondit Sieur Massei s'étant présenté dans la Salle des Etats, et le Greffier en chef s'étant uni à lui comme membre de la députation, a dit : Que la maladie de Mgr l'Evêque de Sagone, Député pour le Clergé, les a empêchés de se présenter plutôt pour rendre compte à l'Assemblée de la commission flatteuse dont la dernière Consulte daigna les honorer ; que Mgr l'Evêque Stefanini pénétré d'un juste regret de ne pouvoir venir en personne, en ressent plus vivement tout le poids de son mal ; qu'il espère que l'Assemblée voudra bien rendre justice à sa bonne volonté et agréer ses excuses. M. Massei a ajouté, que le rapport que va faire M. Giubega, instruira l'Assemblée de tout ce qui peut mériter son attention relativement à la Députation dont il s'agit ; sur quoi M. Giubega a dit etc. (1).

Tous Mgrs les Evêques et Députés, après avoir entendu le rapport de la Députation, ont fait unanimement éclater les témoignages de la plus vive et de la plus respectueuse reconnaissance envers le Roi et toute la famille Royale, pour l'accueil gracieux et honorable, et toutes les marques de libéralité et de bienfaisance dont les Membres de ladite Députation ont été comblés. Mgrs les Evêques et Députés ont supplié Nosseigneurs les Commissaires du Roi de ne pas laisser ignorer à Sa Majesté les sentiments qui leur sont communs avec toute la Corse ; et ils leur ont demandé avec instance de faire passer dans les termes les plus expressifs à Mgr le Marquis de Monteynard, au nom de l'Assemblée, leurs très humbles remerciements de la bienveillance qu'il a ben voulu marquer tant aux Députés, qu'à la Nation entière.

Ensuite Mgr Guasco, Evêque du Nebbio, a dit, que l'érection de cette Ile en Pays d'Etats, est pour elle une prérogative

---

(1) *Décision de Sa Majesté* :
En l'absence de Mgr l'Evêque de Sagone, c'était au Député de la Noblesse à rendre compte de la députation, et à en faire le rapport.

dont jouissent peu de Provinces en France, et les plus distinguées seulement, quoique toutes la désirent ; que Sa Majesté ayant bien voulu l'accorder à ses Sujets Corses, et ayant daigné en conséquence par un effet de la bonté qui lui est naturelle recevoir leur Députation, c'est pour eux un motif de se flatter que le Roi les honore d'une affection particulière ; que des marques aussi constantes de sa bienveillance pourraient en quelque façon autoriser l'Assemblée à lui adresser les instances les plus humbles, et en même temps les plus pressantes pour implorer une nouvelle grâce, qui assurerait de plus en plus à la Corse le glorieux privilège de faire une portion indissoluble du Domaine de la Couronne de France, et d'être unie à jamais par les liens précieux de Souveraineté et de protection au Trône du plus grand des Rois ; que la grâce à demander serait d'ériger la Corse en grand Gouvernement, comme le sont les autres Pays d'Etats, que de cette manière l'Ile, en acquérant un surcroit de distinction, se procurerait un Protecteur de plus qui s'intéresserait pour elle auprès du Souverain, et lui obtiendrait de nouvelles faveurs ; que le Comité particulier établi par la délibération du deux de ce mois, l'a chargé de faire cette proposition à l'Assemblée.

Sur quoi, la matière mise en délibération, il a été arrêté que la Nation supplierait, comme elle le fait, l'âme toujours généreuse et bienfaisante de Sa Majesté, d'honorer la Corse d'une nouvelle marque de distinction et de bienveillance en l'érigeant en grand Gouvernement ; et en même temps Mgrs les Evêques et Députés pénétrés de la reconnaissance qu'ils doivent à juste titre à Mgr le Marquis de Monteynard, pour l'intérêt qu'il daigne prendre à la félicité de la Nation, soit en intercédant pour elle les grâces du Souverain, soit en assurant par ses soins la tranquillité de l'Ile, l'accroissement de sa cultivation, celui de son commerce et de son industrie, ont témoigné d'un commun accord, combien ils désireraient que Sa Majesté, au cas qu'elle juge à propos de condescendre à la demande qui vient de lui être faite par l'Assemblée, jetât les yeux sur mondit Seigneur le Marquis de Monteynard, dont les vertus connues de toute la Corse lui feraient regarder comme le bonheur le plus grand pour elle d'être soumise à l'autorité d'un aussi digne Gouverneur. L'Assemblée a supplié Nosseigneurs les Commissaires du Roi de faire parvenir à Sa Majesté le vœu des Etats qui est celui de toute la Nation (1).

Et a été la présente délibération signée, tant par Nosseigneurs les Commissaires du Roi, que par Mgr l'Evêque d'Aleria, M. le Grand Vicaire de Mariana, MM. Peraldi et Maestrali, Piévans, MM. Adriani et Cottone, Députés Nobles, et les Sieurs Zuccarelli et Paoli, Députés du Tiers-Etat.

Par Nosseigneurs les Commissaires du Roi,
Signé : GIUBEGA.

Dudit jour 5 Mai 1772.

Nosseigneurs les Commissaires du Roi ont dit que Sa Majesté n'entend pas continuer à se charger des frais de l'Assemblée, ni de la Députation, et que son intention est que la Nation pourvoye à un fond destiné à cet effet ; que pour diminuer la dépense, quant à la Députation, le Roi a décidé qu'elle ne serait composée que de trois personnes ; savoir : d'un Evêque, d'un Noble, et d'un Député du Tiers-Etat, qu'aucun autre ne serait reçu sous quelque dénomination que ce soit, et que Sa Majesté ne permettra pas que la Nation supporte les frais de plus de trois Députés, ni que le nombre en soit plus considérable.

(1) *Décision de Sa Majesté :*
Accordé.

Sur quoi, et les deux objets mis séparemment en délibération, MM les Députés ont dit, quant aux frais de tenue des Etats, que l'Assemblée étant toujours disposée à se soumettre entièrement aux demandes du Roi, accepte avec obéissance celle qui vient de lui être faite en son nom ; mais qu'ignorant ce que Sa Majesté a entendu comprendre sous la dénomination de frais d'Assemblée, elle n'est pas présentement à portée de s'occuper des moyens de pourvoir aux fonds pour ce nécessaires ; qu'au surplus elle ne peut se dispenser de mettre humblement sous les yeux de Sa Majesté la difficulté de pouvoir satisfaire à toutes les contributions annoncées depuis l'ouverture de la présente Assemblée ; qu'un Pays pauvre, isolé et détruit n'est pas en état de supporter tant de charges ; que le cœur paternel de Sa Majesté pourra aisément se persuader de la situation déplorable de la Corse, en voyant que tous les Députés de la Consulte de l'année dernière, connaissant la misère de leur Patrie, ne voulurent rien exiger d'elle pour les frais de leur déplacement, et préférèrent de les prendre à leur propre charge ; que dans la Séance d'hier il a été arrêté que tous les Podestats, Pères du Commun, Trésoriers et autres Officiers nécessaires pour le recouvrement de la Subvention, n'auront pour leur travail aucun salaire, attendu que l'on a envisagé qu'il n'aurait pu leur en être accordé sans une surcharge onéreuse pour la Nation ; que l'Assemblée en renouvelant les protestations de son entière soumission et de l'obéissance qu'elle doit, supplie respectueusement Sa Majesté de vouloir renvoyer à des temps plus heureux l'imposition annoncée, et d'être persuadée que ces respectueuses représentations ne sont que l'effet du zèle le moins suspect (1).

---

(1) *Décision de Sa Majesté :*
Frais de l'Assemblée générale et de la Députation à la charge de la Nation.
Ils sont réglés par la Délibération de l'Assemblée du 15 juillet 1771.

Et a été la présente délibération signée, tant par Nosseigneurs les Commissaires du Roi, que par Mgrs les Evêques, Vicaire Général et Députés qui ont souscrit la présente de ce jour.

Ensuite ayant été délibéré sur l'objet relatif aux fonds nécessaires pour subvenir aux frais de la Députation, l'Assemblée générale jalouse de conserver un droit aussi précieux, qui la met en état de porter aux pieds du Souverain les témoignages de son amour et de la fidélité, a supplié Nosseigneurs les Commissaires du Roi d'être persuadés que chacun des Députés aurait supporté volontiers les frais dont il s'agit, pour jouir d'un tel honneur ; mais Sa Majesté ayant ordonné qu'ils soient à la charge de la Nation, qui se trouve surchargée cette année, tant par les cent quatre-vingt mille livres de Subvention, que par les soixante-quatre mille livres, à quoi monte la dépense des logements, elle prie, pour cette fois seulement, Nosseigneurs les Commissaires du Roi d'obtenir de Sa Majesté qu'elle veuille bien la dispenser de la Députation ; quant aux années à venir, l'Assemblée a arrêté que les fonds nécessaires pour payer les Députés seront perçus dans la même règle et la même proportion que se paye la Subvention.

Après quoi MM les Députés ont dit d'un commun accord, que la Nation étant persuadée que Mgr le Comte de Marbeuf au zèle véritable pour les intérêts de l'Etat joint encore une

---

et par l'article 16, de l'Arrêt du Conseil d'Etat du Roi du 2 Novembre de la même année.

Rien d'ailleurs n'est moins placé que tout ce qui est dit ici sur de prétendues surcharges, puisque les sommes à lever pour les frais de députation, comme pour la taxe des Podestats, comme pour le loyer des maisons occupées par les Troupes n'entreront pas dans les coffres du Roi, mais seront payées par l'universalité de la Nation à ceux d'entre ses membres qui employent pour elle et à sa décharge leur maison, leur temps et leurs soins.

affection sincère pour cette Ile, et les dispositions les plus favorables pour la protéger, que d'ailleurs les sentiments de modération, de justice et de bonté qu'il a toujours fait paraître depuis que la Corse a l'honneur et l'avantage de l'avoir pour son Commandant, lui ayant entièrement acquis l'amour, l'estime et la confiance publique, la circonstance de son prochain voyage pour la Cour, enhardit l'Assemblée à le prier de vouloir bien mettre sous les yeux de Sa Majesté les besoins de cette Ile, et de se rendre auprès du Souverain l'intercesseur et le protecteur d'une Nation qui dépose entre ses mains ses intérêts ; qu'en attendant l'Assemblée générale le supplie d'agréer l'assurance du désir ardent qu'elle a de le voir bientôt rendu au Commandement d'un Pays, qui regardera toujours comme un bonheur réel celui de vivre sous une autorité aussi douce, et aussi équitable que la sienne.

Et a été la présente Délibération signée, tant par Nosseigneurs les Commissaires du Roi, que par Mgrs les Evêques, Grand Vicaire, Piévans et Députés, qui ont souscrit les précédentes de ce jour.

Dudit jour 5 Mai 1772

Le sieur Charles-Antoine Mancini, de la Ville de Castro-Villari, Province de Calabre, Royaume de Naples, ayant présenté à Nosseigneurs les Commissaires du Roi, et à l'Assemblée générale une requête par laquelle il demande à être naturalisé Corse, et ayant joint à cette Requête un certificat de plusieurs personnes notables, qui attestent que depuis 12 ans qu'il a fixé son domicile en cette Ile il s'y est concilié l'estime générale,

L'Assemblée s'est rendue avec plaisir à la demande du dit

Sieur Mancini, et il a en conséquence été arrêté, que désormais il jouira sous le bon plaisir du Roi, de tous les privilèges et prérogatives dont jouissent les Sujets de Sa Majesté nés en Corse, et qu'elle sera suppliée de lui accorder toutes Lettres pour ce nécessaires.

Et a été la présente Délibération signée, tant par Nosseigneurs les Commissaires du Roi, que par Mgrs les Evêques, Vicaire Général et Députés qui ont souscrit les précédentes de ce jour.

Séance du 5 Mai 1772

Législation. — Nosseigneurs les Commissaires du Roi, Mgrs les Evêques, Vicaire Général et Députés ci-devant dénommés s'étant transportés dans la Salle d'Assemblée, Nosseigneurs les Commissaires du Roi ont dit, que le grand nombre des Lois publiées récemment en Corse, semblent ne rien laisser à désirer sur tout ce qui est relatif à la Législation et à l'administration de la Justice ; que néanmoins les Pièves et les Provinces ont fait à cet égard plusieurs demandes, ce qui provient sans doute de ce qu'à l'époque des Assemblées dans lesquelles elles ont été formées, ces Lois n'étaient pas publiées encore, ou l'étaient depuis trop peu de temps pour être généralement connues, mais qu'aujourd'hui la plupart des demandes dont il s'agit se trouvent prévues par les diverses dispositions des Lois qui ont pourvu aux objets qu'elles concernent.

Passant ensuite à l'examen particulier des dites demandes il y a été procédé ainsi qu'il suit :

Sur la demande de la Pièved'Olmeta, Province du Nebbio, sur celle de la Pièved'Istria, Province de Sartene; sur celle des

Pièves de Tavagna et Bigorno, Province de Bastia, sur celle de la Piève d'Ajaccio, toutes lesdites demandes tendantes sous des modifications et expressions différentes, à ce que les Jugements précédemment rendus, soit par Paoli, soit par les Juges qu'il avait commis, soient confirmés,

Nosseigneurs les Commissaires du Roi ont répondu que cette demande ayant été formée à la Consulte de 1770, Sa Majesté l'a rejetée d'abord ainsi qu'on le voit à la Séance du 17 Septembre ; mais que les modifications et restrictions qui y ont été mises cette fois en la renouvelant, et par dessus tout, le désir qu'a Sa Majesté de condescendre aux vœux de la Nation dans tous les points qui ne choquent pas les principes d'une bonne administration, l'ont portée à mitiger sa première décision ; qu'en conséquence le Roi a bien voulu par rapport aux Jugements contradictoires et définitifs, les envisager comme des décisions rendues par des Arbitres, que les Parties procédant volontairement devant eux, ont reconnus ; et se sont choisis elles-mêmes ; qu'en les considérant de cette manière, l'effet des Jugements déjà exécutés sera maintenu ; et quant à ceux qui n'ont été exécutés qu'en partie, ou qui ne l'ont point été du tout, les Juges et Tribunaux de Sa Majesté seront autorisés à en concéder l'exécution. A l'égard des Jugements par défaut, ou purement interlocutoires, Nosseigneurs les Commissaires du Roi ont déclaré que l'intention de Sa Majesté est qu'ils restent nuls ; qu'il n'y a pour ces derniers aucun inconvénient réel, puisqu'ils n'ont mis fin à aucune contestation ; que d'un autre côté les Jugements par défaut ne pourraient subsister, étant le fruit d'une autorité illégitime en elle-même, et reconnue telle par la Partie non comparante.

Nosseigneurs les Commissaires du Roi ont ajouté, que la détermination de Sa Majesté à cet égard, doit être incessamment rendue publique, et que la Nation ne tardera pas à en recueillir les fruits.

Sur quoi l'Assemblée reconnaissant tout l'avantage de la nouvelle décision par laquelle Sa Majesté va obvier à tous les procès qui allaient avoir lieu en Corse, si les Sentences rendues depuis un grand nombre d'années étaient restées annulées, a prié Nosseigneurs les Commissaires du Roi de faire parvenir à Sa Majesté l'assurance de sa reconnaissance la plus respectueuse pour cette nouvelle preuve de sa bonté vraiment paternelle ; dans le même temps l'Assemblée a représenté à Nosseigneurs les Commissaires du Roi, que quoique la décision de Sa Majesté ne parle que des Jugements rendus dans le temps de Paoli, elle espère néanmoins que la même décision embrassera également les Jugements rendus avant Paoli, par les anciens Magistrats de la Nation, et depuis les troubles de la Corse. La même Assemblée a encore exprimé le désir commun de la Nation que les Jugements rendus par Mgrs les Evêques et Visiteurs Apostoliques qui ont été en Corse les années précédentes, soient valables et conservent toute leur force.

Sur la demande de la Piève de Mariana, Province de Bastia, sur celle de la Piève de Valle-Rustie, Province de Corte, sur celle de la Piève de Pino, Province de Calvi, sur celle de la Piève et Province d'Ajaccio, sur celle de la Piève de Tallà et de la Province entière de Sartene, dont elle fait partie, toutes lesdites demandes ayant pour objet de réclamer l'exécution du Statut Civil de Corse,

Nosseigneurs les Commissaires du Roi ont répondu, que c'est un point réglé et accordé par l'Article premier de l'Edit du mois de Juin 1772, publié le mois de Novembre suivant, concernant les Procédures Civiles.

Sur la demande de la Piève de Mariana, Province de Bastia, tendant à ce qu'il soit ajouté au Statut Civil, un nouveau Code Civil et Criminel ;

Sur la demande des Pièves de Casinca, Orezza et Ampugnani de la même Province, tendantes à ce que les Lois soient claires et simples, afin qu'elles soient connues de tout le monde ;

Sur la demande de la Piève de Bonifacio, tendant à ce que l'on exécute le Règlement de la République de Gênes de 1763, tant pour les Causes civiles, que pour les criminelles ;

Nosseigneurs les Commissaires du Roi ont répondu, quant au criminel, qu'on ne peut rien ajouter à la clarté, la précision et la simplicité de l'Ordonnance du mois d'Août 1768. A l'égard du civil, ils ont dit que quoiqu'il ait été satisfait en quelque façon aux vœux de la Nation, en ordonnant l'exécution du Statut Corse, et dans le cas où il ne s'explique pas l'Ordonnance du mois de Septembre 1769, ils sentent néanmoins qu'il serait préférable encore de n'avoir pour la Procédure civile qu'un seul corps d'Ordonnances, qui réunirait en un certain nombre d'articles ce que portent et le Statut Civil, et l'Ordonnance de 1769 ; en les conciliant et les adaptant aux mœurs et au génie de la Nation. Nosseigneurs les Commissaires du Roi ont ajouté, que tous les bienfaits que la Corse a éprouvés jusqu'à ce jour, la mettent dans le cas d'attendre encore de la bonté du Roi cette nouvelle faveur (1).

Sur quoi l'Assemblée a unanimement supplié Nosseigneurs les Commissaires de vouloir bien interposer leurs bons offices à cet effet.

Sur la demande de la Piève de Casinca, Province de Bastia, tendante à ce qu'il soit donné un Formulaire qui se rapproche autant qu'il sera possible des anciens Statuts de la Nation,

Nosseigneurs les Commissaires du Roi ont répondu, que ce Formulaire pourrait en effet être très utile, mais qu'il ne sau-

---

(1) *Décision de Sa Majesté :*

Quoique Sa Majesté ait pourvu à cette demande par ses Edits des mois de Septembre 1769 et Juin 1771, elle veut bien laisser espérer à la Nation un nouveau Code dans lequel on refondra le Statut Civil et l'Ordonnance de 1769 pour n'en faire qu'un seul corps des lois adoptées aux usages, aux mœurs et besoins de l'Ile.

rait être que le travail d'un Auteur, ou d'un Jurisconsulte zélé, et non celui de la Législation.

Sur la demande de la Piève de Casacconi, Province de Bastia, sur celle de la Province de San Quilico, Province du Nebbio, sur celle de la Piève Saint-Andrea, et de la Province entière de Balagne dont elle fait partie, lesdites demandes tendantes à ce que chacun puisse défendre ses causes, et même servir de Procureur à d'autres,

Nosseigneurs les Commissaires du Roi ont répondu, que cet objet est réglé et accordé tant par l'Ordonnance du mois de Septembre 1769, que par l'Ordonnance du mois de Mai 1771, concernant la Juridiction des Podestats, et par l'Edit du mois de Juin de la même année, concernant les Procédures Civiles, en exceptant toutefois les affaires criminelles, et à la charge que ceux qui useront de cette faculté observeront les formes prescrites.

Sur la demande de la Piève de San Quilico, province du Nebbio, tendante à ce que le nombre des Procureurs soit augmenté ;

Nosseigneurs les Commissaires du Roi ont répondu, que cette demande ne se concilie pas avec celle de la même Piève qui a pour objet que chacun puisse défendre sa cause; qu'au surplus il y est pourvu par l'Article 5 de l'édit du mois de Juin 1771, suivant lequel les Juges ont la faculté de commettre de nouveaux Procureurs.

Sur la demande de la Piève de Talcini, Province de Corte, et sur celle de la Province entière de Sartene, tendantes l'une et l'autre à ce que toutes les Procédures dans toutes les Juridictions entre Corse contre Corse, toutes les Jugements et Registres soient faits et écrits en Italien ;

Nosseigneurs les Commissaires du Roi ont répondu, que bien loin qu'il puisse être question d'exclure la Langue Française des Actes et Procédures, elle doit au contraire être la seule bientôt qu'il sera permis d'y employer, que la nécessité en a été reconnue à la Consulte de 1770, Séance du 17 Septembre, ainsi que le prix de l'indulgence dont Sa Majesté use envers la Nation, en ne rendant pas dès à présent la Langue Française exclusive pour les Actes et Procédures, comme il a été pratiqué dans les Provinces nouvellement unies à la Couronne. La Nation d'ailleurs ayant promis à la même Séance de faire tous ses efforts pour être en état dans un temps très court de ne plus procéder et contracter qu'en Français, Nosseigneurs les Commissaires du Roi ont dit, qu'ils sont persuadés qu'elle s'occupe sérieusement des moyens de remplir l'engagement qu'elle a pris à cet égard.

Sur la demande de la Piève d'Orezza, et de celle de Casinca, Province de Bastia, tendante à ce qu'il soit fait un Tarif pour les Avocats, Procureurs et Greffiers;

Sur celle de la Piève de Tavagna, même Province, tendante à ce que ce Tarif ait lieu pour le Civil, comme pour le Criminel;

Sur la demande de la Piève d'Ostriconi, Province de Balagne, tendante à ce qu'on observe le Tarif de 1745;

Sur la demande de la Province entière d'Ajaccio, tendante à ce que les droits des Greffiers soient diminués;

Sur les demandes des Pièves de Portovecchio, Tallà et Sartene, tendantes à ce que les salaires des Huissiers soient modérés;

Et sur la demande de la Province entière de Sartene, tendante à ce que le Tarif fait par M. Giustiniani soit exécuté;

Nosseigneurs les Commissaires du Roi ont répondu, que le Tarif de 1745, dont la Nation avait demandé l'exécution provisoire, à la Consulte de 1770, Séance du 17 Septembre, ne pourvoyait pas à tout, qu'il ne pouvait pas s'appliquer aux Officiers actuels, et n'établissait pas une proportion exacte entre le travail et son salaire; que le nouveau tarif annexé à l'édit de Juin 1771, ne laisse rien à désirer sur cet objet, qu'il est modéré, distingue les Tribunaux, le genre du travail, et règle tout dans d'exactes proportions.

Sur la demande de la Pieve de Celavo, Province d'Ajaccio, tendante à ce que l'on règle par un tarif les honoraires des Médecins, Chirurgiens et Aides, de même que le salaire des Gardiens et Experts ;

Nosseigneurs les Commissaires du Roi ont répondu, que l'intention de Sa Majesté n'est pas de régler par un tarif les honoraires des Médecins, Chirurgiens et Aides, que leur ministère est libre et leurs fonctions volontaires; que la concurrence qui fait naître entr'eux l'opinion qu'on a de leurs talents, est la véritable mesure du prix de leurs services. Nosseigneurs les Commissaires du Roi ont ajouté que l'Article 17, de l'Ordonnance de Sa Majesté, concernant les Mésus champêtres, laisse aux Propriétaires des terres gardées, la fixation du salaire de celui à qui la garde est confiée; et qu'à l'égard des experts, l'Article 6, de l'édit de Juin 1771, les met dans la classe des Huissiers, au moyen de quoi leur salaire est réglé.

Sur la demande de la Piève de Pino, Province de Calvi, tendante à ce que les Huissiers des Communautés puissent faire toutes les significations et citations en vertu de l'Ordonnance du Juge Royal ;

Sur la demande de la Piève d'Ostriconi, et de la Province entière de Balagne, dont elle fait partie, tendante à ce que les Surrogats puissent porter les citations de Justice ;

Et sur la demande de la Piève de Sartene, tendante à ce que toute signification émanée d'un Procureur puisse être mise à exécution par le Surrogat, et que dans le cas où il ne saura ni lire, ni écrire, il fera son rapport aux Greffes ;

Nosseigneurs les Commissaires du Roi ont répondu, que l'Article 6, de l'édit du mois de Juin 1771, concernant les Procédures civiles, autorise chaque Surrogat dans sa Communauté à faire toutes les citations dans les Causes civiles de première Instance, concurremment avec les Huissiers des Juridictions Royales; mais que tous doivent savoir lire et écrire suivant l'Article 6 de l'Ordonnance du Roi, concernant la Juridiction des Potestats; que Sa Majesté entend que cette disposition soit exécutée.

Sur la plainte de la Province d'Ajaccio, touchant la lenteur des expéditions du Greffe de la Juridiction Royale;

Nosseigneurs les Commissaires du Roi ont répondu, que les Parties intéressées peuvent s'adresser, soit au Juge des lieux, soit à M. le Premier Président, et M. le Procureur-Général du Conseil Supérieur.

Sur la demande de la Piève de Marana, Province de Bastia, tendante à ce que les Juges soient changés chaque année, ou au moins tous les deux ans;

Nosseigneurs les Commissaires du Roi ont répondu, que Sa Majesté a rejeté cette demande à l'égard des Juges Royaux.

Sur la demande des Pièves d'Ampugnani et d'Orezza, Province de Bastia, tendante à ce que le Juge Royal soit tenu tous les deux ou trois ans de faire le tour de la Province;

Nosseigneurs les Commissaires du Roi ont répondu, que l'intention de Sa Majesté n'est pas d'assujettir les Juges Royaux à faire ces tournées; que M. le Premier Président visitera l'Ile quand il le jugera à propos.

Sur la demande de la Piève de Serra, et de celle d'Opino, et de la Province entière d'Aleria, dont elles font partie, tendante à ce qu'il soit établi un Juge National qui connaisse les loix et les bonnes mœurs;

Sur la demande de la Piève de Sartene, tendante à ce que M. Salinieri, Juge Royal, conserve cette place;

Sur la demande de la Piève de Tallà, même Province, tendante à ce que la Place de Greffier soit donnée à quelqu'un de la Province;

Et sur la demande de la Province entière de Bonifacio, tendante à ce que M. Rossi reste Juge Royal a Bonifacio;

Nosseigneurs les Commissaires du Roi ont répondu, que Sa Majesté s'est réservé le choix des Juges Royaux et Officiers de Justice, et qu'elle n'a pas vu avec plaisir que la Nation cherche à y prendre part.

Sur la demande de la Piève de Niolo, Province de Corte, tendante à ce que personne ne puisse être molesté, ni puni, si ce n'est en conséquence d'un Procès judiciairement et régulièrement fait;

Nosseigneurs les Commissaires du Roi ont répondu, que cela est juste et réglé par les lois.

Sur la demande de la Province d'Ajaccio, tendante à ce que les Ordonnances Civiles soient publiées, à l'effet d'établir la règle dans les Tribunaux ;

Nosseigneurs les Commissaires du Roi ont répondu, qu'il y a été pourvu par les Edits publiés.

Sur la demande de la même Province, tendante à ce que l'intérêt de l'argent fixé par Sa Majesté à cinq pour cent, soit augmenté à six au moins pour les rentes constituées ;

Nosseigneurs les Commissaires du Roi ont répondu, que Sa Majesté est dans l'intention que l'Edit qu'elle a donné sur cette partie soit exécuté dans tous ses points.

Sur la demande de la même Province, tendante à l'ouverture des Archives publiques qui existent à Ajaccio ;

Nosseigneurs les Commissaires du Roi ont répondu que Sa Majesté a donné ses ordres pour l'ouverture des Archives, ainsi que pour l'Inventaire et Dépôt des Papiers qu'elles renferment, et qu'on s'en occupe présentement.

Sur la demande de la Province entière de Sartene, Bonifacio, Portovecchio et Istria, tendante à ce que dans chaque Tribunal il soit placé deux Tableaux du Tarif des frais de Justice ;

Nosseigneurs les Commissaires du Roi ont répondu, que Sa Majesté n'entend pas que cette dépense soit à sa charge.

Sur la demande des Pièves de Canale, Casacconi, Ampugnani et Orezza, Province de Bastia, tendante à ce que le Juge Royal réside au centre de la Province, ou qu'il soit établi une autre Juridiction, qui sera placée de l'autre côté du Golo;

Nosseigneurs les Commissaires du Roi ont rèpondu, que Sa Majesté a pris ces objets en considération, et que la Province est au moment de ressentir l'effet des mesures qu'elle a déterminées à cet égard.

Sur la demande des Pièves d'Olmeta et San Quilico, Province du Nebbio, tendante à ce qu'elles soient dispensées de contribuer aux frais de l'établissement de la Juridiction du Nebbio au Poggio d'Oletta pendant les quatre mois de Juillet, Août, Septembre et Octobre, sur le fondement qu'elles n'avaient point donné à leurs Députés pouvoir de faire cette proposition ;

Nosseigneurs les Commissaires du Roi ont répondu, que Sa Majesté a rejeté cette demande, attendu que les Députés de la Province n'avaient pas besoin de l'autorisation des deux Pièves de San Quilico et d'Olmeta pour faire la proposition dont il s'agit, puisqu'elle était dans leur cahier.

Sur la demande de la Pièves d'Ostriconi, Province de Balagne, tendante à ce que le Siège de la Juridiction soit transféré à Algajola, ou à l'Ile-Rousse, et sur la demande de la Province entière, tendante à ce que cette translation soit faite à l'Algajola ;

Nosseigneurs les Commissaires du Roi ont répondu, que l'intention de Sa Majesté est de laisser subsister les choses sur le pied actuel jusqu'à ce que la population de la Balagne ait pris un certain accroissement.

Finalement, sur la demande des Provinces du Nebbio et d'Aleria, tendante à ce que leurs habitants ne soient pas tenus de comparaître en Instances civiles en défendant devant le Juge Royal de Bastia, et qu'ils ne puissent être traduits ailleurs que pardevant leur Juge Royal ;

Nosseigneurs les Commissaires du Roi ont répondu que l'intention de Sa Majesté est qu'il ne soit fait aucune exception à l'Edit ou Ordonnance du mois de Septembre 1769, suivant lequel en matière personnelle et mixte on doit procéder devant le Juge du domicile du défendeur ; que les habitants de Bastia sont à la vérité en possession de traduire devant le Juge de leur Ville les justiciables des autres Sièges; mais que Sa Majesté, qui les y a ci-devant confirmés, entend aujourd'hui qu'ils n'en jouissent pas plus longtemps; que M. le Premier Président du Conseil Supérieur a reçu ou doit recevoir incessamment des ordres portant révocation de ceux expédiés ci-devant en faveur des habitants de Bastia.

Sur quoi les Députés de ladite Ville ont représenté très humblement à Nosseigneurs les Commissaires du Roi, que le droit dont il s'agit appartenait à la Ville de temps immémorial, et qu'il est ordinairement attribué à toutes les Villes Capitales; qu'en conséquence ils en demandent la conservation à Sa Majesté. A l'instant toute l'Assemblée s'est unanimement opposée à la demande des Députés de Bastia, et a allégué que ce droit n'était fondé sur aucun titre, et qu'il était trop onéreux à toute l'Ile.

De la part de Mgrs les Députés de la Province de Balagne il a été exposé combien il seroit utile pour elle que le Siège Royal qui est à Calvi fut établi à l'Algajola : à quoi se sont à l'instant opposés les Députés de la Province de Calvi, et ont observé que ce renouvellement de demande, outre qu'il est déraisonnable par lui-même, est contraire aux justes déterminations prises à ce sujet par Sa Majesté dans l'Assemblée précédente et dans celle-ci.

Les Députés des différentes Provinces et tous les Membres de l'Assemblée ayant déclaré généralement et d'un commun accord, qu'ils n'ont rien à opposer aux décisions qui viennent de leur être annoncées, et qu'au contraire ils s'y soumettent avec tout le respect et la résignation qu'ils doivent aux ordres de Sa Majesté.

La présente Délibération a été signée, tant par Nosseigneurs les Commissaires du Roi, que par Mgrs les Evêques Doria et Guasco, par MM. Saliceti et Franceschi, Piévans,

MM. Sauveur Carlotti et Decio Emanuelli, Députés Nobles, et par MM. Antoine-Pierre Carlotti et Jean-Paul Natali, Députés du Tiers-Etat.

Par Nosseigneurs les Commissaires du Roi,
Signé : Giubega.

Dudit jour 6 Mai 1772

Mésus champêtres. — Nosseigneurs les Commissaires du Roi ont dit, que quoique l'Ordonnance rendue par Sa Majesté au mois de Juillet dernier, et publiée au mois de Décembre suivant, concernant les Mésus champêtres, semble pourvoir à tout ce qui intéresse la conservation des fruits et productions de la terre, il est néanmoins à propos d'examiner quelques demandes formées à cet égard par les Pièves et Provinces. Il a en conséquence été procédé audit examen en la manière suivante :

Sur la demande de la Piève de Mariana, Province de Bastia, en réclamation de ses anciens privilèges pour faire paître les Bestiaux dans les lieux accoutumés,

Nosseigneurs les Commissaires du Roi ont répondu, que l'intention de Sa Majesté est de n'avoir aucun égard aux privilèges.

Sur la demande de la Piève de Caccia, même Province, tendante au rétablissement de l'ancienne coutume de tuer les Bestiaux qui font dommage,

Nosseigneurs les Commissaires du Roi ont répondu, que Sa Majesté a rejeté cette demande comme contraire à l'Article 11, de l'Ordonnance sur les Mésus champêtres, lequel Article interdit toute voie de fait dans le cas de Mésus.

Finalement, sur la demande de la Piève de Celavo, Province

d'Ajaccio, tendante à ce que le pâturage des Bestiaux soit libre, tant dans la montagne que dans la plaine, excepté les terres fermées et celles qui jouissent du privilège de Confina ; et sur la demande de la Province entière d'Ajaccio, tendante à ce que les terres ouvertes soient considérées comme pâturages communs, ou du moins que les Propriétaires des Bestiaux soient exempts de payer les dommages occasionnés par les Bestiaux non gardés, trouvés dans lesdites terres, et qu'en conséquence les droits et les privilèges de Confina soient abolis.

Nosseigneurs les Commissaires du Roi ont répondu, que le but des Articles 1er et 12e de l'Ordonnance de Sa Majesté sur les Mésus champêtres, est de maintenir la liberté des pâturages, dans les terrains non clos, sauf dans les temps prohibés pour la conservation des fruits ; qu'à l'égard des terres dans lesquelles quoiqu'ouvertes, le pâturage est également interdit en vertu d'un privilège particulier appelé droit de Confina, il est nécessaire de connaître ce droit, son origine, ses principes et ses règles, quelles personnes sont intéressées à le maintenir, et quels motifs pourraient en exiger l'abolition ; que les Députés de la Province d'Ajaccio ont été prévenus de la nécessité de porter avec eux un Mémoire qui réunit ces divers éclaircissements, afin que la Consulte délibérât, soit sur le maintien, soit sur la suppression du droit dont il s'agit, et que Sa Majesté donnât en conséquence sa décision à ce sujet ; que Nosseigneurs les Commissaires du Roi se sont, dans cette vue, fait remettre un Mémoire dans lequel tous ces éclaircissements se trouvent réunis, et dont il va être donné lecture.

Lecture faite dudit Mémoire par le Commis-Greffier à haute et intelligible voix, et la matière mise en délibération, il a été reconnu que le commun désir de l'Assemblée est que le droit de Confina, attribué par la Sérénissime République de Gênes à plusieurs de ses terres existantes dans le territoire d'Ajaccio, et à quelques autres qui appartiennent à divers Particuliers de la même Ville, soit supprimé et aboli, comme nuisible et préjudiciable à toutes les Communautés et Pièves adjacentes ; que ces mêmes terres soient regardées relativement au pacage comme le sont toutes les autres terres des Particuliers ; et l'Assemblée a supplié Nosseigneurs les Commissaires du Roi de solliciter auprès de Sa Majesté la décision attendue sur cet objet.

Et a été la présente Délibération signée tant par Nosseigneurs les Commissaires du Roi, que par Mgrs les Evêques, Piévans et Députés qui ont souscrit la précédente de ce jour.

Dudit jour 6 Mai 1772.

Actes des Notaires. — Nosseigneurs les Commissaires du Roi ont dit, que Sa Majesté par l'Article 4, de son Edit du mois de Juin 1771, a pourvu aux objets les plus essentiels relativement aux Notaires ; que cet Article contient des dispositions précises sur les qualités que ces Officiers doivent avoir, les fonctions qu'ils doivent remplir, les formalités auxquelles ils sont sujets ; mais que malgré cela les Pièves et les Provinces ont fait à cet égard quelques demandes qu'il est nécessaire d'examiner. Passant ensuite à l'examen de ces demandes, il y a été procédé ainsi qu'il suit :

Sur la demande de la Pième de Cursa, Province d'Aleria, tendante à ce que les Notaires puissent écrire leurs Actes sur leurs Livres comme par le passé ;

Nosseigneurs les Commissaires du Roi ont répondu, que l'Article 4, de l'Edit du mois de Juin 1771, prescrit aux Notaires de tenir des Minutes séparées de leurs Actes, d'en former des liasses pour les y ranger par ordre, et les inscrire ensuite sur des Registres en Papier timbré ; ce qui doit se faire dans le courant du mois de Janvier de chaque année pour les Minutes de l'année précédente. Nosseigneurs les Commissaires du Roi ont ajouté, que Sa Majesté ne leur a pas encore fait connaître si son intention est de déroger à cette disposition, en permettant aux Notaires d'enregistrer tout de suite leurs Minutes par ordre de date et sans aucun blanc.

Sur les demandes de plusieurs Pièves, tendantes à ce que les Notaires soient dispensés de faire usage de papier timbré pour leurs Registres ;

Nosseigneurs les Commissaires du Roi ont répondu, que les Actes des Notaires exigent plus que tous autres, par leur importance, l'usage du papier timbré, et que l'intention de Sa Majesté est de ne faire aucun changement à ce qu'Elle a réglé sur cet objet.

Sur la demande de la Piève de Cursa, Province d'Aleria, tendante à ce que les délais de quinze jours accordés aux Notaires pour faire contrôler leurs Actes, soient portés à six mois, et sur la demande de la Piève de Caccia, Province de Bastia, tendante à ce que cette prorogation soit accordée pour trois mois seulement ;

Nosseigneurs les Commissaires du Roi ont répondu, que le délai de quinze jours n'est que trop long, que Sa Majesté ne se portera pas à le prolonger ; que l'intérêt de la Nation n'est pas qu'il le soit, mais seulement que les Bureaux du contrôle soient plus nombreux et plus rapprochés, afin que les frais à faire pour y porter les Actes soient moins considérables. Nosseigneurs les Commissaires du Roi ont assuré l'Assemblée au nom du Roi, que l'augmentation du nombre des Bureaux de contrôle entre dans ses vues, et qu'Elle ne tardera pas à l'effectuer.

Sur la demande de la Province de Balagne, tendante à ce que les Registres des Notaires morts ne soient confiés qu'à un Notaire, ou à toute autre personne pour ce autorisée ; que le Dépositaire réside dans la même Pière, et que les anciennes Minutes soient remises à la Piève à laquelle elles appartiennent ;

Nosseigneurs les Commissaires du Roi ont répondu, que la demande du Dépôt des Minutes est réglée et accordée par l'Article 4e de l'Edit de Juin 1771 ; que Sa Majesté regarde comme une précaution suffisante que le Dépositaire réside, ainsi qu'il est prescrit dans ledit Article, dans la même Juridiction où ont été passées les Minutes, sans qu'il soit nécessaire qu'il ait son domicile dans la même Piève. Quant aux Minutes qui sont dispersées, Nosseigneurs les Commissaires du Roi ont observé, que c'est à chaque Province, Piève et Communauté à rechercher ce qu'elles peuvent être devenues, et à indiquer les moyens de les rétablir.

Finalement, sur la demande de la Piève de Casinca, de celle d'Ampugnani, de celle d'Orezza, Province d'Ajaccio ; sur la demande de la Piève de Celavo, Province de Bastia, et sur celle de la Piève de Sartene, lesdites demandes tendantes à ce qu'il soit fait un Tarif pour fixer les frais des Notaires ;

Nosseigneurs les Commissaires du Roi ont répondu, que ces demandes ont paru justes à Sa Majesté, qui pour remplir d'une manière plus complète le désir de la Nation, s'est déterminée à s'en rapporter à elle-même pour la rédaction du Tarif proposé.

Nosseigneurs les Commissaires du Roi ont en conséquence invité l'Assemblée à en délibérer, et à pourvoir aux moyens d'effectuer les marques de bonté et de confiance que Sa Majesté lui donne en cette occasion.

Sur quoi, et la matière mise en délibération, toute l'Assemblée en manifestant sa vive reconnaissance de tous les bienfaits du Roi, a arrêté que le Comité choisi dans la Séance du deux de ce mois, s'occupera à former un Tarif distinct pour toutes les sortes d'Actes des Notaires, lorsqu'ils sont obligés de se transporter d'une Communauté dans une autre, ou d'une Pière dans une autre Pière, pour y aller passer leurs Actes, lequel Tarif devra ensuite être présenté à l'Assemblée générale, pour prendre en conséquence telles délibérations qui seront convenables, et en obtenir de Sa Majesté la confirmation.

Et a été la présente délibération signée, tant par Nosseigneurs les Commissaires du Roi, que par Mgrs les Evêques, et Députés qui ont souscrit les précédentes de ce jour.

Séance du 7 Mai 1772.

Juridiction Municipale. — Nosseigneurs les Commissaires du Roi, Mgrs les Evêques et Députés ci-devant dénommés, s'étant rendus dans la Salle d'Assemblée, Nosseigneurs les Commissaires du Roi ont dit que quoique l'Ordonnance de Sa Majesté du mois de Mai 1771, concernant la Juridiction Municipale, ait en vue de satisfaire le désir qu'avait depuis longtemps la Nation, d'être jugée par ses Podestats dans les affaires de peu d'importance, néanmoins il a été formé quelques demandes, sur l'objet desquelles l'Ordonnance dont il s'agit ne s'explique pas; que telles sont les demandes de la Pière de Casinca, Province de Bastia, de la Pière de Valle-Rustie, Province de Corte, de la Pière d'Ostriconi, Province de Balagne; de la Pière de Tallà, Province de Sartene; Bonifacio, Portovecchio et Istria, toutes tendantes à ce que les Podestats Majors jugent jusqu'à la concurrence de cent livres, en même temps que les Podestats particuliers jugeront jusqu'à cinquante.

Nosseigneurs les Commissaires du Roi ont annoncé à cet

égard que l'intention de Sa Majesté n'est pas d'augmenter le nombre déjà très considérable des Juridictions actuellement existantes; qu'en conséquence si elle se détermine à accorder une Juridiction aux Podestats Majors, ce ne sera qu'en ôtant aux Podestats particuliers et Pères du Commun celle dont ils sont actuellement en possession, auquel cas Sa Majesté en portera l'attribution à cent livres au lieu de cinquante; que le Roi voulant bien à cet égard s'en remettre au choix de la Nation, la présente Assemblée a à délibérer aujourd'hui sur le point de savoir ce qu'elle doit préférer, ou de laisser subsister la Juridiction Municipale sur le pied réglé par l'Ordonnance du Roi du mois de Mai mil sept cent soixante-onze, ou de demander à Sa Majesté qu'elle la fasse passer des Podestats particuliers et Pères du Commun aux Podestats Majors, en attribuant à ceux-ci le droit de juger jusqu'à cent livres.

Nosseigneurs les Commissaires du Roi ont ajouté que leur attachement pour la Nation et l'intérêt véritable qu'ils prennent à tout ce qui peut lui être utile, ne leur permet pas de garder ici le silence sur l'avantage qu'elle trouverait dans le changement proposé; que si l'expérience a fait connaître l'insuffisance de dix Juges pour décider toutes les contestations qui se présentent, il n'en résulte pas la nécessité d'un nombre de Juridictions égal à celui des Communautés; qu'il y a des inconvénients attachés à la trop grande multiplicité, comme au trop petit nombre des Juridictions: que l'établissement d'une seule dans chaque Piève, semble être le point mitoyen qui serait véritablement convenable et qui procurerait à la Nation des juges de meilleur choix, et dont elle aurait conséquemment plus lieu d'être satisfaite. Enfin que ces Juges ayant la faculté de connaître des différends, qui n'excèderont pas cent livres, les justiciables seraient moins souvent obligés de recourir à la Juridiction Royale et éprouveraient de cette manière un soulagement plus considérable encore que celui que leur procure l'état actuel des choses.

Sur quoi, et la matière mise en délibération, après que chacun a fait connaître son sentiment, il a été arrêté à la pluralité des voix que les Podestats Majors ne pouvant obtenir une nouvelle Juridiction sans la suppression de celle que l'Edit de Mai mil sept cent soixante-onze attribue aux Podestats particuliers et Pères du Commun de chaque Communauté, ceux-ci doivent conserver la leur, attendu qu'elle est plus utile, et plus nécessaire au Pays que celle qu'on avait demandée pour les Podestats Majors.

Ensuite il a été procédé en la manière suivante à l'examen des autres demandes relatives également à l'administration Municipale.

Sur celle de la Piève de Talcini, Province de Corte, tendante à ce que les Officiers Municipaux de Corte jouissent des mêmes privilèges que ceux de la Ville de Bastia, attendu que Corte va avoir cinq cents feux ;

Nosseigneurs les Commissaires du Roi ont répondu que l'Ordonnance du mois de Mai 1771, assujettit à la forme d'administration qui y est prescrite toutes les Villes et Communautés, dont le nombre des feux est au-dessous de cinq cents feux et plus, et qu'à l'égard de celles qui ont cinq cents feux et plus, la seule distinction que leur accorde la même Ordonnance est de pouvoir demander à Sa Majesté une forme d'administration particulière que le Roi en ce cas se réserve de régler par des Lettres-Patentes.

Sur la demande de la Ville d'Ajaccio, tendante à ce que l'on augmente le nombre de Officiers Municipaux sous le nom d'Anciens,

Nosseigneurs les Commissaires du Roi ont répondu, que si la Ville d'Ajaccio est composée de plus de cinq cents feux elle doit en en fournissant le preuve proposer conformément à l'Ordonnance du Roi du mois de Mai 1717, tel plan d'administration qu'elle désirera afin que Sa Majesté sur le compte qui en sera rendu y pourvoie par des Lettres-Patentes.

Finalement sur la demande de la Province de Sartene, tendante à ce que les emplois et charges des Communautés ne puissent être refusés de ceux qui y auront été nommés sous peine d'amende.

Nosseigneurs les Commissaires du Roi ont répondu qu'il y a été pourvu par l'Ordonnance de Sa Majesté qui concerne l'administration Municipale.

Et a été la présente délibération signée, tant par Nosseigneurs les Commissaires du Roi, que par Mgr De Guernes, Evêque d'Aleria, par M. Ferdinandi, Vicaire Général du Diocèse de Mariana, par MM. Massimi et Ogliastri, Piévans, par MM. Fabiani et Buonaparte, Députés Nobles, et par les Sieurs Giustiniani et Morati, Députés du Tiers-Etat.

Par Nosseigneurs les Commissaires du Roi,
Signé : GIUBEGA.

Dudit jour 7 Mai 1772.

Nosseigneurs les Commissaires du Roi s'étant fait représenter le relevé qui a été formé des demandes des Pièves et des Provinces relatives aux comestibles, l'examen en a été fait ainsi qu'il suit :

Sur la demande de plusieurs Pièves et entr'autres de celle de Calvi, tendante à ce que l'on taxe les comestibles, c'est-à-dire, seulement les denrées de consommation, en en exceptant celles qui sont destinées pour le commerce ;

Nosseigneurs les Commissaires du Roi ont répondu que dans la Consulte de 1770, Séance du quinze Septembre, il fut annoncé que la proposition de taxer les comestibles avait été rejetée par Sa Majesté comme contraire aux principes d'une bonne administration, mais que les restrictions qu'on y apporte aujourd'hui, la rendent plus favorable ; qu'elle est même autorisée en quelque manière par l'article neuvième de l'Ordonnance concernant la Juridiction Municipale suivant lequel les Podestats et Pères du Commun peuvent faire de l'avis de la Communauté assemblée, et sous la réserve de l'approbation de Sa Majesté, tout règlement pour la vente et débit des denrées.

Nosseigneurs les Commissaires du Roi ont ajouté que rien ne doit empêcher les Officiers Municipaux d'user de la faculté que la loi leur donne à cet égard ; qu'ils doivent seulement observer 1º que leurs taxes ne s'appliquent qu'aux denrées de première nécessité ; 2º qu'elles n'aient lieu que sur le débit de ces mêmes denrées pour la consommation journalière, et non sur la vente en gros ; 3º qu'elles ne soient ni étendues à un trop grand nombre d'objets, ni trop restreintes sur le prix des objets en petit nombre qui seront taxés.

Sur la demande de la Piève de Calvi tendante à ce qu'il soit permis à tous les individus de tuer des animaux de toute espèce, et d'en vendre la viande sans être assujettis à passer contrat avec les Officiers de Police ;

Nosseigneurs les Commissaires du Roi ont répondu que l'intention de Sa Majesté est de maintenir sur la vente de la viande une liberté entière et subordonnée seulement aux règles de Police et aux dispositions de l'Arrêt du Conseil du deux Août mil sept cent soixante-onze sur l'augmentation, la consommation et le commerce des Bestiaux.

Finalement sur la demande de plusieurs Villes, tendante à avoir des Censeurs de Police,

Nosseigneurs les Commissaires du Roi ont répondu que le dernier article de l'Ordonnance du mois de Mai mil sept cent soixante-onze concernant l'administration Municipale indique aux Communautés composées de cinq cents feux et au-dessus la marche qu'elles ont à suivre pour obtenir une administration particulière.

Toutes lesquelles décisions ont été acceptées unanimement et avec soumission, et l'Assemblée a promis au nom de la Nation, de s'y conformer dans tous les points.

Et a été la présente délibération signée tant par Nosseigneurs les Commissaires du Roi, que par Mgr l'Evêque, M. le Vicaire Général, MM. les Piévans et Députés qui ont souscrit la précédente de ce jour.

Dudit jour 4 Mai 1772.

Nosseigneurs les Commissaires du Roi ont dit qu'il y a peu d'établissements aussi utiles que ceux formés l'année dernière tant du Papier timbré, que du Contrôle et insinuation, que néanmoins beaucoup de Piéves et de Provinces, au lieu d'en saisir l'esprit, ont demandé que certains actes y soient soustraits, ou qu'on accorde aux Notaires et Huissiers des délais plus longs que ceux fixés pour le Contrôle de leurs actes et exploits; qu'il est facile de comprendre que des demandes semblables ne partent que du dessein d'épargner aux Notaires et Huissiers non domiciliés dans les lieux où sont les Bureaux, des voyages multipliés dont les frais retombent à la charge des parties, que la vraie manière de remédier à l'objet des plaintes de la Nation est par conséquent d'augmenter le nombre des Bureaux; que telle a toujours été l'intention de Sa Majesté qui en assurera l'exécution aussi tôt après celle des ordres qu'elle a donnés pour l'établissement définitif des Notaires dans l'Ile; qu'alors il sera formé un supplément de Bureaux de Contrôle, Insinuation et Papier timbré, et qu'il sera tel qu'aucun Notaire ne soit à plus d'une demi-journée de distance du Bureau le plus voisin.

Nosseigneurs les Commissaires du Roi ont dit qu'un des motifs qui ont empêché jusqu'à présent Sa Majesté d'effectuer le plan qu'elle s'était formé de multiplier le nombre des Bureaux c'est parce qu'elle a désiré connaître par la révolution d'une année entière, quels seraient les produits de ces établissements, et quelles dépenses ils pourroient comporter ; qu'elle a reconnu par les détails approfondis où elle est entrée à cet égard, que ces produits ont suffi à peine aux frais indispensables de la régie et perception ; qu'en augmentant le nombre des Bureaux, la dépense deviendrait nécessairement plus considérable sans que les produits en reçussent, pour ainsi dire, aucun accroissement, de sorte que cette partie d'administration, qui forme en France une branche de revenus, serait en Corse onéreuse à Sa Majesté.

Nosseigneurs les Commissaires du Roi ont cru en conséquence devoir prévenir l'Assemblée, qu'en même temps que le nombre des Bureaux de Papier timbré, de Contrôle et de l'Insinuation sera multiplié dans cette Ile ; le Roi augmentera aussi la fixation des droits qui s'y perçoivent actuellement, mais que la Nation doit compter en cette occasion, comme en toute autre, sur les mêmes ménagements et les mêmes bontés dont le Souverain auquel elle a le bonheur d'appartenir, lui a jusqu'à présent donné tant de preuves.

Sur quoi la matière mise en délibération, MM. les Députés des Provinces qui se sont plaints du trop grand éloignement des Bureaux de Contrôle, Insinuation et Papier timbré, ont représenté humblement, que quoiqu'ils aient envisagé la multiplication de ces Bureaux comme très utile, si cependant il en doit résulter une augmentation par rapport aux droits, ils se contentent du nombre qui existe aujourd'hui. Et en même temps l'Assemblée en se soumettant, comme elle le doit, aux ordres de Sa Majesté la supplie de daigner proroger le terme pour insinuer et contrôler les actes, attendu que les Pièves éloignées des Bureaux, comme le sont spécialement celles de Fiumorbo et de Talavo ne peuvent que difficilement y satisfaire dans le délai prescrit, pendant l'hiver surtout qu'elles ont plusieurs rivières à passer.

Sur la demande de la Piève de Tallà, et de la Province de Sartene, Bonifacio, Portovecchio et Istria dont elle fait partie tendante à ce que l'emploi du Contrôle, Insinuation et Papier timbré soit donné à quelque particulier de la Province ;

Nosseigneurs les Commissaires du Roi ont répondu que l'intention de Sa Majesté n'est pas que la Nation prenne part au choix des Percepteurs de ses revenus.

Et a été la présente délibération signée tant par Nosseigneurs les Commissaires du Roi, que par Mgr l'Evêque, M. le Vicaire Général et MM. les Piévans et Députés qui ont souscrit les autres de ce jour.

Séance du 8 Mai 1772.

Administration Ecclésiastique. — Nosseigneurs les Commissaires du Roi et Mgrs les Evêques, Grand Vicaire et Députés ci-devant dénommés s'étant rendus à la Salle de l'Assemblée, Nosdits Seigneurs les Commissaires du Roi ont dit que l'administration Ecclésiastique n'étant pas portée en Corse au point de perfection dont elle est susceptible, l'Assemblée ne saurait trop s'en occuper ; qu'à la Consulte de 1770, on traita quelques objets relatifs, mais qu'ils ne furent qu'ébauchés; qu'il s'agit aujourd'hui de les approfondir et que l'examen des demandes formées en dernier lieu par les Pièves et les Provinces y conduira naturellement, attendu que ces objets étant restés indécis, les demandes qui y avaient rapport ont toutes été renouvelées. Il a en conséquence été procédé audit examen en la manière suivante:

Sur les deux demandes du Clergé d'Aleria, l'une tendante

à ce que les Ecclésiastiques ne soient jugés que par leurs Supérieurs tant au Civil qu'au Criminel, et l'autre ayant pour objet que les biens Bénéficiaux soient exempts de la Subvention, de même que les biens Patrimoniaux des Prêtres ;

Nosseigneurs les Commissaires du Roi ont répondu, que ces deux demandes ont été formellement rejetées à la Consulte de mil sept cent soixante-dix et que Sa Majesté n'a pas été satisfaite de voir qu'elles aient été renouvelées.

Nosseigneurs les Commissaires du Roi ont à cette occasion annoncé à l'Assemblée, au nom et de l'ordre exprès de Sa Majesté, qu'à l'avenir tout cahier des demandes des Provinces qui contiendra un seul article, auquel il aura déjà été répondu définitivement ne sera pas reçu, et qu'il ne sera fait aucun rapport à l'Assemblée de ce que renfermera ledit cahier, jusqu'à ce que la proposition superflue en ait été retranchée. Au surplus Nosseigneurs les Commissaires du Roi ont ajouté que le Roi n'entend pas appliquer cette disposition aux demandes qui, quoique rejetées une première fois, se trouveraient appuyées de nouveaux moyens qui n'auraient pas été détaillés, et énoncés lors de la première discussion.

Sur la demande de la Province de Sartene, tendante à ce que Mgrs les Evêques ne puissent passer bail de leurs dîmes qu'à l'éteinte de la chandelle ;

Nosseigneurs les Commissaires du Roi ont répondu que Sa Majesté ne saurait admettre une pareille demande, les Pièves ni les Provinces n'ayant aucun droit de gêner la manière dont Mgrs les Evêques administrent leurs biens.

Sur la demande de la Province de Balagne, tendante à ce qu'il ne soit perçu aucun droit d'entrée sur les ornements d'Eglise et autres choses servant au culte Divin ;

Nosseigneurs les Commissaires du Roi ont répondu que Sa Majesté s'est refusée à cette exception, tout privilège en fait de perception de droit étant contraire à la simplicité avec laquelle elle entend que cette partie soit administrée.

Sur la demande de la Piève de Bigorno, Province de Bastia, tendante à ce que le Séminaire de Bastia soit rétabli et qu'il soit suppléé à l'insuffisance de ses revenus par des bénéfices simples de la Nation;

Sur la demande de la Piève d'Ostriconi et de la Province de Balagne dont elle fait partie, tendante à ce que le Séminaire de Bastia à qui quelques Pièves payent des sommes annuelles pour y recevoir des Clercs, les y reçoivent, ou qu'à l'avenir lesdites contributions soient appliquées à leurs églises;

Nosseigneurs les Commissaires du Roi ont répondu que Sa Majesté avant de prendre une détermination sur cet objet, désire connaître l'origine du Séminaire de Bastia, ce qu'il est dans son institution, ce qu'il est aujourd'hui, ses revenus, l'emploi qui s'en fait, que les parties intéressées ont été prévenues de la nécessité de remettre à ce sujet des Mémoires aux Députés de leurs Provinces respectives, sur quoi tant MM. les Députés de la Province de Balagne, que ceux de la Province de Bastia ont promis de remettre avant la séparation de l'Assemblée des Mémoires explicatifs des demandes desdites deux Pièves d'Ostriconi, et de Bigorno relativement au Séminaire de Bastia, et se sont réservé d'en produire dans deux mois les titres justificatifs.

Sur la demande de la Piève d'Ajaccio, tendante à ce que le Séminaire de cette Ville serve de Collége, et que provisoirement il soit employé une partie de ses revenus à l'entretien de deux Professeurs, l'un de Rhétorique et l'autre de Grammaire;

Sur la demande de la Piève de Portovecchio, Province de Sartene, tendante à ce que les revenus qu'elle paye au Séminaire d'Ajaccio soient attribués à un Maître d'Ecole pour l'instruction de la Jeunesse.

Sur la demande de la Piève de Scopamene tendante à ce qu'il soit établi une Université à Ajaccio, qu'il y soit employé une partie des revenus du Séminaire, et que de l'autre on paye un Maître d'Ecole dans chaque Piève ;

Sur la demande de la Piève de Viggiano, même Province, tendante à ce que la rétribution qu'elle paye au Séminaire d'Ajaccio, soit employée à l'instruction des enfants de la dite Piève ;

Sur la demande de la Piève d'Istria, même Province, tendante à ce que le Séminaire d'Ajaccio soit ouvert et qu'il y soit établi de bons Maîtres pour l'instruction de la jeunesse, et sur la demande de la Province entière, tendante à ce que tous les revenus du Séminaire d'Ajaccio soient appliqués à l'établissement d'une Ecole générale dans la Province de la Rocca ;

Nosseigneurs les Commissaires du Roi ont répondu que Sa Majesté désire connaître pour le Séminaire d'Ajaccio, comme pour celui de Bastia, ce qu'il est dans son institution, ce qu'il est aujourd'hui, ses revenus et l'emploi qui s'en fait, que dans la Consulte de mil sept cent soixante-dix il fut convenu qu'il serait remis des Mémoires pour cet objet, afin qu'on pût voir si l'institution de ce Séminaire permet que les revenus en soient appliqués, comme on le propose, à l'instruction de la jeunesse ; que ces Mémoires n'ayant pas été fournis, les parties intéressées ont été averties de les faire présenter à l'Assemblée par les Députés de leurs Provinces respectives. Sur quoi, les Députés de la Province d'Ajaccio ont dit que le Mémoire relatif à cet objet a été présenté à Monseigneur l'Intendant et Commissaire du Roi qui l'a remis entre les mains du Commis-Greffier, afin qu'il reste au Greffe des Etats ; MM. les Députés de la Province de Sartene ont dit que le Mémoire dressé sur le même objet par MM. les Députés d'Ajaccio leur paraît devoir suffire pour satisfaire aux demandes de Sa Majesté, mais que dans le cas où il en serait besoin ils dresseront en outre un Mémoire séparé.

Mgr Doria, Evêque d'Ajaccio, a dit qu'il se réserve de produire dans le terme de quatre mois un Mémoire bien circonstancié qui satisfera entièrement aux éclaircissements que désire Sa Majesté, et il a demandé à avoir communication de tous les Mémoires et titres qui ont été produits ou pourraient l'être, par la suite, de la part des Piéves et Provinces de son Diocèse ; desquelles réserves Nosseigneurs les Commissaires du Roi ont donné acte et ont ordonné que Mgr l'Evêque d'Ajaccio puisse prendre communication de tous les Mémoires fournis ou à fournir par la suite à cet égard.

Sur la demande de la Ville d'Ajaccio tendante à ce que l'administration de l'Hôpital soit confiée aux meilleurs sujets de la Ville, suivant l'usage ancien, que la maison destinée pour les malades soit rendue, réparée et mise en état de les recevoir, et que les matériaux appartenant à ladite maison, qui ont été enlevés, soient restitués ou payés,

Nosseigneurs les Commissaires du Roi ont répondu quant aux matériaux enlevés, que cet objet regarde la Justice ordinaire. A l'égard du surplus de la demande, ils ont dit que dans la Consulte de mil sept cent soixant-dix, Séance du vingt-six Septembre, il fut arrêté qu'il serait remis des Mémoires pour faire connaître les revenus de cet Hôpital, ainsi que les abus qui se sont glissés dans son administration, que ces Mémoires n'ayant point été fournis, et la demande relative à l'Hôpital s'étant renouvelée dans les Assemblées préparatoires de la présente Assemblée générale, les parties intéressées ont été prévenues qu'elles devaient les former et les faire passer aux Etats par la voie des Députés. Sur quoi M. Buonaparte, Député Noble d'Ajaccio, a dit que cette Ville a fait parvenir à Monseigneur l'Intendant et Commissaire du Roi un Mémoire détaillé qui donne à la matière proposée tout l'éclaircissement possible, lequel Mémoire a été remis entre les mains du Commis-Greffier pour rester au Greffe des Etats.

Sur la demande de la Piève de Bastia tendante à ce qu'on

exécute la décision déjà donnée pour la réunion des quatre Monastères de la Ville en deux seulement;

Nosseigneurs les Commissaires du Roi ont répondu que des quatre Monastères de filles qui existaient précédemment à Bastia, il n'y en a présentement que deux qui sont ceux de Sainte Ursule et de Sainte Elisabeth ; que les deux Monastères de l'Annonciation et de Sainte Claire ne subsistent plus ; que les Religieuses restantes du nombre de celles qui les habitaient sont retirées dans leurs familles; que l'intention de Sa Majesté est de supprimer légalement lesdits deux Monastères de l'Annonciation et de Sainte Claire et de partager leurs biens par moitié entre ceux de Sainte Ursule et de Sainte Elisabeth qui seront conservés.

Nosseigneurs les Commissaires du Roi ont à cet effet, en ce qui concerne, dans la réunion proposée, le concours de l'autorité Ecclésiastique, invité tous Mgrs les Evêques et Députés du Clergé à délibérer sur la manière la plus propre de l'opérer et de la rendre véritablement utile tant au public qu'aux deux Monastères qui seront maintenus.

Sur quoi, et la matière mise en délibération, il a été arrêté de former un Comité composé d'un certain nombre de Mgrs les Evêques et autres membres du Clergé Séculier et Régulier pour se concerter entre eux sur la manière légale et plus convenable d'effectuer la suppression des deux Monastères et d'en faire la réunion aux deux qui doivent subsister : ensuite Nosseigneurs les Commissaires du Roi ont nommé pour ledit Comité, Mgr l'Evêque Doria, Mgr l'Evêque de Guernes, M. le Vicaire Général de Mariana, MM. les Archidiacres Varese et Piantanida, MM. les Chanoines Guasco et Buonacorsi, le Père Caraccioli, Servite, et le Père Pietro, Provincial des Récolets, auquel Comité devront assister MM. Buttafuoco et Guasco afin de procurer les Notions qui peuvent être nécessaires à l'objet dont il s'agit : et sur ce que Mgr l'Evêque d'Aleria a observé que les lumières de M. l'Abbé Giannettini pourraient aussi être utiles à l'opération proposée, Nosseigneurs les Commissaires du Roi et toute l'Assemblée avec eux ont acquiescé à la proposition de Mgr l'Evêque d'Aleria, et il a été arrêté que M. l'Abbé Giannettini sera réuni au Comité.

Ensuite Mgr l'Intendant et Commissaire du Roi a remis au Commis-Greffier, pour être communiquée au Comité une note détaillée des biens des deux Monastères qui doivent être supprimés, laquelle note lui a été fournie par les administrateurs de ces mêmes Monastères, afin que ledit Comité puisse en faire usage dans l'opération dont il est chargé, et dont il devra faire son rapport tant à Nosseigneurs les Commissaires du Roi qu'à l'Assemblée Générale.

Sur la demande des Pièves de San Quilico et Olmeta, Province de Nebbio, tendante à ce que les Religieux de Saint François évacuent le Couvent de Murato et que des biens de ce Couvent il soit établi un Séminaire pour l'instruction de la jeunesse avec le secours des aumônes qu'offrent lesdites Pièves ;

Nosseigneurs les Commissaires du Roi ont répondu qu'il est nécessaire de savoir s'il y a dans le Couvent de Murato le nombre de Religieux fixé par les articles 7, 8 et 9, du nouvel Edit du Roi pour qu'il puisse subsister et qu'il ne soit pas sujet à la suppression. Sur quoi ayant interrogé tant MM. les Députés de ladite Province du Nebbio que le Révérend Père Pietro, Provincial des Récollets, ils ont répondu qu'il n'y a actuellement dans ce Couvent que huit ou neuf Religieux Prêtres, deux Clercs et divers Laïcs ; mais le Père Provincial a ajouté que ce Couvent est propre à recevoir un plus grand nombre de Religieux, comme il y en a eu par le passé. Ensuite Mgr l'Evêque du Nebbio, après avoir protesté de son entière soumission aux ordres du Roi a dit qu'il ne pouvait se dispenser de rendre les témoignages dûs au zèle et à la conduite exemplaire que les Religieux du Couvent de Murato ont fait paraître en tous temps, et dans toutes les occasions.

Après quoi Nosseigneurs les Commissaires du Roi ont renvoyé au Comité Ecclésiastique qui vient d'être élu, la demande des susdites Pièves de San Quilico et Olmeta, afin qu'il examine l'état et qualité du Couvent de Murato relativement au nouvel Edit du Roi, notamment aux articles 7, 8 et 9 et qu'il fasse part ensuite de ses observations à l'Assemblée Générale.

Sur la demande de la Pièce d'Ostriconi, Province de Balagne, tendante à ce que sur les dîmes de ladite Pièce il soit assigné au Curé de Palasca un supplément de portion congrue ;

Nossseigneurs les Commissaires du Roi ont répondu que Sa Majesté trouve juste de pourvoir d'une manière particulière à l'honnête subsistance des Ecclésiastiques, qui, comme les Curés, portent tout le poids du ministère. Nos dits Seigneurs les Commissaires du Roi ont en conséquence invité Mgrs les Evêques et Députés du Clergé à donner à cet objet une sérieuse attention, et à leur faire part des vues qu'ils peuvent avoir.

Sur quoi, la matière mise en délibération, il a été arrêté que le sieur Député de la Province de Balagne, et qui est du lieu même de Palasca, présentera un mémoire au Comité Ecclésiastique, afin que ledit Comité puisse examiner la justice de la demande, et en faire son rapport à l'Assemblée.

Sur la demande de la Pièce d'Ajaccio tendante à ce que les Corses domiciliés en cette Ville jouissent pour le payement de la dîme, des mêmes prérogatives que les habitants originaires de Terre ferme ;

Nosseigneurs les Commissaires du Roi ont répondu qu'à la Consulte de mil sept cent soixante-dix, Séance du vingt-six Septembre, il fut dit que la contestation qui s'est élevée entre Mgr l'Evêque et les habitants d'Ajaccio serait soumise à des arbitres, et qu'avant tout il serait remis des Mémoires respectifs, ce qui ne s'est point exécuté.

Sur quoi il a été dit par Mgr l'Evêque que, quoique dans la Consulte de l'année mil sept cent soixante-dix, à la Séance du vingt-six Septembre, il ait été insinué tant aux habitants d'Ajaccio qu'à lui de remettre à des arbitres la décision de leurs prétentions et de fournir des Mémoires respectifs sur l'objet en question, néanmoins il n'a point entendu mettre en arbitrage des droits de dîmes qu'il croit établis incontestablement, et que, quand il aurait acquiescé au compromis, son consentement serait sans conséquence, les Evêques ne pouvant compromettre volontairement les droits essentiels de l'Episcopat. Et de la part de M. Buonaparte, Député Noble d'Ajaccio, il a été dit que Mgr Doria, Evêque d'Ajaccio, en vertu de la délibération de l'Assemblée, ne peut refuser d'élire et nommer des Députés pour mettre fin à la juste réclamation des Députés d'Ajaccio, lesquels ont fourni à cet effet leurs Mémoires. Sur quoi Nosseigneurs les Commissaires du Roi ont donné acte aux parties de leurs demandes et oppositions respectives.

Sur la demande de la Province d'Ajaccio tendante à ce qu'il soit pourvu incessamment par qui il appartiendra à la réparation de l'Eglise Cathédrale et à la fourniture des ornements;

Nosseigneurs les Commissaires du Roi ont rappelé qu'à la Consulte de mil sept cent soixante-dix, Séance du vingt-six Septembre, sur la demande faite alors pour que les frais de la réparation et des ornements fussent pris sur les revenus du Comté de Frasso, légué à l'Eglise d'Ajaccio par le Comte Polverello, ils témoignèrent combien il serait à souhaiter que les contestations élevées à ce sujet, au lieu d'être portées dans les Tribunaux, fussent réglées par des arbitres, que cependant jusqu'ici il n'a point été mis fin aux dites contestations. Sur quoi tant Mgr l'Evêque d'Ajaccio que M. Buonaparte, Député de la Province, ont respectivement répété les mêmes exceptions et demandes rapportées à l'article précédent, desquelles Nosseigneurs les Commissaires du Roi leur ont également donné acte.

Sur la demande de la Piève de Marana tendante à ce que l'Evêque Diocésain donne à son Vicaire général des pouvoirs suffisamment étendus pour que rien ne souffre de son absence;

Nosseigneurs les Commissaires du Roi ont répondu que suivant l'article 24 de l'Ordonnance du Roi concernant la Juridiction Ecclésiastique en Corse, c'est au Conseil Supérieur à pourvoir à l'objet des demandes dont il s'agit.

Sur la demande de la Piève d'Orezza, et de la Province entière de Bastia dont elle fait partie; sur celle de la Province de Balagne, de la Piève de Talcini, et de la Province entière de Corte, dont elles dépendent, et sur celle de la Province d'Ajaccio, toutes lesdites demandes ayant pour objet que les frais des Greffes Ecclésiastiques soient diminués, et que la taxe du Pape Innocent XI soit suivie;

Nosseigneurs les Commissaires du Roi ont répondu que Sa Majesté ne doute point que Mgrs les Evêques de Corse ne donnent en cette occasion des marques particulières de leur équité et de leur désintéressement, et qu'elle verrait avec plaisir que la Bulle dont il s'agit fût remise en vigueur dans cette Ile, au cas qu'elle n'y ait déjà été.

Sur la demande de la Province d'Ajaccio tendante à l'observation de la Bulle du Pape Benoît XIV, pour l'abolition des Fêtes,

Nosseigneurs les Commissaires du Roi ont répondu que, dans un pays comme la Corse, où l'on doit chercher à inspirer l'amour du travail, rien en effet n'est plus convenable que de restreindre le nombre des Fêtes; mais que ce n'est pas la Bulle citée qui doit conduire à remplir cet objet; que suivant l'article 28 de l'Ordonnance concernant la Juridiction Ecclésiastique en Corse, Mgrs les Evêques sont autorisés à ordonner ce qu'ils estimeront convenable pour la suppression ou l'établissement des Fêtes, en rendant compte de leurs Ordonnances pour qu'elles soient autorisées par des Lettres-Patentes.

Nosseigneurs les Commissaires du Roi ont invité Mgrs les

Evêques à se concerter entr'eux pour examiner jusqu'à quel point la demande de la Province d'Ajaccio mérite d'être accueillie, consulter à ce sujet le vœu de la Nation, et opérer, en conséquence, chacun dans son Diocèse, d'une manière uniforme, et d'après les principes d'une bonne et sage politique.

Sur quoi la matière mise en délibération, il a été arrêté que Mgrs les Evêques, après avoir consulté le désir de la Nation, et ce qui lui convient, règleront de concert à cet égard ce qui leur paraîtra le plus avantageux.

Sur la demande de la Province d'Ajaccio tendante à ce que le laitage soit permis dans le Carême en Corse, comme il l'est en France, en vertu des dispenses des Souverains Pontifes ;

Nosseigneurs les Commissaires du Roi ont répondu que c'est un objet qui dépend de Mgrs les Evêques chacun dans son Diocèse, sans qu'il soit besoin de recourir pour cela au Saint-Siège, et ils ont engagé les Prélats, membres de ladite Assemblée, à considérer qu'une sévérité trop rigoureuse ne sert qu'à multiplier les infractions, et ils les ont assurés que la condescendance dont ils useront à cet égard sera très agréable à Sa Majesté.

Finalement sur les demandes de la Piève de Scopamene, Province de Sartene, tendante non seulement à ce que les Mariages soient contractés suivant l'usage ancien et conformément au Rituel Romain, mais encore à ce que chaque Piève ait un Député chargé de faire exécuter les Ordonnances de Sa Majesté concernant les Mariages ;

Nosseigneurs les Commissaires du Roi ont répondu que ces deux demandes présentent une contradiction, attendu que, si l'on admettait pour la célébration des Mariages le retour aux usages anciens, il ne pourrait plus être question de faire exécuter les Ordonnances du Roi relatives au même objet, qu'au surplus l'intention de Sa Majesté est de maintenir l'exécution de son Ordonnance concernant la célébration des Mariages, et qu'elle se refusera à toute demande qui y serait contraire.

Et a été la présente délibération signée tant par Nosseigneurs les Commissaires du Roi, que par Mgrs les Evêques Guasco et Doria, par MM. les Piévans Astolfi et Pompei, Députés Ecclésiastiques, par MM. Dominique Cuttoli et Folacci, Députés Nobles, et par les Sieurs Antoine-Martin Guargualé et Bernard Cresci, Députés du Tiers Etat.

Séance du 9 Mai 1772

Instruction publique. — Nosseigneurs les Commissaires du Roi, Mgrs les Evêques, Vicaire Général et Députés sus-dénommés s'étant rendus à la Salle de l'Assemblée, Nosseigneurs les Commissaires du Roi ont dit que, dans la Consulte de mil sept cent soixante-dix, il fut formé différentes demandes relatives à l'instruction publique, que, quoiqu'elles aient été accueillies par Sa Majesté, elles n'ont pu jusqu'à présent produire aucun effet, parce qu'il fut convenu que la Nation donnerait des mémoires qu'elle n'a pas fournis ; que les mêmes demandes se trouvant presque répétées dans les assemblées préparatoires de la présente Assemblée générale, le Roi aurait pu renvoyer aux mémoires promis en 1770, mais que son attention constante pour tout ce qui peut procurer le bien de la Corse et d'ailleurs l'importance de la matière l'ont déterminé à s'en occuper et à chercher lui-même les moyens que la Nation aurait dû indiquer.

Nosseigneurs les Commissaires du Roi ont annoncé que les vues de Sa Majesté relativement à l'instruction publique embrassent quatre objets : 1º l'établissement d'une Université ; 2º celui de quatre Collèges ; 3º celui de deux Pensionnats ; 4º des établissements d'Ecole pour l'intérieur de l'Ile.

L'Université que Sa Majesté se propose d'établir sera complète, c'est-à-dire sera composée des quatre Facultés de

Théologie, de Droit, de Médecine et des Arts. Il n'y sera employé que des Professeurs distingués et elle résidera à Corte ; cette Ville a en quelque sorte pour elle, la possession. Il est juste d'ailleurs de lui ouvrir les moyens de s'agrandir et de s'accroître. Enfin les Villes de Bastia et d'Ajaccio seraient les seules qui pourraient entrer en concurrence avec elle à cet égard : or toutes deux auront des Collèges, et destinées par leur position à être commerçantes, elles ne doivent pas être encombrées par l'affluence que le cours général des études y introduirait.

Ce projet ne doit point être regardé comme un simple rétablissement de ce que Paoli avait entrepris. L'Université en question sera pour la Corse une institution nouvelle, attendu les formes légales dont elle sera revêtue, Sa Majesté étant disposée à solliciter à Rome une Bulle d'érection qui sera enregistrée au Conseil Supérieur, de cette manière les degrés qui y seront conférés mettront ceux qui les auront obtenus dans le cas d'être admis par tout, avantage que l'Université de Paoli n'aurait pu procurer à ses Etudiants.

Le Roi destine et attribue à la dotation de l'Université les moyens suivants : 1º le produit du Don gratuit consenti par les Bénéficiers de l'Ile le vingt Mai mil sept cent soixante-cinq, 2º le produit du Domaine d'Antisanti appartenant à Sa Majesté, 3º une pension viagère de six cents livres que le Piè-van d'Aregno s'est soumis de payer par acte authentique du dix-neuf Novembre mil sept-cent soixante-sept, 4º le loyer annuel évalué à trois cents livres d'une Maison située à l'Ile-Rousse, 5º le produit d'un certain nombre de Bénéfices champêtres, qui pourraient en cas de besoin être unis à l'Université, 6º des Concessions des Droits des Messageries, et Voitures publiques.

Le don gratuit établi en mil sept cent soixante-cinq pour contribuer à la dotation de l'Université consistait dans les taxes ci-après ; savoir : dix-huit livres à payer par les Curés principaux ou Piévans, douze livres à payer par les Curés particuliers et six à payer par les simples Chanoines et Chapelains, le tout annuellement. Son produit, en mil sept cent soixante-huit, était de trois mille trois cent soixante-dix-neuf livres par an. L'intention de Sa Majesté n'a jamais été que la perception en fût discontinuée. Elle a au contraire expressément ordonné, en assujettissant les biens du Clergé à la Subvention, et en supprimant par ce motif un autre Don gratuit qui existait précédemment, que celui établi, en mil sept cent soixante-cinq, ne serait pas compris dans cette suppression; malgré cela, le recouvrement en a été négligé au point qu'il en est dû environ trois ans; il sera donné des ordres pour la rentrée de ces fonds qui seront très utiles pour subvenir aux premières dépenses qu'occasionnera l'établissement de l'Université.

Il restera à prendre des mesures pour perfectionner la répartition de ce Don gratuit, afin qu'il s'étende sur tous les Bénéficiers sans distinction, depuis les Premières Dignités Ecclésiastiques jusqu'aux Chapellenies les moins considérables. Sa Majesté désirerait que le produit pût en être porté à quatre mille livres par an, et elle compte sur les vues que le Clergé communiquera à cet égard en en délibérant dans la présente Assemblée générale.

Le Domaine d'Antisanti a été destiné aussi par Paoli à l'entretien de l'Université; le Roi lui en fera une concession en règle; c'est un terrain en état de produire beaucoup, et dont on pourra tirer un parti avantageux.

La pension viagère de six cents livres due par le Piévan d'Aregno et le loyer de la Maison de l'Ile-Rousse évalué à trois cents livres sont des objets sûrs et n'exigent que de l'exactitude dans le recouvrement de leur revenu; il y sera pourvu avec soin.

Sa Majesté a connaissance de l'existence en Corse de quarante-sept à quarante-huit Bénéfices champêtres du produit d'environ sept à huit mille livres. Elle désire qu'il lui soit donné des notions exactes du nombre, de la position, de la qualité et de la valeur de tout ce qui s'appelle Bénéfices champêtres, et qu'on examine et pèse avec attention tout ce qui pourrait empêcher, faciliter ou retarder la réunion de ces Bénéfices à mesure de leur vacance par mort ou autrement.

Enfin les concessions des Messageries et Voitures peuvent avec le temps être un objet de considération : Sa Majesté sent qu'on ne peut les regarder encore que dans un avenir peu prochain ; il est auparavant nécessaire que les communications de l'Ile, surtout celles de Bastia à Ajaccio par Corte, soient devenues faciles par la construction des chemins et sûres par l'extirpation des bandits.

Les Collèges sont nécessaires pour que les Habitants des Villes Marittimes puissent faire instruire leurs enfants. Des quatre proposés, il y en aura un à Bastia, un à Ajaccio, un à Cervione, et le quatrième sera en Balagne. Il n'est pas nécessaire de le fixer à Lumio, quoique ce soit le vœu du testament du Prêtre Leca dont la fondation devient naturellement le premier moyen de dotation de ce Collège. Il fut reconnu, en mil sept cent soixante-huit, qu'il pouvait être établi en tout autre lieu de Balagne ; d'ailleurs il y aurait des inconvénients à le fixer à Lumio ; 1° ce serait enlever des bras au labourage que d'exciter les gens de la campagne à l'étude des lettres ; 2° la jeunesse ne serait pas bien dans un lieu isolé, où il n'y a ni Magistrats, ni Troupes pour le maintien de la discipline. Sa Majesté est disposée à mettre ce Collège à Calvi, comme le lieu de la Balagne, où il y a un plus grand nombre de Pères de famille en état de faire étudier leurs enfants, et où il y a d'ailleurs une garnison, et un siège de Juridiction Royale. Si néanmoins l'Assemblée a des motifs puissants pour préférer Algajola, elle pourra le proposer.

Chacun des quatre Collèges à l'instar de celui de Bastia aura quatre Professeurs ; un pour la langue Française, un pour la Philosophie, un pour la Rhétorique et un pour les Humanités. La dépense qu'ils occasionneront pourra être prise, tant sur les biens de la fondation du Prêtre Leca que sur ceux appartenant ci-devant aux Jésuites, au moyen du soin tout particulier qui sera apporté à leur administration.

Au surplus la Ville de Bastia contribuant à l'entretien de son Collège, celles de Calvi, Ajaccio et Cervione en peuvent user de même. Sa Majesté leur accordera en cas de besoin des octrois à cet effet.

Le Roi ne propose des Pensionnats que pour Bastia et pour Ajaccio: ils n'y seront pas sans utilité. C'en sera certainement une grande pour les Pères de famille de l'intérieur, et pour ceux mêmes des deux Villes où ces Pensionnats seront établis, que de pouvoir ainsi accoutumer leurs enfants à une discipline plus exacte que n'est l'éducation domestique. Il n'y aura en cela rien de gratuit, et conséquemment un pareil établissement ne présente pas de grandes difficultés. En cas que le concours du gouvernement y soit nécessaire, le Roi se prêtera volontiers à tout ce qui lui sera proposé de convenable à cet égard.

Les Ecoles dans la campagne ne doivent avoir pour objet que d'enseigner aux enfants le Catéchisme, la lecture et l'écriture ; c'est une partie d'administration qui regarde particulièrement Mgrs les Evêques: Sa Majesté compte essentiellement sur leur vigilance et leur zèle, et les Communautés ou Pièves qui voudront s'imposer quelques taxes pour subvenir aux frais de ces écoles obtiendront toute l'autorisation nécessaire à cet effet.

Nosseigneurs les Commissaires du Roi, après avoir exposé de cette manière les vues bienfaisantes et vraiment paternelles de Sa Majesté pour l'instruction publique, ont invité tous les membres de l'Assemblée en général, et Mgrs les Evêques et Députés du Clergé en particulier à y donner toute l'attention qu'exige une matière aussi importante, ils ont spécialement proposé pour l'objet des réflexions, et de la délibération de l'Assemblée les articles suivants :

1º Les moyens à employer pour perfectionner la répartition du Don gratuit, la rendre générale pour tous les Bénéficiers de l'Ile, en porter le produit à quatre mille livres,

2º Les notions à procurer à Sa Majesté sur les Bénéfices champêtres, et le projet d'en unir un certain nombre à l'Université pour contribuer à sa dotation,

3º L'emplacement du Collège proposé pour la Balagne, le tout sans préjudice des autres observations et considérations que l'Assemblée aurait à communiquer relativement à l'objet dont il s'agit,

Sur quoi la matière mise en délibération, il a été arrêté que le Comité Ecclésiastique s'occupera de la formation d'un mémoire, tant sur les moyens à employer pour perfectionner la répartition du Don gratuit en la rendant générale pour tous les Bénéficiers de l'Ile, et en en portant le produit à quatre mille livres, que sur les notions à fournir à l'égard des Bénéfices champêtres, et sur la manière d'en réunir une partie à l'Université : en ce qui concerne l'établissement du Collège de la Balagne à Calvi, préférablement à l'Algajola, MM. les Députés de la Province de Balagne ont dit qu'ils présenteront incessamment un mémoire pour faire connaître les raisons prépondérantes qui militent en faveur d'Algajola ; et de la part de MM. les Députés de la Province de Calvi il a été dit qu'avant la séparation de l'Assemblée, il sera donné des Mémoires pour démontrer combien il importe au bien de la jeunesse que le Collège soit établi à Calvi.

Et a été la présente délibération signée, tant par Nosseigneurs les Commissaires du Roi, que par Mgr Doria, Evêque d'Ajaccio, par Mgr de Guernes, Evêque d'Aleria, par MM. Manenti et Alberti, Piévans, par MM. Paganelli et Ferri, Députés Nobles, et par les Sieurs Grimaldi et Ciaccaldi, Députés du Tiers-Etat.

Par Nosseigneurs les Commissaires du Roi,
Signé : GIUBEGA.

Dudit jour 9 Mai 1772.

Nosseigneurs les Commissaires du Roi ont procédé ensuite à l'examen particulier des diverses demandes formées par quelques Pièves et Provinces relativement à l'instruction publique en la manière suivante :

Sur la demande de la Piève d'Ajaccio tendante à ce que le Séminaire d'Ajaccio serve de Collége, et que provisoirement il soit employé une partie de ses revenus à l'entretien de deux Maîtres, un de Rhétorique et l'autre de Grammaire ; Sur la demande de la Piève de Portovecchio, Province de Sartene, tendante à ce que les revenus qu'elle payait au Séminaire d'Ajaccio, soient accordés à un Maître d'Ecole pour l'instruction de la jeunesse ; Sur la demande de la Piève de Scopamene, tendante à ce qu'il soit établi une Université à Ajaccio, qu'on y emploie une partie des revenus du Séminaire, et que de l'autre on paie un Maître d'Ecole en chaque Piève ; Sur la demande de la Piève de Viggiano tendante à ce que la rétribution qu'elle paie au Séminaire d'Ajaccio soit employée à l'instruction des enfants de la même Piève ; Sur la demande de la Piève d'Istria, même Province, tendante à ce qu'il soit établi de bons Maîtres pour l'instruction de la jeunesse, et sur la demande de ladite Province en entier, tendante à ce que tous les revenus du Séminaire d'Ajaccio soient employés à l'établissement d'une Ecole générale dans la Province de Rocca ;

Nosseigneurs les Commissaires du Roi ont répondu qu'ayant été arrêté que, conformément à la délibération prise dans la Consulte de mil sept cent soixante-dix, il serait fourni des Mémoires qui fissent connaître relativement au Séminaire d'Ajaccio, ce qu'il est dans son institution, ce qu'il est aujourd'hui, les revenus, et l'emploi qui s'en est fait, on sera à portée de constater si cet établissement comporte l'application proposée de ses revenus à l'instruction de la jeunesse, qu'au surplus les Pièves ci-dessus dénommées doivent attendre avec confiance l'effet des arrangements qui viennent d'être annoncés pour l'établissement de quatre Colléges, et qu'à l'égard des Ecoles uniquement destinées à enseigner aux enfants de la campagne le Catéchisme, la lecture, et l'écriture, c'est aux Pièves et aux Communautés d'en supporter la dépense, sans qu'elles puissent se dispenser pour cela d'acquitter les rétributions dont elles peuvent être tenues en faveur du Séminaire d'Ajaccio.

Sur la demande de la Piève de Caccia, Province de Bastia, tendante à ce que les Bénéfices simples de San Pietro, Sant'Agostino, et San Quilico, qui existent en cette Piève, soient appliqués à l'établissement d'une Ecole;

Nosseigneurs les Commissaires du Roi ont répondu que si rien ne s'oppose à ce que ces trois bénéfices soient appliqués à l'instruction de la jeunesse, ce ne pourrait être pour l'établissement d'une Ecole dans la Province de Caccia; mais plutôt, suivant le plan qui vient d'être annoncé, comme un des moyens à employer pour la dotation de l'Université;

Sur la demande de la Piève de Rostino tendante à ce qu'il soit pourvu à l'éducation publique des enfants de la Piève, la misère des habitants ne leur permettant pas de les envoyer à Bastia, attendu la cherté des vivres et sur la demande de la Piève d'Orezza tendante à ce qu'il soit établi une Ecole de bons Maîtres dans l'intérieur de la Province au-delà du Golo;

Nosseigneurs les Commissaires du Roi ont répondu que suivant le plan qui vient d'être annoncé, les Ecoles proposées ne doivent avoir d'autre but que d'enseigner le Catéchisme, à lire et à écrire, et que c'est aux Pièves qui les demandent à en supporter la dépense.

Sur la demande de la Piève de Calvi tendante à ce que le legs du Prêtre Leca soit employé à l'établissement d'une Ecole publique à Calvi et sur la demande de la Piève d'Aregno et de la Province entière de Balagne dont elle fait partie tendante à ce que l'Ecole dont il s'agit soit établie à Ajaccio ;

Nosseigneurs les Commissaires du Roi ont dit que la délibération présente contient la réponse à cette demande.

Sur celle de la Piève de la Mezzana, Province d'Ajaccio, tendante à ce que les Religieux du Couvent du même nom soient obligés d'enseigner la jeunesse de ladite Piève ;

Nosseigneurs les Commissaires du Roi ont répondu que l'on ne saurait obliger ces Religieux de tenir une Ecole.

Sur quoi le Révérend Père Feliceto, Provincial des Observantins, a dit que dans tous les Couvents de son ordre qui sont en Corse, il a prescrit aux Religieux de s'employer à l'instruction des enfants, et à l'instant l'Assemblée a témoigné au Père Provincial combien elle était satisfaite et reconnaissante de son zèle et de ses soins.

Finalement, sur la demande de la Piève d'Istria, Province de Sartene, tendante à ce que la Corse soit réintégrée dans les places dont elle était en possession au Collège *del Bene* à Gênes ;

Nosseigneurs les Commissaires du Roi ont répondu que la Piève de Pino, Province de Calvi, fit la même demande à la Consulte de 1770, qu'il fut arrêté, Séance du 20 Septembre, qu'il serait remis des Mémoires à ce sujet, et que n'en ayant pas fourni, elle a été prévenue, de même que la Piève d'Istria, de les faire présenter à cette Assemblée générale par les Députés de leurs Provinces respectives.

A l'instant, les Députés tant de la Province de Calvi que de celle de Sartene etc. ayant dit qu'il ne leur a été remis aucun Mémoire sur cet objet, l'Assemblée a prié M. le Chanoine Buonaccorsi de vouloir bien se charger d'en former un sur l'établissement de cette œuvre, son état présent, le nombre des Etudiants Corses qu'elle devait recevoir et sur toutes les autres circonstances propres à éclaircir la matière.

Et a été la présente Délibération signée tant par Nosseigneurs les Commissaires du Roi, que par Mgrs les Evêques, Piévans et Députés qui ont souscrit l'autre de ce jour.

Dudit jour 9 Mai 1772

Chemins. — Nosseigneurs les Commissaires du Roi ont dit que quoique les Mémoires qui avaient été promis sur les travaux des chemins dans la Consulte de 1770, Séance du 10 Septembre, n'aient pas été fournis, néanmoins plusieurs demandes faites sur cet objet dans les Assemblées préparatoires de la présente Assemblée générale ne permettent pas de douter que la Nation est persuadée de l'utilité des Chemins ; que Sa Majesté qui a vu avec satisfaction l'empressement à cet égard de ses sujets Corses est déterminée à mettre en règle cette partie d'administration, et que, dans cette vue, elle a établi des principes généraux à peu près conformes à ceux qui ont eu lieu dans beaucoup de Provinces de France, notamment dans celles érigées en pays d'Etat.

Nosseigneurs les Commissaires du Roi ont en conséquence exposé ces principes ainsi qu'il suit :

Outre la distinction essentielle à faire entre la construction des chemins et leur entretien, il faut distinguer encore les chemins en trois classes selon les degrés et l'étendue de leur utilité, savoir les chemins royaux, les chemins des Provinces et les chemins des Communautés ; chaque espèce exige des dimensions différentes, est soumise à des règles particulières, et comporte encore de la diversité relativement aux dépenses qu'elle occasionne. La première construction des chemins royaux se fera aux frais du Roi, comme il en a été usé jusqu'ici, mais leur entretien sera à la charge de la Nation. Ceux qui sont commencés en Corse ne tarderont pas à être finis, et ils seront livrés aussitôt à l'entretien. La Nation aura le choix d'y subvenir ou par entreprise, et à prix d'argent, ou par corvées ; dans le dernier cas, il convient de tracer, dès à présent, des règles sur la meilleure manière de travailler à cet entretien, le temps du travail et la quantité des travailleurs. Ces règles établies ce sera à la Nation à les faire exécuter. Elle agira à cet effet par le moyen des Podestats particuliers, des Podestats majors, des Inspecteurs des Provinces, des Douze, et de l'Assemblée générale. Dans le cas où la Nation désirerait d'autres chemins royaux, ce sera à elle d'en faire la demande, et sur le compte qui en sera rendu au Roi, il donnera sur cela ses ordres.

Les chemins des Provinces seront aux frais des Provinces qu'ils intéresseront. Elles proposeront et délibéreront ce qu'elles jugeront convenable, et l'Assemblée générale l'autorisera sous le bon plaisir de Sa Majesté. On pourra mettre en question, si la construction des chemins sera faite à prix d'argent, ou par corvées ; mais pour l'entretien cette dernière voie paraît la seule qu'il soit à propos d'employer. Il faudra aussi fixer des règles, et distribuer des portions d'entretien à chaque Piève et Communauté de la Province.

Finalement les chemins des Communautés seront à la charge des Communautés qui y seront intéressées, et elles seront tenues tant de leur première construction que de leur entretien.

Nosseigneurs les Commissaires du Roi, après l'exposition de ces principes, ont invité l'Assemblée à y ajouter, en les adoptant, toutes les vues et tous les détails les plus propres, soit à en assurer et faciliter ladite pratique, soit à porter à un plus haut point de perfection cette partie essentielle de l'administration publique.

Sur quoi la matière mise en délibération, l'Assemblée reconnaissant l'utilité et la nécessité de l'établissement annoncé, et pénétrée d'une respectueuse reconnaissance des dispositions favorables de Sa Màjesté pour tout ce qui peut opérer l'avantage de cette Ile, il a été unanimement arrêté que l'entretien des chemins royaux dont la Nation devra être chargée sera fait par corvées, et qu'à l'égard de la construction et entretien des chemins des Provinces et de ceux des Communautés, elles seront libres d'y subvenir ou à prix d'argent, ou par corvées.

Au surplus l'Assemblée a prié le Comité de former un plan capable de faciliter la prestation dont la Nation est tenue pour l'entretien des chemins royaux, et de régler aussi le temps du travail, le nombre des travailleurs, les obligations qui leur seront imposées, et enfin tout ce qui peut contribuer à perfectionner cette partie qui est pour la Nation de la plus grande importance.

Passant ensuite à l'examen particulier de chacune des demandes formées relativement aux chemins par les Pièves et Provinces, il y a été procédé ainsi qu'il suit :

Sur la demande de la Province de Bastia tendante à ce que les chemins particuliers soient construits et réparés aux frais des Communautés ;

Et sur la demande tant de la Piève de Rogna que de la Province entière de Corte dont elle fait partie tendante à ce que les Communautés de chaque Piève s'obligent de travailler à la construction des chemins publics et à leur réparation, chacune dans son territoire, et où il en sera besoin, sous la conduite et inspection d'un des Douze ;

Nosseigneurs les Commissaires du Roi ont répondu que les principes qui viennent d'être établis s'appliquent naturellement à ces deux demandes.

Sur celle de la Piève de Tavagna, Province de Bastia, tendante à ce qu'il soit construit un pont sur la rivière de

Fiumalto aux frais des cinq Pièves de Tavagna, Casinca, Moriani, Orezza et Ampugnani ;

Sur l'opposition formée à cette demande par les quatre dernières des cinq Pièves ;

Sur la demande de la Piève d'Orezza, tendante à ce que celle d'Ampugnani soit tenue de faire un pont sur la rivière de Rimistorio conformément à l'arrangement fait du temps de M. de Cursay ;

Sur l'opposition formée à cette demande par la Piève d'Ampugnani,

Et finalement sur la demande de la Province d'Ajaccio tendante à ce que les Propriétaires des terrains employés aux chemins soient indemnisés,

Nosseigneurs les Commissaires du Roi ont répondu que ces différentes demandes trouvent également leurs décisions dans les principes ci-devant annoncés ; que rien n'est plus juste que d'indemniser les Propriétaires des terrains employés aux chemins, qu'en France on les dédommage souvent en leur abandonnant des portions équivalentes dans les anciens chemins, mais que cet expédient n'est pas praticable en Corse où tous les chemins sont nouveaux ; qu'il faut donc qu'ils soient indemnisés en argent, mais que ce ne saurait être aux frais de Sa Majesté ; que cette dépense, ainsi que les ponts, et toute autre quelconque, sauf celles de la première construction des chemins royaux, doit être supportée, savoir, pour ceux de cette classe par la Nation entière; par les Provinces pour les chemins des Provinces, et par les Communautés pour les chemins qui n'intéressent qu'elles.

Sur quoi la matière mise en délibération, l'Assemblée générale considérant que s'il fallait indemniser les particuliers dont les terrains ont été ou seront employés aux chemins, cette indemnité serait une charge énorme à laquelle la Nation ne pourrait résister, soit à cause de la misère actuelle, soit par rapport à la Subvention et au payement des Loyers Militaires qu'elle a à supporter, encouragée d'ailleurs par le zèle qu'ont fait paraître plusieurs des membres de la présente Assemblée, lesquels quoiqu'ils aient perdu beaucoup de terrain employé aux chemins ont protesté qu'ils ne voulaient point en être dédommagés, s'ils ne pouvaient l'être qu'aux dépens d'un peuple épuisé et dépourvu des moyens d'y satisfaire, il a été maintenant arrêté, sous le bon plaisir du Roi, que les Propriétaires des terrains employés aux chemins ne pourront prétendre aucune indemnité, la présente Assemblée ne doutant pas que lesdits Propriétaires, comme bons citoyens, ne préfèrent de supporter personnellement cette perte plutôt que de la mettre à la charge d'une Patrie qu'ils aiment tendrement, et qu'ils savent être hors d'état de les dédommager, du moins sans les efforts les plus pénibles, sauf cependant aux Propriétaires, qui se trouvent dans une indigence absolue, à faire leurs représentations aux Assemblées de leurs Provinces respectives pour qu'on vérifie leur misère et l'impossibilité où ils seront de supporter personnellement la perte résultante du terrain qui leur aura été pris pour la construction des chemins, auquel cas, et après avoir obtenu desdites Assemblées un certificat de pauvreté, ils s'adresseront aux membres de la Commission des Douze de leur district, afin qu'ils chargent trois experts de constater la valeur du terrain perdu. Lesdits Mémoires, certificats et rapports d'experts seront envoyés ensuite aux Députés de la commission des Douze de résidence à Bastia et remis par ceux-ci au Greffe des Etats, afin que dans la prochaine Assemblée générale il soit pourvu au soulagement desdits Propriétaires indigents. Quant aux particuliers qui, avant la présente délibération, auront déjà obtenu des Communautés et Pièves quelque dédommagement il a été arrêté qu'il ne sera rien innové au payement déjà fait (1).

---

(1) *Décision de Sa Majesté:*
Sa Majesté désapprouve la forme et le fond de tout ce qui a été ici dé-

Et a été la présente délibération signée tant par Nosseigneurs les Commissaires du Roi, que par Mgrs les Evêques, Piévans et Députés qui ont souscrit les précédentes délibérations de ce jour.

Séance du 11 Mai 1772

Nosseigneurs les Commissaires du Roi, Mgrs les Evêques, Députés ci-devant dénommés s'étant rendus dans la Salle de l'Assemblée, Nosdits Seigneurs les Commissaires du Roi ont dit qu'il serait à propos d'examiner présentement les Mémoires que les Députés des Provinces de Calvi et Balagne avaient promis de présenter sur le choix de l'endroit, où il conviendrait le mieux d'établir les Collèges, soit de Calvi, soit d'Algajola, et qu'il serait à propos également d'examiner le Mémoire relatif au Collège *del Bene* de Gênes, dont s'est chargé M. le Chanoine Buonaccorsi afin de prendre ensuite telles délibérations que l'Assemblée estimera utiles et nécessaires. Ensuite de quoi lesdits Mémoires ont été demandés, mais MM. les Députés de Balagne ayant fait connaître que les leurs n'étaient pas encore achevés, l'examen de cet article a été remis à la Séance de demain.

---

libéré, et elle a ordonné que tous les terrains employés aux chemins seront estimés tant en fonds, qu'en revenus par des experts, et la Nation en payera la rente aux Propriétaires : à l'effet de quoi elle sera autorisée à en faire la levée sur elle-même en sus, et au marc la livre de la Subvention.

Pour éviter la multiplicité des actes il n'en sera passé qu'un pour chacune des Communautés dans le territoire desquelles il y aura des chemins publics, à charge par ladite Communauté d'en répartir le produit aux Propriétaires qui y auront droit.

Quant au Collège *del Bene*, M. le Chanoine Buonaccorsi a présenté un rapport détaillé sur l'institution de ce Collège, ses réglements, son état présent, et sur les refus que fait aujourd'hui la République de Gênes d'admettre à ce Collège des sujets de cette Nation depuis sa soumission à Sa Majesté, duquel rapport il a été fait lecture par ordre de Nosseigneurs les Commissaires du Roi, à haute et intelligible voix.

Après quoi la matière mise en délibération, il a été arrêté que le Mémoire présenté par M. le Chanoine Buonaccorsi, sera mis sous les yeux de Mgr le Marquis de Monteynard, Secrétaire d'Etat de la Guerre, afin qu'il daigne obtenir l'interposition de Sa Majesté pour conserver à la Corse un droit incontestable dont elle jouissait depuis très long temps (1).

Et a été la présente délibération signée tant par Nosseigneurs les Commissaires du Roi que par Mgr Guasco, Evêque du Nebbio, par M. Ferdinandi, Vicaire Général de Mariana, MM. Turchini et Costa, Députés Ecclésiastiques, par MM. Ortoli et Durazzo Paoli, Députés Nobles, par les Sieurs Ferrandini, Députés du Tiers-Etat.

Par Nosseigneurs les Commissaires du Roi,
Signé: GIUBEGA.

Dudit jour 11 Mai 1772.

Nosseigneurs les Commissaires du Roi ont dit qu'un des objets renvoyés par la présente Assemblée à l'examen et à la discussion du Comité est l'entretien des chemins royaux et

---

(1) *Décision de Sa Majesté*:
Le Mémoire énoncé en la présente délibération a été adressé par ordre de Sa Majesté à son Ministre à Gênes qui est chargé de réclamer l'exécution de la fondation.

l'indication des moyens les plus aisés et les plus sûrs de remplir les intentions de Sa Majesté sur cette partie d'administration si intéressante pour la Corse ; qu'il serait à désirer qu'en cette Séance le Comité communiquât les idées qu'il peut avoir adoptées à cet égard. Sur quoi, après avoir entendu le rapport dudit Comité et les avis de plusieurs des membres de ladite Assemblée, la matière mise en délibération, il a été arrêté ce qui suit :

1º *Projet de l'Assemblée sur l'entretien des chemins.* — Que le travail de l'entretien des chemins royaux se fera aux mois d'Avril et de Septembre, et quand il y en aura un besoin indispensable, en tout autre temps.

2º Que les personnes sujettes à la corvée pour l'entretien desdits chemins ne pourront être obligées de travailler plus d'un jour chaque semaine.

3º Que les travailleurs d'une Communauté seront commandés par le Podestat de la dite Communauté, ceux d'une Piève par le Podestat major, et ceux d'une Province par l'Inspecteur, ou par les Douze, ou par toute autre personne à leur place.

4º Que les chemins royaux dans toute la Corse, en ce qui concerne les réparations journalières, seront à la charge des Pièves voisines du lieu où le chemin aura besoin d'être réparé.

5º Que les réparations essentielles et considérables se feront par les Pièves dont dépendront les endroits à réparer ; mais afin qu'un travail qui doit être commun à toute la Nation ne soit pas à la charge seule de ce district, il sera fait une imposition sur la Nation entière du montant de cette dépense.

6º Que pour éviter toute fraude tout abus dans les réparations principales des chemins et dans les calculs des dépenses relatives à cet objet, on ne pourra commencer un travail, auquel la Nation entière devra contribuer, s'il n'a d'abord été reconnu par un membre de la commission des Douze d'une Province différente, afin de constater la nécessité du travail et l'objet de la dépense qu'il exige.

7° Que l'Assemblée générale à qui seront remis les états des journées employées aux réparations des chemins royaux, et des personnes qui auront travaillé devra chercher, d'année en année, à leur en procurer une compensation sur les autres Pièves, ou en faisant exécuter ailleurs de semblables travaux, ou relativement aux dépenses des ponts et autres ouvrages publics qu'il y aurait lieu de faire aux frais de toute la Nation (1).

Après quoi l'Assemblée a témoigné, avec le respect le plus profond, le désir qu'elle aurait que Sa Majesté par une suite de la bonté qui lui est naturelle, et en considération de l'état de dépopulation où se trouve la Corse, tant par rapport aux désastres de la guerre passée, que par rapport à la levée de trois régiments qui servent en France et à l'éloignement des fugitifs, voulût bien prendre à son compte l'entretien principal des chemins royaux, attendu que la Nation étant hors d'état d'y subvenir à prix d'argent, les corvées que l'on exigerait d'un pays aussi dépeuplé qu'est celui-ci, enlèveraient une quantité de bras au labourage, en sorte que la culture qui est partout la vraie source de la félicité, et que Sa Majesté cherche à encourager dans toutes les Provinces qui ont le bonheur d'être soumises à son Empire, languirait entièrement dans cette Ile dénuée d'habitants. Ladite Assemblée

---

(1) *Décision de Sa Majesté:*
Dans les articles relatifs aux chemins on a fait l'importante omission de parler de l'Intendant à qui cependant la police et la direction des chemins appartient en premier ordre, et cette considération oblige le Roi de rejeter une délibération aussi essentiellement vicieuse; cependant le fort de ses dispositions se retrouvera dans le règlement que Sa Majesté va faire publier en Corse sur la construction, les réparations et l'entretien des chemins.

a supplié humblement Nosseigneurs les Commissaires du Roi de faire parvenir aux pieds du Trône de Sa Majesté les vœux d'une Nation qui, quoique prête à donner les preuves les plus convaincantes de sa soumission et de son empressement à remplir les intentions du Monarque le plus digne d'être aimé, et animés d'ailleurs du désir le plus ardent de répondre avec une vive reconnaissance à ses vues paternelles et bienfaisantes, a néanmoins le malheur d'être réduite à un état de pauvreté et de faiblesse qui ne lui permet pas de faire éclater, comme elle le voudrait, les sentiments de zèle, de respect et d'obéissance dont elle se sent pénétrée. Que pour ce qui regarde l'entretien journalier des chemins royaux la Nation se soumet sans difficulté à ce travail (1).

Et a été la présente Délibération signée tant par Nosseigneurs les Commissaires du Roi, que par Mgr l'Evêque, Vicaire Général, Piévans et Députés qui ont souscrit la précédente de ce jour.

Séance du 12 Mai 1772.

Nosseigneurs les Commissaires du Roi, Mgrs les Evêques, Vicaire Général et Députés ci-devant dénommés s'étant rendus en la Salle de l'Assemblée, Nosdits Seigneurs les Commissai-

---

(1) *Décision de Sa Majesté* :
Sa Majesté aura égard dans les occasions à ce que l'entretien des chemins royaux pourra exiger. Au surplus elle fera rendre par son Conseil un Arrêt qui portera règlement pour la construction et la réparation de ponts et chaussées tant royaux, que des Provinces et des Communautés, par lequel Arrêt Elle autorisera la levée des deniers nécessaires pour la construction et réparation à faire à prix d'argent.

res du Roi ont dit que MM. les Députés des Provinces de Calvi et de Balagne ont promis de présenter leurs Mémoires respectifs relativement au lieu qui sera le plus convenable, soit de Calvi, soit d'Algajola, pour l'établissement du Collège, et qu'ils désirent d'être admis à produire lesdits Mémoires. Ensuite de quoi lesdits Députés ont présenté ces mêmes Mémoires, dont le Commis-Greffier, par ordre de Nosseigneurs les Commissaires du Roi, a fait lecture à haute et intelligible voix.

Et ayant été reconnu qu'il y avait une diversité d'opinions à ce sujet entre MM. les Députés, la matière mise en délibération, et les suffrages ayant été recueillis, et comptés en présence de l'Assemblée par Nosseigneurs les Commissaires du Roi, il s'en est trouvé pour Calvi quarante favorables, et quarante-quatre contraires, et pour Algajola quarante-cinq favorables et trente-neuf contraires ; au moyen de quoi la pluralité de voix a été pour Algajola (1).

Et a été la présente Délibération signée, tant par Nosseigneurs les Commissaires du Roi, que par Mgrs Doria, Evêque d'Ajaccio, et Guernes, Evêque d'Aleria, par MM. Peraldi et Maestrali, Députés Ecclésiastiques, par MM. Bianchi et Giubega, Députés Nobles, et par les Sieurs Belgodere et Luccioni, Députés du Tiers-Etat.

Par Nosseigneurs les Commissaires du Roi,
Signé : GIUBEGA.

---

(1) *Décision de Sa Majesté :*
Sa Majesté conformément aux vœux de la Nation témoignés par la pluralité de voix a décidé que le Collége sera à Algajola.
Le Roi ayant pour la seconde fois renvoyé à l'examen des Etats de 1773, la même proposition, il fut arrêté dans la Séance du vingt-six Novembre que le Collége serait sous le bon plaisir de Sa Majesté établi dans la ville de Calvi, comme étant le lieu le plus propre pour l'instruction et l'éducation de la Jeunesse et pour les avantages dont il jouit, préférable au petit lieu d'Algajola. Après quoi Sa Majesté dans ses réponses au cahier des susdits Etats a déterminé que le Collége sera établi à Calvi.

Dudit jour 12 Mai 1772.

Nosseigneurs les Commissaires du Roi ont dit qu'il serait nécessaire d'entendre le rapport du Comité sur la répartition des cent quatre-vingts mille livres de Subvention demandées par Sa Majesté pour l'année du premier Octobre mil sept cent soixante-onze au premier Octobre mil sept cent soixante-douze et sur les moyens les plus faciles et les plus surs d'en rendre la perception juste et régulière. Ensuite le Comité a présenté son Mémoire, et expliqué son sentiment sûr cet objet ; après quoi la matière mise en délibération il a été arrêté, sous le bon plaisir du Roi, ce qui suit :

1º *Répartition de cent quatre-vingts mille livres demandées par Sa Majesté pour la Subvention de l'année du premier Octobre 1771 au premier Octobre 1772.* — Que la Subvention en premier partage se divisera en trois portions égales, en en attribuant un tiers aux Provinces d'Ajaccio, de Vico et de Sartene, Bonifacio, Portovecchio et Istria ; un autre tiers aux Provinces de Bastia et Aleria et le dernier tiers aux Provinces de Corte, Cap-Corse, Nebbio, Calvi et Balagne, ainsi qu'il en fut usé dans la Consulte de 1770, sans cependant que cette répartition puisse tirer à conséquence pour les années à venir, lors desquelles le partage se fera sur des notions plus sûres ;

2º Que la répartition des Provinces des trois districts suivra la portion de celle fixée dans ladite Consulte de 1770, et qu'ainsi chaque Province contribuera pour une moitié en sus de ce qui lui a été assigné dans la première répartition ; mais que cela ne pourra faire loi comme on vient de le dire pour les années subséquentes ;

3º Qu'après la séparation de l'Assemblée, et vers la my Juin prochain, les Podestats majors des Pièves et les Podestats de chacune Communauté des Provinces respectives s'assembleront dans le lieu principal, sous la présidence de M. le Subdélégué de Mgr l'Intendant et Commissaire départi de Sa Majesté pour l'exécution de ses ordres et avec l'assistance des membres de la commission des Douze, pour répartir entre les Pièves et les Communautés de chaque Province sa quote part de Subvention, et déterminer les portions pour lesquelles lesdites Pièves et Communautés devront y contribuer en suivant la proportion observée dans le premier partage fait au mois de Décembre 1770; mais si quelques Pièves ou Communautés faisaient clairement connaître qu'elles avaient été surchargées, l'Assemblée Provinciale devra avoir égard à leur réclamation et leur en faire raison, et MM. les Députés ont ici prié Nosseigneurs les Commissaires du Roi de vouloir bien faire intervenir aux Assemblées Provinciales les Receveurs des Domaines et biens confisqués, ou quelqu'un pour eux afin qu'ils puissent contribuer à la Subvention conformément à l'Edit du Roi ;

4º Que cette répartition faite, chaque Communauté choisira dans une Assemblée à laquelle présidera le Podestat, quatre personnes des plus notables, pour, concurremment avec les Podestats et Pères du Commun, prendre tous les renseignements possibles sur les productions de chaque particulier du lieu à commencer de celles du premier Mars de cette année et continuant jusqu'à la fin de toutes les récoltes ;

5º Qu'après que les Podestats, les Pères du Commun et les quatre sujets élus comme dessus auront acquis toutes les connaissances possibles, dont ils tiendront un Registre exact et net, ils convoqueront au commencement de Septembre prochain tous les contribuables à la Subvention, annonceront la quote part à laquelle la Communauté aura été définitivement assujettie, et demanderont à chaque particulier en présence de tous les autres une déclaration des blés, foins, légumes, grains, animaux et autres produits sujets à la Subvention, à commencer, ainsi qu'il a été dit ci-dessus, du premier Mars jusqu'au jour de la déclaration, et à l'égard des personnes qui ont leur domicile dans un autre endroit que celui où leurs biens sont situés, elles devront préalablement être averties afin de se trouver, ou en personne, ou par autrui à l'Assemblée indiquée ;

6º Que dans les états des déclarations on ne portera que le produit net, en observant pour la déduction des frais de culture et semence les réglements publiés l'année passée pour l'assiette de la Subvention ;

7º Que les Officiers des Communautés feront sentir aux Assemblées combien il est nécessaire, pour l'avantage de chaque particulier, que les déclarations soient sincères et exactes et qu'ils leur feront entendre que les faussetés, les fraudes et les déguisements des déclarations ne préjudicieraient point aux droits du Roi qui a fixé sa demande à une somme déterminée, mais seraient nuisibles aux individus de chaque Communauté sujette à la contribution, et beaucoup plus à ceux qui auraient été plus véridiques, lesquels se trouveraient surchargés de la portion de Subvention, auraient dû naturellement supporter ceux qui déclareraient leurs produits avec peu de sincérité ;

8º Que si la déclaration de quelque particulier ne se trouverait pas conforme aux connaissances que se seront procurées les Podestats, Pères du Commun et les quatre experts, non plus qu'à l'opinion commune de l'Assemblée, lesdites déclarations ne seront reçues que de la manière suivante :

Si la déclaration est reconnue fausse au jugement du Podestat, des Pères du Commun et des quatre experts, ou au moins par le plus grand nombre d'entre eux, elle sera dans le même temps déclarée telle, et les mêmes Officiers en se guidant sur les lumières qu'ils auront précédemment acquises, de même que sur celles qui pourront leur être données par l'Assemblée, rectifieront les déclarations dans la partie qui se trouvera défectueuse, les porteront autant qu'ils pourront au point de la vérité, et le faux déclarant sera irrévocablement condamné au double de ce qu'il aurait payé en déclarant sincèrement ; cette condamnation sera appliquée au profit de la Communauté, et à valoir sur la portion de Subvention à laquelle elle aura été taxée ; mais si la déclaration, sans être trouvée fausse, est seulement soupçonnée de l'être, lesdits Officiers devront donner acte de cette suspicion, n'admettre la déclaration qu'avec réserve, et chercher ensuite à recueillir avec exactitude les connaissances les plus positives pour s'assurer de l'état de la déclaration soupçonnée, de manière toutefois que l'assiette de la répartition ne soit pas retardée, et si la déclaration se trouve fausse, il sera procédé contre le déclarant en la manière susdite ;

9° Qu'attendu que dans le mois de Septembre on ne pourra déclarer que les foins, les blés, les légumes, et partie des productions animales, pour cet effet au commencement de Mars mil sept cent soixante-treize, chaque Communauté devra tenir, dans la forme qui vient d'être expliquée, une nouvelle Assemblée pour recevoir les déclarations des vins, châtaignes, huiles et autres productions restantes : en supposant qu'à cette époque les huiles ne fussent pas entièrement recueillies, elles devront de toute façon être déclarées comme comprises dans le cercle de l'année, et la déclaration sera faite par approximation au jugement des sept Officiers des Communautés respectives ;

10° Si quelque particulier se croyait lésé dans la répartition et chargé au-delà de ce dont il devrait contribuer, il pourra recourir à l'un des Douze du district, et à son défaut, au Député Noble de la présente Assemblée générale le plus à portée des lieux pour expliquer les motifs de la surcharge par lui prétendue, et celui-ci pourra décider provisoirement ces sortes de contestations en rendant compte aux deux Douze de résidence à Bastia, lesquels en feront leur rapport à Mgr l'Intendant pour avoir sur cela sa décision définitive ;

11º Que les Podestats majors des Pièves des Provinces respectives se réuniront le treize Octobre, sous la présidence du Subdélégué de Mgr l'Intendant, pour l'estimation des premières productions, et à la fin de Mars pour celle des productions restantes, en se conformant entièrement à ce que prescrit l'instruction relative à l'assiette de la Subvention par rapport aux appréciations, lesquelles doivent être constatées pendant les six semaines subséquentes à la récolte de chaque production, suivant l'exemple rapporté dans l'instruction, ce qui s'appliquera aussi aux animaux ;

12º Qu'après que les états des premiers produits seront arrêtés et appréciés, ils devront être remis entre les mains des Douze des Provinces respectives, et la commission desdits Douze se réunira à Bastia dans le mois de Novembre prochain pour fixer définitivement avec impartialité et proportion le vrai prix de tous les produits, lequel sera rendu public à la Nation, et fera règle pour toutes les Provinces en ce qui concerne seulement la répartition. Ensuite on procédera à la répartition et au recouvrement des deux premiers quartiers de la contribution, lesquels devront être perçus au premier Janvier et au premier Avril mil sept cent soixante-treize ;

13º Que les derniers états des déclarations et appréciations des produits, lesquels, comme il a été dit à l'article huitième, devront se faire dans le mois de Mars, seront réunis ès-mains des membres de la commission des Douze, mais l'appréciation finale des dernières productions se fera par la nouvelle commission, qui sera choisie dans l'Assemblée générale de mil sept cent soixante-treize. De cette manière l'Assemblée générale aura une connaissance certaine de la totalité de la valeur des produits de l'Ile, tant pour répartir les deux quartiers de la constitution actuelle des cent quatre-

7

vingt mille livres, que pour répartir la Subvention qui sera demandée par Sa Majesté l'année 1772, jusqu'en 1773 (1).

Et a été la présente Délibération signée tant par Nosseigneurs les Commissaires du Roi, que par Mgrs les Evêques, Piévans et Députés qui ont souscrit la précédente de ce jour.

Séance du 13 Mai 1772

Rectification de la Subvention des deux années précédentes. — Nosseigneurs les Commissaires du Roi, Mgrs les Evêques, Vicaire Général et Députés ci-devant dénommés s'étant rendus dans la Salle d'Assemblée des Etats, Nosseigneurs les Commissaires du Roi ont dit qu'un des objets sur lesquels le Comité particulier a dû travailler, est celui de redresser les répartitions des deux années de Subvention antérieures au premier Octobre mil sept cent soixante-onze, et de chercher la manière la plus aisée de faire raison à ceux qui auront payé plus ou moins. Sur quoi le Comité ayant déclaré son opinion et communiqué ses idées à cet égard, la matière mise en délibération, il a été arrêté sous le bon plaisir du Roi, ce qui suit :

Qu'étant très difficile de pouvoir tenir compte aux Provinces

---

(1) *Décision de Sa Majesté :*
Sa Majesté veut bien faire à la Corse une remise de soixante mille livres à imputer sur la seconde année ; à charge que les payements faits pour la première année demeureront définitifs, que le payement de tout ce qui restera dû sur la seconde année et celui de la troisième seront entièrement finis avant le quinze Juillet mil sept cent soixante-treize, et aux autres conditions qui seront portées par l'Arrêt du Conseil.
Cette remise a été rendue définitive par la réponse de Sa Majesté au cahier des Etats de 1778.

respectives de ce qu'elles peuvent avoir payé de trop ou de trop peu, et de ce qu'elles doivent payer encore pour la Subvention des deux années précédentes, n'y ayant point de base certaine, sur laquelle on puisse faire fonds, elles resteront taxées aux mêmes quantités, pour lesquelles elles furent comprises dans la première répartition ; mais à l'égard des Pièves et Communautés, les Assemblées Provinciales, mentionnées en l'article second proposé dans la séance d'hier, en répartissant les cent quatre-vingt mille livres, écouteront les moyens respectifs allégués, rendront justice, et choisiront pour cet effet tels expédients qui leur paraîtront dans les différents districts les plus avantageux et les plus convenables (1) ;

Que pour l'indemnité à accorder aux individus, les Officiers Municipaux et les quatre Experts qui seront choisis suivant l'article trois du Règlement seront autorisés à entendre les réclamations de chaque particulier, et à lui en faire raison ;

Que dans le cas où quelque Communauté ou Piève se trouverait lésée par la nouvelle répartition que l'Assemblée Provinciale pourrait avoir faite relativement au payement des deux années, elle devrait dans un mois faire son recours à Mgr l'Intendant, sans néanmoins retarder l'assiette, ni le recouvrement des deux derniers quarts de l'année 1770 à 1771 ;

Que si quelque particulier se trouvait grevé par la répartition qu'auraient pu faire les Podestats, Pères du Commun et quatre Experts, il pourra s'adresser au Douze du district, et à son défaut, au Député Noble le plus à sa portée, lequel pourra par provision lui faire raison, mais à la charge de rendre

---

(1) *Décision de Sa Majesté* :
Par un des articles du Règlement général pour la Subvention la répartition et le payement de la première année de la Subvention demeurent définitifs, et au moyen de cette disposition la présente délibération est sans objet, sauf la peine du double pour la seconde et la troisième année, contre ceux qui n'auront point fourni de déclaration et qui n'auront rien payé pour la première.

compte des contestations de cette matière aux deux Douze de résidence à Bastia, afin qu'ils les puissent faire décider définitivement par mon dit Seigneur l'Intendant et sans retarder le recouvrement des deux derniers quarts.

Et a été la présente Délibération signée tant de Nosseigneurs les Commissaires du Roi, que de Mgr l'Evêque d'Ajaccio, et de M. le Vicaire Général de Mariana, de MM. Massimi et Ogliastri, Députés Ecclésiastiques, Antoni et Alessandrini, Députés Nobles, Marchetti et Nobili, Députés du Tiers-Etat.

Par Nosseigneurs les Commissaires du Roi,
Signé : GIUBEGA.

Séance du 14 Mai 1772

Tarif des Notaires. — Nosseigneurs les Commissaires du Roi, Mgrs les Evêques, M. Ferdinandi, ci-devant Vicaire Général du Diocèse de Mariana, absent, attendu la cessation de ses pouvoirs, occasionnée par la mort de Mgr Saporiti, Evêque dudit Diocèse, et MM. les Députés susdits s'étant rendus à la Salle de l'Assemblée, Mgr Guasco, Evêque du Nebbio, a dit qu'en suite des demandes qui ont été faites par diverses Pièves relativement au tarif des Notaires, Sa Majesté a bien voulu autoriser Mgr Du Tressan, Premier Président du Conseil Supérieur, à le former ; que ce Magistrat, après s'en être occupé avec activité, et n'ayant rien plus à cœur que l'intérêt de la Nation, a eu la bonté de le communiquer à l'Assemblée Générale, afin qu'elle pût connaître s'il est analogue au pays pour lequel il doit servir ; que l'Assemblée l'a renvoyé au Comité afin de faire à ce sujet, avant qu'il fût rendu public, les observations que désirerait Mgr le Premier Président, et que le Comité l'a trouvé fait avec toute la réflexion et la meilleure méthode qu'on pourrait souhaiter : ledit tarif, lu par le Commis-Greffier par ordre de Nosseigneurs les Commissaires du Roi, l'Assemblée l'a agréé dans tous ses points, et a déclaré qu'elle désirerait qu'il fût publié et observé.

Et a été la présente Délibération signée tant par Nosseigneurs les Commissaires du Roi que par Mgrs Doria, Evêque d'Ajaccio, et de Guernes, Evêque d'Aleria, par MM. Franceschi et Saliceti, Députés Ecclésiastiques, par MM. Morati et Casabianca, Députés Nobles, et par les Sieurs Petrignani et Perfetti, députés du Tiers-Etat.

Par Nosseigneurs les Commissaires du Roi,
Signé : Giubega.

Dudit jour 14 Mai 1772

Imposition pour les logements militaires. — Nosseigneurs les Commissaires du Roi ont dit qu'ils verraient le résultat des opérations du Comité particulier relativement au payement des logements ; Sur quoi MM. les Députés dudit Comité ayant exposé leurs sentiments, et la matière mise ensuite en délibération, il a été arrêté, sous le bon plaisir du Roi, ce qui suit :

1º Que les loyers dus aux propriétaires des maisons et magasins au service du Roi commenceront à être payés du premier Octobre mil sept cent soixante-dix, l'Assemblée étant persuadée que les Propriétaires feront de bon cœur le sacrifice des six mois antérieurs pour le soulagement de la Nation, qui ne pourrait, sans une peine extrême, satisfaire entièrement aux soixante-quatre milles livres des loyers arriérés ; qu'on exceptera néanmoins de cette disposition les Propriétaires qui ont été obligés de quitter leurs maisons, et d'en louer quelqu'autre pour l'habiter, et qu'on payera à ceux-ci les loyers de leurs propres maisons à compter du premier Avril mil sept cent soixante-dix (1) ;

2º Qu'attendu le désintéressement des Députés des Ordres Religieux, qui ont déclaré dans la présente Assemblée de ne vouloir aucun loyer pour ceux de leurs Couvents qui ont été ci-devant occupés relativement au service du Roi, ou qui pourraient l'être par la suite, il en sera aussi de même pour toutes les maisons appartenantes aux Communautés, Oratoires, Eglises et autres œuvres publiques;

3º Que toutes les réparations faites et à faire dans les maisons, Colléges, Couvents, Eglises, Oratoires, et autres bâtiments publics dont on ne payera pas les loyers, seront à la charge de la Nation ;

4º Que tous les loyers des maisons louées contribueront au payement des logements employés au service du Roi, qu'en déduisant dix pour cent pour frais d'entretien, elles contribueront à raison des deux vingtièmes du restant, et qu'en cas d'insuffisance, il sera suppléé par une contribution sur tous les Propriétaires qui habitent leurs maisons;

5º Que pour faciliter cette répartition entre les Particuliers qui occupent leurs propres maisons, on distinguera leurs dites maisons en trois classes, que celles de la première

---

(1) *Décision de Sa Majesté* :

Quoique la construction des Casernes soit dans toutes les Provinces à la charge du pays, Sa Majesté a bien voulu en faire construire à ses frais à Ajaccio, l'Ile-Rousse et Corte; elles seront en état d'être occupées au printemps prochain, et la Nation s'en trouvera déchargée d'autant. Du reste, Sa Majesté ordonne qu'à compter du premier Avril mil sept cent soixante-dix les Propriétaires des maisons occupées par les Troupes soient indemnisés du loyer desdites maisons, et que cette indemnité soit à la charge de la Nation entière pour être distribuée et répartie sur elle suivant les règles prescrites par l'arrêt que Sa Majesté fera rendre en son Conseil.

classe contribueront pour trois parts, celles de la seconde pour deux, et celles de la troisième pour une seulement.

Après quoi l'Assemblée a prié Nosseigneurs les Commissaires du Roi de vouloir bien, pour rendre la perception du montant des logements plus facile, et moins onéreuse, intéresser en faveur de la Nation la bonté paternelle de Sa Majesté afin que par un effet de cette commisération, et de ces ménagements avec lesquels elle traite ses sujets, Elle daigne faire remise des loyers dûs pour les logements occupés dans les maisons qui dépendent de son Domaine et qui lui appartiennent à titre de confiscation (1).

Et a été la présente Délibération signée, tant par Nosseigneurs les Commissaires du Roi, que par Mgrs les Evêques, Piévans et Députés qui ont souscrit la précédente de ce jour.

Dudit jour 14 Mai 1772.

Nosseigneurs les Commissaires du Roi s'étant fait représenter le relevé qui a été formé des demandes des Pièves et

---

(1) *Décision de Sa Majesté :*
Sa Majesté, par ses réponses au cahier des Etats du 1773, a accordé que la Nation sera déchargée tant pour le passé que pour l'avenir, jusqu'à ce qu'il en soit autrement ordonné, du loyer des bâtiments qui appartiennent au Domaine et qui par leur nature et par leur destination ne sont propres à être loués à des particuliers pour leur habitation et sont d'un usage public, à condition toutefois que ceux desdits bâtiments qui pourront du consentement du Sr. Intendant Commissaire, départi, et à la participation de l'Inspecteur des Domaines être ainsi abandonnés à la Nation pour loger les troupes seront entretenus, et réparés à ses frais pour être remis au Domaine du Roi en bon et suffisant état de toutes réparations, quand il lui plaira de les retirer.

Provinces relativement aux droits d'entrée et de sortie; il a été procédé à l'examen desdites demandes ainsi qu'il suit:

Sur celle des Pièves de Nonza et Canari, Province du Cap-Corse, tendante à ce que la Mortina soit affranchie des droits de Douane,

Nosseigneurs les Commissaires du Roi ont répondu que Sa Majesté n'a pas encore fait connaître ses intentions à cet égard, et ils ont ajouté que cette demande a besoin d'être expliquée, étant nécessaire de savoir : 1º s'il s'agit d'un droit d'entrée, ou d'un de sortie; 2º si les plaintes portent sur une perception actuellement existante, ou si elles proviennent seulement de la crainte où l'on est de la voir établie; en même temps, les Députés de la Province du Cap-Corse, en expliquant leur demande, ont dit qu'elle a pour objet que l'on affranchisse des droits d'exportation les feuilles de myrthe qu'on tire de cette Province et qu'on transporte ailleurs pour les tanneries et pour les teintures, lequel affranchissement avait lieu avant que la Corse fût soumise aux armes de Sa Majesté. Sur quoi Nosseigneurs les Commissaires du Roi ont répondu qu'ils mettront sous ses yeux cet éclaircissement.

Sur la demande de la Pièvre de Canari, même Province, tendante à l'abolition d'un droit de vingt-cinq sous pour chaque bâtiment qui va du Cap-Corse en tout autre endroit de l'Ile ;

Nosseigneurs les Commissaires du Roi ont répondu que cette demande a aussi besoin d'être expliquée, et que si elle a pour objet, comme on le présente, la rétribution de santé qui se paye aux Officiers de Santé pour les patentes qu'ils délivrent, l'intention du Roi n'est pas de la supprimer.

Sur quoi MM. les Députés du Cap-Corse ont dit, que les vingt-cinq sous, contre lesquels on réclame, sont pour le droit d'ancrage qui se paye dans tous les ports de la Corse; que ce droit est trop onéreux à cette Province, qui voisine, comme elle l'est, des Villes de Bastia et de Saint-Florent, est dans le cas que ses petits bâtiments arrivent en peu d'heures dans ces deux ports pour y porter du bois et autres objets peu intéressants, et sont obligés de payer presque journellement cette rétribution (1).

Sur la demande de la Piève de Luri, même Province, tendante à ce qu'on diminue le droit d'un écu de Gênes pour chaque *botte* de vin qui s'exporte ;

Nosseigneurs les Commissaires du Roi ont répondu que le droit en question ne se perçoit plus, qu'il a été remplacé par celui de sept et demi pour cent de la valeur, conformément à ce qui est établi par l'article dix-septième de l'Ordonnance de Mgr l'Intendant dont l'intention de Sa Majesté est de maintenir l'exécution.

Sur les plaintes de plusieurs Pièves relatives aux estimations qui servent de règles à la perception des droits ;

Nosseigneurs les Commissaires du Roi ont répondu que l'estimation n'est pas du fait des Receveurs, qu'elle est au choix des marchands ou particuliers ; que les Receveurs ont seulement la faculté de prendre les marchandises au compte du Roi sur le pied qu'elles ont été estimées avec augmentation de dix pour cent ; ce qui ne peut nuire qu'aux marchands ou particuliers qui n'auraient pas fait des estimations sincères.

Sur la demande de la Pièce d'Orezza, Province de Bastia, tendante à ce qu'il soit établi à San Pellegrino un Député de la Piève, qui soit employé au service du Roi, et que ledit employé soit plus impartial que les Receveurs ;

Nosseigneurs les Commissaires du Roi ont répondu que Sa Majesté n'a pas jugé à propos d'admettre cette demande.

---

(1) *Décision de Sa Majesté :*
Le droit d'ancrage dans les ports du Cap-Corse sera réduit à quinze sous pour chaque bâtiment venant d'un port dudit Cap.

Finalement, sur la demande de la Piève de Portovecchio, tendante à ce que l'exportation des bois hors de l'Ile soit permise à cause du grand bénéfice qui en résulte ;

Nosseigneurs les Commissaires du Roi ont répondu que l'intention de Sa Majesté est de maintenir l'exécution de l'article neuvième de l'Ordonnance de Mgr l'Intendant du quatorze Décembre 1771, qui défend toute exportation hors de l'Ile des bois de construction et de chauffage.

Toutes lesquelles réponses et décisions ont été acceptées avec soumission, l'Assemblée promettant au nom de la Nation de s'y conformer en tout point.

Et a été la présente Délibération signée tant par Nosseigneurs les Commissaires du Roi, que par Mgrs les Evêques et Députés qui ont souscrit les autres de ce jour.

Séance du 15 Mai 1772

Subvention. — Nosseigneurs les Commissaires du Roi s'étant rendus dans la Salle d'Assemblée avec Mgrs les Evêques et Députés, ils ont dit que quand on a traité dans la présente Assemblée la Subvention et les logements militaires, ce n'a été qu'en envisageant ces deux objets sur des points de vue généraux ; qu'il reste à examiner séparément et en particulier chacune des demandes des Pièves et Provinces qui y ont rapport ; il a en conséquence été procédé audit examen ainsi qu'il suit :

SUBVENTION

Sur la demande de la Piève de Bigorno, Province de Bastia, tendante à ce que dans la répartition de la Subvention on ait égard à la misère de ladite Piève qui n'a point de territoire ;

Nosseigneurs les Commissaires du Roi ont répondu que cette Piève, comme les autres, ne payera que proportionnément à ses produits.

Sur la demande de la même Piève tendante à ce que la Communauté de Campitello soit indemnisée de ce qu'elle a payé de trop pour avoir déclaré ses produits sans déduction de frais ;

Sur la protestation de la Province de Nebbio fondée sur ce qu'elle a payé à raison de neuf pour cent de ses produits, tandis que le Cap-Corse n'a payé qu'à raison de trois pour cent des siens ;

Sur la demande de la Piève de Bozio, Province de Corte, tendante à ce que les erreurs faites sur les registres des productions de 1770 de ladite Piève soient corrigées, et qu'il y soit apporté remède ;

Sur la demande de la Piève de Bonifacio tendante à ce qu'il lui soit fait raison relativement à ses déclarations de mil sept cent soixante-dix, qui ont été faites sans déduction de frais ;

Et sur la demande de la Province entière de Sartene, Bonifacio, Portovecchio et Istria, tendante à ce que la Piève de Bonifacio soit déchargée du montant de quelques erreurs, qui lui ont occasionné une surcharge de soixante-deux livres, deux sous, trois deniers ;

Nosseigneurs les Commissaires du Roi ont répondu qu'il est pourvu à ces différents objets par la délibération prise dans la présente Assemblée le treize de ce mois, pour la répartition définitive des deux premières années de la Subvention (1).

---

(1) *Décision de Sa Majesté* :

Sa Majesté accorde à chaque Province, chaque Piève, chaque Communauté, et chaque Particulier le droit de surveiller son voisin pour qu'aucun ne paye au delà des deux vingtièmes, que tous ne soient reconnus les payer ; et elle fera rendre en son Conseil un Arrêt qui contiendra cette disposition, et qui réglera ce qui est nécessaire de prescrire pour l'assiette, le recouvrement et la comptabilité de la Subvention.

Sur la demande de la Pième de Tuani, Province de Balagne, tendante à ce que la Subvention n'excède pas un vingtième des produits, déduction faite des frais de semence et de culture ;

Nosseigneurs les Commissaires du Roi ont répondu que Sa Majesté a rejeté cette demande (1).

Sur la demande de la Pième de Talavo, Province d'Ajaccio, tendante à ce qu'on ait égard, quant aux impositions, à son éloignement de dix lieues des villes dont elle tire la subsistance, ce qui la met dans le cas de payer un tiers en sus les blés et les autres denrées ;

Nosseigneurs les Commissaires du Roi ont répondu que la Pième de Talavo ne doit payer que selon ses facilités et ses produits réels.

Sur la demande de la Pième de Serrainsù, Province de Vico, tendante à ce que la Communauté de Salice soit dispensée de payer une seconde fois la somme de dix-huit livres dix sous, volés par les bandits au Surrogat qui la portait au Trésorier ;

Nosseigneurs les Commissaires du Roi ont répondu que Sa Majesté n'entend pas que cette perte soit à sa charge, mais à celle de la Communauté, de la Province, ou de la Nation.

Sur quoi la matière mise en Délibération il a été arrêté que les dix-huit livres, dix sous volés par les bandits au Surrogat de Salice seront à la charge de le Communauté, laquelle sera

---

(1) *Décision de Sa Majesté :*
La Subvention sera de deux vingtièmes des produits nets. Sa Majesté autorise la Nation à la lever sur ce pied sur toutes les productions contribuables de l'île. Elle veut bien lui abonner lesdits deux vingtièmes à raison de cent vingt mille livres pour chacune des deux premières années commencées au premier octobre 1769, et de cent quatre-vingt mille livres pour la troisième année, à charge que le surplus desdits deux vingtièmes servira aux dépenses communes de la Nation.

tenue d'accomplir le payement de la quote part de Subvention à laquelle elle a été taxée.

Sur la demande de la Pième de Viggiano tendante à ce que ladite Piève soit affranchie d'un quartier de Subvention;

Nosseigneurs les Commissaires du Roi ont répondu que cette demande n'a pas été admise par Sa Majesté.

LOGEMENTS MILITAIRES

Sur la demande de la Piève de Venaco tendante à ce que les loyers des logements des Officiers et Soldats soient payés;

Nosseigneurs les Commissaires du Roi ont répondu que chaque Officier paye son logement, et qu'à l'égard de ceux des Soldats, ils seront payés au moyen de l'imposition sur la Nation, annoncée dans la Séance du 4 de ce mois, et réglée dans celle d'hier.

Sur la demande de la Piève de Pino, Province de Calvi, tendante à ce que les loyers des logements fournis au détachement en garnison à Zilia soient payés ou par le Roi, ou par la Communauté de Calvi, et sur la demande de la Piève de Celavo, Province d'Ajaccio, tendante à ce que les maisons des particuliers occupées à Bocognano et dans d'autres lieux de la Piève, ou celles qui servent de magasins soient payés par toute la Piève au moyen d'une imposition par feu;

Nosseigneurs les Commissaires du Roi ont répondu, que l'imposition dont il vient d'être parlé satisfera à ces deux demandes.

Sur celle de la Piève de Sartene tendante à ce que le peuple soit dispensé de fournir des Logements militaires, Magasins et Hôpitaux, et que les Troupes évacuent le Château, ou Palais de Sartene, afin qu'on y établisse la Salle d'Audience, les prisons et les autres choses nécessaires pour l'administration de la Justice; et sur la demande de la Province entière de Sartene tendante à ce qu'il ne soit pas permis aux Gardes-Magasins d'occuper les Magasins des particuliers au préjudice de la Communauté, lorsqu'elle a des emplacements publics qui peuvent servir ;

Nosseigneurs les Commissaires du Roi ont répondu que le projet de règlement lu dans la séance du quatre de ce mois contient la décision de ces demandes, qu'il met à la charge du pays, comme il se pratique partout, la fourniture des Logements, Magasins et Hôpitaux, et qu'il détermine la manière dont la désignation doit en être faite.

Toutes lesquelles réponses et décisions ont été acceptées avec soumission par l'Assemblée, laquelle a promis au nom de la Nation de s'y conformer.

Et a été la présente Délibération signée tant par Nosseigneurs les Commissaires du Roi que par Mgrs Doria, Evêque d'Ajaccio, et Guasco, Evêque du Nebbio, par MM. Pompei et Astolfi, Piévans, par MM. Costa et Buttafuoco, Députés Nobles, par les Sieurs Leandri et Paoli, Députés du Tiers-Etat.

Par Nosseigneurs les Commissaires du Roi,
Signé : GIUBEGA.

Dudit jour 15 mai 1772

Nosseigneurs les Commissaires du Roi s'étant fait représenter le relevé qui a été formé des demandes faites par les Pièves et les Provinces relativement aux Bois, il a été procédé à leur examen en la manière suivante :

Sur la demande de la Piève de Moriani, Province de Bastia, tendante à ce que les incendies qui dévastent les campagnes soient défendus sous des peines rigoureuses ;

Nosseigneurs les Commissaires du Roi ont répondu qu'il a

été pourvu à cet objet par l'Edit que Sa Majesté vient de faire expédier sur les Bois et qui sera incessamment enregistré au Conseil Supérieur ;

Sur la demande de la Piève de Venaco tendante à ce que les dégâts commis par les Troupes dans les Bois des Communautés soient réparés tant pour le passé que pour l'avenir, conformément aux Ordonnances ;

Nosseigneurs les Commissaires du Roi ont répondu que l'Edit qui vient d'être cité pourvoit également à cet objet.

Sur la demande de la Piève d'Aregno tendante à ce qu'il soit libre à tout particulier de couper des échalas, et de faire du charbon et autres choses nécessaires dans les bois communaux incultes et ouverts, après en avoir fait leur déclaration au Podestat qui en tiendra registre ;

Nosseigneurs les Commissaires du Roi ont répondu, que Sa Majesté admet cette demande quant aux makis, et qu'il y est pourvu au surplus par l'Edit qu'on vient de citer.

Sur les demandes des Pièves de Serraingiù et Sevidentro, Province de Vico, tendantes à ce qu'il soit libre aux Propriétaires de makis de ne les couper ou brûler qu'à mesure qu'ils en auront besoin pour la culture de leurs terres ;

Nosseigneurs les Commissaires du Roi ont répondu que l'Edit ci-devant cité pourvoit à cet objet.

Sur la demande de la Piève de Serrainsù, même Province, tendante à ce que les Communautés soient dispensées de couper les bois communaux appelés *leccie* et *quercie*, attendu qu'ils sont d'une nécessité indispensable pour le pâturage de leurs bestiaux ;

Sur la demande de ladite Piève tendante à ce qu'il soit permis de ne pas couper les makis de trois en trois ans ;

Et sur la demande de la Piève de Bonifacio tendante à ce qu'il soit permis à tout le monde de prendre du bois le long des côtes de l'Ile, amenant avec soi à ses frais des soldats dans les bâtiments ;

Nosseigneurs les Commissaires du Roi ont répondu qu'il a été pourvu à tous ces différents objets par l'Edit ci-dessus mentionné.

Finalement, sur la demande de Portovecchio, Province de Sartene, tendante à ce qu'il soit libre de couper des bois, excepté ceux qui seront nécessaires aux travaux du Roi et à la fabrication des planches;

Nosseigneurs les Commissaires du Roi ont répondu que cette demande n'a pas été admise par Sa Majesté.

Toutes lesquelles décisions et réponses ont été acceptées avec soumission par l'Assemblée qui a promis, au nom de la Nation, de s'y conformer dans tous ses points.

Et a été la présente Délibération signée tant par Nosseigneurs les Commissaires du Roi que par Mgrs les Evêques et Députés qui ont souscrit la précédente de ce jour.

Dudit jour 15 Mai 1772.

Nosseigneurs les Commissaires du Roi ont dit qu'indépendamment des demandes des Pièves et Provinces à l'examen desquelles il a été procédé dans la présente Assemblée, il y en a beaucoup d'autres qui concernent différents objets de diverses natures, et tous étrangers à ceux qui ont été traités jusqu'à ce jour : qu'en conséquence il est nécessaire d'examiner également toutes les demandes restantes, à quoi il été procédé Province par Province ainsi qu'il suit :

PROVINCE DE BASTIA

Sur la demande de la Piève de Bastia tendante à ce que Sa Majesté s'intéresse au sort des Corses captifs à Alger et à Tunis avant la réunion de l'Ile;

Nosseigneurs les Commissaires du Roi ont répondu que Sa Majesté y concourera volontiers, mais que la Nation y doit contribuer par ses aumônes, quand les Religieux Trinitaires et ceux de la Merci feront leurs quêtes en Corse.

Sur la demande de la même Piève et de celle d'Orto tendante à ce que la liberté de la pêche dans l'étang de Chiurlino soit rétablie selon les conditions anciennes ;

Nosseigneurs les Commissaires du Roi ont répondu que Sa Majesté a rejeté cette demande par plusieurs décisions et sur le vu des pièces.

Sur la demande de la Piève de Bastia tendante à ce que la gabelle sur la viande et sur le vin appartienne en entier et sans partage à la Ville ;

Nosseigneurs les Commissaires du Roi ont répondu que cette demande n'a pas été admise par Sa Majesté.

Sur celle de la Piève de Bigorno tendante à ce qu'il soit accordé une indemnité à plusieurs églises et à un grand nombre de particuliers qui ont beaucoup perdu par la suppression de la monnaie nationale ;

Nosseigneurs les Commissaires du Roi ont répondu que cette demande a été rejetée à la Consulte de 1770, Séance du 17 Septembre, et que l'intention de Sa Majesté n'est pas d'y revenir.

Sur la demande de la Piève de Rostino tendante à ce que Sa Majesté fasse construire un Fort sur la rivière de Golo, où par la suite plusieurs particuliers feront bâtir des maisons, ce qui attirera des marchands et des ouvriers ;

Nosseigneurs les Commissaires du Roi ont répondu, que l'intention de Sa Majesté n'est pas de se charger de cette dépense, que c'est à la Nation à la faire, si elle la juge utile.

Sur quoi il a été dit que la Nation verra volontiers que la Piève de Rostino fasse construire le Fort proposé pourvu qu'elle seule supporte les frais qui en résulteront.

Sur la demande de la Piève de Marana tendante à ce que

le rétablissement du Couvent de la Piève soit effectué à cause du besoin qu'elle en a ;

Nosseigneurs les Commissaires du Roi ayant interpellé les Députés de la Province d'expliquer l'objet de cette demande, ils ont dit que le Couvent dont il s'agit fut détruit dans la dernière guerre ; mais que la Piève de Marana qui en connaît la nécessité et le besoin quant au spirituel, demande la permission de le rétablir à ses propres frais.

Sur quoi Nosseigneurs les Commissaires du Roi ont répondu que c'est une affaire à examiner et qu'ils prendront à cet égard les ordres de Sa Majesté (1).

Sur la demande de la Piève de Caccia tendante à ce que le Village de Canavaggia soit sujet à toutes les charges que supportent les autres Villages de la Piève ;

Nosseigneurs les Commissaires du Roi ayant interpellé également les Députés de la Province d'expliquer l'objet de cette demande, ils ont dit que le Village de Canavaggia a toujours fait partie de la Piève de Caccia, que seulement, depuis environ trois ans, il en a été démembré par M. le Comte de Vaux, alors Commandant en cette Ile, incorporé à la Piève de Costiere, que ledit Village de même que la Piève de Caccia réclament contre cette incorporation et demandent le rétablissement du district ancien (2).

---

(1) *Décision de Sa Majesté :*
Le rétablissement d'un Couvent dont le vœu de la Piève préjuge l'utilité ne rencontrerait de la part de Sa Majesté que faveur et encouragement, pourvu qu'il se fît suivant les lois de l'Eglise et de l'Etat, si d'ailleurs le moyen qui y serait employé ne devait influer en rien sur les facultés de ses sujets. Mais dans un temps où les Eglises, les Presbytères, les portions congrues deviennent l'occasion inévitable de dépenses communes qui sont d'un ordre privilégié, le Roi ne peut autoriser aucune levée de deniers sur ses Sujets de la Piève de Marana que celle qui aura pour premier objet les besoins et les droits du Clergé Séculier.

(2) *Décision de Sa Majesté :*
Les districts des Provinces, des Pièves et des Communautés ne pou-

Sur quoi Nosseigneurs les Commissaires du Roi ont répondu qu'ils prendront sur cela les ordres de Sa Majesté.

Sur la demande de la même Piève tendante à ce que chaque famille soit tenue de planter et de greffer des arbres fruitiers, tous les cinq ans, et que les anciens soient changés ayant déjà servi beaucoup d'années ;

Nosseigneurs les Commissaires du Roi ont répondu que Sa Majesté ne s'opposera pas à ce règlement, si l'Assemblée en est d'accord.

Sur quoi la matière mise en délibération, il a été dit que la Nation verra avec plaisir la Piève de Caccia s'occuper des plantations et greffes proposés ainsi que du remplacement des arbres anciens, espérant que l'exemple de cette Piève pourra influer sur les autres districts de l'Ile.

Sur la demande de la Piève de Canale tendante à ce qu'elle soit indemnisée de cinq bœufs donnés à M. de Bouflers, lesquels n'ont pas été payés aux Propriétaires ;

Nosseigneurs les Commissaires du Roi ont répondu que c'est une affaire de guerre sur laquelle Sa Majesté n'est pas dans l'intention de revenir.

Sur la demande de la Piève de Tavagna en réclamation des terrains de la plage de Fiumalto jusqu'au canal de Pentali ;

Nosseigneurs les Commissaires du Roi ont répondu que c'est une affaire contentieuse qui regarde la justice ordinaire.

Sur la demande de la Piève d'Orezza tendante à ce qu'aucun ouvrier ne puisse faire des paniers et corbeilles de bois de châtaigniers sous peine d'amende ;

Nosseigneurs les Commissaires du Roi ont répondn que Sa Majesté n'a pas jugé à propos d'admettre cette demande.

---

vant éprouver aucun changement qu'en vertu d'arrêts du Conseil, et le village de Canavaggia n'ayant point été distrait de la Piève de Caccia dans cette forme, Sa Majesté a ordonné qu'il continuerait à en faire partie.

PROVINCE DU NEBBIO.

Sur la demande de la Piève de Saint-Florent tendante à ce que le Roi fasse construire des Casernes, des Magasins, et un Hôpital dans la Ville afin que les habitants puissent rentrer dans leurs maisons occupées pour son service ;

Nosseigneurs les Commissaires du Roi ont répondu que ce sont des dépenses à la charge de la Nation.

Sur la demande de la même Piève tendante à ce que les habitants de Saint-Florent soient maintenus dans les privilèges dont ils ont toujours joui et dont ils se réservent de justifier ;

Nosseigneurs les Commissaires du Roi ont répondu, que quoiqu'il entre dans les vues de Sa Majesté de n'admettre que peu de privilèges, néanmoins les habitants de Saint-Florent peuvent faire connaître ceux qu'ils réclament, et qu'ils ont été avertis de faire remettre à l'Assemblée par les Députés de leurs Provinces un mémoire à cet effet soutenu de titres. Après quoi MM. les Députés du Nebbio ont présenté un mémoire détaillé sur cet objet duquel il a été fait lecture par le Commis-Greffier, et Nosseigneurs les Commissaires du Roi ont dit qu'ils en rendront compte à Sa Majesté (1).

---

(1) *Décision de Sa Majesté :*
Le Roi s'étant fait rendre compte du Mémoire présenté au nom de la Ville et Communauté de Saint-Florent, ayant reconnu que les privilèges qu'elle réclame ne tendraient à rien moins qu'à l'affranchir de tout impôt et de toute charge publique, ce qui est inconciliable avec la qualité de Sujets et de citoyens, Sa Majesté regarde comme nuls les titres sur lesquels on fonde une prétention aussi injuste et abroge les privilèges qu'on voudrait en faire résulter, comme Elle a abrogé ceux des Villes de Bonifacio et de Calvi auxquels la Communauté de Saint-Florent s'assimile. Sauf à la dite Communauté à se pourvoir, suivant l'Edit des Podestats, si elle s'y croit fondée, pour faire régler par des Lettres-Patentes particulières son administration municipale.

Sur la demande de la Piève d'Olmeta tendante à ce qu'on ait égard au préjudice considérable que lui a causé la suppression de la monnaie de Paoli ;

Nosseigneurs les Commissaires du Roi ont répondu que cette demande a été répétée à la Consulte de 1770, et que l'intention de Sa Majesté n'est pas d'y revenir.

PROVINCE DE CAP-CORSE.

Sur la demande de la Piève de Luri tendante à ce qu'on délivre gratis les billets de Santé appelés *Bollette* ;

Nosseigneurs les Commissaires du Roi ont répondu que Sa Majesté n'a pas jugé à propos d'admettre cette demande.

Sur celle de la même Piève tendante à ce que les Mariniers Corses soient exempts du droit d'ancrage quand ils vont dans différents Ports de l'Ile ; ,

Nosseigneurs les Commissaires du Roi ont répondu que cette demande a été rejetée par Sa Majesté.

Sur la demande de la Province entière du Cap-Corse tendante à ce que dans le cas où quelque Seigneur du fief, soit Génois ou autre, se présenterait pour en être envoyé en possession, il ne puisse l'être qu'après que les habitants auront été entendus ;

Nosseigneurs les Commissaires du Roi ont répondu que cela est ainsi ordonné par l'Edit des Domaines suivant lequel les aveux et dénombrements doivent être publiés afin de recevoir les oppositions.

PROVINCE DE CORTE.

Sur la demande de la Piève de Talcini tendante à ce que le Conseil Supérieur, l'Evêque et le Chapitre d'Aleria soient transférés à Corte, et que l'Université des études y soit établie;

Nosseigneurs les Commissaires du Roi ont répondu que Sa Majesté n'approuve pas qu'une Piève fasse des demandes de cette nature.

Sur la demande de la même Piève tendante à ce que les terrains de la Juridiction soient établis suivant l'ancienne coutume appelée *Macchiere*, et qu'il soit fait à cet égard un règlement invariable pour éviter tout motif de dispute envers les Communautés ;

Nosseigneurs les Commissaires du Roi ont répondu que l'objet de cette demande ayant besoin d'être éclairci, la Piève de Talcini a été prévenue de faire remettre à la présente Assemblée par le moyen des Députés de sa Province, un Mémoire qui expliquât ce que c'est que la coutume *Macchiere*, d'où elle tire son origine, ce qui en a interrompu l'observation et quels motifs il peut y avoir de la remettre en vigueur.

A l'instant, MM. les Députés de la Province de Corte ont dit qu'il ne leur a été donné aucun Mémoire, mais qu'ils savent que le Subdélégué de Mgr l'Intendant à Corte lui en a envoyé un, lequel Mémoire ayant été remis entre les mains du Commis-Greffier et lu par lui, Nosseigneurs les Commissaires du Roi ont dit qu'ils le feront passer au Ministre.

Sur la demande de la Piève de Niolo tendante à ce que le Couvent de Saint François soit rétabli comme ci-devant, attendu qu'il paraît nécessaire au service Divin ;

Nosseigneurs les Commissaires du Roi ont répondu que cette demande ne regarde pas le Gouvernement.

PROVINCE DE CALVI.

Sur la demande de la Piève de Calvi tendante à ce qu'il soit accordé à la Ville quelque compensation des immunités et privilèges dont elle jouissait;

Nosseigneurs les Commissaires du Roi ont répondu que Sa Majesté a rejeté cette demande.

PROVINCE DE BALAGNE.

Sur la demande de la Piève de Giussani tendante à ce qu'il lui soit permis, suivant les anciens usages, de faire paître les bestiaux dans le Domaine des Agriates ;

Nosseigneurs les Commissaires du Roi ont répondu que sur la même demande formée à la Consulte de mil sept cent soixante-dix, il fut promis, dans la Séance du 25 Septembre, qu'il serait fourni des Mémoires, et que n'en ayant été donné aucun, la Piève de Giussani a été prévenue récemment de les faire remettre à la présente Assemblée par le moyen des Députés de sa Province.

Sur quoi MM. les Députés de la Balagne ont dit qu'il ne leur en a point été remis sur cet objet, mais qu'ils vont s'occuper à en former un, et qu'ils le présenteront avant que la séparation de cette Assemblée se fasse.

PROVINCE D'AJACCIO.

Sur la demande de la Piève d'Ajaccio tendante à ce que la nouvelle citerne de la Ville du même nom soit agrandie, ou qu'on rétablisse la fontaine qui est au milieu de la Ville, attendu que dans l'été les Troupes et les habitants manquent d'eau ;

Nosseigneurs les Commissaires du Roi ont répondu que ce sont des dépenses à charge de la Ville.

Sur la demande de la même Piève tendante à ce que les bois et terres de Verdana soient rendus à la Piève d'Ajaccio à qui ils appartenaient de temps immémorial ;

Nosseigneurs les Commissaires du Roi ont répondu que c'est une affaire contentieuse du ressort de la Justice ordinaire.

Sur la demende de la même Piève tendante à ce que le peuple d'Appietto étant réuni à la Ville jouisse de tous les droits et privilèges dont elle même jouit;

Nosseigneurs les Commissaires du Roi ont répondu que cette demande suppose à tort qu'Appietto soit réuni à la Ville d'Ajaccio, que l'Arrêt du Conseil du vingt-deux Juin mil sept cent soixante-dix l'a réuni à la Piève, mais que c'est toujours une Communauté de campagne absolument détachée et indépendante de la Ville.

Sur la demande de la Piève de la Mezzana tendante à ce qu'il ne soit permis à qui que ce soit du peuple de cultiver au delà de la portion des terres que la Communauté a coutume de distribuer à chacun, ni de donner sa portion à un étranger, excepté seulement le cas d'impuissance de la part des habitants de la cultiver;

Nosseigneurs les Commissaires du Roi ont répondu qu'il serait à propos de connaître le but et les motifs d'une pareille demande qui paraît destructive de l'émulation. Ils ont requis MM. les Députés de s'expliquer à ce sujet ; ceux-ci ont promis de donner sous peu de temps un Mémoire qui éclaircira cette demande.

Sur celle de la Province entière d'Ajaccio tendante à ce qu'elle soit indemnisée du préjudice que lui cause la suppression de la monnaie Corse;

Nosseigneurs les Commissaires du Roi ont répondu que cette demande a déjà été rejetée à la Consulte de mil sept cent soixante-dix, et que Sa Majesté n'est pas dans l'intention d'y revenir.

PROVINCE DE VICO.

Sur la demande de la Piève de Sorroingiù tendante à ce que les terrains de la Paomia soient livrés pendant l'été au libre pâturage du gros bétail avec offres de payer au Roi les droits d'*erbatico*, et sur une autre demande de la même Pième tendante à ce que le pâturage soit libre et franc de tout droit dans le territoire appelé la Solana del Pero lequel n'ayant ni confins ni limites doit être réputé commun;

Nosseigneurs les Commissaires du Roi ont répondu que ce sont des objets à examiner, et sur lesquels l'Inspecteur des Domaines doit être entendu; que la Piève de Sorroingiù a été en conséquence prévenue de faire remettre à la présente Assemblée Générale, par le moyen des Députés de la Province, des Mémoires soutenus de titres.

A l'instant, MM. les Députés de la Province de Vico ont dit qu'ils présenteront incessamment un Mémoire sur cette demande.

Sur la demande des Pièves de Sorroinsù, Sevidentro et Sevenfuori tendante à ce que la plantation des châtaigniers soit permise;

Nosseigneurs les Commissaires du Roi ont répondu que cette plantation continuera d'être permise en observant les formalités, et obtenant de Mgr l'Intendant la permission prescrite par l'Arrêt du 2 Août 1771 (1).

PROVINCE DE SARTENE, BONIFACIO, PORTOVECCHIO ET ISTRIA.

Sur la demande de la Ville de Bonifacio tendante à la conservation du Magistrat de Santé;

---

(1) *Décision de Sa Majesté:*
Cet arrêt a été abrogé par un autre arrêt du Conseil d'Etat du 30 Septembre 1774 qui rend aux Propriétaires la faculté de planter des châtaigniers dans leurs terrains, sans aucune formalité préalable, et sans qu'ils aient besoin d'aucune permission.

Nosseigneurs les Commissaires du Roi ont répondu que Sa Majesté accorde cette demande.

Sur celle de la même Ville en réclamation des terres que les Communautés de Zerubia et Aullè ont usurpées dans le temps des troubles de la guerre ;

Nosseigneurs les Commissaires du Roi ont observé que c'est une affaire contentieuse dépendante de la Justice ordinaire.

Sur la demande de la même Ville tendante à ce que les habitants puissent pêcher librement dans le port suivant l'ancien usage, et sans aucune permission ;

Nosseigneurs les Commissaires du Roi ont répondu que Sa Majesté n'a pas jugé à propos d'accueillir cette demande.

Sur celle de la même Ville tendante à ce que les bâtiments que le temps contraire force de mouiller à la rade de Pianarella soient admis à la Santé ;

Nosseigneurs les Commissaires du Roi ont répondu que Sa Majesté ne permet que cette facilité soit accordée que dans le cas de force majeure.

Sur la demande de la Piève de Portovecchio en réclamation de ses privilèges ;

Nosseigneurs les Commissaires du Roi ont répondu que cette demande a été rejetée par Sa Majesté.

Sur celle de la même Piève tendante à ce que les Marais soient desséchés pour purifier l'air ;

Nosseigneurs les Commissaires du Roi ont dit que c'est une dépense qui doit être à la charge du pays.

Sur la demande de la même Piève tendante à ce qu'il soit construit des Casernes ;

Nosseigneurs les Commissaires du Roi ont répondu qu'il en est de cette dépense comme de celle qui fait l'objet de l'article précédent.

Sur la demande de la même Piève tendante à l'accélération des jugements de Noblesse ;

Nosseigneurs les Commissaires du Roi ont répondu que les parties qui ont produit leurs titres au Conseil Supérieur doivent faire les diligences nécessaires pour en obtenir l'examen et le jugement.

Sur la demande de la Piève de Sartene en réclamation des privilèges ;

Nosseigneurs les Commissaires du Roi ont répondu que cette demande n'a point été accueillie de Sa Majesté.

Sur la demande de la même Piève tendante à ce que les descendants des Nobles soient reconnus quoiqu'ils ne puissent produire leurs titres ;

Nosseigneurs les Commissaires du Roi ont répondu que l'Edit de Sa Majesté y a pourvu en créant une classe sous la dénomination de Noblesse avouée.

Sur la demande de la Piève de Carbini tendante à ce que la Noblesse soit maintenue et augmentée ;

Nosseigneurs les Commissaires du Roi ont répondu que c'est l'objet de l'Edit.

Sur la demande de la même Piève en réclamation de ses privilèges ;

Nosseigneurs les Commissaires du Roi ont répondu que Sa Majesté n'a pas jugé à propos d'accueillir cette demande.

Sur celle de la Piève de Viggiano tendante à ce que le territoire de Taveria appartenant à ladite Piève soit déclaré Confina comme à Olmeto.

Nosseigneurs les Commissaires du Roi ont répondu que cette demande ayant rapport à ce qui a été discuté, relativement à la Confina de la Province d'Ajaccio à la Séance du six de ce mois en traitant des Mésus champêtres, ce qui sera réglé à cet égard sera loi pour la demande dont s'agit ici.

Sur celle de la Piève d'Istria tendante au rétablissement de la monnaie Corse ;

Nosseigneurs les Commissaires du Roi ont répondu que cette demande a été rejetée à la Consulte de mil sept cent soixante-dix, et que Sa Majesté n'est pas dans l'intention d'y revenir.

Sur la demande de la même Piève tendante à ce que les Communautés soient maintenues dans la possession et jouissance des biens communaux ;

Nosseigneurs les Commissaires du Roi ont répondu que l'intention de Sa Majesté est que les Communautés conservent les biens dont elles justifieront la propriété (1).

Finalement, sur la demande de la Province entière tendante à la confirmation des titres de Noblesse accordés par la République de Gênes depuis l'an mil cinq cent quatre-vingt-onze, jusqu'en mil sept cent vingt-neuf :

Nosseigneurs les Commissaires du Roi ont répondu que l'Edit de Sa Majesté y a pourvu en établissant une classe de Noblesse sous la dénomination de *Noblesse étrangère* (2).

Toutes lesquelles décisions et réponses ont été acceptées avec soumission par l'Assemblée qui a promis au nom de la Nation de s'y conformer.

Et été la présente Délibération signée tant par Nosseigneurs les Commissaires du Roi, que par Mgrs les Evêques, Piévans et Députés, qui ont souscrit les précédentes de ce jour.

---

(1) *Décision de Sa Majesté :*
Les Communautés conserveront les biens dont elle justifieront la propriété. Sa Majesté se réserve de faire valoir son droit à défaut d'héritier pour les terres abandonnées par leurs anciens propriétaires, ainsi que le droit de tiers denier sur les biens communaux comme seul et souverain seigneur.

(2) *Décision de Sa Majesté :*
Il y a erreur dans cette réponse. Les titres de Noblesse accordés aux Corses depuis 1591 jusqu'en 1729 par la République de Gênes constituent la Noblesse nationale, puisqu'ils proviennent de leur Souverain légitime, et on n'a pas pu dire que c'était pour donner force à ces titres que l'Edit a établi une classe de Noblesse étrangère, laquelle ne comprend que les familles Corses qui ont impétré la Noblesse de la part de toute autre puissance ou d'autre Souverain que le leur.

Séance du 16 Mai 1772.

Nosseigneurs les Commissaires du Roi, et Mgrs les Evêques et Députés ci-devant dénommés s'étant rendus dans la Salle d'Assemblée, Mgr Guasco, Evêque du Nebbio, après avoir obtenu de Nosseigneurs les Commissaires du Roi la permission de porter la parole, a dit que la présente Assemblée, dans la Séance du cinq de ce mois, a pris la liberté de demander à Sa Majesté que cette Ile fut érigée en Grand Gouvernement, comme le sont les principales Provinces du Royaume de France ; qu'elle a en même temps prié Sa Majesté au cas qu'elle fut disposée à condescendre au désir de la Nation de jeter les yeux sur Monseigneur le Marquis de Monteynard que les éminentes qualités ont rendu digne du poste distingué que le Roi lui a confié ; que la Corse qui connaît toutes ses vertus, ainsi que l'affection particulière dont il a daigné lui donner tant de marques, doit se promettre de la justice et de la douceur de son Gouvernement tous les avantages dont sa position la rend susceptible ; qu'il paraîtrait nécessaire que cette demande qui a été exprimée dans le registre des Délibérations de l'Assemblée Générale, fut mise sous les yeux du Roi par le moyen d'une lettre dans laquelle la Nation lui renouvellerait ses respectueuses instances, et que cette lettre fut adressée à Monseigneur le Marquis de Monteynard avec prière de vouloir bien la remettre à Sa Majesté.

Cette proposition ayant été reçue avec acclamation unanime, il a été arrêté que dans la présente Séance on écrira au Roi la lettre relative à la demande formée par l'Assemblée pour que cette Ile soit érigée en Grand Gouvernement, et obtienne, en ce cas, la grâce d'avoir pour Gouverneur Mgr le Marquis de

Monteynard. Il a été arrêté aussi qu'en envoyant cette lettre à Mgr le Marquis de Monteynard, pour qu'il ait la bonté de la présenter à Sa Majesté, on lui témoignera tous les sentiments de respect et de reconnaissance, dont la Nation se sent pénétrée pour lui.

Après quoi on a fait et lu à l'Assemblée la lettre pour le Roi, conçue en ces termes, etc.

Cette lettre ayant eu l'approbation unanime de toute l'Assemblée, il a été arrêté qu'elle serait signée au nom de l'Assemblée Générale par Mgrs Guasco, Evêque du Nebbio, et de Guernes, Evêque d'Aleria, par MM. Manenti et Alberti, Députés Ecclésiastiques, par MM. Guasco et Mari, Députés Nobles, par les Sieurs Zuccarelli et Carlotti, Députés du Tiers-Etat, comme étant ceux qui se trouvent de tour pour la signature des délibérations de la présente Séance et par le Greffier des Etats.

Ensuite on a fait la lettre pour Mgr le Marquis de Monteynard ; l'Assemblée l'ayant approuvée, il a été arrêté qu'elle sera signée par Mgrs les Evêques, Piévans et Députés qui ont signé celle pour le Roi de laquelle lettre la teneur suit etc.

Et a été la présente Délibération signée tant par Nosseigneurs les Commissaires du Roi que par Mgrs les Evêques, Piévans et Députés qui ont signé les lettres précédentes.

Dudit jour 16 Mai 1772

Nosseigneurs les Commissaires du Roi ont dit que le Comité Ecclésiastique fut chargée par l'Assemblée d'examiner trois articles.

Le premier concernant la suppression des deux Monastères de Sainte Claire et de l'Annonciade pour les réunir aux deux

Monastères de Sainte Ursule et de Sainte Elisabeth, partager également les biens des deux premiers au profit des deux autres, et rechercher les moyens de rendre plus utiles au public les deux Monastères qui subsisteront, en assurer la consistance, et perfectionner l'institution ; finalement, indiquer les formalités à faire pour remplir d'une manière régulière, légale et permanente tous ces différents objets ;

2° Concernant la demande faite par les Pièves de San Quilico et Olmeta, Province de Nebbio, tendante à la suppression du Couvent des Récollets établis à Murato et à l'application de leurs biens et revenus au Séminaire du Diocèse ;

3° Concernant les moyens de perfectionner la répartition du don gratuit en le rendant général et commun à tous les Bénéficiers de l'Ile, et en en portant le produit à quatre mille livres ;

Nosseigneurs les Commissaires du Roi ont ajouté que toute l'Assemblée est disposée à entendre les judicieuses observations que le Comité Ecclésiastique peut avoir à lui communiquer sur ces trois différents objets.

Après quoi M. Doria, Président dudit Comité, a présenté un Mémoire circonstancié sur chacun des dits articles : lecture faite dudit Mémoire par le Commis-Greffier de l'ordre de Nosseigneurs les Commissaires du Roi, chaque objet mûrement examiné et discuté et mis ensuite en délibération, il a été arrêté sous le bon plaisir du Roi ce qui suit :

Article Premier

1° Que la suppression des deux Monastères de Sainte Claire et de l'Annonciade et la réunion de leurs biens à ceux de Sainte Ursule et de Sainte Elisabeth se fera, en ce qui concerne l'autorité Ecclésiastique, par l'Evêque Diocésain, lequel nommera des Commissaires pour visiter les Monastères à supprimer, examiner l'état de leurs biens, créances et dettes, s'informer du *commodo et incommodo* de ladite réunion, appeler tous ceux qui y sont intéressés, interroger et entendre les Religieuses restantes des Monastères à unir ;

2º Qu'après le décret de suppression qui sera fait par l'Ordinaire, on obtiendra des Lettres-Patentes du Roi nécessaires pour la validité et confirmation de la suppression et union susdites ;

3º Qu'en suite de l'expédition desdites Lettres-Patentes du Roi on s'adressera à M. le Procureur Général du Conseil Supérieur, afin qu'elles soient reconnues et enregistrées au Tribunal pour en faire l'exécution ;

4º Que le Monastère de Sainte Ursule qui s'occupe avec zèle de l'éducation des jeunes filles sera assujetti à la règle de la clôture ;

5º Que pour faciliter un établissement que l'Assemblée juge utile et nécessaire, les Parents des jeunes personnes qui voudront faire profession en ce Monastère, leur assigneront une dot de cinq mille livres en argent pour chacune, dont deux mille resteront sans espoir de répétition au profit du Monastère, et les trois mille livres restantes seront rendues après la mort de la Religieuse à celui de ses Parents qui aura constitué la dot ou à ses héritiers ;

A cet endroit l'Assemblée s'est réunie pour implorer la bonté compatissante et charitable du Roi, afin qu'il daigne secourir, soutenir et favoriser un établissement aussi précieux et aussi digne de la sollicitude paternelle ;

6º Que les Converses n'auront que mille livres pour leur dot dont moitié demeurera au profit du Monastère et l'autre moitié à la personne qui aura constitué la dot ou les héritiers ;

7º Qu'afin de rendre moins onéreuse au Monastère la restitution des dots, il y aura un terme de cinq ans pour le payement de celles des Religieuses de chœur, et de trois ans pour les dots des Converses, le tout à commencer du jour de la mort de la Religieuse, mais que le Monastère, en attendant, sera tenu de payer les intérêts aux Créanciers de la dot ;

8º Que les Religieuses qui existent actuellement audit Monastère de Sainte Ursule ne seront point comprises dans ce qui vient d'être réglé par rapport aux dots ;

9º Que, comme en assujettissant à la clôture le Monastère de Sainte Ursule, on a principalement eu en vue d'assurer la garde des jeunes filles et d'en faciliter l'éducation, celles qui se mettront en pension ne seront tenues de payer que vingt francs par mois chacune, ce qui aura lieu seulement après que la clôture sera établie ;

10º Que dans chacun des deux Monastères de Sainte Elisabeth et de Sainte Ursule, il devra y avoir au moins douze Religieuses de Chœur.

Article Deuxième.

Que le Couvent de Murato n'ayant aucun bien et ne subsistant qu'à la faveur des aumônes journalières, qui lui sont faites, il ne saurait être question de la demande des Pièves de San Quilico et Olmeta qui tend à ce que les fonds et revenus soient appliqués au Séminaire du Diocèse, mais qu'en ce qui concerne la suppression dudit Couvent, l'Assemblée s'en remet aux Ordonnances du Roi qui concernent les Réguliers.

Article Troisième.

Que, comme la répartition du don gratuit exige une longue discussion pour la rendre générale et proportionnée entre tous les Bénéficiers de l'Ile, ainsi que pour en porter le produit à quatre mille livres, que le Comité de même que l'Assemblée Générale ayant éprouvé des difficultés par le défaut des notions nécessaires relativement aux revenus des Diocèses respectifs, il a été arrêté que Mgrs les Evêques qui pourront trouver dans leurs Greffes des renseignements à cet égard, voudront bien dans l'espace de dix mois donner à la distribution et à l'augmentation du don gratuit l'attention convenable, et en même temps indiquer des règles légales pour la réunion des Bénéfices champêtres destinés à la dotation de l'Université (1).

Et a été la présente Délibération signée tant par Nosseigneurs les Commissaires du Roi que par Mgrs les Evêques et Députés qui ont souscrit les autres de ce jour.

Séance du 18 Mai 1772

La première Délibération a eu pour objet de complimenter Mgr le Comte de Narbonne sur son arrivée.

Dudit jour 18 Mai 1772.

Nomination de la commission des Douze Nobles. — Nosseigneurs les Commissaires du Roi ont dit que Sa Majesté ayant eu la bonté d'accorder à l'Assemblée Générale le droit de nommer et élire à son gré dans le nombre des Députés qui

---

(1) *Décision de Sa Majesté:*
Le Roi attend du zèle du Clergé pour l'instruction publique que l'affaire du don gratuit pour l'Université sera entièrement mise en règle dans les six mois qui ont été jugés nécessaires pour y procéder.

auront assisté à l'Assemblée de l'année, douze sujets pris dans l'ordre de la Noblesse, huit desquels seront choisis dans les Provinces d'en deçà des Monts et quatre dans celles d'au-delà, pour résider à leur tour, au nombre de deux à la fois, pendant l'espace de deux mois, près de Mgrs les Commissaires du Roi et y remplir les fonctions et jouir des émoluments que prescrit le règlement de la Consulte du 16 Avril 1770, il convient que l'Assemblée s'occupe en la présente Séance de l'élection et nomination desdits Douze Nobles. Nosseigneurs les Commissaires du Roi ont à cette occasion fait connaître combien il est important de procéder à ce choix avec impartialité, afin qu'il tombe sur de bons sujets qui puissent s'acquitter d'une manière satisfaisante des fonctions qui leur seront confiées.

Il a ensuite été procédé à l'élection, et tous les Députés Nobles présents à cette Assemblée ayant été séparément proposés, et les voix ayant été données, recueillies et comptées, il s'est trouvé que chacun d'eux a eu le nombre suivant de voix tant favorables que contraires ; savoir :

Pour les Provinces d'en deçà des Monts :

M. Jean-Quilico Casabianca, 28 voix favorables et 50 contraires.

M. Jean-Sébastien Buttafuoco, 35 favorables et 43 contraires.

M. Philippe Costa, Capitaine au Régiment de Buttafuoco, devant partir pour rejoindre son corps, n'a point été ballotté.

M. Joseph-Marie Guasco, 67 favorables et 11 contraires.

M. Paul-Toussaint Mari, 45 favorables et 33 contraires.

M. Cangione San-Giovanni, 37 favorables et 51 contraires.

M. Tiburce Morati, 26 favorables et 52 contraires.

M. Jean-André Alessandrini, 46 favorables et 32 contraires.

M. Jean-Antoine Antonj, 39 favorables et 39 contraires.

M. Pierre-Paul Cottone, 57 favorables et 21 contraires.
M. Vincent Adriani, 63 favorables et 15 contraires.
M. Sauveur Carlotti, 27 favorables et 51 contraires.
M. Jean-Dece Emanuelli, 32 favorables et 46 contraires.
M. Damien Giubega, 57 favorables et 21 contraires.
M. Jean-André Fabiani, 50 favorables et 28 contraires.

Pour les Provinces d'au-delà des Monts :

M. Charles Buonaparte, 54 favorables et 24 contraires.
M. Annibal Folacci, 45 favorables et 33 contraires.
M. Paul-Baptiste Ferri, 34 favorables et 44 contraires.
M. Dominique Cuttoli, 55 favorables et 23 contraires.
M. Jean-Charles Paganelli, 33 favorables et 45 contraires.
M. François Bianchi, 46 favorables et 32 contraires.
M. Jean-Grégoire Ortoli, 56 favorables et 22 contraires.
M. Antoine Paoli-Durazzo, 35 favorables et 43 contraires,

et enfin les deux membres de la commission des Douze présents à l'Assemblée ont eu, savoir :

M. Jacques-Pierre Abbatucci, 52 favorables et 27 contraires.
M. Charles Grimaldi, 50 favorables et 29 contraires.

Partant, sont restés définitivement nommés et élus, et la présente Assemblée nomme et élit pour Douze Nobles MM. Joseph-Marie Guasco, Paul-Toussaint Mari, Jean-André Alessandrini, Charles Grimaldi, Pierre-Paul Cottone, Vincent Adriani, Damien Giubega et Jean-André Fabiani pour les Provinces d'en deçà des Monts; et pour celles d'au-delà des Monts, MM. Jean-Grégoire Ortoli, Dominique Cuttoli, Charles Buonaparte et Jacques-Pierre Abbatucci, comme ceux qui ont remporté le plus grand nombre de voix favorables, pour jouir de tous les droits, honneurs, prérogatives et émoluments attachés à leurs charges et remplir les obligations et fonctions qui leur sont attribuées.

Laquelle nomination et élection lesdits Sieurs Guasco, Mari, Alessandrini, Grimaldi, Cottone, Adriani, Giubega, Fabiani, Ortoli, Cuttoli, Buonaparte et Abbatucci, ici présents, ont accepté et acceptent, promettant de se conformer entièrement à tout ce qui leur est prescrit par le règlement de l'Assemblée ci-devant cité.

Ensuite de quoi voulant régler le tour des deux mois de service de chacun d'eux, lesdits douze Nobles ont fait observer qu'il y aurait de l'inconvénient de commettre au sort la réunion des sujets, parce que de cette manière il pourrait facilement arriver que deux Douze de la même Province se trouvassent ensemble, tandis qu'il est plus avantageux pour la Nation que les deux Douze qui seront de tour pour résider auprès de Nosseigneurs les Commissaires du Roi, soient de Provinces différentes ; en conséquence il a été arrêté que la réunion des deux sujets pour chaque bimestre sera faite par la commission même des Douze, et tous sont demeurés d'accord qu'elle sera faite ainsi ; savoir :

M. Joseph-Marie Guasco, avec M. Ortoli.
M. Adriani avec M. Buonaparte.
M. Giubega avec M. Abbatucci.
M. Cuttoli avec M. Mari.
M. Grimaldi avec M. Fabiani.
M. Alessandrini avec M. Cottone.

Ils ont été inscrits séparément de cette manière dans six billets et ensuite on a écrit sur six autres billets les mois de service en cette manière :

Sur le premier, Juin et Juillet 1772.
Sur le second, Août et Septembre 1772.

Sur le troisième, Octobre et Novembre 1772.
Sur le quatrième, Décembre 1772 et Janvier 1773.
Sur le cinquième, Février et Mars 1773.
Sur le sixième, Avril et Mai 1773.

Lesquels billets, tant ceux des Douze Nobles que ceux des mois, ayant été fermés, puis tirés au sort, ils sont sortis et ils ont été lus en la manière suivante :

MM. Buonaparte et Adriani, Juin et Juillet 1772.
MM. Grimaldi et Fabiani, Août et Septembre 1772.
MM. Guasco et Ortoli, Octobre et Novembre 1772.
MM. Cuttoli et Mari, Décembre 1772 et Janvier 1773.
MM. Giubega et Abbatucci, Février et Mars 1773.
MM. Alessandrini et Cottone, Avril et Mai 1773.

Le surplus de la Séance a eu pour objet de témoigner à M. de Pradine combien la Nation était pénétrée des soins qu'il s'est donnés pour elle pendant son administration.

Et a été la présente Délibération signée tant par Nosseigneurs les Commissaires du Roi que par Mgrs les Evêques, Piévans et Députés qui ont souscrit celles de ce jour.

Séance du 19 Mai 1772.

Nosseigneurs les Commissaires du Roi et Mgrs les Evêques ci-devant dénommés s'étant rendus dans la Salle d'Assemblée des Etats, Nosseigneurs les Commissaires du Roi ont déterminé de traiter ce qui regarde tant la police et tenue des diverses sortes d'Assemblées que les districts et arrondissements des Pièves et Provinces.

Ils ont commencé à cet effet par faire part à l'Assemblée des intentions de Sa Majesté concernant quelques circonstances qu'Elle a remarquées dans le compte qu'Elle s'est fait rendre des dernières Assemblées Provinciales :

1º Lors de l'ouverture de l'Assemblée Provinciale de Bastia, il manquait des Députés de deux Pièves entières, on délibéra s'il serait passé outre, et l'affirmative prévalut.

Le même cas étant arrivé à Sartene, d'abord on passa outre et ensuite on différa jusqu'au jour suivant. Sa Majesté en approuvant le parti pris dans la Province de Bastia a déterminé qu'il serait délibéré dans la présente Assemblée sur le point de savoir s'il serait à propos d'établir non seulement que les délibérations auront lieu entre les présents, mais encore que les absents qui n'auront pas une excuse légitime, subiront une peine pécuniaire.

Sur quoi et la matière mise en délibération, il a été arrêté que les Députés présents commenceront les Assemblées et délibérations quoiqu'il y en ait quelques-uns d'absents, et que quand l'absence ne sera pas excusée par quelque cause légitime, les Députés qui manqueront d'intervenir à l'Assemblée de la Piève seront condamnés à une amende de vingt-cinq livres, ceux qui manqueront à l'Assemblée Générale à une amende de cent livres (1).

---

(1) *Décision de Sa Majesté:*
Les Députés présents commenceront les Assemblées et Délibérations quoiqu'il y en ait quelques-uns d'absents ; et si l'absence n'est pas excusée par quelque congé légitime, les Députés qui manqueront d'intervenir à l'Assemblée de la Piève seront condamnés à une amende de 25 livres, ceux qui manqueront à l'Assemblée de la Province, à une amende de 50, et ceux qui manqueront à l'Assemblée Générale, à une amende de 100.

Cette délibération a été entièrement confirmée par l'article 18 de l'Arrêt du Conseil d'Etat du 2 Novembre 1772, concernant les Assemblées générales et particulières. Les amendes devront être prononcées par Nosseigneurs les Commissaires du Roi, et applicables aux dépenses communes des Assemblées.

2º La Piève d'Orto, Province de Bastia, n'ayant point de Piévan, a procédé par voie d'élection à la nomination de son Député Ecclésiastique ; elle a fait son choix entre le Curé de Biguglia et celui de Furiani ; le premier a eu le plus grand nombre de suffrages, et le second a protesté sur le fondement qu'il est Parroco, et à ce titre Député Ecclésiastique de droit à défaut de Piévans.

L'intention de Sa Majesté est que les Etats en délibèrent et qu'il soit déterminé par un règlement précis, si les Piévans étant morts, malades ou absents, le Parroco a droit de remplir ces fonctions.

Sur quoi la matière mise en délibération, il a été arrêté qu'en cas de maladie, absence, ou autre empêchement légitime du Piévan, la même Assemblée de la Piève devra choisir un Parroco de la Piève qui puisse suppléer aux fonctions du Piévan absent, et à l'égard des contestations mues entre les deux Parrochi de Furiani et de Biguglia sur la préséance prétendue par chacun d'eux, l'Assemblée a prié les Juges Ecclésiastiques Diocésains de vouloir bien examiner les Mémoires et titres respectifs pour en dire leurs sentiments.

3º Les Députés de Patrimonio s'étant présentés à l'Assemblée Provinciale du Nebbio, sans que le procès-verbal de leur élection fut signé, alors on a voulu les exclure, mais ensuite ils furent admis.

Quoique Sa Majesté ait bien voulu pour cette fois tolérer la condescendance dont on a usé envers eux, néanmoins elle entend qu'à l'avenir toutes les règles prescrites à la Nation sur la manière de s'assembler, d'élire ses Députés et de les revêtir de ses pouvoirs, soient observées à peine de nullité.

4º Dans la Province de Corte le Sieur Natali ayant été élu Député du Tiers-Etat, quoique d'un âge au-dessous de vingt-cinq ans, l'Assemblée a confirmé son élection, et a refusé de choisir un autre Député. Sa Majesté en même temps qu'Elle veut bien laisser subsister sans tirer à conséquence un choix qui est flatteur pour le Sieur Natali, n'entend pas qu'aucune Assemblée prenne sur elle de déroger à un règlement, sauf dans le cas où il semblerait exiger une exception, à en donner connaissance à Nosseigneurs les Commissaires du Roi qui en rendront compte.

5º Dans la Province du Nebbio, le Sieur Galeazzini, élu Député du Tiers-Etat, a protesté que cette qualité ni celle de Podestat ne pourront nuire à sa Noblesse.

Le Roi n'approuve pas de semblables protestations qui supposent faussement que les fonctions de Député du Tiers-Etat et celles d'Officiers Municipaux sont au-dessous de l'état de Noble.

6º Sa Majesté a également désapprouvé une demande de la Pieve de Caccia, qui tend à ce qu'il soit décidé sur celles qu'elle a formées dans la Consulte de 1770. Toutes ces demandes ont été répondues ou définitivement, quand l'objet s'en est trouvé suffisamment éclairci, ou en réglant dans les cas contraires qu'il serait fourni des Mémoires. La Pieve de Caccia ni aucune autre ne doit renouveler les demandes jugées, et à l'égard des autres elle doit les rappeler nommément et produire les Mémoires demandés.

Ensuite il a été procédé en la manière suivante à l'examen de différentes demandes formées dans les Assemblées préparatoires des présents Etats, tant par rapport à la police et tenue des Assemblées que relativement aux arrondissements des Pièves et Provinces.

Sur la demande de la Pieve de Bastia tendante à ce que les Communautés de Cardo, Pietrabugno et Lota soient confirmées dans leurs anciens priviléges ;

Nosseigneurs les Commissaires du Roi ont répondu qu'il est nécessaire que ces Communautés fassent connaître quels sont les privilèges dont elles entendent jouir.

Sur la demande de la Pieve de Sant'Andrea, Province de Balagne, tendante à ce qu'il y ait deux Procureurs par Province dans l'intérieur ;

Nosseigneurs les Commissaires du Roi ont répondu qu'il a été annoncé à la Consulte de 1770, Séance du 25 Septembre, qu'au lieu d'un Procureur demandé alors pour chaque Piève, il y en aurait un par Province ; que cet engagement a été rempli au moyen des Inspecteurs des Provinces créés par l'Ordonnance du mois de Mai mil sept cent soixante-onze concernant la Juridiction Municipale, et que Sa Majesté n'est pas dans l'intention d'y rien changer.

Sur la demande de la Piève de Celavo, Province d'Ajaccio, tendante à ce qu'on lui réunisse les Pièves de Peri et de la Mezzana avec le Village d'Appietto ;

Nosseigneurs les Commissaires du Roi ont répondu qu'un Arrêt du Conseil d'Etat du vingt-deux Juin mil sept cent soixante-onze rendu sur la demande de la Consulte de 1770, a érigé la Mezzana en Piève, en a formé une autre sous la dénomination de Peri, et a réuni à celle d'Ajaccio le Village d'Appietto, que c'est une chose réglée et sur laquelle Sa Majesté n'entend pas revenir.

Sur la demande de la Piève de Peri, même Province, tendante à ce qu'en considération de son peu d'étendue elle soit réunie à celle de la Mezzana ;

Nosseigneurs les Commissaires du Roi ont demandé l'avis de l'Assemblée. Sur quoi la matière mise en délibération, l'Assemblée a consenti à la réunion de la Piève de Peri à celle de la Mezzana.

Sur la demande de la Piève d'Istria tendante à être distraite de la Province de Sartene et annexée à celle d'Ajaccio ;

Nosseigneurs les Commissaires du Roi ont répondu que la même demande fut formée à la Consulte de 1770 et contredite par la Province de Sartene ; qu'il fut promis respectivement des Mémoires qui n'ont point été fournis, et que les parties ont été réciproquement prévenues de la nécessité de les faire remettre à la présente Assemblée par leurs Députés.

Sur quoi les Députés d'Ajaccio, au nom de la Pième d'Istria qui demande d'être désunie de Sartene, ayant allégué divers moyens, et présenté un Mémoire, et les Députés de Sartene y ayant opposé différentes exceptions, Nosseigneurs les Commissaires du Roi ont ordonné que la Province de Sartene fournisse promptement son Mémoire afin qu'ils puissent en rendre compte à Sa Majesté.

Sur la demande de la Pième d'Olmeta, Province du Nebbio, tendante à ce qu'Oletta lui soit réunie ;

Nosseigneurs les Commissaires du Roi ont répondu que les Pièves d'Olmeta et d'Oletta ont été prévenues de faire remettre à l'Assemblée, par le moyen des Députés de leurs Provinces, des Mémoires respectifs pour rétablir leurs droits.

Sur la demande de la Piève de Brando, Province du Cap-Corse, tendante à ce que les Communautés de Sisco et Pietra-Corbara soient agrégées à la Communauté de Brando et dépendent de la Juridiction de Bastia ;

Nosseigneurs les Commissaires du Roi ont répondu que l'intention de Sa Majesté est de régler définitivement par un Arrêt de son Conseil d'Etat de quelle Province et Juridiction dépendra à l'avenir la Piève de Brando, composée de la Communauté du même nom, de celles de Sisco et Pietra-Corbara. Mais qu'elle désire, avant tout, que la Province de Cap-Corse soit entendue à cet égard, et que ladite Province de même que la Piève de Brando donnent des Mémoires respectifs, à l'effet d'établir, savoir : la Piève de Brando les droits par elle prétendus de dépendre de Bastia, et la Province de Cap-Corse les droits qu'elle peut prétendre aussi de conserver ladite Piève dans son district.

Sur quoi MM. les Députés de la Province de Cap-Corse ont témoigné désirer que la Piève de Brando continue d'être sur le pied actuel, attendu que le démembrement pourrait occasionner de l'embarras et du désordre dans le recouvrement de la Subvention ; et de la part de la Piève de Brando il n'a été donné aucun Mémoire.

Sur la demande de la Ville de Calvi tendante à être traitée comme les Villes de cinq cents feux, attendu qu'elle approche aujourd'hui du nombre ;

Nosseigneurs les Commissaires du Roi ont répondu que Sa Majesté ayant en vue d'encourager l'accroissement et la population, elle pourrait se porter à favoriser la Ville de Calvi, s'il était vrai que le nombre de ses feux approchât de cinq cents, mais qu'il résulte des notions acquises récemment à ce sujet qu'il n'y en a pas beaucoup plus de deux cents.

Sur la demande de la Province de Balagne tendante à ce que le nombre des Députés qu'elle envoie à l'Assemblée générale soit augmenté, attendu qu'elle est composée de près de trois mille feux ;

Nosseigneurs les Commissaires du Roi ont répondu que les éclaircissements qu'ils se sont procurés sur le nombre des feux de cette Province seront mis sous les yeux de Sa Majesté afin qu'elle ordonne à cet égard ce qu'elle jugera convenable.

Sur la demande faite par les Pièves de Bonifacio et Portovecchio pour former Province à part, envoyer deux Députés dans le nombre de six que fournit la Province dont elles dépendent, et tenir ses Assemblées à Bonifacio ;

Nosseigneurs les Commissaires du Roi ont répondu que Sa Majesté a trouvé cette demande prématurée et n'a pas jugé à propos de l'admettre.

Sur la demande de la Province du Cap-Corse, tendante à ce que ses Assemblées se tiennent à Luri, au lieu de se tenir à Rogliano ;

Nosseigneurs les Commissaires du Roi ayant à cet égard demandé le sentiment de l'Assemblée générale, elle a dit qu'il lui est indifférent où se tiendra l'Assemblée de la Province du Cap-Corse, que cela ne regarde que la seule Province, et en adhérant aux instances par elle faites et renouvellées par ses Députés, l'Assemblée générale a déclaré qu'elle sait combien il serait convenable que désormais les Assemblées Provinciales du Cap-Corse se tinsent à Luri.

Sur la demande de la Province d'Ajaccio tendante à ce qu'il soit fixé des honoraires tant aux Députés des Provinces qu'à ceux des Pièves pour les indemniser ;

Nosseigneurs les Commissaires du Roi ont répondu que quoique Sa Majesté n'ait aucun intérêt à cette demande, mais seulement la Nation, néanmoins ils ne peuvent se dispenser de rappeler à l'Assemblée que, dans la Consulte de 1770, Séance du 24 Septembre, les Députés qui la composaient, non seulement ont renoncé à tous honoraires, mais ont arrêté que leur détermination ferait loi pour l'avenir de manière qu'à aucune Assemblée les Députés n'en pourraient exiger.

Sur quoi l'Assemblée a dit qu'elle n'entend pas revenir contre la délibération prise à la Consulte de 1770, Séance du 24 Septembre, dans laquelle il fut arrêté que les Députés de cette même année et ceux des années à venir ne devraient avoir aucun honoraire pour intervenir aux Etats, et toute l'Assemblée a témoigné combien elle désire que cela soit observé ainsi (1).

Finalement, sur la demande de la Province de Sartene, Bonifacio, Portovecchio et Istria tendante à ce que son Trésorier rende ses comptes à un Commissaire du Roi, et qu'il soit permis à certaines personnes de la Province d'y intervenir et assister ;

Nosseigneurs les Commissaires du Roi ont répondu que Sa Majesté admet cette demande.

Et a été la présente Délibération signée tant par Nosseigneurs les Commissaires du Roi que par Mgrs les Evêques Doria et

---

(1) *Décision de Sa Majesté :*
L'Assemblée générale confirme ici la délibération de la Consulte de l'année 1770 Séance du 24 Septembre, mais l'une et l'autre délibération ont été cassées dans la Séance du 15 juillet.

de Guernes, par MM. Peraldi et Maestrati, Députés Ecclésiastiques, par MM. Adriani et Carlotti, Députés Nobles, par MM. Morati et Giustiniani, Députés du Tiers-Etat.

Par Nosseigneurs les Commissaires du Roi,
Signé : GIUBEGA.

Dudit jour 19 Mai 1772.

Nosseigneurs les Commissaires du Roi s'étant fait représenter le relevé qui a été formé des demandes des Pièves et Provinces relatives à la destruction des bandits et à la Police militaire, il a été procédé à l'examen desdites demandes en la manière suivante :

Sur celle de la Piève de Casinca, Province de Bastia, tendante à ce qu'il soit créé un Régiment National pour servir en Corse, lequel sera payé sur le même pied que la Maréchaussée ;

Sur la demande de la Piève de Moriani, même Province, tendante à ce qu'il soit remédié aux incursions des bandits qui détruisent la cultivation et qui troublent la tranquillité ;

Sur la demande de la Piève d'Orezza, même Province, tendante à la formation d'un corps national pour servir en Corse contre les assassins et pour y maintenir une bonne Police ;

Nosseigneurs les Commissaires du Roi ont répondu que Sa Majesté s'occupe présentement des mesures à prendre à cet égard.

Sur la demande de la Piève de Cursa, Province d'Aleria, tendante à ce que les habitants soient déchargés des payements qu'ils font aux volontaires et qu'il soit accordé douze fusils à chaque Podestat Major et quatre à chaque Podestat particulier, aux offres qu'ils font de donner des cautions ;

Et sur la demande de la Province entière d'Ajaccio tendante à ce que la solde des volontaires payée par la Nation soit réduite à quinze sous, que chaque Piève fournisse un nombre de volontaires proportionné à celui de ses habitants et à son étendue et que les fonds nécessaires pour ladite solde soient levés au moyen d'une imposition par feu ;

Nosseigneurs les Commissaires du Roi ont dit que suivant les intentions de Sa Majesté ces divers objets doivent être réglés par M. le Comte de Marbeuf (1).

Sur la demande de la Piève de Niolo, Province de Corte, tendante à ce qu'il soit donné des ordres pour que les volontaires ne molestent pas le pays, et qu'ils indemnisent les habitants auxquels ils ont causé du préjudice ;

Nosseigneurs les Commissaires du Roi ont répondu que c'est également à Mgr le Comte de Marbeuf qu'on doit s'adresser à ce sujet.

Sur la demande de la Piève de Sorroinsù, Province de Vico, tendante à ce qu'elle soit indemnisée des dommages que lui ont causé les fréquentes incursions de bandits ;

Nosseigneurs les Commissaires du Roi ont répondu que Sa Majesté laisse à la Nation à y pourvoir.

Sur quoi il a été arrêté que le premier objet doit être de s'employer à la destruction des bandits, et qu'ensuite, sur leurs biens, s'ils en ont, on indemnisera les personnes qui ont été endommagées.

Sur la demande de la Piève de Bigorno, Province de Bastia, tendante à ce que la Communauté de Lento et la Piève en-

---

(2) *Décision de Sa Majesté* :
Le Roi a pourvu en ce point à la sûreté et à la bonne Police de l'Ile de la manière la plus flatteuse pour la Nation, s'en remettant à elle-même par son Edit du mois d'Août dernier, portant création de quatre Juntes Nationales, et par son Ordonnance du 23 du même mois qui établit le Régiment d'Infanterie Corse de Buttafoco sur le pied de Régiment Provincial de l'Ile de Corse.

tière soient dispensées de fournir une ordonnance à Ponte-Novo qui n'est pas du territoire de ladite Piève ;

Sur la demande de la Piève de Talcini, Province de Corte, tendante à ce que les Communautés de ladite Piève soient exemptes de fournir des Pedons ;

Sur la demande de la Piève de Venaco, même Province, tendante à ce que ladite Piève soit dispensée de fournir tous les jours deux ordonnances ou Pedons ;

Nosseigneurs les Commissaires du Roi ont répondu que l'intention de Sa Majesté est que l'on exécute les ordres qui seront donnés à ce sujet par Mgr le Comte de Marbeuf.

Finalement sur la demande de la Province entière d'Ajaccio tendante à n'être pas obligée de fournir des Moutons aux Officiers qui résident dans l'intérieur, à cause de la rareté desdits bestiaux ;

Nosseigneurs les Commissaires du Roi ont répondu que Sa Majesté a autorisé Mgr le Comte de Marbeuf à régler cet objet.

Toutes lesquelles réponses et décisions ont été acceptées avec soumission par l'Assemblée qui a promis, au nom de la Nation, de s'y conformer.

Et a été la présente Délibération signée tant par Nosseigneurs les Commissaires du Roi, que par Mgrs les Evêques et Députés qui ont souscrit la précédente de ce jour.

Dudit jour 19 Mai 1772

Prescription des cens et créances. — Nosseigneurs les Commissaires du Roi ont dit que, dans les Assemblées préparatoires de la Consulte de mil sept cent soixante-dix, la Piève de Pino, Province de Calvi, demanda que toutes les créances et cens anciens dont on n'avait pas entendu parler depuis trente ans fussent inexigibles, non seulement pour les intérêts, mais encore pour les capitaux, et que la Pieve de Pino, les Particuliers d'icelle et toute la Corse fussent affranchis et déchargés de tous les intérêts des créances et de tous les arrérages de cens échus depuis le commencement de la guerre jusqu'à présent. Que la Province de Calvi, en autorisant les Députés à présenter cette demande à la Consulte, l'a modifiée en cette manière, savoir, que pour les créances et cens dont les intérêts n'auraient pas été demandés depuis soixante ans, ils ne puissent être réglés pour le temps passé que sur le pied de cinq pour cent, quoique depuis les soixante ans on eut obtenu sentence pour le payement.

Que lors de la Consulte de mil sept cent soixante-dix la demande dont il s'agit fut traitée dans la Séance du dix-sept Septembre, et dans celle du vingt-cinq; que dans la première, n'ayant été envisagée que relativement à la quotité de l'intérêt, il fut répondu que l'Edit du mois de Juin y avait pourvu en ordonnant, que dans la Corse, comme dans le reste du Royaume, l'intérêt de l'argent ne pût excéder cinq pour cent ; sur quoi les Députés représentèrent qu'il existe en Corse une sorte de constitution dite à cens qui n'est pas prévue par l'Edit de Sa Majesté, et sur laquelle on désirerait qu'elle expliquât ses intentions ; qu'il fut en conséquence arrêté qu'il serait remis des Mémoires sur cet objet à Mgrs les Commissaires du Roi ; que dans la Séance du vingt-cinq Septembre la même demande traitée de nouveau fut présentée d'abord telle qu'elle avait été formée par la Pieve de Pino, mais que les Députés de la Province de Calvi rappelèrent la restriction qui y avait été mise hors de leur Assemblée Provinciale, et qu'il fut arrêté que Nosseigneurs les Commissaires du Roi en en référant à Sa Majesté seraient suppliés d'intéresser la justice pour obtenir que le temps de la guerre ne soit pas compris dans les années de prescription, attendu l'impossibilité où se trouvaient alors les habitants de se faire payer de leurs rentes.

Nosseigneurs les Commissaires du Roi ont ajouté qu'en vertu de l'arrêté du seize Septembre, il a été formé des Mémoires et renseignements qui ont été mis sous les yeux de Sa Majesté, mais que pour achever d'éclaircir la matière, et de mettre le Roi en état de donner sa décision, il est encore nécessaire de savoir : 1º si l'on observe en Corse une disposition du Statut de Gênes, qui établit pour les arrérages des redevances, droits de terrage, canons et cens, une prescription de cinq ans ; 2º d'examiner quelle est la juste application qu'on peut faire du chapitre trente-quatre du Statut Civil de Corse, intitulé : De la possession d'un bien pendant dix, vingt ou trente ans ; 3º de connaître sur quelle loi la Piève de Pino et la Province de Calvi ont cru fondées leurs demandes ; 4º enfin de connaître en outre la Jurisprudence suivie jusqu'à présent dans cette Ile relativement aux prescriptions.

Nosseigneurs les Commissaires du Roi ont en conséquence invité tous les membres de l'Assemblée et les deux Députés de la Commission des Douze, ici présents, de s'expliquer sur ces divers objets, de faire part des notions qu'ils peuvent avoir, communiquer leurs idées, et fournir, en un mot, toutes les lumières et toutes les connaissances les plus propres à déterminer la décision que la Nation attend de Sa Majesté à cet égard.

Sur quoi la matière mûrement examinée et prise en considération, il a été dit que M. le Chanoine Antoine Buonaccorsi, et les Députés de la Province travailleront à former un Mémoire sur les quatre divers articles proposés par Nosseigneurs les Commissaires du Roi, lequel Mémoire contiendra toutes les lumières et tous les éclaircissements que l'objet dont il s'agit peut exiger, et sera remis ensuite à Nosseigneurs les Commissaires du Roi, afin qu'ils puissent solliciter près de Sa Majesté la décision qui pourra être la plus avantageuse à la Nation (1).

Et a été la présente Délibération signée tant par Nosseigneurs les Commissaires du Roi, que par Mgrs les Evêques, Piévans et Députés qui ont souscrit celles de ce jour.

Dudit jour 19 Mai 1772

Nomination de différents Sujets pour les nouvelles Juntes. — Monseigneur le Comte de Marbeuf a annoncé que Sa Majesté paraît dans la résolution d'employer les moyens les plus prompts et les plus efficaces pour l'extirpation des bandits, et que la Nation ne peut se dispenser de se prêter, autant qu'il est de son pouvoir, aux dispositions bienfaisantes de Sa Majesté concernant le rétablissement de la tranquillité et du bonheur de cette Ile; que Sa Majesté, pour assurer de plus en plus la Nation des vues paternelles qu'elle a en sa faveur, semble portée à lui confier une partie de l'administration du gouvernement intérieur de l'Ile, persuadée qu'elle fera tous ses efforts pour répondre à la confiance qu'elle lui marque, et qu'elle cherchera tous les moyens possibles de faire éclater son zèle pour son service et pour le bien de la Corse même. Qu'afin de ne pas se tromper dans le choix des Sujets et de n'en pas présenter qui ne soient capables de remplir convenablement l'objet dont Sa Majesté jugera à propos de les

---

(1) *Décision de Sa Majesté:*
Dans la réponse onzième au cahier des Etats, Sa Majesté annonce qu'elle fera rendre une déclaration qui assujettira le cens pignoratif à la réduction de cinq pour cent porté par l'Edit du mois de Juin 1770, pour l'avenir, et que, pour le passé, le déclarera sujet à la prescription de trente ans sans déduction des temps de guerre.

charger, il serait nécessaire que l'Assemblée même nommât diverses personnes, que pour procéder à cette opération plus aisément et avec simplicité, comme la Corse est jusqu'à présent divisée, quant au recouvrement de la Subvention en trois districts, consistant l'un dans la partie d'au-delà des monts, l'autre dans les Provinces de Bastia et Aleria, et le troisième dans les Provinces restantes du Cap-Corse, Nebbio, Corte, Calvi et Balagne, de même, les Députés de chaque district pourraient aujourd'hui s'assembler séparément afin de nommer de concert jusqu'à vingt Sujets pris en diverses Provinces et en diverses Piéves ; que chaque district remettrait, ce soir, par le moyen de deux de ses Députés, lesdites nominations au Comité particulier, et le Comité conjointement avec les six nouveaux Députés des trois districts les examinerait et en diminuerait le nombre en le réduisant à quatorze ou quinze Sujets pour chaque district, lesquelles notes seraient remises demain avant l'Assemblée, à Mgr le Comte de Marbeuf, qui a fait sentir combien il est intéressant que l'impartialité et l'intérêt public président à cette nomination, afin que l'Assemblée ne soit pas exposée aux reproches d'avoir proposé des Sujets peu propres au service du Roi et au bien de cette Ile.

Sur quoi toute l'Assemblée a témoigné la plus tendre et la plus respectueuse reconnaissance de toutes les vues bienfaisantes dont Sa Majesté ne cesse d'être animée en faveur de la Corse, et spécialement des mesures qui viennent d'être annoncées et qui vont rétablir la tranquillité dans l'Ile; l'Assemblée a promis que la Nation de son côté signalera son empressement et ses soins pour répondre aux intentions de Sa Majesté, et il a été arrêté, qu'à cinq heures après-midi, les Députés des trois districts se rassembleront chez Mgr le Comte de Marbeuf pour procéder à la nomination prescrite dans laquelle tous les Députés ici présents ont assuré Nosseigneurs les Commissaires du Roi qu'ils se conduiront avec l'impartialité et l'équité qu'exige une opération aussi importante.

Et a été la présente Délibération signée tant par Nosseigneurs les Commissaires du Roi, que par Mgrs les Evêques, Piévans et Députés qui ont souscrit les précédentes de ce jour.

Séance du 20 Mai 1772

Présentation du Sieur Chanoine Biguglia, en sa qualité de Vicaire Capitulaire. — Nosseigneurs les Commissaires du Roi et Mgrs les Evêques, et Députés ci-devant dénommés, s'étant rendus dans la Salle de l'Assemblée, il s'y est présenté M. le Chanoine Ignace Biguglia, lequel a exhibé à Nosseigneurs les Commissaires du Roi les lettres du Chapitre de l'Eglise Cathédrale de Mariana et Accia qui le choisissent et nomment Vicaire Capitulaire dudit Diocèse, lesquelles lettres en date du huit de ce mois, et signées *Archidiaconus Salvator de Varese, Ignatius Franciscus Canonicus Guasco, Joannes Baptista Canonicus Dias, Carolus Canonicus Ferdinandi, Ignatius Franciscus Canonicus Casavecchia, Canonicus Petrus Ferdinandi, Joannes Baptista Canonicus Crocicchia, Jacobus Odiardi Canonicus, Angelus Antonius Canonicus Angeli* et *Joannes Vitus Cancellarius Nicolai*, lui ont été rendues après que la lecture en a été faite par le Commis-Greffier.

Après quoi MM. les Députés de la Commission des Douze ont dit qu'hier au soir, en conséquence des ordres de Mgr le Comte de Marbeuf, les Députés des trois districts s'assemblèrent et choisirent vingt Sujets par chaque district, lesquels furent ensuite proposés au Comité particulier; que le Comité procéda à la réforme de cinq Sujets par district en laissant subsister quinze seulement, que Mgr le Comte de Marbeuf a connaissance de cette opération au moyen des notes détaillées qui ont été remises.

Distribution des médailles présentées au Roi par les Députés de la première Assemblée Générale. — Après quoi Mgr le Comte de Marbeuf a dit que la Consulte de l'année 1770 envoya une Députation pour offrir à Sa Majesté les premiers hommages de cette Nation, et qu'afin de consacrer par un monument durable l'époque heureuse de sa soumission à Sa Majesté, les Députés firent graver une médaille dans laquelle sont retracés et les malheurs passés de cette Ile et sa félicité actuelle ; qu'il a été remis environ cent quatre-vingt-huit empreintes de cette même médaille pour les distribuer de manière qu'elles se conservent, et ce précieux monument reste à la postérité; que le moyen d'y parvenir serait qu'il en fut donné une à chacun de Mgrs les Evêques et Membres de la Commission des Douze, et que la même Commission en présentât une à Mgr le Comte de Narbonne, une autre à M. du Tressan, une autre à M. Guyot, Procureur Général, et en outre qu'on en remit une à chaque chapitre des Eglises Cathédrales et Collégiales, à chaque maison d'Assemblée de Ville, à chacun des trois Régiments Nationaux qui sont présentement au service du Roi, une au Couvent principal de chacun des Ordres Religieux, et qu'il en fut aussi remis deux au Greffe des Etats ; laquelle proposition a été reçue avec l'acclamation unanime de l'Assemblée.

Et a été la présente Délibération signée tant par Nosseigneurs les Commissaires du Roi que par Mgrs les Evêques de Guernes et Guasco, MM. Massimi et Ogliastri, Piévans, MM. Emanuelli et Fabiani, Députés Nobles, et MM. Ciaccaldi et Grimaldi, Députés du Tiers-Etat.

Par Nosseigneurs les Commissaires du Roi,
Signé : Giubega.

Dudit jour 20 Mai 1772.

Nombre des Députés qui devront composer les Assemblées Générales. — Nosseigneurs les Commissaires du Roi ont dit qu'avant la séparation de l'Assemblée il est de leur devoir d'annoncer aux membres qui la composent l'intention de Sa Majesté sur la manière dont les Assemblées de la même nature se tiendront à l'avenir. Que la Noblesse y formera un ordre absolument séparé dans lequel ne seront admis, conformément à ce qui a été déclaré dans la Séance du deux de ce mois, que des Sujets dont les titres auront été reconnus et jugés bons au Conseil Supérieur; que de cette manière la Nation sera divisée en trois ordres, celui du Clergé qui aura le pas sur les deux autres, celui de la Noblesse, qui sera le second, et celui du Tiers-Etat; que chacun de ces ordres aura à l'Assemblée un nombre égal de Députés; que les Chapitres et les Ordres Religieux n'y seront plus appelés; les premiers, parce qu'ils sont suffisamment représentés par leurs Evêques; les autres parce que n'ayant point de propriété ils sont presque sans intérêt aux déterminations de l'Assemblée; que pour égaliser le nombre actuel de vingt-trois Députés Nobles et celui de vingt-trois Députés du Tiers-Etat, le Clergé aura pareillement vingt-trois représentants à la Consulte, savoir, Mgrs les Evêques au nombre de cinq, ou, en leur absence, leurs Vicaires Généraux, et en outre dix-huit Piévans; que le nombre de ceux-ci n'étant présentement que de quinze, il y en aura trois à ajouter dont un le sera aux Piévans de la Province de Bastia, un à ceux de la Province de Corte et un à ceux de la Province d'Ajaccio. Sur quoi l'Assemblée recevant avec soumission ces nouvelles dispositions de Sa Majesté a promis de s'y conformer entièrement.

Protestation de Mgrs les Evêques. — Ensuite Nosseigneurs les Commissaires du Roi ont demandé s'il restait d'autres propositions à faire. Alors Mgrs les Evêques ont dit qu'en même temps qu'ils sont disposés à donner à Sa Majesté en toute occasion des preuves du respect et de la soumission dont ils sont pénétrés envers sa Personne sacrée, ils ne peuvent se dispenser de faire ici leurs protestations contre tout ce qui pourrait blesser les droits de l'Episcopat et du Clergé Corse, se réservant d'en détailler les motifs dans un Mémoire qu'ils se proposent de remettre à Mgrs les Commissaires du Roi pour prendre sur celui les ordres de Sa Majesté, desquelles protestations et réserves, Nosseigneurs les Commissaires du Roi ont donné acte, et l'Assemblée ayant déclaré qu'il ne restait aucune proposition à faire, le présent Procès-Verbal, après avoir été lu et publié, l'Assemblée séant, est resté clos.

Après quoi, M. Grimaldi, membre de la Commission des Douze, a remercié au nom de l'Assemblée dans les termes les plus expressifs Nosseigneurs les Commissaires du Roi de toutes les bontés qu'ils ont marquées à la Nation dans tous les temps et particulièrement dans la présente Assemblée etc.

Fait et publié en l'Assemblée des Etats de Corse.

Bastia, le vingt Mai mil sept cent soixante-douze.

Signés : Jean-François Ciaccaldi, Pierre Grimaldi, Jean-André Fabiani, Emanuelli, Don François Massimi, Antoine Ogliastri, J.-J.-M., Evêque d'Aleria, Guasco, Evêque du Nebbio, de Colla de Pradine, le Comte de Marbeuf.

Par Nosseigneurs les Commissaires du Roi,
Signé : G<small>IUBEGA</small>.

PROCÈS-VERBAL

de la continuation indiquée au 15 Juillet 1772 de l'Assemblée Générale des Etats de Corse, ouverte le premier Mai de la même année.

Dudit jour 15 Juillet 1772

Monseigneur Jean-François, Comte de Narbonne Pelet, Grand-Croix de l'Ordre Royal et Militaire de Saint Louis, Chevalier des Ordres Royaux, Militaires et Hospitaliers de Notre-Dame du Mont-Carmel et de Saint Lazare de Jérusalem, Maréchal des Camps et Armées du Roi, Commandant pour Sa Majesté dans l'Ile de Corse, Président à ladite Assemblée des Etats de Corse (1) ;

Et Monseigneur de Colla de Pradine, Chevalier, Conseiller d'honneur au Parlement de Province, Intendant de Justice, Police, Finances, Vivres, Fortifications, Troupes, et Commissaire départi de Sa Majesté pour l'exécution de ses ordres en

---

(1) *Décision de Sa Majesté :*
A l'avenir les seuls Nobles reconnus au Conseil Supérieur seront admis pour représenter la Noblesse dans les Assemblées.

ladite Ile, et ses dépendances, aussi Commissaire du Roi à ladite Assemblée générale.

S'étant rendus en l'Eglise de Saint Roch de cette Ville, assistés du Sieur Laurent Giubega, Greffier en chef des Etats, et accompagnés de Mgrs les Evêques, Députés et Membres de la Commission des Douze intervenus à la Séance du premier Mai et jours suivants, de MM. Jean Quartucci et Joseph Dominici, Chanoines de l'Eglise Collégiale de Luri, Sébastien Antonelli, Piévan de la Province de Calvi, Antoine Carcopino, Député du Tiers-Etat de la Province d'Ajaccio, Michel-Ange Renucci, aussi Député du Tiers-Etat de la même Province, Pierre-Paul Peretti, Député du Tiers-Etat de la Province de Sartene, étant absents, MM. Cangione San Giovanni, Député Noble, Jean Marchetti, Antoine-Philippe Perfetti, Députés du Tiers-Etat, tous de la Province de Bastia, François Bianchi, Député Noble de la Province de Vico, le Père Semidei, Provincial de l'ordre des Servites, Antoine-François Galeazzini, Député du Tiers Etat de la Province de Nebbio, Modesto Paoli, Député du Tiers-Etat de la Province d'Aleria, Sauveur Carlotti, Député Noble de la Province de Corte, Martinenghi, Député Ecclésiastique de la Province d'Ajaccio, François-Xavier Casalunga, Député Ecclésiastique de la Province de Sartene, lesquels n'ont pas comparu, ayant été retenus par des empêchements légitimes, dont il a été justifié ;

Après que Nosdits Seigneurs les Commissaires du Roi se sont assis, et que tous les membres de l'Assemblée ont pris place, chacun suivant le rang et ordre qu'il a occupé le premier Mai et jours suivants, et sous les mêmes réserves et protestations faites alors relativement à toute prétention de droit de préséance,

Monseigneur le Comte de Narbonne a dit etc.

Monseigneur de Pradine a dit etc.

Ensuite de quoi il a été procédé à la continuation de l'Assemblée ainsi qu'il suit :

Nosseigneurs les Commissaires du Roi ont annoncé que Sa Majesté n'ayant pas jugé à propos de condescendre à la demande faite au nom de la Nation à la Séance du cinq Mai, d'être dispensée d'envoyer une Députation cette année, elle avait en conséquence donné ses ordres pour que les Membres de la présente Assemblée fussent réunis de nouveau cejourd'hui à l'effet d'élire trois Sujets pour cette Députation, dont un pris dans l'ordre Ecclésiastique et dans le Corps de MM. les Evêques, un pris dans l'ordre de la Noblesse et le troisième pris dans l'ordre du Tiers-Etat.

Que l'intention du Roi est que la Nation pourvoie aux frais du voyage de ces Députés et de leur séjour en France; qu'ils devront être porteurs du cahier non seulement de la présente Séance, mais encore de celles du premier Mai et jours suivants; que quoique Sa Majesté n'approuve pas les résolutions prises dans lesdites Séances, desquelles au contraire Elle suspend de son autorité tout effet et interdit l'exécution, notamment en ce qui concerne la Subvention, voulant qu'aucune des formes et méthodes de répartition projetées à cet égard ne soit suivie; Elle entend néanmoins que lesdits cahiers lui parvienent tels qu'ils ont été arrêtés, sans qu'il y puisse être rien changé, retranché, ni ajouté, Sa Majesté se réservant d'y faire répondre.

Nosseigneurs les Commissaires ont notifié, de l'ordre exprès du Roi, à tous les Membres de la présente Assemblée, qu'ils aient à se réunir une troisième fois, à l'époque du 15 Novembre prochain, pour apprendre, par le rapport des Députés, les intentions que Sa Majesté aura à faire connaître à la Nation et les ordres qu'Elle aura jugé à propos de lui donner et auxquels elle ne devra point manquer de se conformer, les exécutant par provision, et sans qu'il puisse y avoir lieu à aucune représentation capable de les suspendre.

Nosseigneurs les Commissaires du Roi ont ajouté, que ce ne sera qu'à l'époque du 15 Novembre que l'Assemblée, ouverte le premier Mai dernier, recevra le complément de son institution, que jusque-là Sa Majesté la considère comme toujours subsistante et en activité, et que comme les diverses Séances dont elle aura été composée auront occasionné trois déplacements à chacun des Députés, Elle veut et entend qu'il leur soit payé des honoraires relatifs à leur dignité et à l'ordre qu'ils représenteront, et que la Nation en soit tenue au moyen de l'imposition qui en sera faite en sus et au prorata de la Subvention. Enfin, que l'intention de Sa Majesté est que conformément à ce qui a été déjà annoncé, par son ordre, à la Séance du 5 Mai, l'Assemblée se soumette de pourvoir aux frais de tenue des Etats dont le Roi n'entend plus se charger.

Sur quoi, toute l'Assemblée, après avoir unanimement protesté de son entière soumission aux ordres de son Souverain, a supplié Nosseigneurs les Commissaires du Roi de vouloir bien ne pas lui laisser ignorer qu'elle serait pénétrée de la plus vive douleur, si elle pouvait se persuader que la demande qu'elle avait faite d'être dispensée cette année d'envoyer une Députation à la Cour eut fait naître des doutes sur le prix qu'elle attache à une faveur aussi distinguée; que la Nation mettra toujours au rang de ses plus flatteuses prérogatives celle de pouvoir porter chaque année aux pieds de son maître l'hommage de son respect et de son amour, et qu'en même temps que des considérations qu'elle s'abstient de rappeler aujourd'hui, l'avaient déterminée à s'en priver cette fois, elle avait été bien éloignée de méconnaître toute l'étendue d'un pareil sacrifice.

Ensuite l'Assemblée, pour satisfaire à ce qui lui est prescrit, s'est soumise et obligée de supporter les frais de tenue des Etats sur le pied et à compter de l'époque qu'il plaira à Sa Majesté de régler.

Honoraires des Députés qui assistent aux Assemblées des Provinces et aux Etats. — En ce qui concerne les honoraires des Députés aux Assemblées générales, il a été délibéré et arrêté, sous le bon plaisir du Roi, qu'ils seront réglés dans la manière suivante ; savoir : que les Piévans et Députés Nobles auront tant pour leur séjour à Bastia, pendant la tenue des Etats, que pour leur voyage, deux livres par jour ; que les Députés du Tiers-Etat auront trente sous aussi par jour ; que pour les uns comme pour les autres les journées, quant aux voyages, seront calculées à raison de vingt milles pour chacune, comptant les milles des chefs-lieux des Provinces respectives, suivant le tableau qui en sera formé ; et par rapport à Mgrs les Evêques, ceux-ci ayant unanimement désiré, sous le bon plaisir du Roi, d'en faire la remise pour le soulagement de la Nation, toute l'Assemblée a témoigné sa tendre reconnaissance des sentiments d'attachement dont ils se sont montrés animés.

Honoraires des Députés à la Cour. — Ensuite, ayant été procédé à la fixation des frais du voyage et séjour en France des trois Députés qui doivent être élus, l'Assemblée a délibéré et arrêté, aussi sous le bon plaisir du Roi, que l'on payera 4,000 fr. à Mgr l'Evêque, 3,000 fr. au Député Noble, et à celui du Tiers-Etat 2,500 fr., lesquelles sommes devront être perçues en sus de la subvention.

Finalement, pour achever de remplir l'objet de la présente Séance, il a été procédé en la manière suivante à l'élection des Députés.

Election des Députés à la Cour. — Sur ce qui a été proposé de faire passer l'un après l'autre aux suffrages par la voie de l'urne tous les membres de la présente Assemblée, ceux dénommés ci-après en ont été dispensés sur leur demande, savoir, dans l'ordre de Mgrs les Evêques, Mgr Stefanini, Evêque de Sagone, lequel a représenté que, quoiqu'il n'ambitionnât rien davantage que d'aller renouveler au pied du Trône son respectueux hommage et offrir le tribut de la reconnaissance dont il se sent pénétré pour tous les bienfaits dont il a plu à

Sa Majesté de le combler, néanmoins l'état actuel de sa santé ne lui permet pas d'entreprendre un pareil voyage ; dans l'ordre de la Noblesse, MM. Joseph Guasco, Mari, Cottone, Adriani, Emmanuelli, Folaci, Ferri, Cuttoli, lesquels ont également fait des représentations, les uns sur le mauvais état de leur santé, les autres sur le poids de leur âge ; enfin, dans l'ordre du Tiers-Etat, tous les membres dudit ordre, à l'exception des Sieurs Belgodere, Ciaccaldi, Carlotti et Nobili, aussi pour les mêmes motifs allégués par les Députés Nobles ci-devant dénommés. Tous les autres membres de l'Assemblée ayant été successivement et séparément ballottés et les voix recueillies et comptées par Nosseigneurs les Commissaires du Roi, il s'est trouvé que le plus grand nombre des favorables a été, savoir, dans l'ordre Ecclésiastique, pour Mgr Guasco, Evêque du Nebbio ; dans l'ordre de la Noblesse, pour M. Philippe Costa, et dans le Tiers-Etat, pour le Sieur Louis Belgodere, au moyen de quoi tous les trois ont été nommés et élus et la présente Assemblée les nomme et élit pour, en qualité de Députés de la Nation, se rendre à la Cour, et en présentant au Roi le Procès-Verbal des délibérations prises par ladite Assemblée dans les Séances du mois de Mai et dans celle d'aujourd'hui, porter au pied de son Trône les protestations des mêmes sentiments de respect, d'amour, de gratitude et d'obéissance exprimés dans lesdits cahiers, et implorer de la bienveillance de son cœur la continuation des bontés dont la Nation a reçu des marques aussi multiplies jusqu'à ce jour ; lesquelles nominations et élections lesdits Députés ont acceptées avec reconnaissance, promettant de faire tous leurs efforts pour justifier la confiance dont l'Assemblée a bien voulu les honorer.

De tout quoi a été fait et rédigé le présent Procès-Verbal qui a été signée tant par Nosseigneurs les Commissaires du Roi que par les trois Députés élus, par Mgr Doria, Evêque d'Ajaccio, par M. Biguglia, Vicaire Capitulaire de Mariana et

Accia, par MM. Saliceti et Franceschi, Piévans, par MM. Folacci et Buonaparte, Députés Nobles, par les Sieurs Nobili et Ferrandini, Députés du Tiers-Etat.

A Bastia, en l'Eglise de Saint-Roch, les jour, mois et an susdits.

Par Nosseigneurs les Commissaires du Roi,
Signé : GIUBEGA.

PROCÈS-VERBAL

de la continuation indiquée au 15 Novembre 1772 de l'Assemblée Générale des Etats de Corse, ouverte le premier Mai de la même année.

Du 15 Novembre 1772

Monseigneur Louis-Charles-René Comte de Marbeuf, premier Gentilhomme de la Chambre du feu Roi de Pologne, Duc de Lorraine et de Bar, Lieutenant du Roi de quatre Evêchés de la Haute-Bretagne, Commandeur de l'ordre Royal et Militaire de Saint-Louis, Lieutenant-Général de l'Ile de Corse et des armées du Roi, Commandant en chef dans ladite Ile et autres, Commissaire du Roi, Président ladite Assemblée ;

Et Monseigneur Barthélemy de Colla de Pradine, Chevalier, Conseiller du Roi en ses Conseils, Conseiller d'honneur au Parlement de Provence, Intendant de Justice, Police, Finances, Fortifications, Vivres, Troupes, et Commissaire départi par Sa Majesté pour l'exécution de ses ordres dans l'étendue de ladite Ile et autres en dépendantes, aussi Commissaire du Roi à ladite Assemblée ;

S'étant rendus à l'Eglise de Saint-Roch de cette Ville, assistés de M. Laurent Giubega, Greffier en chef des Etats, et accompagnés de Mgrs les Evêques, Députés et membres de la Commission des Douze, nommés dans la première Séance du premier Mai, et M. Ciaccaldi, Vicaire-Capitulaire de Sagone, à l'exception de Mgr Doria, Evêque d'Ajaccio, de M. Sébastien Buttafuoco, Député Noble, du Sieur Marchetti, Député du Tiers-Etat de la Province de Corte, de M. Martinenghi, Député Ecclésiastique, de M. Paganelli, Député Noble, et du Sieur Antoine-François Giulj, Député du Tiers-Etat, tous de la Province d'Ajaccio, de M. Durazzo Paoli, Député Noble, et du Sieur Cresci, Député du Tiers-Etat de la Province de Sartene, de M. Cottone, Député Noble de la Province d'Aleria, de M. Antonelli, Député Ecclésiastique de la Province de Calvi, lesquels retenus par des empêchements légitimes n'ont pu intervenir à la présente Assemblée.

Après que Nosdits Seigneurs les Commissaires du Roi se sont assis et que tous les membres de l'Assemblée ont pris place suivant le rang qu'ils ont occupé le premier Mai et jours suivants, et sous les mêmes réserves et protestations faites de tous droits de préséance ;

Monseigneur le Comte de Marbeuf a dit etc.

Monseigneur de Pradine a dit etc.

Rapport de MM. les Députés à la Cour. — Ensuite M. Guasco, Evêque du Nebbio et Député à la Cour par l'Assemblée au nom du Clergé, M. Costa, Député pour la Noblesse, et M. Belgodere, Député pour le Tiers-Etat, voulant rendre compte de leur mission à l'Assemblée générale, M. Guasco a dit etc.

Copie duquel discours signé ✠ Mgr Evêque du Nebbio nommé à l'Evêché de Sagone, Costa et Belgodere, a été remise ès-mains du Greffier des Etats, de même que le Procès-Verbal du cérémonial observé à l'occasion de la présentation de MM. les Députés, après toutes fois que lecture dudit Procès-Verbal a été faite sur la demande desdits Députés et de l'agrément de Nosseigneurs les Commissaires du Roi pour le tout rester en dépôt au Greffe des Etats à l'effet d'y avoir recours en cas de besoin.

Après quoi, Nosseigneurs les Commissaires du Roi ont ordonné la lecture des réponses de Sa Majesté relatives aux demandes contenues dans le cahier des Etats ; lesquelles réponses sont au nombre de vingt-quatre, signé LOUIS et plus bas signé MONTEYNARD, après avoir été lues à haute et intelligible voix, elles ont été déposées au Greffe des Etats, pour y avoir recours en cas de besoin.

Ensuite il a été procédé à la lecture de plusieurs observations faites par Monseigneur le Marquis de Monteynard, Secrétaire d'Etat, ayant le département de la Corse, sur la rédaction du Procès-Verbal du premier Mai et jours suivants et sur plusieurs délibérations y contenues.

Finalement il a été procédé à la lecture de deux Arrêts du Conseil d'Etat du Roi, un relatif à la tenue des Assemblées des Piéves, des Provinces et Générales des Etats, et l'autre relatif à la Subvention.

Après quoi, la continuation du Procès-Verbal a été remise à demain, neuf heures du matin.

Et a été la présente Délibération signée tant par Nosseigneurs les Commissaires du Roi, que par Mgr Stefanini, Evêque de Mariana et Accia, par Mgr Guasco, Evêque de Sagone, par MM. Massini et Astolfi, Piévans, par MM. Cuttoli et Ferri, Députés Nobles, et par les Sieurs Luccioni et Petrignani, Députés du Tiers-Etat.

Par Nosseigneurs les Commissaires du Roi,
Signé : GIUDEGA.

Séance du 16 Novembre 1772.

Nosseigneurs les Commissaires du Roi, Mgrs les Evêques, (*Mgr Stefanini, Evêque de Sagone, absent*) et MM. les Députés nommés dans le Procès-Verbal de la Séance d'hier s'étant rendus à la salle de l'Assemblée, Nosseigneurs les Commissaires du Roi ont ordonné la lecture de trois Arrêts du Conseil d'Etat de Sa Majesté, savoir, en premier lieu d'un portant imposition pour le logement des Gens de Guerre en Corse; en second lieu d'un relatif aux constructions et réparations des chemins ; finalement d'un portant réunion de la Piève de Peri à celle de la Mezzana.

Ladite lecture faite à haute et intelligible voix, Mgr Guasco, Evêque du Nebbio, nommé à l'Evêché de Sagone, M. Costa et M. Belgodere, tous les trois Députés à la Cour, ont présenté un Etat montant à treize cent quarante-neuf livres pour diverses gratifications par eux payées relativement à leur Députation.

Sur quoi et la matière mise en délibération, il a été arrêté que cette somme leur sera remboursée en sus de ce qui leur a été alloué à la Séance du 15 Juillet et qu'elle sera levée de la même manière.

Naturalisation des trois fils du Sieur Sessy de Silva. — Ensuite Jean-Baptiste Marie, Etienne-Emmanuel et Honoré-Joseph-Marie, tous les trois fils du Sieur Sessy de Silva, de la Ville de Luxembourg, qui depuis longtemps habitent en cette Ville de Bastia, ayant demandé aux Etats d'être naturalisés Corses,

La matière mise en délibération, il a été observé par les Etats que les susnommés étant Français, il leur paraissait qu'ils peuvent être dispensés de ladite naturalisation.

Lesdits Etats ont au surplus consenti à ce qu'elle ait lieu en cas de besoin, et qu'en conséquence lesdits Sieur Jean-Baptiste-Marie, Etienne-Emmanuel et Honoré-Joseph-Marie Sessy de Silva soient considérés comme Corses et à ce titre puissent jouir de tous les droits et prérogatives dont jouissent tous les sujets Corses de Sa Majesté.

Commissaires des Juntes. — Après quoi, Monseigneur le Comte de Marbeuf a dit que la Nation ne doit pas ignorer que Sa Majesté, par une suite de la confiance qu'Elle a dans sa fidélité, a bien voulu établir quatre Juntes pour le maintien de la Police intérieure ; que les Sujets choisis par le Roi dans le nombre de ceux que les Etats avaient nommés sont, savoir :

JUNTE D'OREZZA.

MM. Jean-Charles Ciavaldini, d'Orezza.
Innocent Mari, de Tavagna.
Paul-Louis Vinciguerra, de Casinca.
Mathieu Limperani, de la Penta.
Antoine Antonj, d'Ersa.
Tiburce Morati, du Nebbio.

CACCIA.

MM. Dominique Arrighi, de Speloncato.
Pierre-Paul Franceschini, de Balagne.
François Graziani, de Pino.
Décius Emanuelli, de Valle-Rustic.
Pierre Orsini, de Bozio.
Jean Giuliani, de Muro.

QUENZA.

MM. Sauveur Carlotti, de Venaco.
Philippe Poli, de Cervione.
Jacques-Philippe Martinetti, du Fiumorbo.
Horace Quenza, de Quenza.
Antoine-Jean Lepidi, de Zuani.
Marc-Aurèle Peretti, de Levie de la Rocca.

GUAGNO.

MM. Jean-Baptiste Ornano, d'Ornano.
Sébastien Poli, de la Mezzana.
Paul-Baptiste Ferri, de Bocognano.
Marc Albertini, de Cinarca.
Jean-Dominique Peretti, d'Istria.
Dominique-Marie Colonna, de Vico.

Monseigneur le Comte de Marbeuf a ajouté que la Nation sera tenue du loyer des Tribunaux relatifs audit établissement, de même que du loyer des logements et des fournitures nécessaires à la Troupe qui restera près desdits Tribunaux, et que cette dépense sera perçue en sus et au marc la livre de la Subvention.

Sur quoi, il a été arrêté que les membres de la Commission des Douze seront chargés de s'occuper avec tout le zèle et toute la célérité convenable des détails qu'exigeront les dépenses dont il s'agit.

Finalement M. Grimaldi, membre de la Commission des

Douze, désirant faire connaître les sentiments de l'Assemblée a dit etc.

Le présent Procès-Verbal, après avoir été lu et publié, est resté clos les jour, mois et an susdits.

Signés: Antoine-Philippe Perfetti, Antoine-François Leandri, Jean-Grégoire Ortoli, François Bianchi, Antoine-Marie Alberti, Piévan, Dominique Pompei, Piévan, Ceccaldi, Vicaire-Capitulaire de Sagone, Colla de Pradine, le Comte de Marbeuf.

Par Nosseigneurs les Commissaires du Roi,
Signé : Giubega.

PROCÈS-VERBAL

DE

L'ASSEMBLÉE GÉNÉRALE DES ÉTATS DE CORSE

SOCIÉTÉ DES SCIENCES HISTORIQUES ET NATURELLES
DE LA CORSE

PROCÈS-VERBAL

DE

L'ASSEMBLÉE GÉNÉRALE DES ÉTATS DE CORSE

TENUE A BASTIA

LE 8 NOVEMBRE 1773 ET JOURS SUIVANTS

PUBLIÉ

par M. A. DE MORATI

Vol. III.

BASTIA
IMPRIMERIE ET LIBRAIRIE OLLAGNIER

1896

Dudit jour 8 Novembre au matin

Monseigneur Louis-Charles-René Comte de Marbeuf, Premier Gentilhomme de la Chambre du feu Roi de Pologne, Duc de Lorraine et de Bar, Lieutenant de Roi des quatre Evêchés de la Haute-Bretagne, Commandeur de l'Ordre Royal et Militaire de Saint Louis, Lieutenant-Général des Armées du Roi et au Gouvernement de l'Ile de Corse, Commandant en chef dans ladite Ile et autres en dépendantes et Commissaire du Roi, président ladite Assemblée des Etats,

Et Monseigneur Barthélemy de Colla de Pradine, Chevalier Conseiller du Roi en ses Conseils, Conseiller d'honneur au Parlement de Provence, Intendant de Justice, Police, Finances, Fortifications, Vivres près de ses Troupes et Commissaire départi par Sa Majesté pour l'exécution de ses ordres dans l'étendue de l'Ile de Corse et autres en dépendantes, aussi Commissaire du Roi à ladite Assemblée des Etats.

Nosdits Seigneurs le Comte de Marbeuf et de Colla de Pradine, assistés du Sieur Laurent Giubega, Greffier en chef des Etats, et accompagnés de Mgr Doria, Evêque d'Ajaccio, de Mgr Stefanini, Evêque de Mariana et Accia, de Mgr Guasco, Evêque de Sagone, de Mgr de Guernes, Evêque d'Aleria, de Mgr Cittadella, Evêque du Nebbio, de MM. Joseph Guasco et

Jean-Grégoire Ortoli, membres de la Commission des douze Nobles, de MM. Pierre Pompei, Piévan de Caccia, Jules Guidoni, Piévan de Tavagna, Xavier Sicurani, Piévan d'Orezza, Députés Ecclésiastiques de la Province de Bastia, de MM. Jean-Baptiste Cardi-Sansonetti, André Colonna-Ceccaldi, François Casabianca, Jean-Vito Pietri et Philippe Costa, Députés Nobles, des Sieurs Jean-Ange Morlas, Mathieu-François Torre, Jean-Antoine Filippi, Jean-Paul Pompei et Bonaventure Petronelli, Députés du Tiers-Etat de la même Province de Bastia, de MM. Antoine-François Susini, Piévan d'Ornano, Dominique Costa, Curé de Cauro, et Sauveur Mattei, Curé de Cinarca, Députés Ecclésiastiques de la Province d'Ajaccio, de MM. Annibal Folacci, Jean-Baptiste Folacci et Jean-Baptiste Baciocchi, Députés Nobles, des Sieurs Paul-François Costa, Nicolas Stefanopoli, Toussaint Calcatoggio, Antoine-Paul Casanova, Antoine Ferri, Antoine Tasso et Joseph Morazzani, Députés du Tiers-Etat de la même Province d'Ajaccio, de MM. Joseph-Marie Bruni, Abbé d'Olmeto, et Jean-Antoine Tusoli, Curé de Fozzano, Députés Ecclésiastiques de la Province de Sartene et Bonifacio, de MM. Jean-Augustin Pietri, Pierre-Paul-César Rocca, Députés Nobles, des Sieurs Filippo Filippi et Jean-Baptiste Roccaserra, Députés du Tiers-Etat de la même Province de Sartene et Bonifacio, de MM. Vincent de Pietri, Piévan d'Aregno, Député Ecclésiastique, Ours-Jacques Fabiani et Marc-Antoine Lanzalavi, Députés du Tiers-Etat pour la Province de Balagne, de M. François Silvani, Député du Tiers-Etat de la Province d'Aleria (*et le Sieur Don-Michel Marchetti, Piévan de Verde, Député Ecclésiastique, et le Sieur Martin Astima, autre Député du Tiers-Etat, absents pour cause de maladie*), de MM. Gabrielli, Piévan de Rogna, Alberti, Piévan de Venaco, et Turchini, Piévan de Bozio, Députés Ecclésiastiques de la Province de Corte, de MM. Placide Moracchini, François Raffaelli, Thomas Pieri, Jean Defendini, Antoine-Pierre Orsini, Députés du Tiers-Etat de la même Province de Corte, de MM. Don-Félix Pinelli, Piévan de Santo-Pietro, Député Ecclésiastique de la Province du Nebbio, du Sieur Antoine-Jérôme Morlas, Député Noble, et du Sieur Jacques Limarola, Député pour le Tiers-Etat de la même Province du Nebbio, de MM. Charles-Marie Franceschi, Piévan de Canari, et Joseph-Marie Semidei, Piévan de Centuri, de M. Augustin Caraccioli, Député Noble, des Sieurs Ange-Toussaint Vivaldi, Jules-François Nobili et Jean-Mathieu Angeli, Députés du Tiers-Etat de la Province du Cap-Corse, de MM. Jean-André Giubega, Archiprêtre de Cassano, Député Ecclésiastique de la Province de Calvi, des Sieurs Georges Flach, Toussaint Graziani, Députés du Tiers-Etat de la même Province de Calvi, de M. Xavier Piano, Curé de Marignana, Député Ecclésiastique de la Province de Vico, du Sieur François Nicoli, Député du Tiers-Etat de la même Province, (*du Sieur François Lucca, autre Député du Tiers-Etat, étant absent pour cause légitime*).

Après avoir entendu la messe solennelle du Saint-Esprit, célébrée per Mgr de Guernes, Evêque d'Aleria, au lieu de Mgr Stefanini, Evêque Diocésain, qui en a été empêché par la faiblesse de sa santé, dans l'Eglise Paroissiale de Saint-Jean de cette Ville, se sont rendus dans l'Eglise de la Conception, rue Saint Nicolas, disposée pour servir de Salle d'Assemblée des Etats de Corse, où étant arrivés Mgrs les Evêques se sont assis à la droite de Mgr le Comte de Marbeuf, après Mgr de Pradine, suivant leur ancienneté dans l'Episcopat et la date de leur consécration dans l'ordre suivant, savoir : Mgr Doria, Evêque d'Ajaccio, Mgr Stefanini, Evêque de Mariana et Accia, Mgr Guasco, Evêque de Sagone, Mgr de Guernes, Evêque d'Aleria, et Mgr Cittadella, Evêque du Nebbio ; après Mgrs les Evêques se sont assis MM. les Piévans selon l'ancienneté de leurs Provinces respectives, savoir : ceux de Bastia, d'Ajaccio, de Sartene, de Balagne, d'Aleria, de Corte, du Nebbio, du Cap-Corse, de Calvi et de Vico, et les Piévans de la même

Province ont pris place selon leur âge ; à la gauche du Président, MM. les Députés de la Noblesse avec le même ordre des Piévans, après les Députés du Clergé et de la Noblesse, les Députés du Tiers-Etat, savoir : à la droite MM. les Députés de la Province de Bastia et d'Ajaccio, et à gauche MM. les Députés des autres Provinces, le tout conformément à ce qui a été prescrit par l'Arrêt du Conseil du Roi du deux Novembre mil sept cent soixante-douze, relativement aux Assemblées générales et particulières de la Nation Corse.

Ensuite de quoi, le Sieur Giubega, Greffier en chef des Etats, a dit que tous les Députés des Provinces ont porté au Greffe leurs pouvoirs dont par ordre de Mgrs les Commissaires du Roi il a été fait lecture, et ils se sont trouvés être de la teneur exprimée et portée sur le second Registre destiné à inscrire le pouvoir des Députés.

Ensuite l'Assemblée générale ayant observé que la Province du Cap-Corse avait élu pour Député Noble le Sieur Augustin Caraccioli, Prêtre, et considérant que son admission aurait eu des suites pour l'avenir pour donner droit aux Ecclésiastiques de représenter la Noblesse, ce qui ne doit pas être; en conséquence de quoi on a mis la matière en délibération, et on a arrêté que le même Sieur Caraccioli, attendu sa qualité de Prêtre, ne serait pas admis dans cette Assemblée générale. La même Assemblée générale a encore observé que les Sieurs Félicien Gavini, de la Province de Bastia, Filippo Filippi, de la Province de Sartene, Martin Astima, de la Province d'Aleria, Thomas Pieri, Don Pierre Orsini et Placide Moracchini, de la Province de Corte, et Jacques Limarola, de la Province du Nebbio, tous représentants le Tiers-Etat, n'étaient pas, lorsqu'on les a élus, ni Potestats, ni Pères du Commun, qualité nécessaire pour être valablement admis aux Assemblées des Pièves, et à représenter le Tiers-Etat, ainsi qu'il est prescrit par le règlement de l'année mil sept cent soixante-dix sur les Assemblées générales, mais considérant que leur exclusion causerait un trop grand préjudice aux Provinces qui les ont nommés députés, dans la fausse opinion qu'ayant été Officiers Municipaux au temps passé, ils pouvaient jouir du droit qu'elles leur ont confié de les représenter ; la matière mise en délibération, après l'approbation préalable de Mgrs les Commissaires du Roi, il a été arrêté que ceux desdits Députés qui ont été Podestats ou Pères du Commun depuis la soumission de cette Ile sous la souveraineté de Sa Majesté, resteront Députés et auront droit de Séance dans la présente Assemblée générale, et qu'il n'y aura seulement que ceux qui n'ont pas eu ladite qualité ci-dessus énoncée depuis ladite époque qui en seront exclus, le tout sous l'expresse protestation et réserve que la présente délibération ne pourra tirer à aucune conséquence pour l'avenir ; en exécution de quoi les Sieurs Pierre Orsini et Martin Astima seulement sont demeurés exclus.

Ensuite Mgr le Comte de Marbeuf a dit etc.

Et Mgr de Colla de Pradine a dit etc.

Et en conséquence de ce qui est prescrit par Sa Majesté dans le règlement de l'Assemblée générale des Etats de Corse, qui veut que chaque délibération soit signée par Mgrs les Commissaires du Roi, par deux de Mgrs les Evêques, deux Piévans, deux Députés Nobles et deux Députés du Tiers-Etat, il a été délibéré que lesdits Mgrs les Evêques et Députés seront pris par ordre et suivant le rang ci-dessus ; mais comme les Assemblées ordinaires ne doivent point être faites en présence de Commissaires du Roi, et que le plus ancien des Evêques doit les présider, cette présidence étant due à Mgr Doria, Evêque d'Ajaccio, comme le plus ancien dans l'Episcopat et dans la consécration, Mgrs les Commissaires du Roi ont dit que Mgr l'Evêque président devra signer toutes les délibérations qu'on aura prises pendant les Etats dans les Assemblées ordinaires.

Ensuite Nosseigneurs les Commissaires du Roi ont renvoyé

l'Assemblée à demain, à neuf heures du matin; Mgrs les Evêques d'Ajaccio et de Mariana, MM. Pompei et Guidoni, Piévans, MM. Sansonetti et Casabianca, Députés Nobles, les Sieurs Torre et Morlas, Députés du Tiers-Etat, ont signé le Procès-Verbal de la présente Séance à Bastia les an, mois et jour susdits.

Séance du 9 Novembre 1773

Nosseigneurs les Commissaires du Roi, Mgrs les Evêques et Députés ci-devant nommés s'étant rendus dans la Salle de l'Assemblée, Nosseigneurs les Commissaires du Roi ont dit que, dans la seconde Séance de l'Assemblée générale de l'année dernière, on exigea des Sujets qui la composaient la promesse et le serment de ne point divulguer ce qui s'y traiterait, et surtout de garder le secret sur les diverses opinions; que Sa Majesté ayant approuvé cette délibération, il est nécessaire de s'y conformer; à cet effet tous les membres de la présente Assemblée connaissant l'utilité de cette proposition ont promis et juré, savoir : les Seigneurs Evêques et MM. les Députés Piévans en mettant la main sur la poitrine, et MM. les autres Députés en levant la main, de ne point parler de tout ce qui sera proposé, dit, fait, discuté et délibéré, de ne point révéler les opinions ou sentiments qui seront rejetés ou adoptés par qui que ce soit, et d'observer religieusement la loi du secret sans pouvoir s'en écarter directement ou indirectement, duquel serment Nosseigneurs les Commissaires du Roi ont donné acte.

Et la présente Délibération a été signée tant par Nosdits Seigneurs les Commissaires du Roi, que par Mgr de Guernes, Evêque d'Aleria, MM. Pietri et Costa, Députés Nobles, et les Sieurs Filippi et Pompei, Députés du Tiers-Etat.

Dudit jour 9 Novembre 1773.

Nosseigneurs les Commissaires du Roi ont dit que, conformément à l'article 15 de l'Arrêt du Conseil d'Etat du 24 Octobre 1772 concernant la Subvention en Corse, la première Séance des Etats, après la reconnaissance des pouvoirs des Députés, devant être employée à arrêter la somme de l'abonnement, ils annoncent en conséquence à l'Assemblée, que Sa Majesté veut bien encore abonner à la Nation, les deux vingtièmes des Productions pour la quatrième année, qui est échue au premier Octobre dernier, moyennant la somme de cent vingt mille livres, sous la condition expresse, que ladite somme sera payée en entier et remise à la Caisse Civile avant le premier Octobre 1774.

Que l'intention de Sa Majesté est néanmoins que la Subvention demeure fixée aux deux vingtièmes des Productions contribuables, conformément à l'article 2 de l'Arrêt de règlement du 24 Octobre 1772, à la charge que, ce que la levée desdits deux vingtièmes produira en sus de la somme de cent vingt mille livres, à quoi elle veut bien consentir que l'abonnement de la Subvention soit fixé, sera employée conformément à l'article 20 dudit Arrêt de règlement.

Sur quoi la matière mise en délibération, les Etats, regardant, comme une grâce spéciale, l'abonnement que Sa Majesté vient de faire de la Subvention de la quatrième année à cent vingt mille livres seulement, pénétrés, en même temps, de la vive reconnaissance qu'exige une faveur aussi marquée, ils ont promis au nom de la Nation qu'elle se fera un devoir indispensable de satisfaire avec exactitude, dans le délai prescrit, à cette demande marquée au coin de la modération et de la bonté paternelle du Souverain, à qui elle a le bonheur d'appartenir ; et la présente délibération a été signée tant par Nosdits Seigneurs les Commissaires du Roi que par Mgrs les Evêques et Députés qui ont signé la précédente comme ci-dessus.

Dudit jour 9 Novembre 1773

Nosseigneurs les Commissaires du Roi ont dit que Sa Majesté ayant reconnu, que la prime ordonnée par l'Arrêt de son Conseil du 20 Août 1771 pour chaque tête de bétail étranger, introduit dans le Port de l'Ile, n'avait point opéré en faveur de l'agriculture l'avantage que Sa Majesté avait eu en vue de lui procurer, elle avait résolu d'employer un autre moyen pour la conservation et la multiplication des bestiaux dans les campagnes; qu'à cet effet elle avait ordonné, par Arrêt de son Conseil du 18 Juillet dernier, que les bestiaux employés au labourage seraient affranchis de la Subvention ; qu'en conséquence il ne sera désormais exigé ni déclaration ni Subvention pour les Poulains, Anons et Mulets nés en Corse ; que, quant aux Veaux et Génisses, on continuera de déclarer tous ceux qui seront nés dans l'année; mais que la Subvention n'aura lieu que sur ceux qui auront été vendus ou consommés pendant le cours de la même année, et qu'il n'en sera point dûe pour ceux qui seront demeurés à leurs premiers Propriétaires.

Sur quoi la matière mise en délibération, l'Assemblée a témoigné être remplie de reconnaissance d'une grâce qui, utile par elle-même, devient encore avantageuse par l'objet qui la dirige, qui est celui d'encourager l'agriculture, de l'augmentation de laquelle dépend le bien et la félicité de cette Ile ;

mais, comme cette exemption ne comprenant pas les Veaux tués ou vendus dans le cours de l'année, on doit continuer à les déclarer, ainsi qu'il est prescrit par l'Arrêt du Conseil d'Etat du 18 Juillet dernier dont lecture a été faite dans la présente Séance, les Etats supplient humblement Sa Majesté d'ordonner que pour éviter toute fraude et pourvoir à ce que les Propriétaires de ce bétail puissent jouir de la franchise sans en abuser, ceux qui voudront en jouir devront se pourvoir d'un certificat des Podestats et Pères du Commun de leur Paroisse, qui justifie l'existence de ces animaux après un an à compter de leur naissance, au moyen duquel certificat ils seront déchargés des déclarations portées sur les registres de leur Communauté.

En même temps, les Etats ont respectueusement témoigné le désir qu'ils auraient de voir la même exemption étendue aux Veaux qui seront vendus dans le courant de l'année pour être conservés, à condition d'en justifier l'existence après l'année de leur naissance.

Et la présente Délibération a été signée tant par Mgrs les Commissaires du Roi que par Mgrs les Evêques et Députés qui ont signé les deux précédentes.

Dudit jour 9 Novembre 1773

Nosseigneurs les Commissaires du Roi ont dit que les Pièves de Casacconi et Ampugnani ayant demandé de ne payer la Subvention qu'en deux termes, Sa Majesté toujours disposée à faciliter à la Nation l'acquittement de ses charges voulait bien consentir à ce que le paiement de la Subvention se fît en deux termes égaux, et qu'en conséquence la moitié se payât en Février et l'autre en Septembre, à moins qu'il ne convint mieux à la Nation de diviser les paiements en quatre termes et de faire par quart, ce que Sa Majesté approuve qu'elle délibère dans cette Assemblée.

Sur quoi la matière mise en délibération, les Etats ayant reconnu l'utilité de la demande, faite par les deux Piè-ves de Casacconi et d'Ampugnani, tendante à faciliter le recouvrement de la Subvention, et profitant de la liberté que Sa Majesté veut bien leur accorder de délibérer sur cet article, ce qui est plus convenable à la Nation, il a été unanimement arrêté, que dorénavant le paiement de la Subvention sera fait en deux termes égaux savoir, la moitié dans le mois de Septembre et l'autre moitié dans le mois de Février.

Et la présente Délibération a été signée tant par Mgrs les Commissaires du Roi que par Mgrs les Evêques et Députés comme dessus, etc.

Dudit jour 9 Novembre 1773

Nosseigneurs les Commissaires du Roi ont dit, que l'objet le plus intéressant dont la Nation doit s'occuper est celui de rectifier les inégalités de la répartition provisionnelle arrêtée en 1770, pour la première année de la Subvention, et suivie pour la seconde et la troisième année, et de tenir compte soit en plus, soit en moins, aux Provinces et aux Communautés que cette répartition aurait trop ménagées ou surchargées; que pour parvenir à ce but il avait été reconnu indispensable que la Nation commençât par rectifier l'inexactitude des déclarations fournies par les Communautés des productions contribuables pour la seconde année; que c'est à quoi il a été satisfait dans les Assemblées des Provinces qui ont été tenues au mois de Février de la présente année; qu'on y a arrêté, en même temps, les déclarations fournies pour la troisième année, et qu'on a réglé les évaluations du prix des productions pour chacune de ces deux années ; que, conformément aux dispositions de l'article 14 de l'Arrêt de règlement du 24 Octobre 1772, les Procès-Verbaux des évaluations ont été donnés en communication par M. l'Intendant aux Députés des Douze de résidence à Bastia, sur le rapport desquels, et d'après les renseignements les plus exacts, M. l'Intendant a réglé définitivement les évaluations en argent des productions contribuables pour chacune des deux années du 1er Octobre 1770 au 1er Octobre 1771, et de cette dernière époque au 1er Octobre 1772 ; que, conformément auxdites évaluations, il a fait dresser et arrêter pour chaque Province et chaque année un Etat qui contient :

1º Les productions contribuables qu'elle a déclarées, toutes déductions faites pour les frais de semence et de culture,

2º Les prix auxquels elle les a évalués,

3º Le montant de cette estimation en argent,

4º Les évaluations proposées par les Députés des Douze,

5º Le produit en argent des productions d'après ces évaluations,

6º Les évaluations définitivement fixées par M. l'Intendant,

7º Le produit en argent auquel elles portent les denrées et productions contribuables.

Nosseigneurs les Commissaires du Roi ont ajouté que ces Etats, qu'ils ont remis sur le Bureau, servent à faire connaître à quoi aurait monté la Subvention de chaque année, suivant les évaluations des Provinces ; ce qu'elle aurait produit suivant les évaluations des Députés ; et enfin la somme à laquelle elle doit être portée suivant les évaluations définitivement fixées par M. l'Intendant ;

Qu'ils joignent deux autres Etats, qui, relativement aux évaluations définitives, contiennent le montant de la Subvention que chaque Province aura à payer pour chaque année, celui de la Subvention à laquelle elle a été imposée suivant la répartition provisionnelle de 1770, et par conséquent les sommes que les Provinces, trop peu imposées par cette répartition, auront encore à payer par augmentation, ainsi que celles dont il faudra tenir compte aux Provinces que cette répartition aura surchargées ;

Qu'ils joignent encore un dernier Etat qui contient le résumé général de ces différents Etats, et démontre qu'en levant pour la seconde et la troisième année les deux vingtièmes des productions contribuables, relativement aux évaluations de M. l'Intendant, la Subvention produira un total de trois cent six mille quatre cent quatre-vingt-neuf livres, huit sous et un denier, qu'ainsi le Roi ayant bien voulu réduire à deux cent quarante mille livres l'abonnement de la Subvention pour ces deux années, il en résultera que la remise que Sa Majesté a daigné faire à la Nation, et qu'elle estimait devoir monter à soixante mille livres, sera en effet de soixante-six mille quatre cent quatre-vingt-neuf livres, huit sous et un denier ;

Mais que, comme il ne suffit pas de faire connaître à la Nation ce que chaque Province aura à payer, et qu'il faut encore lui présenter le même tableau pour chaque Communauté, M. l'Intendant en a fait rédiger un par Communauté qui contient :

1º Le montant des productions contribuables que la Communauté qu'il concerne a déclarées,

2º L'objet des déductions à faire sur chaque espèce de productions, conformément à l'article 12 de l'Arrêt de règlement,

3º L'évaluation définitivement fixée par M. l'Intendant aux productions contribuables,

4º Le montant en argent des productions déclarées suivant cette évaluation, et au bas la somme à laquelle montent les deux vingtièmes du total des productions en argent, et qui forme la Subvention à lever dans la Communauté ;

Qu'ainsi en comparant cette somme avec celle à laquelle la Communauté a été provisoirement imposée, suivant la répartition de 1770, on connaîtra si elle a trop ou trop peu payé, et ce qu'il faudra qu'elle paye de plus ou ce dont on aura à lui tenir compte,

Que, pour opérer ce double compte, M. l'Intendant arrêtera des Etats de comparaison de ce que chaque Communauté aurait dû payer suivant la répartition provisionnelle de 1770, et de ce qu'elle aura à payer pour les deux vingtièmes de ses productions contribuables, suivant les évaluations définitives ; que pour les Communautés qui se trouveront avoir trop payé, il ordonnera que l'excédent de l'imposition qu'elles auraient dû supporter sera imputé sur le montant des deux vingtièmes qu'elles auront à payer pour la quatrième année ; et, quant aux Communautés qui par la première répartition n'auront pas été portées à ce qu'elles devaient être imposées, il ordonnera qu'elles paieront, en sus et par augmentation, la somme qu'elles auront encore à parfournir pour compléter le montant des deux vingtièmes de leurs productions contribuables ; et, quant aux Trésoriers des Provinces, les ordonnances d'imputation qui leur seront adressées seront reçues pour comptant à leur décharge par le Trésorier de la Caisse Civile.

Qu'au moyen de ces mesures M. l'Intendant aura rempli tout ce que les dispositions de l'Arrêt de règlement du 24 Octobre 1772 et les ordres particuliers qu'il a reçus du Ministre, exigeaient de lui ; mais Nosseigneurs les Commissaires du Roi ont observé qu'en effet ces dispositions générales pourvoyaient à l'ordre du recouvrement et de la comptabilité, mais qu'il fallait encore tenir compte à chaque contribuable de ce qu'il aura payé de trop ou lui faire connaître ce qu'il avait encore à payer pour solder la cote de Subvention qu'il doit supporter suivant sa déclaration ; que c'était sur quoi les Etats avaient à délibérer, mais que, ce ne serait pas remplir parfaitement le plan d'opérations qui vient d'être exposé, si on n'indiquait en même temps aux Etats la marche qu'ils avaient à suivre.

Sur quoi Nosseigneurs les Commissaires du Roi ont dit qu'ils ne voyaient point d'autre moyen à employer que celui dont M. l'Intendant avait fait usage pour déterminer la Subvention de chaque Province et de chaque Communauté ; que la même raison d'équité voulait que chaque contribuable pût juger lui-même de ce qui pouvait lui revenir ou de ce qu'il aurait encore à payer ; que pour cet effet on devait lui mettre sous les yeux le montant des productions qu'il avait déclarées, l'objet des déductions à faire pour frais de semence et de culture, le restant net desdites productions, l'évaluation définitive qui leur avait été réglée, le montant en argent de ces productions et la somme à laquelle monteraient les deux vingtièmes, et qui formerait sa cote de Subvention, de manière qu'en la comparant avec ce qu'il aurait payé pour chaque année, il pût connaître ce qu'il aurait encore à payer pour compléter sa cote, ou quel serait l'objet de l'imputation à lui faire sur son imposition courante,

Que, pour rendre cette opération plus sensible, M. l'Intendant avait fait procéder à la rédaction du Rôle de la Communauté de Cardo, Piève de Bastia, pour l'année 1770 à 1771, dans la forme qui lui paraissait la plus convenable et la plus claire, et qu'en conséquence il mettait la copie de ce Rôle sous les yeux des Etats, afin qu'ils eussent en même temps le détail et l'exécution du plan qu'on venait de leur expliquer.

Nosseigneurs les Commissaires du Roi ont en même temps remis à l'Assemblée tous les Etats qui constatent l'objet de la Subvention à laquelle chaque Communauté se trouve réglée pour la seconde année : ils ont ajouté qu'on achevait d'en rédiger de semblables pour la troisième année, lesquels seraient remis au comité que les Etats sont autorisés à nommer successivement et à mesure qu'ils seraient rédigés et arrêtés.

Enfin, les Commissaires du Roi ont dit qu'au moyen de la

remise de 60,000 liv. accordée sur la seconde et la troisième année, l'Assemblée n'aura rien à revoir sur la première année échue au premier Octobre 1770, à moins que, conformément à l'article 19 de l'Arrêt du règlement du 24 Octobre 1772, on eût découvert des contribuables qui n'auraient rien déclaré ni rien payé, auquel cas ils seraient taxés au double de leur cote sur la commune renommée.

Que les déclarations faites pour la seconde année ayant été rectifiées dans les dernières Assemblées des Provinces, l'intention du Roi est qu'elles soient tenues pour arrêtées, quant à la quantité des productions contribuables, ce qui ne peut empêcher les Etats de taxer au double de leur cote, suivant la commune renommée, ceux qui n'auraient rien déclaré, quoiqu'ils eussent recueilli des productions contribuables ;

Mais que les déclarations faites pour la troisième année restent toujours soumises à l'examen des Etats, conformément aux dispositions de l'article 15 dudit Arrêt de règlement du 24 Octobre 1772.

Sur quoi la matière mise en délibération, il a été arrêté que les Etats, toujours prêts à se conformer aux volontés du Roi, s'occuperont avec zèle et impartialité de la discussion de tous les objets auxquels se rapportent les ordres de Sa Majesté, pour réduire à une manière simple et égale, à l'effet ainsi qu'il est prescrit par l'Arrêt du Conseil d'Etat concernant la Subvention, de rendre respectivement raison aux Provinces, Pièves, Communautés et Individus du trop ou du trop peu qu'ils peuvent avoir payé en proportion de la taxe à laquelle ils doivent être justement imposés suivant leurs productions.

Et la présente Délibération a été signée comme dessus, etc.

Dudit jour 9 Novembre 1773.

Nosseigneurs les Commissaires du Roi s'étant retirés, Mgr l'Evêque Président a dit que les Assemblées précédentes des Etats de cette Ile ont reconnu l'utilité et la nécessité d'élire une députation d'un certain nombre de Sujets choisis parmi les Députés des différentes Provinces, conjointement aux deux membres de la commission des Douze et au Greffier en chef des Etats, pour s'occuper du choix des moyens qui peuvent être les plus faciles et les plus réfléchis pour le règlement de la Subvention, à laquelle cette Province a été taxée, et en même temps les plus justes, les plus simples et les moins embarrassants pour satisfaire promptement aux demandes de Sa Majesté;

Que cette députation paraît plus nécessaire en cette année que jamais, mais qu'elle doit être faite avec la modification et restriction portées par l'article 13 de l'Arrêt du Conseil d'Etat du 2 Novembre 1772 concernant les Assemblées générales et particulières de la Nation Corse ; c'est-à-dire, qu'en cette Assemblée on n'y traitera que de ce qui regarde les calculs et les opérations de détail dont les principes et les règles auront été adoptés par les Etats auxquels on devra ensuite en faire le rapport, l'examen des Etats formés dans les Assemblées provinciales sur les registres des Podestats et les déclarations des Propriétaires et la vérification des frais de semence et de culture, comme aussi le montant des prix des denrées contribuables, pour faire un plan général et distinct par Province, Piève et Communauté de toutes les productions de l'Ile, tant en nature qu'en argent, d'après le prix qui aura été fixé dans l'Assemblée provinciale et par M. l'Intendant

Commissaire départi sur le rapport de MM. les Députés des Douze ; que pour rendre l'opération plus facile le nombre des Sujets devrait être moindre dans cette délégation que dans celles des années dernières.

Sur quoi la matière mise en délibération, il a été arrêté de former cette délégation et de la composer des Sujets ci-après ; savoir: pour Nosseigneurs les Evêques : de Mgr Cittadella ; pour la Province de Bastia : des Sieurs Pompei, Piévan, Sansonetti, Pietri et Giudicelli ; pour la Province d'Ajaccio : des Sieurs Mattei, Curé Annibal Folacci et Stefanopoli ; pour la Province de Sartene et Bonifacio : de MM. l'Abbé Bruni et Cesari ; pour la Province de Balagne : du Sieur Ours-Jacques Fabiani ; pour la Province d'Aleria : du Sieur Silvani ; pour la Province de Corte : des Sieurs Alberti et Pieri, Piévans ; pour la Province du Nebbio : du Sieur Morlas ; pour la Province du Cap-Corse : des Sieurs Angeli et Nobili ; pour la Province de Calvi : du Sieur Flach, et pour la Province de Vico : du Sieur Piano, Curé.

Lesquels Sujets proposés et nommés par les différentes Provinces pour ladite députation ont été confirmés et approuvés par les Etats, à charge de s'occuper conjointement avec zèle et empressement à la confection des calculs, détails et opérations qui peuvent contribuer à l'exécution des Délibérations qui seront prises par les Etats auxquels ils devront rapporter le résultat de leur travail ; et il a encore été délibéré que, pour faciliter l'opération de leurs commissions, les Députés élus, comme dessus, devront s'assembler, tous les soirs, à cinq heures, chez Mgr Cittadella.

Et la présente Délibération a été signée tant par Mgr l'Evêque, Président, que par Mgrs les Evêques et Députés qui ont signé les autres précédentes.

Dudit jour 9 Novembre 1773.

Monseigneur Doria, Evêque Président, a dit que l'Arrêt du Conseil d'Etat du 14 Octobre 1772 concernant la Subvention porte, article 14, que, dans la première Séance, il sera fait lecture des Procès-Verbaux des Assemblées provinciales, des écritures et états qui y seront annexés pour tout ce qui regarde les déclarations des Propriétaires, les registres des Podestats, la déduction des frais de semence et de culture, l'évaluation des denrées et des bestiaux et finalement les réclamations des Pièves, des Communautés et des Particuliers contre l'inexactitude des déclarations et des registres, pour fixer tous les points sur lesquels il écherra de délibérer ; et, pour se conformer à ladite disposition, il a ordonné qu'on procédât à la lecture des procès-verbaux, états, registres et déclarations de chaque Province ; ensuite de quoi ayant commencé par ceux de la Province de Bastia, n'ayant pu les lire entièrement dans l'Assemblée d'aujourd'hui, la Séance a été renvoyée à demain, 10 de ce mois, à neuf heures du matin.

Et le Procès-Verbal de la présente Séance a été signé comme dessus.

Séance du 10 Novembre 1773

Nosseigneurs les Commissaires du Roi, Mgrs les Evêques et Députés susdits s'étant rendus à la Salle de l'Assemblée, Nosseigneurs les Commissaires du Roi ont dit que, quoique Sa Majesté ait attaché la remise qu'elle a faite de soixante mille livres sur l'abonnement de la seconde et de la troisième année de la Subvention, à la condition expresse que la somme de 240,000 livres à laquelle elles se trouveraient ainsi réduites, serait payée pour le 15 Juillet 1773, Sa Majesté a bien voulu prendre en considération la médiocrité des récoltes et les autres circonstances qui ont pu retarder son recouvrement, et laisser jouir la Nation de ladite remise, en cas que le paiement de la somme de 360,000 livres pour les trois années de Subvention se trouvât consommé au moment de l'ouverture des Etats ; mais que, s'il en était autrement, Sa Majesté se réservait, sur le compte qui lui en serait rendu, de statuer ce qu'elle aviserait bon être, pour raison de l'inexécution d'une condition que la Nation a dû regarder comme une faveur marquée.

Nosseigneurs les Commissaires du Roi ont observé que, loin que la Nation ne soit empressée à remplir une condition qui était pour elle un témoignage précieux des bontés de Sa Majesté, elle se trouve encore redevable de la somme de 51,726 livres, 10 sous, 6 deniers sur la Subvention des trois premières années, ainsi qu'il résulte de l'état qu'en a dressé le Trésorier de la Caisse Civile que Nosseigneurs les Commissaires du Roi ont remis à l'Assemblée, qu'en conséquence ils ne peuvent se dispenser de rendre compte de ce retard, quelque répugnance qu'ils aient à faire connaître le peu d'empressement que la Nation a eu à répondre aux bontés du Roi, sans être touchée de la crainte d'exciter le mécontentement de Sa Majesté.

Sur quoi la matière mise en délibération, Mgrs les Evêques et Députés ont dit que la Nation est pénétrée du plus vif regret de n'avoir pas encore pu satisfaire entièrement à la contribution que Sa Majesté a fixée avec tant de modération ; que la stérilité des années et l'inégalité d'une répartition qui, faite arbitrairement pour une seule année, est devenue la règle de trois années consécutives, au grand détriment des personnes sujettes à la contribution, et principalement de celles qui sont dans le cas de pouvoir contribuer le moins, sont les seules raisons qui ont retardé l'entier recouvrement de la somme de trois cent soixante mille livres à laquelle la bonté du Roi a limité ses demandes pour la Subvention des trois dernières années. Qu'au moyen du travail qui est commencé pour la rectification des déclarations et pour l'assiette définitive de la Subvention pour les deux dernières années, ils peuvent assurer que la Nation fera rentrer, sans retard et sans difficulté, dans la Caisse Civile, les cinquante-un mille, sept cent vingt-six livres, dix sous, six deniers dont elle demeure redevable. Et sur le champ, ils ont prié le Comité d'examiner et connaître si l'inexactitude des Trésoriers aurait pu contribuer à faire paraître les Provinces en retard d'acquitter la somme à laquelle elles ont été cotisées. Dans cette circonstance, les Etats ont prié Nosseigneurs les Commissaires du Roi de vouloir bien, qu'en même temps qu'ils rendront compte à Sa Majesté de ce dont la Nation demeure débitrice pour l'année dernière, ne pas laisser ignorer les raisons de ce retard de paiement et la disposition constante où elle est de satisfaire promptement à ses obligations ; les Etats ont réclamé, en faveur de cette Ile, les bons offices de Nosseigneurs les Commissaires, pour obtenir du cœur paternel du Roi qu'il regarde avec indulgence ce retard involontaire.

La présente Délibération a été signée, etc. Petronelli et Giudicelli, André Colonna-Ceccaldi, Annibale Folacci, Dominique Costa, Curé à Cauro, T. C., Evêque du Nebbio, B. A. Doria, Evêque d'Ajaccio, de Colla de Pradine, le Comte de Marbeuf, et plus bas signé: Par Nosseigneurs les Commissaires du Roi, Giubega.

Dudit jour 10 Novembre 1773

Subvention. — Nosseigneurs les Commissaires du Roi ont dit que, suivant l'article 27 de l'Arrêt de règlement du 24 Octobre 1772, le compte de la recette et de l'emploi des deux vingtièmes doit être rendu chaque année par le Trésorier de la Caisse Civile, pendant la tenue des Etats, et que, suivant l'article 18 de l'Arrêt du Conseil d'Etat du même jour 24 Octobre 1772, concernant l'imposition des deux vingtièmes sur les maisons louées, ou occupées par les Propriétaires, le compte du produit et de l'emploi de ladite imposition doit également être rendu par ledit Trésorier dans le même temps de la tenue des Etats ; que ces deux comptes doivent être arrêtés par les Commissaires du Roi, après que les Représentants de la Nation en auront eu communication ; que, pour satisfaire à cette obligation, le Trésorier de la Caisse Civile aurait dû dresser un compte du produit et de l'emploi des deux impositions, mais qu'il faut observer que la répartition arrêtée pour la première année de la Subvention n'ayant été que de cent vingt mille livres, et qu'à défaut de déclarations exactes des productions contribuables, la Subvention de la seconde et de la troisième année n'ayant pu être levée à raison des deux vingtièmes du montant en argent des productions contribuables, on s'est borné à statuer que la répartition de 1770 serait suivie par provision et par à-compte ; en sorte que le montant de l'imposition des trois années n'a été réellement que de la somme à laquelle le Roi a bien voulu abonner la Nation, et que, si cette somme totale était rentrée en entier dans la Caisse Civile, le Trésorier n'aurait aucun compte à rendre à la Nation de l'emploi de ladite somme :

qu'il en est de même du produit de l'imposition des deux vingtièmes sur les maisons louées ou occupées par les Propriétaires ; que quelques ordres qu'on ait donnés, toutes les Communautés n'ayant pas encore fourni les déclarations qui leur ont été demandées, il n'a été possible jusqu'à présent que d'arrêter des états de répartition des deux vingtièmes des maisons louées pour les deux années du premier Octobre 1769 au premier Octobre 1771, que M. l'Intendant vient d'arrêter des rôles de répartition des deux vingtièmes des maisons occupées par les Propriétaires pour les trois années du premier Octobre 1769 au premier Octobre 1772, seulement sur les Communautés qui ont fourni leurs déclarations, mais que ces rôles n'étant pas encore en recouvrement n'ont rien produit à la Caisse Civile, en sorte que les sommes que la Caisse Civile a payées pour raison des dépenses dont la Nation est tenue, sont des avances faites sur les fonds du Roi et dont le remboursement doit avoir lieu avant tout sur le produit de la levée des deux vingtièmes, tant des productions contribuables que des maisons louées et occupées par les Propriétaires : qu'il résulte de cet état des choses que le Trésorier de la Caisse Civile n'aurait point encore de compte à rendre ; mais que cependant, pour faire connaître à la Nation quelle est sa situation relativement aux impositions qu'elle doit supporter et aux dépenses acquittées pour elle, le Trésorier a eu ordre de dresser un bordereau de compte que Nosseigneurs les Commissaires du Roi ont remis sur le Bureau des Etats pour en être pris communication par l'Assemblée, et être ensuite arrêté par eux.

Sur quoi il a été arrêté que la Députation s'occupera avec tout le zèle qu'elle témoigne, et avec toute l'attention qu'éxigent les opérations dont elle a été chargée, à l'examen des états, notes et comptes présentés par le Trésorier de la Caisse Civile et remis par Nosseigneurs les Commissaires sur le Bureau des Etats, pour faire sur iceux tous calculs, détails et observations dont ils feront le rapport à l'Assemblée, pour être par elle pris ensuite telle détermination qui sera réputée convenable.

La présente Délibération a été signée tant par Mgrs les Commissaires du Roi, que par Mgrs les Evêques et Députés qui ont signé la précédente.

Dudit jour 10 Novembre 1773

Imposition. — Trésoriers des Provinces. — Nosseigneurs les Commissaires du Roi ont dit qu'étant revenu des plaintes contre les Trésoriers des Provinces, Sa Majesté avait bien voulu les autoriser à prendre les éclaircissements convenables pour connaître jusqu'à quel point elles pouvaient être fondées : que la Nation étant garante de ceux en qui elle a mis sa confiance pour le recouvrement des impositions, se trouvait en effet très intéressée à leur bonne conduite et à leur exactitude; qu'on n'ignorait pas qu'il y avait des Provinces qui paraissaient en retard, quoiqu'elles eussent payé, parce que leurs Trésoriers gardaient l'argent qu'ils avaient reçu ; qu'il y avait d'autres Provinces dont les paiements étaient réellement retardés, parce que les Trésoriers ne faisaient pas les diligences nécessaires; qu'ils avaient cru en conséquence qu'il était à propos d'entendre le Trésorier de la Caisse Civile sur le jugement qu'il avait à porter sur chacun des Trésoriers des Provinces; que d'après la note qu'il a remise, et que Nosseigneurs les Commissaires du Roi ont laissée sur le Bureau, il convient que les Trésoriers de trois Provinces soient changés.

Qu'en outre le Sieur Pietri, Trésorier de la Province de Sartene, demande instamment qu'on lui nomme un successeur, ses infirmités ne lui permettant point d'en exercer plus longtemps les fonctions; qu'il paraît qu'on doit avoir égard à ses représentations.

Qu'ainsi il convient que l'Assemblée délibère à cet égard, et nomme les sujets qu'elle jugera propres à remplacer lesdits Sieurs Trésoriers.

Sur quoi il a été unanimement arrêté que M. Jean-Augustin Pietri, Député noble de la Province de Sartene, dont Mgrs les Evêques et Députés connaissent l'exactitude et la probité, sera élu, comme on le nomme et élit pour Trésorier de la Province de Sartene, au lieu et place de M. Pierre-Marie Pietri, qui, par rapport à sa faible santé, a de nouveau demandé sa démission;

Et qu'à l'égard des autres Trésoriers, MM. les Députés s'occuperont de la nomination des Sujets propres à la charge qu'on doit leur confier, pour le choix en être fait parmi les personnes qui composent l'Assemblée générale qu'on réputera les plus capables de bien remplir les fonctions qui leur seront attribuées.

Et a été la présente Délibération signée tant par Mgrs les Commissaires du Roi, que par Mgrs les Evêques, et Députés qui ont signé les deux précédentes.

Dudit jour 10 Novembre 1773

Nosseigneurs les Commissaires du Roi ont dit que, conformément à l'article 20 de l'Arrêt du règlement du 24 Octobre 1772, concernant la Subvention, la Nation est autorisée à employer l'excédent du produit des deux vingtièmes sur les productions contribuables, après l'abonnement de la Subvention acquittée, à payer: 1° Les frais de collecte et de recette attribués aux Podestats et aux Trésoriers des Provinces ; 2° Les frais des Assemblées Nationales ; 3° Les frais de députation à la Cour ; 4° Les rentes dues pour indemnités des terrains employés dans les chemins ; 5° ce qui manquera du produit de la taxe générale des maisons pour acquitter les loyers dûs pour le logement des Gens de guerre ;

Que le bordereau de compte que présente le Trésorier de la Caisse Civile fera connaître à la Nation l'objet des avances dans lesquelles ladite Caisse est constituée pour l'acquittement des dépenses que la Nation doit supporter et dont la somme totale est de 42,401 livres, 15 sous, 5 deniers ;

Que, suivant l'état que Nosseigneurs les Commissaires du Roi ont remis à l'Assemblée du montant des logements militaires à la charge de la Nation, depuis le premier Avril 1770 jusqu'au premier Octobre 1772, cet objet de dépense se monte à 80,706 livres, 7 sous, 5 deniers ;

Que pour acquitter ces dépenses, la Nation vient de voir par les états du montant des deux vingtièmes des productions à lever pour la seconde et la troisième année, que l'excédent de la Subvention monte à 66,000 livres ;

Que les états de répartition arrêtés par M. l'Intendant de deux vingtièmes sur les maisons louées pour les deux années du premier Octobre 1769 au premier Octobre 1771 montent à 26,583 livres, 6 sous, 5 deniers ;

Que les rôles que M. l'Intendant vient d'arrêter des deux vingtièmes des maisons occupées par les Propriétaires pendant le même espace, montent pour les Communautés qui ont fourni les déclarations qui leur ont été demandées à cet égard, à la somme de 23,487 livres, 14 sous, 7 deniers ;

Que le double de ces rôles a été remis aux Députés des Douze ;

Qu'il a été arrêté de pareils rôles pour l'année du premier Octobre 1771 au premier Octobre 1772, dont le produit, suivant l'état ci-joint, sera de 12,291 livres, 11 sous ;

Qu'il restera encore à arrêter les rôles des deux vingtièmes des maisons louées pendant ladite année du premier Octobre 1771 au premier Octobre 1772, ce qui sera consommé aussitôt que les Communautés auront remis les déclarations qu'on leur a demandées et qui arrivent successivement ;

Qu'au moyen de tous ces états la Nation peut connaître le montant de toutes ses impositions et celui de ses charges jusqu'au premier Octobre 1772 ;

Sur quoi la matière mise en délibération, les Etats ont arrêté que tout ce qui vient d'être détaillé et annoncé par Nosseigneurs les Commissaires du Roi sera transmis au Comité qui s'occupera en conséquence des opérations qu'il exige.

En même temps, toute l'Assemblée a fait unanimement les plus vifs et les plus respectueux remerciements à M. l'Intendant de toutes les peines et soins qu'il s'est donnés pour réduire à la clarté et la simplicité qu'on pouvait désirer l'état actuel des charges de la Nation et le montant des produits de ses impositions, et pour la mettre à portée, avec l'aide de ses lumières, de satisfaire à ses propres devoirs.

Et la présente Délibération a été signée tant par Mgrs les Commissaires du Roi que par Mgrs les Evêques et Députés qui ont signé les autres précédentes.

Dudit jour 10 Novembre 1773.

Nosseigneurs les Commissaires du Roi ont dit que la Piève de Sorroinsù, Province de Vico, a exposé que quelques Curés ont été obligés, jusqu'à présent, de payer la Subvention sur le revenu de leurs Cures ; qu'elle a demandé si elle était due, et qu'elle insiste à ce qu'on ne la fasse pas payer, attendu la modicité du revenu des Cures.

Nosseigneurs les Commissaires du Roi ont répondu que le droit n'est pas incertain, que le principe que la terre devait sans aucun examen de la qualité du Propriétaire a été posé, admis et ordonné par l'article premier de l'Arrêt de règlement du 24 Octobre 1772, que le Roi ne variera point à cet égard ; mais qu'il semblerait résulter de la demande de la Piève de Sorroinsù qu'il y aurait des Curés qui ne paieraient pas la Subvention ; que c'est une chose qu'il convient d'examiner ; que les Etats ne doivent point perdre de vue le principe qui assujettit toutes les terres à l'impôt de la Subvention, sans distinction et sans privilège ; qu'en conséquence ils demandent que les Etats s'occupent de ce qui s'est passé à cet égard dans la Province de Vico, et qu'ils prennent les mesures convenables pour que le principe de l'assujettissement général des terres à la Subvention n'y souffre aucune atteinte.

Sur quoi la matière mise en délibération, Mgr Guasco, Evêque de Sagone, a dit que cette demande ayant été faite par les Curés de son Diocèse, il croit devoir expliquer que les Curés ne demandent point l'exemption de la Subvention sur les productions des terres, mais que, dans quelques endroits, on prétend les obliger à contribuer sur les prémices qui leur sont apportées comme un droit Paroissial, que cette rétribution étant dûe aux soins du Curé, il paraît qu'elle ne devrait pas être comprise dans la Subvention établie sur le produit des biens fonds.

Après quoi, Nosseigneurs les Commissaires du Roi ont dit que l'éclaircissement que vient de donner Mgr Guasco, Evêque de Sagone, est très judicieux et très sensé ; qu'il réunit et fait connaître l'objet de la demande ; que l'Edit du Roi, relatif à la Subvention, distingue assez clairement les objets qui sont dans le cas et l'obligation de payer ; que les Curés de Sorroinsù, et toutes autres personnes qui se croyent injustement imposées à la Subvention, sont dans le cas de faire valoir leurs raisons auprès de M. l'Intendant Commissaire départi, suffisamment autorisé de Sa Majesté sur cette matière.

Et la présente Délibération a été signée tant Mgrs les Commissaires du Roi que par Mgrs les Evêques et Députés qui ont signé les précédentes.

Dudit jour 10 Novembre 1773.

Nosseigneurs les Commissaires du Roi ont dit que les opérations du Terrier ayant mis à portée de connaître que la Province du Cap-Corse pouvait être en état d'être cadastrée, l'intention de Sa Majesté était qu'elle le fût, et qu'en conséquence ils l'annonçaient aux Etats ; mais qu'ils observaient que l'établissement de ce cadastre leur ayant donné lieu de mettre sous les yeux du Ministre des réflexions importantes sur l'exécution d'une opération aussi utile, ils étaient obligés d'attendre les nouvelles intentions du Roi à cet égard pour exposer aux Etats la forme de ce cadastre, et ce qui aura été définitivement déterminé pour l'établir dès à présent.

Après quoi, Nosseigneurs les Commissaires du Roi ont dit que différentes Provinces et Pièves ayant formé des demandes relatives à la Subvention, ils vont les rappeler ici et annoncer sur chacune d'elles les volontés de Sa Majesté.

Les Pièves de Bastia, de Casinca, de Tavagna et Olmi ont formé des demandes qui tendaient à ce qu'on augmentât les déductions réglées pour les frais de culture.

Sur quoi, Nosseigneurs les Commissaires du Roi ont dit que ces déductions telles qu'elles sont portées par l'article 12 de l'Arrêt de règlement du 24 Octobre 1772 ayant été délibérées avec les personnes les plus instruites et arrêtées, en parfaite connaissance de cause, après la discussion la plus approfondie, Sa Majesté ne juge point à propos d'avoir aucun égard aux représentations de ces Pièves.

Sur la demande de la Province d'Ajaccio tendante à ramener l'ancienne imposition par feux ;

Nosseigneurs les Commissaires du Roi ont répondu que Sa Majesté n'est point disposée à changer la nature de l'imposition ;

Que la Subvention sera territoriale et réelle, comme le porte l'article premier de l'Arrêt de règlement du 24 Octobre 1772, et qu'elle sera levée sur les productions contribuables jusqu'à ce qu'elle puisse être levée sur la terre même par le cadastre.

Sur la demande qu'a faite la Province de Balagne que la Subvention soit réduite à un vingtième, et sur celle de la Province du Cap-Corse tendante à une diminution sur les deux vingtièmes des Vins ;

Nosseigneurs les Commissaires du Roi ont dit qu'il n'y aura rien de changé à la fixation des deux vingtièmes, qu'il y aurait d'autant moins raison de le faire qu'ils ne sont pas seulement destinés à la Subvention, mais qu'ils doivent servir à acquitter les charges dont la Nation est tenue, et à suppléer aux impositions accessoires qu'elle aurait à supporter pour y subvenir.

Sur la demande de la Piève d'Istria, Province de Sartene, tendante à être admise à payer la Subvention en nature, au moins pour ceux qui ne peuvent pas la payer en argent, et qu'à cet effet il soit établi un Magasin au compte du Roi dans l'intérieur de ladite Province ;

Nosseigneurs les Commissaires du Roi ont dit que c'est un expédient impraticable pour le Roi, et qui serait onéreux même à ceux qui le proposent, que les deux vingtièmes ne sont dûs qu'après la déduction des frais de culture, et que la Dîme en nature se prélèverait sur toutes les récoltes ; que d'ailleurs les évaluations ne se faisant que sur le prix commun des denrées dans les Provinces mêmes qui les produisent, s'il était vrai que celle de Sartene eût moins de commerce et de débouchés que les autres, il en résulterait seulement que les évaluations seraient moins fortes et qu'elle payerait moins.

Sur quoi, l'Assemblée a dit que le plus précieux de ses devoirs sera de se conformer entièrement aux réponses et décisions de Sa Majesté qui viennent de lui être annoncées par Nosseigneurs les Commissaires du Roi.

Et la présente Délibération a été signée tant par Mgrs les Commissaires du Roi que par Mgrs les Evêques et Députés qui ont signé les autres précédentes.

Dudit jour 10 Novembre 1773

Nosseigneurs les Commissaires du Roi ont dit que l'examen que le Ministre a fait des états des déclarations des productions contribuables donnés par les Propriétaires pour la seconde et la troisième année, a présenté une diminution des produits si considérable d'une année à l'autre, qu'il n'a pas été possible d'en attribuer la cause unique à la modicité des récoltes ; qu'il a semblé que c'était plutôt l'effet d'un système convenu pour persuader qu'une somme de 120,000 livres pour l'abonnement de la Subvention excédait de beaucoup les deux vingtièmes des productions contribuables ; qu'en vain, pour prévenir cette réticence, le principe de la solidarité serait maintenu, parce qu'il peut manquer son effet au moyen de l'espèce de convention tacite qui s'établirait entre les contribuables de se passer réciproquement l'infidélité de leurs déclarations, et de se réduire partout à moitié, qu'il s'ensuivrait qu'on ne devrait point espérer que la vérité et la bonne foi présidassent aux déclarations, tant que le Gouvernement s'en rapporterait à la Nation seule, et qu'il n'aurait pas ses Inspecteurs et ses Agents particuliers pour la contrôler; que d'après ces réflexions, ils ne pouvaient laisser ignorer à la Nation que le Gouvernement ne tarderait pas de recourir à cet expédient, si elle ne prenait les mesures convenables pour établir la fidélité et l'exactitude dans les déclarations; qu'elle doit sentir combien il est honorable et flatteur pour elle que son Souverain lui donne une marque de confiance aussi éclatante que l'est celle de s'en rapporter à elle-même pour constater l'objet des productions sur lesquelles porte la contribution qu'elle doit aux charges de l'Etat; qu'en tolérant l'infidélité et l'inexactitude des déclarations, et ne prenant pas des mesures efficaces pour y établir la bonne foi et l'équité, c'est reconnaître que le Roi a trop présumé d'elle, en lui permettant d'user d'une prérogative aussi distinguée et dont elle ne serait pas digne.

Nosseigneurs les Commissaires du Roi ont ajouté que la Nation, éclairée sur ses vrais intérêts, ne voudra pas sans doute mettre le Gouvernement dans la nécessité de la priver de la faculté que le Roi a daigné lui accorder de constater elle-même l'objet de ses productions contribuables; qu'ils étaient au contraire convaincus qu'elle déterminera avec empressement les moyens qui lui paraîtront les plus efficaces pour réprimer les abus intolérables qui résultent de la fausseté des déclarations; qu'elle sera pénétrée du principe que toute contribution est une injustice criante et insupportable, lorsqu'elle n'est point proportionnée aux facultés du contribuable, et qu'on ne doit attendre cette égalité proportionnelle et relative qui fait la base de l'impôt, et qui en rend le poids supportable, qu'autant que les déclarations seront faites avec vérité et bonne foi ; que si la Nation se refusait à remplir, à cet égard, ce que le devoir le plus sacré lui prescrit, la justice que le Roi doit à tous ses Sujets ne permettrait pas à Sa Majesté de différer de venir au secours du pauvre opprimé par une répartition inégale, et d'employer les moyens que son amour pour ses Peuples et sa sagesse lui inspireraient pour rétablir l'ordre et l'égalité dans la dispensation des charges que la Nation Corse doit supporter envers l'Etat.

Sur quoi la matière mise en délibération, il a été arrêté que l'Assemblée s'occupera avec le plus de soin possible au choix des moyens qui lui paraîtront les plus propres à éviter l'inexactitude et la fausseté des déclarations, et à mériter la continuation du précieux privilège que l'amour bienfaisant de Sa Majesté a daigné accorder à la Nation, de pouvoir vérifier et constater par elle-même les produits sujets à la contribution.

Et la présente Délibération a été signée tant par Mgrs les Commissaires du Roi que par Mgrs les Evêques et Députés qui ont signé les autres délibérations de ce jour; après quoi l'Assemblée a été remise à demain, onze du courant, à neuf heures du matin.

Séance du 11 Novembre 1773

Monseigneur l'Evêque Doria, Président, Mgrs les autres Evêques, à la réserve de Mgr Stefanini, Evêque de Mariana, absent, et MM. les autres Députés ci-dessus dénommés, s'étant rendus à la Salle de l'Assemblée, Mgr Cittadella, Evêque du Nebbio, a dit que la députation à laquelle il a l'honneur de présider s'étant occupée dans la Séance du jour précédent de l'examen du prix des denrées et bestiaux contribuables, plusieurs Députés des différentes Provinces ont fait diverses observations sur le peu de proportion qui se trouve dans l'appréciation des produits d'une Province à l'autre ;

Que MM. les Députés d'Ajaccio et Calvi ont représenté que le vin taxé dans leurs Provinces à 6 livres le baril, doit être porté à un plus haut prix dans les Provinces de Bastia, Nebbio et Cap-Corse, vu que le baril est trois fois plus fort que le leur ;

Que pour les Provinces de Calvi et de Balagne il a été observé que l'huile doit être portée à un prix plus modique dans leur district, vu que cette denrée y étant plus abondante, elle y est vendue à meilleur marché qu'ailleurs ;

Que pour les Provinces de Sartene et Bonifacio il a été représenté que les bestiaux y étant plus abondants que dans les autres Provinces, leur appréciation doit être moindre.

Et finalement il a été dit pour la Province de Bastia que le prix des châtaignes, pour les années 1770 et 1771, ne doit pas être plus fort que celui fixé dans l'Assemblée provinciale dont la fixation est vraie et réelle ;

Que, nonobstant toutes ces différentes représentations, la pluralité des Membres qui composent la députation a été d'avis que les prix doivent subsister de la même manière qu'ils ont été proposés par M. l'Intendant, par la raison que si une Province se trouve aggravée dans l'appréciation d'une denrée, elle se trouve soulagée dans l'appréciation d'une autre ; que la Députation n'ayant d'autre commission que celle d'examiner, calculer et rapporter à l'Assemblée générale ses observations sur ces deux points, l'Assemblée seule a le droit de statuer sur cette matière ce qu'elle jugera convenable et nécessaire pour mettre la Députation en état d'agir d'après ses décisions.

Sur quoi la matière mise en délibération, l'Assemblée après avoir remercié MM. les Députés des peines et soins qu'ils se sont donnés pour remplir la mission dont ils ont été chargés, a délibéré et arrêté d'une voix unanime que M. l'Intendant sera prié d'écouter favorablement les représentations des susdites Provinces, et de daigner porter la fixation des denrées à la proportion qui lui paraîtra la plus juste. Il a été arrêté, en même temps, de supplier Sa Majesté de daigner admettre à l'avenir cette distinction de prix qui existe réellement entre les Villes de l'intérieur de l'Ile, cette appréciation étant plus forte dans celles-ci et plus modique et plus modérée dans les autres.

La présente Délibération a été signée de Mgr l'Evêque Président, du Seigneur Evêque de Sagone, des Sieurs Bruni et Tusoli, Piévans, des Sieurs Jean-Baptiste Folacci et Baciocchi, Nobles, des Sieurs Costa et Stefanopoli, Députés du Tiers-Etat, et de Giubega, Greffier.

Dudit jour 11 Novembre 1773

Monseigneur de Guernes, Evêque d'Aleria, a dit qu'il pensait qu'il serait convenable de supplier, au nom des Etats, Mgrs les Commissaires du Roi, d'accorder à Mgr l'Evêque Président, aux Seigneurs Evêques et autres Députés les honneurs dont jouissent en France les Evêques Présidents, Assistants et autres Députés des Etats, et de vouloir ordonner que la Salle de l'Assemblée soit pourvue d'un Héraut et d'un Huissier, tous deux nécessaires à la décence dudit lieu.

Sur quoi la matière mise en délibération, il a été arrêté que Mgr de Guernes, accompagné de deux Membres de la Commission des Douze, des Sieurs Pompei, Piévan, Costa, Député Noble, de Morlas, Député du Tiers-Etat, se transporterait chez Mgrs les Commissaires du Roi, à l'effet de les prier d'accorder aux Etats de Corse les mêmes honneurs dont jouissent les Evêques et Députés des Provinces d'Etat en France, de nommer à la place d'Héraut vacante par la mort du Sieur Mancini, et de pourvoir la Salle d'un Huissier.

Après quoi, sous le bon plaisir de Nosseigneurs les Commissaires du Roi, la Séance a été remise à après-demain, 13 du courant, neuf heures du matin.

Et la présente Délibération a été signée tant par Mgr l'Evêque Président, que par les Seigneurs Evêques d'Aleria et du Nebbio, par MM. Pietri et Gabrielli, Députés Ecclésiastiques, par MM. Pietri et Cesari, Députés Nobles, et de MM. Santo Calcatoggio et Casanova, Députés du Tiers-Etat.

Séance du 13 Novembre 1773.

Monseigneur l'Evêque Président et Nosseigneurs les Evêques et Députés ci-dessus nommés, Mgr Stefanini, Evêque de Mariana, absent, s'étant rendus dans la Salle de l'Assemblée, Mgr l'Evêque Président a dit que l'Assemblée entendrait avec plaisir le rapport de la commission dont Mgr de Guernes, Evêque d'Aleria, a été chargé par les Etats, dans la dernière Séance, conjointement avec deux Membres de la Commission des Douze et autres Députés.

Après quoi, Mgr l'Evêque d'Aleria a dit qu'ayant fait part, au nom des Etats, à Nosseigneurs les Commissaires du Roi du désir qu'ils auraient de voir les Députés de leur Assemblée générale jouir des mêmes honneurs dont jouissent en France les Députés des Assemblées générales des Etats, de voir leur Salle pourvue d'un Huissier, et la charge de Héraut vacante par la mort du Sieur Mancini remplacée ;

Nosseigneurs les Commissaires du Roi ont répondu que, quelque fort que soit en eux le désir de complaire à l'Assemblée des États dans l'objet de leur demande, ils ne peuvent, pour le présent, rien innover sur celle des honneurs et distinctions ; qu'ils ne laisseront point ignorer à Sa Majesté leurs instances, qu'ils y joindront même les leurs ; que le zèle qu'ils y mettront sera pour elle dans cette circonstance la preuve de l'estime qu'ils lui portent ; mais que, pour y parvenir avec plus de facilité, ils ont besoin d'un Mémoire circonstancié qui les mette à même d'employer les moyens les plus efficaces pour l'obtenir ; que, sur la demande d'un Héraut, les États peuvent être assurés que cette place sera pourvue d'un Sujet à la prochaine Assemblée.

Sur quoi, la matière mise en Délibération, il a été arrêté que l'Assemblée s'occupera de la formation du Mémoire nécessaire.

Et la présente Délibération a été signée tant par Mgr l'Evêque Président, que de Mgrs les Evêques d'Aleria et du Nebbio, des Sieurs Pietri et Gabrielli, Députés Ecclésiastiques, des Sieurs Pietri et Cesari, Députés Nobles, et des Sieurs Calcatoggio et Casanova, Députés du Tiers-État.

Dudit jour 13 Novembre 1773

Monseigneur l'Evêque Président a dit que le dernier courrier de France nous apportait la triste nouvelle de la mort de M. de Beauval, père de Madame de Pradine, et beau-père de M. l'Intendant, Commissaire du Roi dans cette Assemblée ;

Qu'il lui paraissait convenable de manifester par une députation au Seigneur Commissaire susdit du Roi et à Madame son Epouse la part sincère que les États prennent à la perte qu'ils viennent de faire.

Sur quoi, la matière mise en délibération, il a été arrêté

que les deux Membres de la Commission des Douze, conjointement avec le Sieur Xavier Sicurani, Piévan, Député pour l'Etat Ecclésiastique, M. Ciaccaldi, Député pour la Noblesse, et le Sieur Stefanopoli, Député pour le Tiers-Etat, se rendront chez M. l'Intendant, et se serviront des plus fortes expressions, pour lui témoigner, ainsi qu'à Madame de Pradine, avec quelle sincérité les Etats partagent avec eux la peine et la douleur qu'ils ressentent de la mort de M. Beauval dont les vertus et le mérite distingué rendront sans cesse la mémoire précieuse.

Ensuite de quoi, la députation s'étant acquittée de la commission dont elle avait été chargée, le Sieur Sicurani, Piévan, en a rendu compte, et a dit que M. l'Intendant, pénétré de la plus vive reconnaissance des sentiments de l'Assemblée et de la part qu'elle prenait à sa douleur, la priait de recevoir ses plus vifs remerciements ; que Madame de Pradine dont l'affliction trop forte ne lui permettait en ce jour de recevoir aucune visite, ne manquerait pas d'en être instruite, et de partager avec lui les mêmes sentiments.

Et la présente Délibération a été signée comme dessus.

Dudit jour 13 Novembre 1773

Monseigneur Doria, Evêque Président, a dit que l'Assemblée générale écouterait volontiers les observations de la députation sur les différents objets soumis à son examen, pour prendre ensuite, d'après le rapport qui en sera fait, les délibérations qui paraîtront les plus convenables.

Sur quoi Mgr Cittadella, Evêque du Nebbio, a dit que les Séances des deux derniers jours ont été presque entièrement employées à l'examen de trois articles également intéressants :

1º A connaître la différence qui se trouve dans les mesures entre les Provinces de cette Ile, connaissance de laquelle dépend une fixation juste et relative du prix ;

2º A examiner les comptes des dettes attribuées à la Province d'après les notes fournies par M. Gauthier, Trésorier de la Caisse Civile ;

3º A rectifier les déclarations des productions contribuables des années 1771 et 1772;

Que, quant au premier article concernant les mesures, la différence s'est trouvée des plus sensibles, suivant qu'il résulte du détail distinct qui en a été fait;

Qu'ainsi le baril de vin à Bastia et Nebbio contient 108 bocaux, celui du Cap-Corse 98, celui de Balagne, Aleria et Corte 60, celui de Vico, Sartene et Ajaccio 27, celui de Calvi 30.

Le bachin de blé à Bastia, Corte, Aleria, Cap-Corse et Nebbio pèse douze livres et demie, poids de marc; celui d'Ajaccio quatorze livres; celui de Balagne et de Calvi onze livres et demie ; celui de Sartene et Vico dix-neuf livres, poids de marc.

La quarte d'huile à Bastia, Nebbio et au Cap-Corse pèse une livre douze onces; celle de Corte, Balagne, Calvi, Aleria, Vico, Ajaccio et Sartene est, proportion gardée, moindre de celle de Bastia de huit pour cent.

Mondit Seigneur Evêque du Nebbio a fait ensuite observer aux Etats la nécessité de décider sur le présent article avant de procéder aux rapports des autres.

Sur quoi, la matière mise en délibération, il a été arrêté que la différence reconnue par la députation étant bien établie, on doit continuer à l'observer jusqu'à ce que toutes les mesures de la Corse soient portées à une même contenance ; et quant au baril d'Aleria seulement, d'après l'observation préalable qu'en ont faite quelques-uns de MM. les

Députés, il a été délibéré qu'il doit être assimilé à celui de Bastia, conformément à l'usage de ladite Province.

Et la présente Délibération a été signée comme dessus.

Dudit jour 13 Novembre 1773

Monseigneur Doria, Evêque Président, a dit que l'Assemblée, après avoir entendu les observations précédentes sur la différence des mesures, entendrait, avec la même satisfaction, celles qui concernent le compte des dépenses portées à la charge de la Nation par les notes que le Trésorier de la Caisse Civile a présentées ; après quoi Mgr Cittadella, Evêque du Nebbio, a dit que ces dépenses se trouvent monter en totalité à la somme de 42,405 livres, 15 sous, 5 deniers, contenue en cinq articles différents,

SAVOIR:

1° Pour disposer l'Eglise de la Conception à servir de Salle pour les deux précédentes Assemblées générales. . 4,933 liv. 1 s. 6 d.

2° Pour la tenue des Assemblées provinciales qui précèdent les générales. . . . . 4,225 » 2 »

3° Pour les réparations faites aux maisons destinées au logement des gens de guerre . . . . 17,844 » 10 » 5 »

4° Pour les frais faits pour le recouvrement de la Subvention, et pour l'élection des Officiers Municipaux . . . 5,619 » 11 » 6 »

5° Pour frais et gratifications extraordinaires . . . . 9,779 » 10 »

Que de toutes ces dépenses la députation trouve qu'il y en a très peu qu'on puisse mettre à la charge de la Nation ;

Qu'à l'égard des dépenses de l'Assemblée générale, sous lesquelles on peut comprendre celles des Assemblées provinciales, il est nécessaire de distinguer les frais de la première Consulte de ceux faits pour la tenue des Etats de l'année dernière ; que le Roi ayant eu la bonté de ne faire aucune répétition des premières, on ne peut les porter à la charge de la Nation ; que, quoiqu'elle ne dût point encore supporter les seconds, ils paraissaient visiblement excessifs et exorbitants, et que, par conséquent, il est nécessaire de les examiner et de les réduire ;

Que, quant aux dépenses contenues au deuxième article, et qui sont relatives à la tenue des Assemblées provinciales, indépendamment de ce que jusqu'à présent rien n'annonce que la volonté du Roi soit qu'elles tombent à la charge de la Nation, on en remarque l'excès et le règlement peu modéré ;

Que les réparations faites aux maisons des gens de guerre exigent de plus mûres réflexions que toutes les autres dépenses ; qu'en premier lieu, Sa Majesté a bien voulu assujettir la Nation à payer les loyers des logements militaires, mais n'a point ordonné qu'elle subviendrait aux réparations des maisons, ce qui formerait un objet aussi important que le paiement des loyers ; qu'en second lieu, il paraît que ces réparations devraient être à la charge des Propriétaires des maisons, ou des Régiments, qui en les occupant les ont détériorées ; qu'en dernier lieu, une grande partie de ces réparations qui ont été calculées, ayant été faites dans le courant de cette année, ne peuvent être employées dans l'état de 1769 à 1772, qui est celui dont l'Assemblée générale doit s'occuper ;

Que, quant aux dépenses relatives à la Subvention et à l'élection des Officiers Municipaux, elles ne sont point du tout admissibles, si l'on considère que le Roi n'a chargé la Nation d'aucune autre dépense que d'un pour cent en faveur des Trésoriers et de quatre pour cent en faveur des Podestats et Pères du Commun pour le recouvrement de la contribution ;

Que l'on peut dire la même chose des dépenses faites pour l'élection des Officiers Municipaux, puisque Sa Majesté, connaissant la situation de ce Pays, n'a jamais mis dans les charges de la Nation ce nouvel état présenté par le Trésorier de la Caisse Civile; que les gratifications extraordinaires sont en partie payables par la Province, et que le surplus qui a pour objet les gratifications données, dans la première Assemblée générale, reste sujet aux réflexions portées sur le premier article;

Que les dépenses qui ne peuvent être contredites, sont les 4,000 livres payées par la Caisse Civile à Mgr Guasco, pour les frais de sa députation à la Cour, conformément au règlement qui fut arrêté par les Etats dans la Séance du 15 Juillet de l'année dernière, les 1,349 livres remboursées au même pour différentes dépenses faites par les Députés de la Nation pendant leur séjour à la Cour, les 200 livres de gratification payées au Sieur Mancini, Héraut, et les 720 livres payées à la Maréchaussée pour son service pendant la tenue des Etats ;

Que l'on soumet toutes ces observations au jugement et à la décision de l'Assemblée générale.

Après quoi, la matière mise en délibération, il a été arrêté unanimement que Nosseigneurs les Commissaires du Roi seront instamment priés de prêter leur main secourable au soulagement de cette Nation à laquelle il paraît qu'on attribue des charges qui ne la regardent pas, et, reconnaissant la justice des observations de la députation, qui sont les mêmes que celles de l'Assemblée générale, faire valoir auprès de Sa Majesté toute la difficulté qu'il y aurait pour la Nation, encore qu'elle soit remplie de la meilleure volonté, de parvenir au recouvrement de ce nouvel impôt.

En outre, les Etats ont chargé les deux Membres de la

Commission des Douze de demander à l'Intendance l'état spécifié que le Sieur Bertrand aura présenté pour disposer l'Eglise de la Conception à servir de Salle pour l'Assemblée générale de l'année dernière, à l'effet de reconnaître plus clairement la réalité des frais qu'on dit avoir faits.

Après quoi, la réunion de l'Assemblée a été renvoyée à après-demain, quinze du présent mois de Novembre, neuf heures du matin.

La présente Délibération a été signée tant par Mgr l'Evêque Président que par les Sieurs Evêques et Députés qui ont signé la précédente.

Séance du 15 Novembre 1773

Monseigneur l'Evêque Président, Nosseigneurs les Evêques et MM. les Députés s'étant rendus à la Salle de l'Assemblée, Mgr l'Evêque Président a dit que dans la dernière Séance MM. les Membres de la Commission des Douze avaient été chargés de retirer des mains de Mgr l'Intendant le compte détaillé des dépenses faites par le Sieur Bertrand, Architecte, pour mettre l'Eglise de la Conception en état de servir de Salle à l'Assemblée de l'année dernière, lequel est porté par lui à la somme de 1,420 livres, 19 sous. MM. les Membres de la Commission des Douze ont mis sur le Bureau cet état de dépense dont lecture a été faite.

La matière mise en délibération, il a été arrêté que ce même état de dépense sera remis à MM. Philippe Costa, Antoine-Jérôme Morlas et Stefanopoli, lesquels seront chargés de l'examiner contradictoirement avec le Sieur Bertrand ou autre Expert par lui nommé; cependant la députation a été priée de vouloir bien s'occuper, avec son zèle ordinaire, des moyens propres à éviter à l'avenir la majeure partie des dépenses portées avec tant d'excès dans les états du Sieur Bertrand.

La présente Délibération a été signée tant par Mgr l'Evêque Président que par Nosseigneurs Guasco, Evêque de Sagone, de Guernes, Evêque d'Aleria, et par les Sieurs Alberti et Turchini, Piévans, et les Sieurs Morlas et Sansonetti, Députés Nobles, et les Sieurs Ferri et Morazzani, Députés du Tiers-Etat.

Dudit jour 15 Novembre 1773.

Monseigneur l'Evêque Président a dit qu'un des objets principaux commis à l'examen de la députation est celui de revoir les états et registres relatifs aux déclarations des productions contribuables ; que l'Assemblée espérant d'acquérir, par les lumières et les soins de la Délégation, les notions et les éclaircissements qui peuvent servir à leur rectification, elle entendrait volontiers les réflexions sur cet objet.

Ensuite de quoi Mgr Cittadella, Evêque du Nebbio, a dit que le comité s'étant occupé avec l'attention nécessaire de la révision des états des productions des différentes Provinces, et, après avoir mis en considération les réflexions d'une partie de MM. les Députés de cette Assemblée, il avait été convenu de faire dans quelques Provinces l'augmentation sur diverses denrées, telle qu'elle est énoncée au détail suivant :

POUR LA PROVINCE DE BASTIA.

Le Blé a été porté à 45,000 bachins; le nombre des Veaux à 600 ; celui des Cochons à 2,000; celui des Mulets à 50; le Fromage à 43,000 livres.

POUR LA PROVINCE D'AJACCIO.

L'Orge a été porté à 30,000 bachins ; le nombre des Veaux à 500 ; le Fromage à 56,248 livres.

POUR LA PROVINCE DE CORTE.

Le nombre des Cochons a été porté à 1,000 ; celui des Veaux à 800 ; celui des Poulains à 200.

POUR LA PROVINCE DE VICO.

Le Blé a été porté à 4,000 bachins ; l'Orge à 7,000 ; le nombre des Agneaux à 1,000 ; le Fromage à 25,000 livres.

POUR LA PROVINCE DU NEBBIO.

Le nombre des Chevaux a été porté à 600 ; celui des Agneaux à 400 ; celui des Veaux à 200 ; celui des Cochons à 100. Le Fromage à 10,000 livres ; les Figues à 500 bachins ; le Blé à 12,000 ; l'Orge à 10,000.

POUR LA PROVINCE DE CALVI.

Le nombre des Agneaux a été porté à 600 ; celui des Chevreaux à 184 ; le Fromage à 14,000 livres.

POUR LA PROVINCE DE BALAGNE.

Le Fromage a été fixé à 11,200 livres.

POUR LA PROVINCE DE LA ROCCA,
SARTENE ET BONIFACIO.

Le Blé a été porté à 10,000 bachins ; le nombre des Veaux à 500 ; celui des Cochons à 1,500; celui des Agneaux à 2,000 ; celui des Chevreaux à 2,000 ; le Fromage à 40,000 livres.

POUR LA PROVINCE D'ALERIA.

Les nombre des Veaux a été porté à 200 ; les Châtaignes à 3,000 stares ; l'Orge à 1,000 ; le Blé à 28,840 bachins ; le Lin à 1,400 livres ; le nombre des Agneaux à 400 ; celui des Poulains à 50 ; le Fromage à 9,000 livres.

Que cette augmentation n'est pas arbitraire, mais fondée sur les connaissances que la Députation avait, et qu'elle s'est procurée tant sur l'étendue des Provinces que sur le plus ou moins d'abondance des produits augmentés ; que la quantité ci-dessus désignée comprend non seulement les Déclarations données, mais encore les augmentations, déduction faite des frais de semence et de culture ;

Que cependant elle soumet son travail à la censure et au jugement de l'Assemblée générale et offre de s'occuper à une sous-division en vérifiant dans chaque Province les produits des différentes Pièves.

Après quoi l'Assemblée ayant écouté la lecture dudit état présenté par Mgr l'Evêque du Nebbio, et ayant recueilli les opinions de Mgrs les Evêques et Députés, la matière mise en délibération, il a été arrêté, à la pluralité des suffrages, que l'augmentation proposée par la Députation sera, sous le bon plaisir du Roi, observée et exécutée dans tous ses points.

Il a été représenté par le Député d'Aleria que les principaux possesseurs des Fermes ou autres terres situées dans cette Province, n'ayant remis aucune déclaration de leurs productions, avaient donné de ce Département l'idée d'un lieu peu exact et même infidèle ; qu'une pareille méchanceté ne devait point rester impunie, et qu'on devait employer contre eux la disposition de l'article 19 de l'Arrêt du Conseil d'Etat du 24 Octobre 1772 concernant la Subvention.

Sur cette représentation il a été arrêté d'une voix unanime que les personnes sujettes à la Subvention, qui auront manqué de fournir leurs déclarations, seront imposées au double de la somme qu'elles auraient dû payer, laquelle sera à la décharge de la Communauté de la Province d'Aleria à laquelle elles devaient porter leurs déclarations.

Immédiatement après, MM. les Députés de la Province de Corte ont représenté, que le Registre qui contient les productions de cette Province, montant en total de 66,676 bachins de blé, présente, en même temps, l'erreur la plus évidente, laquelle est occasionnée tant par celle du calcul que par l'oubli d'y porter les déductions des dépenses de semence et de culture, déductions accordées par l'Arrêt du Conseil d'Etat du 24 Octobre 1772 ; que si cette erreur doit subsister, cette malheureuse Province se trouve dans l'impossibilité de satisfaire à une imposition qui n'est nullement proportionnée à l'état réel de ses productions ; qu'ils implorent le secours des Etats pour l'appui de leurs raisons.

Sur quoi, Nosseigneurs les Evêques et MM. les Députés, ayant pris en considération les remontrances de ladite Province et reconnu qu'il était impossible qu'on y eût recueilli dans les années 1770 et 1771 la quantité de 66,676 bachins de blé produit net, ont regardé, comme l'effet d'une justice indispensable, l'acquiescement aux instances des Députés de Corte ; en conséquence ils ont fait connaître aux Représentants de cette Province surchargée la nécessité où ils étaient de faire une vérification plus exacte de leurs Registres, et de se pourvoir des instructions nécessaires pour établir et démontrer évidemment la justice de leur réclamation, qu'ils auront soin d'en instruire Mgr l'Intendant, et qu'ils espèrent que, faisant usage en leur faveur de cet esprit de justice qui anime et dirige ses actions, il voudra bien se porter à soulager la Province de Corte de ce dont elle lui paraîtra injustement surchargée.

Après quoi la Séance a été remise à demain, 16 du courant.

Et le Procès-Verbal de la présente Session a été signé tant de Mgr l'Evêque Président, que de Mgrs les Evêques et Députés qui ont signé la précédente.

Séance du 16 Novembre 1773

Monseigneur l'Evêque Président, Nosseigneurs les Evêques et MM. les Députés s'étant rendus à la Salle de l'Assemblée, Mgr l'Evêque Président a dit que la charge de Premier Président du Conseil Supérieur de Corse, ci-devant occupée par M. du Tressan, vient d'être conférée à M. d'Angé, que cette promotion exige de la part des Etats un compliment de félicitation aussi sincère que respectueux.

Sur quoi, la matière mise en délibération, il a été arrêté que les Sieurs Guasco et Ortoli, Membres de la Commission des Douze, et l'Interprète ordinaire des Etats se transporteraient chez M. d'Angé, pour lui témoigner de la manière la moins équivoque la joie et la satisfaction que les Etats ont ressenti en apprenant la nouvelle de sa promotion à la charge de Premier Président du Conseil Supérieur.

MM. Guasco et Ortoli, ayant rempli l'objet de leur commission, se sont rendus à la Salle des Etats, où M. Guasco a dit que M. le Premier Président avait témoigné la reconnaissance la plus vive des sentiments de l'Assemblée, qu'il les avait chargés de l'assurer du désir ardent qu'il avait de trouver dans les fonctions de sa nouvelle charge les occasions de prouver l'intérêt sincère qu'il prend non seulement au bonheur général de la Nation, mais même à celui de chaque Particulier.

Et la présente Délibération a été signée tant par Mgr l'Evêque Président, que par Mgr de Guernes, Evêque d'Aleria, Mgr Cittadella, Evêque du Nebbio, MM. Pinelli et Franceschi, Piévans, MM. Casabianca et Pietri, Nobles, les Sieurs Tasso et Filippi, Députés du Tiers-Etat.

Dudit jour 16 Novembre 1773

Nosseigneurs les Evêques ont dit que la disette des Grains et des Châtaignes produite par la modicité de la récolte dernière était pour le Peuple de cette Ile une annonce de misère prochaine ; que, pour prévenir les inconvénients et malheurs occasionnés par le défaut de denrées de première subsistance, il serait nécessaire de s'occuper du choix des moyens les plus propres au soulagement du Peuple ;

Qu'un des principaux serait de supplier Mgr l'Intendant de rendre une Ordonnance qui défendît l'exportation des Châtaignes de Corse en Terreferme ou telle autre que son zèle pour le Service du Roi et pour l'avantage de cette Province peut lui suggérer dans ce qui concerne les embarquements des Grains ;

Que l'exemption que le Roi a bien voulu accorder, jusqu'au mois de Janvier, sur l'entrée de toute sorte de Grains serait le meilleur expédient pour pourvoir aux besoins de cette Ile, si elle était prorogée ; que ces moyens, joints à ceux que l'on attend des lumières, de la sagesse et du discernement de la Députation, seront suffisants pour remplir un objet qui est de la dernière importance.

Après quoi, le Sieur Flach, Député de Calvi, a fait observer que cette Ville serait toujours à l'abri de la disette, si l'on faisait revivre l'œuvre instituée par le généreux Bienfaiteur Vincentelli sous la dénomination de « Mont de Piété. »

Que cette personne avait laissé des biens considérables pour être employés à l'achat des Grains et autres comestibles et être vendus au même prix aux Pauvres dans les temps les plus malheureux ; que plusieurs Administrateurs avaient ruiné par leurs malversations une œuvre si digne de protection, en s'en appropriant les fonds ; que les Représentants de cette Communauté ont fait des assidues et continuelles remontrances à Nosseigneurs les Commissaires du Roi, au Juge Royal, et même au Duc de Choiseul, ci-devant Ministre et Secrétaire d'Etat ; que, quoique ce dernier ait envoyé les ordres les plus précis pour faire contraindre les Débiteurs ou leurs héritiers au dédommagement et remboursement de ce dont ils se sont emparés, ils ont été jusqu'à présent sans exécution, et les réclamations sans effet ; ce qui porte un préjudice considérable à un peuple privé d'un soulagement que la charité d'un de ses Concitoyens lui avait procuré. Que cette Ville supplie humblement les Etats de joindre à ses instances celles de toute la Nation pour le rétablissement d'une œuvre, qui quoiqu'elle lui soit particulièrement avantageuse pourrait par son exemple être utile à toutes les autres Villes de l'Ile.

Sur quoi, la matière mise en délibération, MM. les Députés ayant reconnu la justice des observations de Nosseigneurs les Evêques, il a été arrêté d'une voix unanime que la Députation sera chargée de présenter à l'Assemblée les moyens qui lui paraîtront les plus convenables et les moins difficiles pour prévenir la disette dont la Corse est menacée, et que, d'après son rapport, on consultera Mgr l'Intendant, dont le zèle connu donne aux Etats le droit d'attendre de lui qu'il pourvoira à cet objet par les moyens qui pourront être les plus utiles ou les plus nécessaires.

Et sur les remontrances du Député de Calvi, il a été arrêté que Nosseigneurs les Commissaires du Roi et M. Guyot, Procureur-Général, seront suppliés de vouloir bien coopérer par leur autorité au dédommagement et rétablissement du Mont de Piété de cette Ville, en contraignant les Débiteurs au paiement.

Et la présente Délibération a été signée comme dessus.

Dudit jour 16 Novembre 1773

Monseigneur l'Evêque Président a dit, que l'Assemblée générale verrait avec plaisir le travail de la Députation sur la rectification des déclarations des produits, objet des plus intéressants.

Sur quoi, Mgr Cittadella, Evêque du Nebbiò, a dit que toute la Séance de la veille au soir avait été employée à la recherche d'une règle qui fût, sinon absolument exacte, au moins la plus sûre possible, pour procéder à la répartition proportionnelle de l'augmentation établie sur les différentes Pièves des Provinces qui y ont été soumises, et pour rendre un compte juste et non arbitraire des déclarations des années 1771 et 1772;

Qu'après un mûr examen, la pluralité des suffrages a décidé que, sous le bon plaisir du Roi, il serait, après la clôture des Etats, tenu une Assemblée dans chaque Province, laquelle serait présidée par un Subdélégué de M. l'Intendant, composée des Podestats et Pères du Commun en exercice dans le courant de l'année dernière et des Députés de la même Province qui auraient assisté aux Etats, s'occuperait de la répartition à faire entre les Pièves de chaque district, et la ferait non seulement d'après les déclarations déjà faites, mais encore d'après celles que l'on estime communément que les Pièves auraient dû faire en proportion de leurs biens et de leur produit ;

Que cette répartition finie dans chaque Province, on tiendrait immédiatement après une Assemblée dans chaque Piève, pour procéder à la répartition sur chaque Communauté qui en dépendrait, en observant ce qui est dit ci-dessus ; et qu'enfin dans chaque Communauté il y aurait une Assemblée particulière pour répartir définitivement sur les individus sujets à la Subvention la somme à laquelle la Communauté aura été cotisée, ayant égard dans cette dernière répartition, non-seulement à la quantité des produits déclarés, mais encore à la sincérité des déclarations, surtout pour celles des années 1771 et 1772, sauf toujours à tout contribuable qui se croirait surchargé, à se pourvoir en diminution de la taxe devers M. l'Intendant Commissaire départi.

Sur quoi, d'après les opinions de Nosseigneurs les Evêques et de MM. les Députés, il a été unanimement arrêté qu'au lieu de recourir aux Assemblées provinciales dont la convocation ne tendrait qu'à ralentir l'exécution des ordres de Sa Majesté, les Députés respectifs de chaque Province, qui assistent aux Etats présents, seront chargés de s'occuper de l'examen des Registres des déclarations de leur Piève, et de présenter à la Députation le résultat de leurs réflexions, afin qu'après les avoir mûrement examinés et reconnu l'état des produits de chaque Piève, elle puisse, par ses avis dont elle fera part à l'Assemblée générale, mettre à même de prendre, pour la suite, les déterminations les plus raisonnables et les plus propres à rectifier les déclarations des différentes Pièves d'une même Province, et employer les moyens les plus simples et les plus sûrs, pour que chaque Communauté et individu soit taxé avec égalité et justice.

Après quoi l'Assemblée a été remise à demain, 17 du courant, neuf heures du matin.

Et le Procès-Verbal de la présente Délibération a été signé tant de Mgr l'Evêque Président que des autres Seigneurs Evêques et de MM. les Députés qui ont signé les précédentes de ce jour.

Séance du 17 Novembre 1773.

Nosseigneurs les Commissaires du Roi, Nosseigneurs les Evêques et les autres Députés ci-devant nommés (Mgr l'Evêque de Mariana et Mgr l'Evêque du Nebbio absents), s'étant rendus à l'Assemblée, Nosseigneurs les Commissaires du Roi ont dit que l'Assemblée a dû remarquer que, dans l'état qui lui a été remis par le Trésorier de la Caisse Civile des avances faites sur ladite Caisse et qui montent à une somme totale de quarante-deux mille quatre cent et une livres, quinze sous, cinq deniers, la plus forte partie avait pour objet les réparations faites aux logements occupés par les Troupes; que ces avances n'auraient dû jamais concerner la Caisse Civile, que l'intention du Roi était que la rentrée s'en fît avec toute diligence, Sa Majesté n'ayant bien voulu modérer la Subvention de la quatrième année à cent vingt mille livres que par la considération du remboursement que la Nation avait à faire des avances faites par la Caisse Civile, et notamment de celles qui avaient pour objet le paiement des réparations faites aux logements des Gens de guerre ;

Que ce remboursement que la Nation a à faire lui donnera lieu d'exercer son recours contre les Propriétaires des Maisons qui ont été réparées, pour les parties de ces réparations qui doivent les concerner ; mais qu'avant d'exercer ce recours, il est nécessaire d'examiner et de déterminer quelles seront les réparations dont les Propriétaires seront tenus, et quelles seront celles qui resteront à la charge de la Nation ;

Que c'est sur quoi ils sont autorisés à entendre la Nation et à demander à l'Assemblée ce qu'elle pense ;

Que, pour la mettre en état de délibérer en connaissance de cause sur cet objet intéressant, ils remettaient sur le Bureau le Procès-Verbal de la visite générale que M. l'Intendant a fait faire, le vingt-deux Septembre dernier et jours suivants, des logements destinés aux Troupes à Bastia et des réparations indispensables qu'il convenait d'y faire, ainsi que l'état et devis estimatif qui en a été dressé en conséquence par le Sieur Bertrand ;

Que cette visite générale ayant été faite, en présence des Officiers Supérieurs des Corps, de MM. les Députés des Douze, des Officiers Municipaux et Propriétaires, constate, de la manière la plus authentique, l'état vrai des logements occupés par les Troupes et des ouvrages à faire pour les rendre propres à cette destination ;

Que l'Assemblée verra que la plupart des Propriétaires ont refusé de se charger des réparations qui, dans l'ordre ordinaire des choses, concernent les Propriétaires ; que d'un autre côté, MM. les Députés des Douze ont établi les raisons qui leur faisaient penser que la Nation ne pouvait être tenue de ces sortes de réparations ; qu'il convient donc que l'Assemblée examine, avec la plus sérieuse attention, les raisons respectives des parties, et propose son avis sur le tout dans une délibération particulière et relative aux dispositions et à l'esprit du règlement du vingt-quatre Octobre mil sept cent soixante-douze, concernant les logements militaires ;

qu'il est nécessaire cependant d'observer qu'en général toutes les réparations faites à la couverture, aux quatre gros murs et autres de cette espèce, qu'on désigne sous le nom de grosses réparations, sont de droit à la charge des Propriétaires ; mais que toutes réparations qui ne sont point relatives au fond, et qui ont uniquement pour objet l'usage habituel des Troupes, ce qu'on appellerait réparations locatives, doivent, dans tous les cas, être payées par la Nation qui est la véritable Locataire.

Sur quoi, la matière mise en délibération, il a été arrêté que l'état des réparations remis par Nosseigneurs les Commissaires du Roi sera renvoyé à la Députation, pour y faire les observations qu'elle croira raisonnables, et les rapporter à l'Assemblée générale, pour être délibéré en conséquence.

Et la présente Délibération a été signée tant par Nosseigneurs les Commissaires du Roi que par Nosseigneurs les Evêques d'Ajaccio et de Sagone, et par les Sieurs Semidei et Piano, Piévans, Costa et Ceccaldi, Députés Nobles, Roccaserra et Fabiani, Députés du Tiers-Etat.

Dudit jour 17 Novembre 1773

Nosseigneurs les Commissaires du Roi ont dit qu'il avait été formé différentes demandes relatives à la contribution du logement des Gens de Guerre ; qu'ils allaient les rappeler et annoncer les volontés du Roi sur chacune d'elles.

Sur la représentation faite par le Député de l'Ile-Rousse à l'Assemblée de la Piève d'Aregno que l'imposition des logements, à raison de douze sous pour chaque chambre occupée par les Propriétaires, était trop forte, et sur la Délibération de l'Assemblée, en conséquence de laquelle les trois Députés de la Province de Balagne devaient prier MM. les Commissaires du Roi d'ordonner que les maisons occupées par les Propriétaires de l'Ile-Rousse fussent taxées au prix de celles de la Piève d'Aregno ;

Sur la demande de la Piève de Niolo tendante à ce que l'estimation des loyers des maisons fût diminuée, attendu leur mauvaise situation et la dépense qu'occasionnent les réparations qu'en est obligé d'y faire ;

Nosseigneurs les Commissaires du Roi ont dit que Sa Majesté avait ordonné qu'il serait remis des Mémoires à M. l'Intendant sur les représentations de l'Ile-Rousse et la demande de la Piève de Niolo, pour être adressées, avec son avis à Sa Majesté, afin qu'il fût statué à cet égard ce qui serait juste et convenable ; mais que M. l'Intendant observait que les habitants de l'Ile-Rousse avaient estimé le loyer de chaque chambre des maisons occupées par les Propriétaires à raison de trois livres par an, que c'était l'estimation commune de toutes les Communautés de la Piève d'Aregno ; que cette estimation avait été suivie, et qu'en conséquence, les deux vingtièmes de chaque chambre n'avaient été portés qu'à six sous, ainsi que l'Assemblée pouvait s'en convaincre, en se faisant représenter les Rôles arrêtés pour la dite Piève et dont les doubles ont été remis à MM. les Députés des Douze ; qu'ainsi il ne voyait pas sur quoi portait la représentation du Député de l'Ile-Rousse, ni la Délibération de la Piève d'Aregno ;

Qu'il en était de même de la demande de la Piève de Niolo, que l'estimation de chaque chambre n'avait été portée qu'à dix sous de loyer par an, et par conséquent l'imposition des deux vingtièmes à un sou seulement ; qu'on ne pouvait pas donner une estimation plus basse, ni répartir une contribution plus modérée ; qu'ainsi la demande de la Piève lui paraissait absolument sans objet.

Sur la demande de la Piève de Saint-Florent tendante à

ce que les Casernes et autres logements occupés par les Troupes fussent évacués, pour que les Propriétaires qui sont obligés de demeurer hors de la Communauté, faute d'habitation, puissent retourner dans leurs maisons ;

Nosseigneurs les Commissaires du Roi ont dit que, lorsque la Province fournirait d'autres emplacements, on lui donnerait toute satisfaction sur les logements particuliers ;

Qu'à l'égard des Casernes, comme elles étaient dans le Château qui appartient au Roi, la Piève de Saint-Florent n'avait aucun intérêt, ni aucun droit à demander qu'elles fussent évacuées.

Sur ce que la Piève d'Ajaccio avait représenté que les Propriétaires des maisons n'étaient payés que pendant le temps qu'elles étaient occupées pour le service du Roi et avaient demandé, en conséquence, que ces loyers fussent acquittés pour toute l'année ;

Nosseigneurs les Commissaires du Roi ont dit que cette demande était refusée ; que les loyers ne seraient payés que pour le temps seulement que les maisons seraient occupées, conformément à l'article quatre de l'Arrêt du Conseil d'Etat du vingt-quatre Octobre mil sept cent soixante-douze.

Sur la demande formée par la Piève de Sorroinsù, Province de Vico, à l'effet d'être exemptée de la contribution des deux vingtièmes sur le loyer des maisons occupées par les Propriétaires, et sur la même demande de la part de la Piève de San Pietro, Province du Nebbio, en la réduisant toutefois aux années qui se sont écoulées, sauf à payer pour l'avenir ;

Nosseigneurs les Commissaires du Roi ont dit que rien ne répondait mieux à ces deux demandes, que celle qu'a faite la Piève d'Olmi d'être indemnisée de ce qu'elle a supporté pour loger les Troupes ; que cette réclamation était juste ; que le logement des Gens de Guerre était une charge commune, et que la Nation, profitant de la présence des Troupes dans l'Ile, ce n'était pas aux seules Pièves dans lesquelles

elles sont cantonnées à en supporter le poids : que c'était sur ce principe qu'avait été rédigé le règlement du vingt-quatre Octobre mil sept cent soixante-douze ; que, s'il ordonnait une imposition pour le logement des Gens de Guerre, ce n'était pas au profit du Roi qui n'en touchait ni n'en recevait rien, mais pour payer à des Corses le loyer de leurs maisons, quand elles étaient occupées par les Soldats ; qu'il serait injuste de refuser ce loyer, et que, puisqu'il était avoué que c'était une charge de la Nation, il y aurait également de l'injustice à ne la faire supporter que par les maisons qui ont été louées ; que celles qui ont été occupées par les Propriétaires doivent contribuer comme les autres ; que cette disposition était d'autant plus équitable que les maisons ne sont pas comprises dans les déclarations pour la Subvention.

Les Etats ont témoigné toute la soumission qu'ils doivent aux réponses et décisions de Sa Majesté et ont promis de s'y conformer.

Et la présente Délibération a été signée tant par Mgrs les Commissaires du Roi que par Mgrs les Evêques et Députés qui ont signé la précédente.

Dudit jour 17 Novembre 1773

Hopitaux. — Nosseigneurs les Commissaires du Roi ont dit qu'entre les différentes demandes qui ont été formées par les Provinces et les Pièves, relativement aux maisons occupées pour le service des Troupes, la Piève d'Ajaccio a renouvelé les instances qu'elle a faites dans l'Assemblée précédente pour que la maison de l'Hôpital qui sert de Four et de Magasin aux Vivres, fût restituée, et que l'ancienne administration de cet Hôpital fût rétablie et améliorée, autant qu'i sera possible.

Nosseigneurs les Commissaires du Roi ont annoncé que l'Assemblée des Etats pouvait proposer ses vues et suggérer les moyens d'avoir égard à cette demande, et qu'ils seraient pris en considération.

Sur quoi, la matière mise en délibération, il a été arrêté que les Députés de la Province d'Ajaccio présenteraient un Mémoire contenant clairement l'état de leur demande et les moyens les plus expédients pour pouvoir y satisfaire, afin que Nosseigneurs les Commissaires du Roi puissent les mettre sous les yeux de Sa Majesté, et solliciter les secours nécessaires pour le rétablissement désiré de l'Hôpital de cette Ville.

Et le Procès-Verbal de la présente Délibération a été souscrit tant par Nosseigneurs les Commissaires du Roi que par Mgrs les Evêques et Députés, qui ont signé les autres précédentes de ce jour; après quoi la réunion de l'Assemblée a été remise à demain, neuf heures du matin.

Et la présente Délibération a été signée comme la précédente.

Séance du 18 Novembre 1773.

Monseigneur l'Evêque Président, Nosseigneurs les Evêques et MM. les Députés s'étant rendus à la Salle de l'Assemblée, Mgr l'Evêque Président a dit que les réclamations de plusieurs Provinces sur l'inégalité des prix auxquels on a fixé l'imposition sur les maisons occupées par les Propriétaires pour servir au paiement du loyer des logements militaires, exigent, de la part des Etats, des observations qui seront ensuite soumises au jugement de M. l'Intendant, de l'autorité duquel dépendent sur cette matière, les règlements justes et convenables, ainsi qu'il est prescrit par l'article dernier de l'Arrêt du Conseil d'Etat du vingt-quatre Octobre mil sept cent soixante et douze, concernant l'imposition pour les logements des Gens de Guerre en Corse;

Que, pour mieux connaître le fondement des plaintes de plusieurs Députés, il est nécessaire de donner aux Etats une connaissance détaillée des différentes estimations dans les Provinces, Pièves et Communautés de l'Ile, qu'on ne peut mieux l'acquérir que par la lecture des états mêmes des différentes Provinces. Après quoi, toutes les taxes des impôts sur les maisons occupées par les Propriétaires des Provinces, Pièves et Communautés de cette Ile ayant été lues à haute et intelligible voix, l'Assemblée a observé une disproportion sur laquelle, après avoir entendu les différents avis de plusieurs Députés, la matière mise en délibération, il a été arrêté, à la pluralité des voix, de soumettre au jugement de M. l'Intendant l'avis des Etats, qui serait de taxer les chambres de Bastia et de Corte, à raison de quinze livres par an; celles d'Ajaccio à douze livres; de Calvi, Bonifacio, Ile-Rousse et Saint-Florent à dix livres; Sartene, Vico et Cervione à six livres, et toutes les autres de l'intérieur de l'Ile à deux livres, le tout franc de déduction du dix pour cent accordé pour les réparations; et que les maisons de campagne, y compris celles qui sont dans les territoires des Villes, doivent être indistinctement portées à une livre par chambre, le tout sous l'approbation de mon dit Sieur l'Intendant.

Après quoi Nosseigneurs les Evêques ont dit qu'ils ne pouvaient souscrire à la taxe qui vient d'être faite à la pluralité des voix de l'Assemblée, que devant par leur état être animés d'un esprit d'impartialité envers les Peuples de leur Diocèse, ils ne peuvent se dispenser de proposer une disposition qui leur paraît plus proportionnée pour satisfaire à la charge à laquelle la Nation a été assujettie, de payer les loyers des logements des Gens de Guerre; qu'ils pensent que les chambres de Bastia et de Corte sont suffisamment taxées à douze livres chacune ; celles des Villes d'Ajaccio, Calvi, Bonifacio, Saint Florent et Ile-Rousse à dix livres; celles des chefs-lieux, c'est-à-dire, de Sartene, Vico et Cervione à six livres, et toutes les autres de l'intérieur de la Corse à raison de trois livres pour les chambres les mieux en état, et deux livres, dix sous pour les autres, les Granges, Pressoirs et chambres des maisons de campagne à une livre, déduction faite du dix pour cent pour les réparations ; et que, si cette déduction est jugée inadmissible, il est entendu que l'imposition et estimation qu'ils proposent sera portée à dix pour cent de moins.

Après quoi, la Séance, sous le bon plaisir de Nosseigneurs les Commissaires du Roi, a été renvoyée à après-demain, vingt du courant.

La présente Délibération a été souscrite tant par Mgr l'Evêque Président que par Nosseigneurs les Evêques d'Aleria et du Nebbio, MM. Guidoni et Pompei, Piévans, les Sieurs Annibale Folacci et Jean-Baptiste Folacci, Députés Nobles, et les Sieurs Silvani et Lanzalavi, Députés du Tiers-Etat.

Séance du 20 Novembre 1773.

Monseigneur l'Evêque Président, Nosseigneurs les Evêques et MM. les Députés s'étant rendus à la Salle de l'Assemblée, Mgr l'Evêque Président a dit que dans la Séance du dix-sept, Nosseigneurs les Commissaires du Roi ont annoncé à l'Assemblée qu'elle devait s'occuper à reconnaître l'état des réparations des logements des Gens de Guerre, suivant le Procès-Verbal que le Sieur Bertrand avait dressé, par ordre de M. l'Intendant, en présence des Officiers Supérieurs des Corps, de MM. les Députés des Douze, des Officiers Municipaux et des Propriétaires, lesquelles réparations montent à la somme de trente-trois mille quatre cent soixante-quatorze livres, treize sous, quatre deniers ; que l'Assemblée devant donner son avis sur celles qu'elle pense devoir être supportées par les Propriétaires et sur celles qui doivent être à la charge de la Nation, il était nécessaire, pour qu'elle pût établir son avis sur des règles fixes et certaines, d'entendre les observations du Comité et de chaque Député.

Sur quoi, le Sieur Guasco, Membre de la Commission des Douze, a dit qu'ayant assisté conjointement avec le Sieur Jean-André Fabiani à l'inspection des réparations détaillées dans le Mémoire du Sieur Bertrand du mois de Septembre dernier, ils ont cru devoir la faire précéder d'une protestation dans laquelle ils manifestent les raisons que, selon eux, la Nation peut avoir de n'y être point assujettie, et l'inutilité de leur présence à une opération à laquelle elle n'avait aucun intérêt, comme on peut le voir par la lecture du Procès-Verbal, mis sur le Bureau par l'Intendant dans la Séance du dix-sept, duquel Mgr l'Evêque Président a ordonné la lecture.

Ouï le rapport fait par la Députation et les réflexions de MM. les Députés, la matière mise en délibération avec le désir ardent dont l'Assemblée était animée de plaire à Sa Majesté, en donnant les preuves les moins équivoques de son entière soumission aux volontés de son Roi et de son Maître, il a été arrêté que les principales réparations, qui sont nécessaires pour rendre habitables les maisons destinées aux logements des Gens de Guerre, seront supportées par les Propriétaires ; que, sous le nom de réparations principales, sont comprises celles qui regardent les quatre murs, le toit, le pavé, les portes, les fenêtres, les degrés et autres réparations semblables ; que celles qui sont appelées locatives, et qui ne tendent qu'à la commodité de celui qui loue, seront à la charge de la Nation.

Il a été en outre arrêté que le détail des dépenses relatives aux réparations contenues dans le Procès-Verbal, sera examiné et vérifié dans tous ses points par MM. de la Commission des Douze, assistés des Experts qu'ils jugeront leur être nécessaires ;

Que pour diminuer à l'avenir, autant qu'il est possible, les dépens que la Nation se voit obligée de faire pour les réparations des logements militaires, les maisons seront remises aux Officiers-Majors des Régiments qui devront les habiter, avec un Procès-Verbal de l'état où elles se trouveront, afin que les Troupes demeurent responsables de toutes les détériorations occasionnées par leur faute ; et que toutes les réparations qui se trouveront à faire dans la suite, même celles à la charge de la Nation, n'auront lieu qu'avec l'assistance d'un Noble des Douze du Département, et, à son défaut, de quelqu'autre sujet nommé par la Commission.

Mais l'Assemblée, après avoir démontré par sa prompte obéissance sa soumission aux intentions du Roi, a dit que la Nation, quoique toujours disposée à donner les preuves les plus convaincantes du respect profond et de la vive reconnaissance dont elle est animée envers un Souverain le plus chéri et le plus digne de l'être, ne peut s'empêcher de représenter que, malgré les meilleures dispositions où elle se trouve, son état actuel de misère, occasionné par la modicité de la récolte de la présente année, ne lui permet pas de satisfaire, sans beaucoup de difficultés, aux impositions dont elle se trouve chargée, qui réunies ensemble, approchent beaucoup la somme de trois cent mille livres.

Aussi Nosseigneurs les Evêques et MM. les Députés ont supplié Nosseigneurs les Commissaires du Roi de vouloir bien, dans le même temps qu'ils rendront compte à Sa Majesté de leur pleine et entière soumission à ses ordres, présenter à son cœur paternel le vrai état d'indigence où cette Ile se trouve réduite, de ne point lui laisser ignorer les respectueuses instances de l'Assemblée, organe de toute la Nation, tendant à être déchargée du paiement des réparations faites pour le logement des Gens de Guerre, ou qui se trouveront à faire pour les anciennes détériorations, à être également déchargée de l'obligation de tenir compte au Trésorier de la Caisse Civile des dépenses attribuées à la Province, au moins de celles sur lesquelles Sa Majesté n'a point encore fait connaître ses intentions, et à ce que l'indemnité ordonnée des 80,706 livres, 7 sous, 5 deniers pour les loyers des maisons occupées par la Troupe, soit répartie sur les provinces, pour leur faciliter ainsi les moyens de s'acquitter de ce qu'elles doivent, sans que ceux à qui ces mêmes loyers sont dûs soient surchargés.

La présente Délibération a été souscrite tant de Monseigneur l'Evêque Président que des Seigneurs Evêques du Nebbio et d'Aleria, des Sieurs Giubega et Sicurrani, Piévans, Pietri et Baciocchi, Députés Nobles, et des Sieurs Moracchini et Raffaelli, Députés du Tiers-Etat.

Dudit jour 20 Novembre 1773

Monseigneur l'Evêque Président a dit que le Comité et MM. les Députés des différentes Provinces ont dû s'occuper, dans la journée d'hier, non seulement à rectifier les déclarations des productions des Piéves de leurs Provinces pour les années 1771 et 1772, mais encore à répartir entre lesdites Piéves l'augmentation qui a été faite dans la Séance du 15 du présent mois ; que, sur un article aussi intéressant, il est nécessaire d'entendre distinctement les opérations de chaque Province ainsi que l'avis du Comité, pour que l'Assemblée soit en état de prendre ensuite les délibérations qui lui paraîtront les plus sûres et les plus régulières.

Sur quoi, les Députés de la Province de Bastia ont dit qu'après avoir mûrement examiné les déclarations faites par les Pièves de leur district, ils pensent que la rectification et répartition qui est à faire pourrait s'exécuter de la manière suivante :

La Piève de Bastia qui a déclaré 542 bachins et demi de grain, 17 veaux, 1,471 livres de fromage et un demi mulet, doit être augmentée de 60 bachins de grain, de 22 veaux, de 1,600 livres de fromage et d'un demi mulet.

La Piève d'Orto, y compris Ortale, qui a déclaré 3,819 bachins et demi de grain, 18 veaux, deux cochons et demi, 678 livres de fromage et un demi mulet, doit être augmentée de 500 bachins de grain, de 42 veaux, de 50 cochons, de 900 livres de fromage et d'un demi mulet.

La Piève de Bigorno qui a déclaré 2,999 bachins et demi de grain, 46 veaux, point de cochons, 2,413 livres et demie de fromage et un demi mulet doit être augmentée de 560 bachins de grain, 34 veaux, 60 cochons, 2,900 livres de fromage et de la moitié d'un mulet.

La Piève de Marana qui a déclaré 4,047 bachins et demi de grain, 6 veaux et demi, deux cochons, 790 livres de fromage doit être augmentée de 60 bachins de grain, 33 veaux, 60 cochons et de 1,400 livres de fromage.

La Piève de Caccia qui a déclaré 3,006 bachins et demi de grain, 62 veaux, 38 cochons, 4,071 livres de fromage doit être augmentée de 1,200 bachins de grain, 8 veaux, 60 cochons et de 4,071 livres de fromage.

La Piève de Canale qui a déclaré 4,094 bachins de grain, 49 veaux, 2 cochons, 3,464 livres de fromage et un mulet et demi doit être augmentée de 40 bachins de grain, 21 veaux, 10 cochons, et 3,464 livres de fromage et d'un demi mulet.

La Piève de Casinca qui a déclaré 5,759 bachins de grain, 15 veaux, 60 cochons, 597 livres de fromage et 4 mulets et demi doit être augmentée de 2,000 bachins de grain, 46 veaux, 100 cochons, 1,656 livres de fromage et de 4 mulets et demi.

La Piève de Casacconi qui a déclaré 1,218 bachins et demi de grain, 10 veaux et demi, 103 cochons et demi, 663 livres de fromage et un mulet doit être augmentée de 120 bachins de grain, 10 veaux et demi, 100 cochons, 900 livres de fromage et d'un mulet.

La Piève de Rostino qui a déclaré 9,490 bachins et demi de grain, 55 veaux et demi, 233 cochons et demi, 3,052 livres de fromage et 3 mulets et demi doit être augmentée de 20 bachins de grain, de 4 veaux et demi, de 90 cochons, de 3,000 livres de fromage et de 5 mulets.

La Piève de Tavagna qui a déclaré 1,567 bachins de grain, 9 veaux, 135 cochons, 148 livres de fromage et 5 mulets doit être augmentée de 200 bachins de grain, 12 veaux, 65 cochons, 452 livres de fromage et de 5 mulets.

La Piève d'Ampugnani qui a déclaré 510 bachins de grain, 13 veaux, 157 cochons, 536 livres de fromage et 4 mulets doit être augmentée de 34 bachins de grain, 15 veaux, 143 cochons, 1,254 livres de fromage et de 4 mulets.

La Piève d'Orezza qui a déclaré 159 bachins de grain, 132 cochons et demi, 1,254 livres de fromage et 18 veaux et demi doit être augmentée de 14 bachins de grain, 90 cochons, 1,254 livres de fromage et de 9 veaux et demi.

La Piève de Moriani qui a déclaré 1,036 bachins de grain, 10 veaux, 105 cochons, 380 livres de fromage et 5 mulets doit être augmentée de 400 bachins de grain, 14 veaux, 100 cochons, 380 livres de fromage et de 5 mulets.

Ensuite les Députés de la Province d'Ajaccio ont dit, que les réflexions qu'ils ont faites sur les registres de l'année 1771 à 1772, les portent à croire que quelques-unes de ces Pièves pour être portées à ce qu'elles doivent respectivement payer pour la Subvention doivent être augmentées, en sus de leurs déclarations, de la manière suivante :

La Piève d'Ajaccio doit être augmentée de 700 bachins d'orge, de 38 veaux et de 4,100 livres de fromage ;

Celle de la Mezzana, de 2 veaux et de 1,200 livres de fromage ;

Celle de Celavo, de 20 veaux et de 2,564 livres de fromage ;

Celle de Cinarca, de 204 bachins d'orge, de 20 veaux et de 1,302 livres de fromage ;

Celle de Talavo, de 12 veaux et de 17,780 livres de fromage ;

Celle d'Ornano, de 904 bachins d'orge, de 18 veaux et de 2,542 livres de fromage ;

Celle de Cauro, de 100 bachins d'orge, de 15 veaux et de 3,345 livres de fromage.

Les Députés de la Province de Sartene et Bonifacio ont dit que, pour parvenir à rectifier les déclarations des productions de l'année 1771 à 1772 dans les différentes Pièves de leur Département, et répartir l'augmentation à laquelle leur Province est assujettie, ils seraient d'avis qu'elle fût faite de la manière suivante :

La Piève de Sartene peut être augmentée de 311 bachins de grain, 6 veaux, 82 chevreaux, 118 agneaux, 44 cochons et de 5,401 livres de fromage ;

Celle de Viggiano, de 350 bachins de grain, 8 veaux, 24 chevreaux, 58 agneaux, 13 cochons et de 2,405 livres de fromage ;

Celle de Bonifacio, de 200 bachins de grain, 3 veaux, 5 chevreaux, 7 agneaux, 11 cochons et de 2,449 livres de fromage ;

Celle de Scopamene, de 225 bachins de grain, 36 veaux, 106 chevreaux et demi, 146 agneaux, 103 cochons et de 7,574 livres de fromage ;

Celle de Tallà, de 200 bachins de grain, 20 veaux, 158

chevreaux, 114 agneaux, 28 cochons et de 1,429 livres de fromage ;

Celle de Carbini, de 100 bachins de grain, 13 veaux et demi, 105 chevreaux, 61 agneaux, 91 cochons et de 5,994 livres et demi de fromage ;

Celle d'Istria, de 461 bachins de grain, 12 veaux, 63 chevreaux, 125 agneaux et demi, 86 cochons et de 4,672 livres et demi de fromage ;

Celle de Portovecchio, de 70 bachins de grain, 8 veaux, 31 chevreaux, 38 agneaux, 39 cochons et de 1,961 livres et demi de fromage.

Les Députés de la Province du Nebbio ont dit que la justice qu'ils croient devoir rendre à leurs Pièves pour établir entr'elles la proportion exacte que l'on désire, serait de répartir l'augmentation décidée en sus des déclarations portées aux registres de l'année 1771 à 1772, sur la Pièvc de San Pietro, pour 260 bachins de grain, 720 bachins d'orge, 25 chevreaux, 24 agneaux, 1,000 livres de fromage, 12 veaux, 12 cochons et 20 bachins de figues ;

Sur la Pièvc de San Quilico, pour 158 bachins de grain, 620 bachins d'orge, 25 chevreaux, 34 agneaux, 1,000 livres de fromage, 12 veaux, 16 cochons et 40 bachins de figues ;

Sur la Pièvc d'Olmeta, pour 260 bachins de grain, 420 bachins d'orge, 20 chevreaux, 25 agneaux, 650 livres de fromage, 8 veaux, 12 cochons et 40 bachins de figues ;

Sur la Pièvc d'Oletta, pour 158 bachins de grain, 450 bachins d'orge, 20 chevreaux, 25 agneaux, 550 livres de fromage, 6 veaux, 12 cochons et 61 bachins de figues ;

Sur la Pièvc de Patrimonio, pour 158 bachins de grain, 450 bachins d'orge, 20 chevreaux, 25 agneaux, 600 livres de fromage, 10 veaux, 16 cochons et 80 bachins de figues ;

Sur la Pièvc de Saint-Florent, pour 50 bachins de grain, 120 bachins d'orge, 100 livres de fromage, 5 veaux, 6 cochons et 50 bachins de figues.

Le Député de la Province d'Aleria a dit que s'étant occupé à rectifier les déclarations des productions de sa Province et à répartir l'augmentation décidée par l'Assemblée Générale des Etats, il serait d'avis que les déclarations faites pour l'année de 1771 à 1772 supportassent l'augmentation suivante :

La Piève de Campoloro, 2,400 bachins de grain, 1,800 bachins de châtaignes, 276 livres de lin, 6 poulains, 10 veaux et 814 livres de fromage ;

La Piève de Verde, 2,600 bachins de grain, 533 bachins d'orge, 2,300 bachins de châtaignes, 3 poulains, 9 veaux, 50 livres de lin, 10 agneaux et 500 livres de fromage ;

La Piève d'Alesani, 3,000 bachins de grain, 3,630 bachins de châtaignes, 600 bachins d'orge, 10 veaux, 10 agneaux et 500 livres de fromage ;

La Piève de Serra et Opino, 3,000 bachins de grain, 1,636 bachins de châtaignes, 50 livres de lin, 533 bachins d'orge, 10 veaux, 20 agneaux et 1,000 livres de fromage ;

La Piève de Fiumorbo, c'est-à-dire de Cursa et Coasina, 4,420 bachins de grain, 1,847 bachins d'orge, 15 poulains, 10 veaux, 44 agneaux et 4,000 livres de fromage, laquelle augmentation sera partagée par moitié entre les deux Pièves.

Les Députés de la Province de Corte ont dit que par l'examen qu'ils ont fait des déclarations des produits de chaque Piève et Communauté de leur Province, pour l'année de 1771 à 1772, ils se sont convaincus que les Pièves de Niolo, Giovellina et Vallerustie ont été peu fidèles dans la déclaration des produits des animaux ; que pour les rapprocher des déclarations des autres Pièves, ils croient qu'on pourrait les augmenter en sus de leurs déclarations, savoir :

La Piève de Niolo, de 410 veaux, 100 cochons et 30 poulains ;

Celle de Giovellina, de 38 veaux, 36 cochons et 13 poulains ;

Celle de Vallerustie, de 26 veaux, 24 cochons et 10 poulains ;

Et enfin celle de Talcini, de 14 cochons, observant au surplus que dans cette augmentation est comprise celle ordonnée par l'Assemblée Générale des Etats dans la Séance du 15.

Que, quant aux autres déclarations, les Députés s'en rapportent aux représentations précédemment faites par eux, pour mettre l'Assemblée Générale à même de connaître les abus qui s'y étaient glissés.

Les Députés de la Province de Calvi ont dit qu'ayant examiné les déclarations des différentes Pièves de cette Province, ils les ont trouvées proportionnées à leurs productions; qu'en conséquence ils ont jugé à propos de n'y faire autre changement que celui de l'augmentation sur les chevreaux, les agneaux et le fromage, se conformant en ce au désir de l'Assemblée du 15 du présent mois; qu'ils pensent que la moitié de cette augmentation doit être à la charge de la Piève d'Olmi, un quart à celle de la Piève de Pino et l'autre quart à celle de la Piève de Calvi.

Les Députés de la Province de Vico ont dit qu'après avoir mis toute l'attention possible à ne faire tort à aucune de leurs Pièves relativement au paiement de la Subvention, et à répartir l'augmentation ordonnée sur leur Province, en proportion du plus ou du moins d'exactitude qu'ils ont trouvée dans les déclarations des produits, ils ont pensé que la Piève de Vico ou Sorroingiù devait supporter 2,120 bachins de grain, 3,200 bachins d'orge, 450 agneaux, 390 chevreaux et 8,300 livres de fromage;

La Piève de Sorroinsù, 20 bachins de grain, 300 bachins d'orge, 170 agneaux, 230 chevreaux, 5,180 livres de fromage.

La Piève de Cruzini, 50 bachins de grain, 1,000 bachins d'orge, 140 agneaux, 238 chevreaux, 4,120 livres de fromage;

La Piève de Sevindentro, 685 bachins de grain, 1,600 bachins d'orge, 155 agneaux, 330 chevreaux, 4,220 livres de fromage;

La Piève de Sevinfuori, 1,125 bachins de grain, 1,900 bachins d'orge, 85 agneaux, 312 chevreaux, 3,180 livres de fromage ; répartition qui renferme non seulement la déclaration des produits, mais même l'augmentation.

Enfin les Députés des Provinces du Cap-Corse et de Balagne ont dit qu'ayant trouvé les déclarations de leurs Pièves proportionnées à leurs productions, ils ont jugé à propos de laisser subsister les choses dans l'état où elles sont.

Ensuite de quoi, après avoir entendu les divers sentiments de MM. les Députés et les réflexions du Comité, la matière mise en délibération, il a été arrêté que la rectification à l'augmentation proposée par MM. les Députés des Provinces de Bastia, Ajaccio, Sartene, Aleria, Nebbio, Corte, Calvi et Vico, seront exécutées dans tous leurs points ; et sur les représentations réitérées de MM. les Députés de Corte concernant la prétendue altération des déclarations des produits, la Province fera valoir ses raisons auprès de M. l'Intendant, soumettant à ses observations les registres et états que l'on croit altérés, ou calculés avec erreur.

Il a été encore délibéré qu'aussitôt après la clôture des Etats on tiendra, sous le bon plaisir de Nosseigneurs les Commissaires du Roi, une Assemblée dans chaque Piève, composée du Piévan, du Podestat-Major, des Podestats Particuliers et Pères du Commun en exercice avant la dernière élection, et des Députés des différentes Pièves qui ont assisté aux présents Etats ; que l'objet principal de cette Assemblée sera de rectifier les déclarations des productions des différentes Communautés de la Piève, et de faire connaître à chacune ce qu'elle doit payer ; que cette Assemblée finie on en tiendra une autre dans chaque Communauté qui sera composée du Podestat, des Pères du Commun en exercice l'année dernière et des personnes qui doivent contribuer au paiement de la Subvention, dans laquelle on fera connaître à chacun ce qu'il doit, ainsi que les erreurs et le peu de fidélité qui se seront trouvées dans les déclarations de l'année 1771 à 1772, sauf aux Pièves, Communautés, et Particuliers à s'adresser en cas de lésion à M. l'Intendant, conformément à ce qui est prescrit dans l'article dernier de l'Arrêt du Conseil d'Etat concernant la Subvention.

Finalement, tous MM. les Députés ont dit que, quoiqu'il ait été délibéré dans la Séance du 15 que l'augmentation prise sur le plus grand nombre des Provinces doit être exempte de toute déduction de frais de semence et de culture, ils ne peuvent se dispenser de faire observer qu'ayant réfléchi plus mûrement sur le travail qu'ils ont fait pour rectifier les déclarations et répartir l'augmentation, ils ont vu que leurs Provinces seraient surchargées, si cette augmentation subsistait conformément à la délibération; en conséquence ils ont unanimement supplié M. l'Intendant de vouloir bien, dans le temps de la perception de l'augmentation convenue, faire jouir les productions augmentées de la déduction accordée par l'article 12 de l'Arrêt du Conseil d'Etat concernant la Subvention.

Les Députés de la Province d'Ajaccio ont dit que les Provinces de Sartene, Aleria et Vico, quoique évidemment les moins exactes dans leurs déclarations, n'ont point été augmentées à proportion des productions qu'elles auraient dû déclarer; que leur infidélité et les égards avec lesquels l'Assemblée les a traitées, tournant au préjudice de toutes les autres Provinces, MM. les Députés ne peuvent se dispenser de renouveler leurs représentations à cet égard.

Sur quoi, les Députés de ces trois Provinces ont répondu que la stérilité de l'année était la seule cause de la modicité des déclarations, que le Comité et l'Assemblée générale ayant décidé avec connaissance de cause l'augmentation que les trois Provinces d'Aleria, Sartene et Vico doivent supporter, on ne devait plus écouter les représentations mal fondées de MM. les Députés d'Ajaccio. L'Assemblée ayant donné acte desdites représentations et réponses, la Séance a été remise à après-demain, 22 du courant, à neuf heures du matin.

Et le Procès-Verbal de la présente Séance a été signé tant par Mgr l'Evêque Président, que par Mgrs les Evêques et Députés qui ont signé la précédente.

Séance du 22 Novembre 1773

Nosseigneurs les Commissaires du Roi, les Seigneurs Evêques et autres Députés ci-devant dénommés s'étant rendus à la Salle de l'Assemblée, Nosseigneurs les Commissaires du Roi ont dit que la Province d'Ajaccio a représenté que, dans la fonte des neiges et des débordements des rivières, les Notaires de la Montagne ne pouvaient faire parvenir leurs actes au Contrôle dans le délai de quinze jours fixé par l'Ordonnance, et avaient demandé qu'il fût accordé un plus long terme aux Notaires, ou que les Contrôleurs fussent autorisés à avoir égard aux obstacles qui pouvaient survenir, et à contrôler les actes après la quinzaine, quand l'excuse serait valable.

Sur quoi, Nosseigneurs les Commissaires du Roi ont observé qu'il avait été rendu le 28 Juin dernier, un Arrêt du Conseil d'Etat qui pourvoyait à cette demande, en ce qu'il ordonnait qu'il serait établi aux frais de Sa Majesté un nombre suffisant de Bureaux, de manière qu'aucun Notaire ne fût, autant que faire se pourra, éloigné de plus d'une demi journée du Bureau le plus prochain de son établissement ;

Que l'augmentation de droits que le même Arrêt ordonnait sur le papier timbré et le Contrôle des Actes ayant pour principal objet de subvenir aux frais des nouveaux Bureaux qu'il y aurait à établir, pour mettre la Nation à portée de déterminer les lieux où il conviendrait qu'il y en eût, ils mettaient sur le Bureau un état des Communautés, où il y avait actuellement des Notaires et de la distance de chacun de ces lieux à celui où il y avait un Bureau de Contrôle ;

Que cet état comprenait aussi les Communautés où il n'y a point actuellement de Notaires, mais où il serait possible qu'il y en eût un jour ;

Que d'après les observations portées dans cet état il paraissait nécessaire d'établir un Bureau de Contrôle à Moltifao, Piève de Caccia, Province de Bastia, un second à Ghisoni, Piève de Castirla, Province de Corte, tant pour cette Piève et partie de celle de Rogna que pour celles de Cursa et Coasina, Province d'Aleria, et enfin un troisième à Bastelica, Piève de Cauro, Province d'Ajaccio ;

Qu'ainsi l'Assemblée a à délibérer sur les lieux où il lui paraîtrait convenable d'établir de nouveaux Bureaux de Contrôle pour la plus grande facilité de ce service, en observant de se conformer, autant qu'il sera possible, à la distance réglée par l'Arrêt du Conseil du 28 Juin 1773 ;

Que c'est sous cette restriction indispensable qu'ils mettraient également sur le Bureau des Etats une requête de la Piève de Niolo qui demandait qu'il y fût établi un Bureau de Contrôle.

Sur quoi, la matière mise en délibération, il a été arrêté que le Comité s'occupera de l'examen du projet de Nosseigneurs les Commissaires du Roi pour l'établissement des nouveaux Bureaux de Contrôle et sur le nombre nécessaire pour la commodité des Pièves, en observant de se conformer à l'Arrêt du Conseil d'Etat du mois de Juin de la présente année.

Et la présente Délibération a été signée tant par Nosseigneurs les Commissaires du Roi, que par les Seigneurs Evêques d'Ajaccio et de Sagone, MM. Susini et Costa, Piévans, les Sieurs Cesari et Morlas, Nobles, et les Sieurs Pietri et Defendini, Députés du Tiers-Etat.

Dudit jour 22 Novembre 1773

Nosseigneurs les Commissaires du Roi ont dit que, conformément à l'article 20 de l'Arrêt du Conseil d'Etat du 24 Octobre 1772, les frais des Assemblées des Provinces doivent être à la charge de la Nation ; que l'article 26 du même Arrêt porte que toutes les dépenses communes de la Nation pour frais d'assemblée et autres seront payées par la Caisse Civile des deniers provenant des deux vingtièmes et levées accessoires et sur les Ordonnances de M. l'Intendant, en conséquence des Délibérations des Etats qui auront été autorisées par Sa Majesté ; que par l'article 16 de l'Arrêt du Conseil d'Etat du 2 Novembre 1771 concernant les Assemblées générales et particulières de la Nation Corse, il est porté que les frais que les Assemblées Provinciales pourront occasionner seront à la charge de la Nation pour être imposés et répartis sur tous les produits contribuables, en sus et au marc la livre de la Subvention. Qu'en conséquence il est sans difficulté que les frais qui ont été faits à l'occasion de la tenue des Assemblées Provinciales, au mois de Février dernier, de la part des personnes déléguées pour les présider, ainsi que ceux pour les Assemblées tenues à l'occasion de la nomination des Officiers Municipaux, tombent à la charge de la Nation ;

Que ces frais pour les années précédentes ont été acquittés par avance par la Caisse Civile, et qu'ils font partie des sommes que la Nation a à rembourser et dont les états ont été fournis par le Trésorier de la Caisse Civile à l'appui du Bordereau de compte qu'il a présenté et qui a été remis sur le Bureau de l'Assemblée ;

Qu'il reste à acquitter les frais de tenue des Assemblées Provinciales au mois de Février de la présente année, ainsi que ceux des Assemblées pour la nomination des Podestats et Pères du Commun au mois d'Août dernier ;

Que le premier objet forme un total de 1,569 livres, 11 sous, 6 deniers, suivant l'état qui en a été dressé et que Nosseigneurs les Commissaires du Roi ont remis sur le Bureau avec les états particuliers que les Subdélégués de M. l'Intendant lui en ont adressés ;

Que quant aux états de frais des Délégués pour présider les Assemblées tenues pour la nomination des Officiers Municipaux, ils n'ont pas été tous remis encore à M. l'Intendant, mais qu'ils joignent ceux qui ont été fournis jusqu'à présent et qui montent en total à 1,962 livres;

Que les intentions du Roi sont que l'Assemblée délibère sur l'acquittement de ces états, et que la Nation soit entendue sur ces sortes de frais.

Sur quoi la matière mise en délibération, il a été arrêté que les états de dépense ci-dessus énoncés, tant pour la tenue des Assemblées Provinciales que pour celle des élections des Officiers Municipaux, auxquelles ont présidé MM. les Subdélégués de M. l'Intendant, seront revus et examinés par le Comité, tant pour aviser à leur paiement que pour en connaître la nature, afin que d'après ses observations l'Assemblée générale des Etats puisse statuer définitivement sur cet objet.

Et la présente Délibération a été signée comme dessus.

Dudit jour 10 Novembre 1773

Nosseigneurs les Commissaires du Roi ont dit que la Piève de Luri, Province du Cap-Corse, a demandé la permission de porter ses bois en terre ferme en payant les droits ; qu'une pareille demande ayant pour objet un privilège particulier qui ne pouvait être avantageux à la Piève de Luri, sans être onéreux aux autres Pièves de la même Province et à toutes les autres Provinces de l'Ile, elle n'a pû être accueillie, et qu'en conséquence Sa Majesté leur a enjoint de déclarer que cette demande particulière ne pouvait être accordée.

Nosseigneurs le Commissaires du Roi ont ajouté, à cet égard, que la nécessité d'établir l'ordre dans l'administration des bois et de connaître par leur état les précautions qu'il y avait à prendre pour assurer les provisions de l'Ile, a exigé qu'on prononçât la prohibition absolue d'en sortir des bois pour l'étranger ; mais que les opérations déjà faites sur cette partie ayant mis le Gouvernement à portée de reconnaître la possibilité de concilier les besoins de l'Ile avec la liberté que peuvent désirer les Propriétaires de mettre leurs bois dans le commerce, même pour l'étranger, M. l'Intendant venait d'être autorisé à rendre une Ordonnance pour lever les défenses de sortir des bois pour l'étranger, quant aux bois de chauffage, aux planches, douves, douelles, fonds de tonneaux, merrains et cercles façonnés, la prohibition subsistant pour les bois de mâture, construction et charpente ; que le droit de sortie sur les bois exportés à l'étranger, soit qu'ils le soient par des bâtiments nationaux ou par des bâtiments étrangers, serait fixé à vingt-cinq pour cent de la valeur ; qu'ainsi en se refusant à la demande illimitée et générale de la Communauté de Luri, Sa Majesté, toujours portée à favoriser le commerce de la Corse et à procurer une valeur avantageuse à ses productions, lui accorde la facilité de porter à l'étranger les bois dont elle peut, sans nuire à ses besoins, faire un objet de commerce pour elle.

Sur ce que la Piève de Celavo a représenté qu'il serait à désirer qu'on trouvât le moyen de réprimer l'avidité des marchands qui portent les marchandises à un prix excessif, et la demande formée par toute la Province d'Ajaccio tendante à ce que les Officiers Municipaux ou autres soient autorisés à taxer les cuirs fabriqués en Corse ;

Nosseigneurs les Commissaires du Roi ont dit que l'une et l'autre demande étaient refusées, qu'il n'était pas possible d'introduire des taxes dans le commerce qui devait être fondé sur la plus grande liberté.

Sur quoi, toute l'Assemblée connaissant que l'exportation des bois a toujours formé en Corse un des principaux objets de commerce a démontré sa satisfaction sur le règlement ci-dessus annoncé, lequel permettant la vente des bois dans les Pays étrangers, met en vigueur le commerce et augmente par ce moyen les avantages des Provinces assez heureuses pour avoir ces bois à leur proximité : elle a fait ses plus vifs remercîments à Nosseigneurs les Commissaires du Roi sur ce règlement unanimement désiré.

La présente Délibération a été signée comme dessus.

Dudit jour 22 Novembre 1773.

Nosseigneurs les Commissaires du Roi ont dit que plusieurs Provinces et Pièves ayant formé des demandes relatives à la perception des droits d'entrée et de sortie sur les denrées et marchandises, ils allaient les rappeler et déclarer sur chacune d'elles les intentions et les volontés de Sa Majesté.

La Piève d'Orezza, Province de Bastia, a demandé qu'il plût au Roi d'accorder un port-franc dans le lieu le plus convenable de l'Ile.

Nosseigneurs les Commissaires du Roi ont déclaré que Sa Majesté s'était déjà expliquée qu'il n'y aurait point de port-franc en Corse ; qu'elle ne pouvait qu'être surprise de voir renaître une semblable demande, et qu'à l'avenir elle ne serait plus répondue.

La Pièvc de Brando, Province du Cap-Corse, a demandé la confirmation des privilèges qui lui ont été accordés par la République de Gênes concernant les droits de Gabelle pour toute sorte de denrées.

Nosseigneurs les Commissaires du Roi ont déclaré qu'il ne serait accordé de privilège d'aucune espèce à quelque Province que ce soit ; que l'intention de Sa Majesté était que les règlements qu'elle a fait publier en Corse fussent exécutés sans aucune restriction ni préférence, que ses Sujets Corses devaient se reposer sur sa bonté paternelle du soin d'accorder des exemptions et même des encouragements pour faciliter l'entrée des Comestibles dans des cas de disette et de cherté, qu'ils avaient déjà reçus à cet égard des marques de sa bienfaisance.

Les Pièves de Casinca et d'Ampugnani ont demandé qu'on suspendît, pendant quelque temps, les droits d'entrée sur les denrées, et la Province de Balagne aurait voulu une exemption absolue pour tous les Comestibles.

Nosseigneurs les Commissaires du Roi ont dit que cette demande est relative à celle de la Piève de Brando et reçoit la même réponse ; ils ont en conséquence déclaré qu'il ne sera rien changé aux articles 4, 5 et 6 de l'Ordonnance du quatorze Décembre mil sept cent soixante-onze, concernant les droits d'entrée et de sortie en Corse, ni aux décisions qui sont intervenues depuis sur cette matière ; que lesdits droits d'entrée ont le double objet d'écarter la concurrence des denrées et marchandises étrangères, pour favoriser la culture nationale, et de procurer par un impôt sur les consommations quelque indemnité au Roi de ce que coûte l'administration de la Corse ; qu'il n'y a que de l'injustice dans des demandes qui tendent à anéantir les revenus et les droits de Sa Majesté dans l'Ile, en même temps que les dépenses augmentent de tous côtés pour les établissements qu'elle y multiplie.

La Province du Cap-Corse a demandé que l'exemption portée par l'article 3 sur l'entrée des blés et autres grains importés en nature, et qui est restreinte à trois années, à compter du premier Janvier mil sept cent soixante-douze, fût continuée au-delà dudit terme.

Nosseigneurs les Commissaires du Roi ont dit que c'était prévoir les choses de trop loin ; que l'exemption avait pour but d'assurer l'approvisionnement de l'Ile ; que les bornes mises à cette exemption ont pour objet de favoriser l'agriculture ; que ce sera l'événement qui éclairera sur le parti à prendre ultérieurement, et que, lorsqu'il sera question d'en délibérer, Sa Majesté prendra en considération les raisons dont le Cap-Corse appuie sa demande.

La Province de Calvi a exposé l'utilité dont il serait de proroger l'exemption accordée sur l'entrée des farines, et de l'étendre au riz, aux pâtes, aux légumes, au poisson salé et au fromage.

Nosseigneurs les Commissaires du Roi ont déclaré qu'il n'y avait rien à changer à l'Ordonnance du quatorze Décembre mil sept cent soixante-onze, relativement à tous ces objets de consommation; que l'entrée libre des farines ne devait avoir lieu que dans des cas très pressants et à raison de quelque sécheresse qui ferait chômer les moulins de l'Ile ; que tant qu'ils pourraient moudre il était naturel et juste de ne pas leur ôter le travail auquel ils avaient droit, que, lorsqu'ils ne pourraient pas suffire à l'approvisionnement, Sa Majesté pourvoirait, comme elle a déjà fait, par une exemption momentanée sur l'entrée des farines.

La même Province de Calvi a demandé que Sa Majesté voulût bien avoir égard aux représentations des Patrons de Calvi sur les droits d'ancrage, billets de passage et patentes qu'ils payaient non seulement à la sortie de l'Ile, mais pour aller dans les rades de l'Ile-Rousse et d'Algajola, quoiqu'ils ne se servissent que de petits Bateaux nommés Gondoles.

Nosseigneurs les Commissaires du Roi ont dit que Sa Majesté avait pris cette demande en considération; qu'il serait incessamment rendu un règlement qui établirait l'uniformité dans tous les Ports de l'Ile pour les droits d'ancrage, et qu'il serait apporté des modifications à l'exercice de ce droit pour les petits bâtiments qui seraient dans le cas de débarquer le même jour dans plusieurs Ports.

Sur quoi, l'Assemblée a répondu qu'elle reçoit avec respect les ordres de Sa Majesté auxquels elle se fait un devoir de se soumettre.

La présente Délibération a été signée comme dessus.

Dudit jour 22 Novembre 1773

Nosseigneurs les Commissaires du Roi ont dit que plusieurs Piéves ont formé des demandes relatives à la fourniture du Sel; qu'ils vont rappeler et annoncer sur chacune d'elles les volontés du Roi.

Les Piéves de Casinca, d'Ampugnani, de Tavagna et d'Orezza, Province de Bastia, et la Piéve de Campoloro, Province d'Aleria, ont demandé qu'il fût fourni du Sel d'une meilleure qualité.

Nosseigneurs les Commissaires du Roi ont dit, que, quoiqu'il y ait des raisons de croire que les plaintes portées à cet égard étaient exagérées, il avait cependant été donné les ordres les plus précis tant aux Salines pour qu'il n'y fût délivré que du Sel pur et loyal, qu'aux Magasins mêmes pour qu'on y constatât bien exactement la bonne qualité du Sel avant sa délivrance ; qu'au surplus ils étaient spécialement autorisés à annoncer à la Nation que, dorénavant, il ne serait plus envoyé en Corse du Sel où il se trouvât de la terre et de l'argile ; qu'on en tirerait de Sardaigne, jusqu'à ce que l'on pût réaliser les espérances données à la Nation de lui fournir du Sel du Pays, le Gouvernement s'occupant actuellement des moyens de rétablir les Salines de Saint-Florent.

Sur la demande de la Piève de Carbini tendante à ce que la place de Regratier à Sartene et à Propriano fût donnée au Sieur Antoine Filippi, de Sartene ;

Nosseigneurs les Commissaires du Roi ont dit que cette Piève était renvoyée à l'exécution de l'Ordonnnance de M. l'Intendant sur le débit du Sel du trente-un Juillet mil sept cent soixante-douze, que suivant les articles 4, 5 et 6 de cette Ordonnance, les Communautés, Pièves et Provinces pouvaient présenter elles-mêmes leurs Regratiers ; qu'ainsi la Piève de Carbini était la maîtresse d'exercer sur cela le droit que lui donnait l'Ordonnance, en observant les formes qui y étaient prescrites.

Sur la demande de la Piève de Portovecchio à l'effet de ce que le Sel lui soit distribué au même prix que dans les autres Places maritimes ;

Nosseigneurs les Commissaires du Roi ont dit que si cette Piève entendait qu'il lui fût donné un Magasin, les dépenses en excéderaient le produit, et qu'il était réglé qu'il n'y en aurait point aux frais du Roi ; qu'elle pouvait opter, suivant la même Ordonnance du mois de Juillet mil sept cent soixante-douze, ou d'acheter son Sel dans les Magasins les plus voisins, et au prix de quinze deniers, ou d'établir un Regrat aux meilleures conditions qu'elle pourra.

Sur quoi, les Etats ayant appris avec la plus grande satisfaction toutes les précautions prises pour pourvoir la Corse d'une bonne qualité de Sel, ainsi que les favorables dispositions où l'on est de rétablir les Salines de Saint-Florent, ont démontré leur vive et juste reconnaissance des soins continuels et des vues bienfaisantes que le Gouvernement se donne et prend pour l'avantage de cette Ile.

La présente Délibération a été signée comme dessus.

Dudit jour 22 Novembre 1773.

Nosseigneurs les Commissaires du Roi ont dit que la Piève de Brando, Province du Cap-Corse, demandait que l'on empêchât le Député de la Santé à Erbalunga de se faire payer par les Particuliers qui s'embarquent sur des petits Bateaux pour Bastia, ou pour le Cap-Corse, des droits auxquels ils n'avaient jamais été sujets; que cette demande serait prise en considération, et qu'il y serait pourvu autant que les règlements concernant la Santé pourraient le permettre.

Sur la demande de la Piève de Celavo et de la Province entière d'Ajaccio pour qu'il fût accordé un certain nombre de fusils aux habitants qui en auraient le plus de besoin, attendu que la situation de cette Province et de cette Piève les exposait aux incursions des bandits et était propre à leur fournir une retraite ;

Nosseigneurs les Commissaires du Roi ont dit que cette demande était refusée, qu'il ne serait point fait à cet égard de dispositions particulières, que l'établissement des Juntes et les autres mesures, qui avaient été ou qui seraient prises pour l'universalité de l'Ile, devaient pourvoir à tout ce qui concernait la sûreté et la tranquillité.

Et la présente Délibération a été signée comme dessus.

Dudit jour 22 Novembre 1773

Nosseigneurs les Commissaires du Roi ont dit que plusieurs Provinces et Piéves avaient formé des demandes relatives à la tenue des Etats et aux Députations tant à la Cour qu'aux Assemblées Nationales ; qu'ils vont en conséquence les rappeler et annoncer sur chacune d'elles les volontés du Roi.

Les Piéves d'Ampugnani, Pino et Sorroingiù ont demandé que l'Assemblée des Etats se tint à Corte, comme située au centre de l'Ile, pour la plus grande commodité du Peuple et pour lui éviter une plus grande dépense.

Nosseigneurs les Commissaires du Roi ont dit que cette demande était refusée, quant à ce moment-ci, la Ville de Corte n'ayant pas les commodités et les ressources qui se trouvent à Bastia pour les vivres et les logements.

La Province de Balagne a demandé la permission d'envoyer aux Etats le nombre de Députés prescrit par le règlement du dix-sept Avril mil sept cent soixante-dix, comme ayant plus de 2,000 feux.

Nosseigneurs les Commissaires du Roi ont dit que cette demande était refusée ; le nombre des Députés que chaque Province doit envoyer aux Etats, ayant été établi dans les plus justes proportions, il demeurera fixé irrévocablement à celui qui est porté par l'Arrêt du deux Novembre mil sept cent soixante-douze.

La Piéve de Campoloro a demandé qu'attendu qu'il n'y a pas actuellement de Noble de Noblesse reconnue dans la

Juridiction d'Aleria, on n'ôtât pas le droit à cette Province de faire passer quelqu'un des plus distingués de ladite Province, en qualité de Noble, pour remplir la place d'un des Douze, jusqu'à ce que quelqu'un d'entre les Nobles de ladite Province ait fait ses preuves de Noblesse.

Nosseigneurs les Commissaires du Roi ont dit que l'Arrêt du Conseil du deux Novembre mil sept cent soixante-douze serait exécuté, selon sa forme et teneur, et que conformément à ses dispositions, personne ne pourrait être Député pour l'ordre de la Noblesse, à moins que les titres n'eussent été reconnus par le Conseil Supérieur; qu'il serait cependant permis à la Province d'Aleria de choisir dans le Tiers-Etat des Sujets pour compléter le nombre des Députés à défaut de Nobles, mais qu'ils ne siégeraient point au rang des Nobles et ne pourraient pas être élus Membres des Douze.

La Piève de Pino, Province de Calvi, a demandé que M. le Commandant en chef fût nommé pour assister et présider à l'élection des Douze, des Commissaires des Juntes et des Députés pour la Cour, pour éviter tous désordres et inconvénients.

Nosseigneurs les Commissaires du Roi ont dit que, conformément à l'Arrêt du Conseil d'Etat du deux Novembre mil sept cent soixante-douze, toutes les Assemblées des Etats, autres que celles d'ouverture, de clôture, et autres auxquelles les Commissaires du Roi auraient à notifier les ordres de Sa Majesté, seraient présidées par le plus ancien des Evêques.

La même Piève de Pino a demandé qu'à l'avenir ses Assemblées fussent tenues dans le lieu le plus commode, ou que cela fût à la disposition du Podestat-Major.

Nosseigneurs les Commissaires du Roi ont dit que cette demande était accordée, qu'il sera fait choix en conséquence dans la première Assemblée de la Piève, à la pluralité des suffrages, du lieu le plus commode et le plus à portée des

Députés pour y tenir les Assemblées, et que Sa Majesté confirmera la Délibération.

La Piève de Talcini, Province de Corte, a demandé que le Curé de Santa-Lucia eût le droit d'assister à ses Assemblées et à celles de la Province, concurremment avec le Prévôt de Corte, comme Piévan de ladite Piève.

La Province a modifié et expliqué cette demande en ce qu'elle désire qu'il soit déterminé qu'il ne sera reçu qu'un des deux Sujets alternativement, et que lorsqu'aucun d'eux ne s'y trouvera, il soit libre à l'Assemblée de la Piève de députer un autre Piévan.

Nosseigneurs les Commissaires du Roi ont dit que cette demande était refusée, que le droit d'être Député aux Assemblées de la Piève était inhérent et attaché à la place du Piévan, que la Province ni la Piève n'avaient aucun droit d'en priver le Piévan, ni de le restreindre, ou le transporter à un autre, et que les choses devaient subsister comme elles étaient.

La Piève d'Ajaccio a demandé qu'un des trois Députés à la Cour fût toujours choisi parmi ceux de la partie d'en-delà les Monts, comme ayant anciennement joui d'un pareil droit, et, attendu que cette partie ayant moitié moins de Députés aux Etats que la partie d'en-deçà, il en résulterait qu'aucun d'eux n'aurait jamais assez de voix pour être nommé.

La Piève de Sorroinsù a demandé qu'il fût pris, cette année, dans la partie d'en-delà un des Députés à la Cour, pour représenter la Nation, ceux des années précédentes ayant toujours été des Sujets d'en-deçà des Monts.

La Piève d'Istria a demandé: 1º D'avoir toujours un représentant à l'Assemblée des Etats;

2º Que la partie d'en-delà des Monts eût l'alternative avec celle d'en-deçà pour les trois représentants qui doivent aller à la Cour, ou qu'elle en eût toujours un qui composerait la troisième partie de la Députation.

Nosseigneurs les Commissaires du Roi ont dit que cette demande était accordée pour les représentants à la Cour, que toutes les Parties de l'Ile indistinctement devaient jouir du droit éminent de porter aux pieds du Trône de leur Souverain leurs respects, leurs soumissions et leurs hommages. Que Sa Majesté approuvait qu'il fût pris une Délibération par les Etats qui statuerait qu'à l'avenir il serait nécessairement pris dans les Provinces d'en-delà des Monts un des trois Sujet Ecclésiastique, Noble, ou du Tiers-Etat, pour être Député à la Cour, et qu'elle ferait confirmer cette Délibération par un Arrêt de son Conseil ;

Qu'à l'égard de la demande particulière de la Pièvre d'Istria d'avoir toujours un représentant aux Etats, Sa Majesté l'avait rejetée, comme contraire aux règlements qu'elle a fait publier.

Après quoi, les Etats ont promis de se conformer entièrement aux réponses de Sa Majesté et de délibérer, conformément à ses intentions relativement à la demande de la Pièvre et Province d'Ajaccio pour avoir toujours un des trois Sujets du delà des Monts dans la Députation à la Cour.

Et la présente Délibération a été signée comme dessus.

Dudit jour 22 Novembre 1773

Nosseigneurs les Commissaires du Roi s'étant retirés, après avoir annoncé les volontés de Sa Majesté, Mgr l'Evêque Président a dit que, pour satisfaire aux demandes des Provinces Ultramontaines tendantes à avoir dans le nombre des trois Députés à la Cour, toutes les fois que la Députation aura lieu, un Sujet du delà des Monts et pour se conformer aux intentions du Roi qui a adhéré à leur demande, il paraissait nécessaire que l'Assemblée délibérât sur son exécution ; sur quoi les Députés des Provinces de Corte, Cap-Corse, Nebbio, Calvi et Balagne, ont dit que leurs Provinces forment la troisième partie de la Corse, soit par la part qu'elles supportent dans l'assiette de la Subvention, soit par le nombre de leurs feux ; qu'ainsi elles doivent jouir des mêmes avantages que les Provinces d'en-delà des Monts, et qu'il leur paraît en conséquence que dans le nombre des trois Députés à la Cour, il doit y en avoir toujours un pris dans une de leurs Provinces, si tel est le bon plaisir de Sa Majesté.

MM. les Piévans ont dit qu'il serait infiniment glorieux et flatteur pour eux de pouvoir immédiatement après que Nosseigneurs les Evêques auront tous été Députés à la Cour, jouir de l'avantage d'être alternativement compris avec les mêmes Evêques dans l'élection du Député pour l'ordre du Clergé, que Sa Majesté daignant leur accorder le droit de siéger aux Etats et d'y avoir voix délibérative, ils ont lieu d'espérer qu'elle voudra bien les faire jouir de la voix passive qui est la faculté de pouvoir représenter leur Ordre.

Sur quoi, la matière mise en Délibération, il a été arrêté qu'à l'avenir, dans le nombre des trois Députés à la Cour, il y en aura toujours un qui sera de droit choisi parmi les Députés des Provinces en delà des Monts, l'Assemblée des Etats se réservant de le prendre dans l'Ordre du Clergé ou dans celui de la Noblesse, ou dans celui du Tiers-Etat.

Sur la seconde partie de la présente Délibération, les Députés des Provinces en de là des Monts ont protesté disant qu'elle ne remplit point l'objet de leur désir ; que le choix du Député à la Cour dépendant de l'Assemblée, ils ont lieu de craindre qu'il ne tombe toujours sur le même Ordre ; qu'ils désireraient que le choix fût fait alternativement une année sur l'Ordre Ecclésiastique, l'autre sur celui de la Noblesse, et l'autre sur celui du Tiers-Etat ; à laquelle proposition les Députés d'en-deçà des Monts ont formé leur opposition comme étant contraire au bon ordre et à la liberté des suffrages : les uns et les autres ayant requis acte de leur protestation et opposition, Mgr l'Evêque Président le leur a donné.

En outre, l'Assemblée ayant examiné avec attention les représentations des Députés des Provinces de Corte, Nebbio, Cap-Corse, Calvi et Balagne et les ayant trouvées fondées, a délibéré de supplier humblement Sa Majesté de vouloir bien les accueillir en accordant à ces Provinces le même droit qu'Elle a accordé à celles d'en-delà des Monts.

Et sur celle de MM. les Piévans, il a été observé que l'Arrêt du Conseil d'Etat relatif aux Assemblées Générales de la Corse s'oppose à leur demande ; qu'il prescrit que le Député Ecclésiastique à la Cour sera toujours choisi dans l'Ordre Episcopal ; que cependant si les vœux de l'Assemblée peuvent leur être utiles, ils joignent volontiers auprès de Sa Majesté leurs très-humbles prières aux leurs pour qu'Elle daigne leur accorder le privilège de pouvoir à leur tour représenter l'Ordre Ecclésiastique dans la Députation à la Cour.

Ensuite de quoi la Séance a été remise à demain, 23 du courant, neuf heures du matin.

La présente Délibération a été signée tant de Monseigneur l'Evêque Président, que des autres Seigneurs Evêques de Nebbio et de Sagone, et de MM. les Députés qui ont souscrit les précédentes dudit jour.

Séance du 23 Novembre 1773

Monseigneur l'Evêque Président, tous Nosseigneurs les Evêques et MM. les Députés ci-dessus nommés s'étant rendus à la Salle de l'Assemblée, Monseigneur l'Evêque Président a dit que, dans la Séance d'hier, le Comité avait été chargé d'examiner le projet concernant les nouveaux Bureaux de Contrôle qui a pour but de faciliter aux Notaires les moyens de faire contrôler et insinuer leurs Actes dans le délai prescrit par l'Ordonnance du Roi, les Etats désirant en entendre le rapport pour délibérer en conséquence.

Sur quoi, Mgr Cittadella, Evêque de Nebbio, a dit que le Comité auquel il préside ayant examiné avec attention le projet qui a été mis hier sur le Bureau des Etats, ainsi que les besoins des Pièves, leur étendue et la distance des Bureaux actuellement établis, il croit nécessaire d'en établir un dans la Juridiction de Bastia, à Moltifao de Caccia, un autre dans la Juridiction de la Porta d'Ampugnani, à Pero ou à Talasani dans la Pière de Tavagna, deux dans la Province d'Ajaccio, dont un dans la Pière d'Ornano au lieu dit Zigliara, et l'autre dans la Pière de Talavo, à Zicavo ; un dans la Province de Sartene, à Sainte Lucie, Pière de Tallà, deux dans la Province de Vico, dont un à Guagno dans la Pière de Sorroinsù, et l'autre à Otta dans la Pière de Sevinfuori ; deux dans la Province de Corte, dont un à Ghisoni dans la Pière de Castello, et l'autre à Albertaccia dans la Pière de Niolo. A l'égard de la Province du Cap-Corse, quelques-uns des Députés de cette Province ont dit qu'ils désireraient que le Bureau établi à Rogliano fût transporté à Luri pour la plus grande commodité des parties contractantes, à laquelle proposition le Député de Rogliano s'est opposé.

Après quoi, la matière mise en délibération, les avis de MM. les Députés recueillis, il a été arrêté que les lieux désignés par le Comité, paraissant à l'Assemblée des Etats être les plus convenables et les plus nécessaires pour l'établissement des Bureaux de Contrôle, y ayant entre eux la distance portée par l'Arrêt du Conseil d'Etat du 27 Juillet 1773, seront présentés à M. l'Intendant, pour qu'il veuille bien y pourvoir selon le besoin.

Et la présente Délibération a été signée tant de Mgr l'Evêque Président que des autres Seigneurs Evêques de Mariana et de Sagone, de MM. Mattei et Bruni, Piévans, Casabianca et Jean-Vito de Pietri, Députés Nobles, Raffaelli et Moracchini, Députés du Tiers-Etat.

Dudit jour 23 Novembre 1773

Monseigneur l'Evêque Président a dit qu'après avoir entendu le rapport du Comité sur l'établissement des nouveaux Bureaux de Contrôle, il serait nécessaire d'entendre celui des calculs et réflexions sur les états de dépense présentés par les Subdélégués tant pour la tenue des Assemblées Provinciales du mois de Février dernier que pour leur assistance aux Assemblées des Communautés pour l'élection des Officiers Municipaux.

Sur quoi, Monseigneur Cittadella a dit que le Comité ayant examiné les états de dépense présentés par les Subdélégués qui ont présidé aux Assemblées Provinciales, les a trouvés trop forts à la réserve de ceux des Subdélégués de Calvi et de Corte ;

Que, quant aux dépenses occasionnées par la tournée que les Subdélégués ont fait pour assister aux élections des Officiers Municipaux, on remarque dans quelques états le même excès principalement dans les dépenses d'escortes ; qu'en tout cas on ne les croit pas à la charge de la Nation qui doit renouveler les instances déjà faites dans les Séances précédentes pour en être déchargée ; que pour les éviter à l'avenir, s'il est décidé que la Nation les supportera, M. l'Intendant sera prié de faire autant que le service du Roi pourra le permettre, présider les Podestats-Majors aux Assemblées de Communautés de leurs Piéves concernant l'élection des Officiers Municipaux ; que quand Nosseigneurs les Commissaires du Roi jugeront indispensable que le Subdélégué y préside, la dépense qu'il fera sera à la charge de la Communauté, Piève ou Province qui se sera mise dans le cas d'en avoir besoin, et que cette dépense sera taxée par M. l'Intendant.

Sur quoi, la matière mise en délibération, il a été arrêté que Sa Majesté sera humblement suppliée de vouloir bien, en considération de l'indigence actuelle où la Province se trouve réduite, lui faire ressentir les effets de la bonté paternelle de son cœur, en l'exemptant du payement de ces dépenses passées ; qu'à l'avenir, conformément à ce qui a été proposé par le Comité, M. l'Intendant sera prié de vouloir bien, pour diminuer les dépenses du Peuple, charger les Podestats-Majors de présider aux Assemblées des Communautés de leurs Piéves relatives aux élections des Officiers Municipaux, et ce autant que le service du Roi pourra le permettre ; et lorsqu'il jugera la présence d'un Subdélégué absolument nécessaire dans une Assemblée pour le maintien du bon ordre, de faire supporter les frais de son voyage aux Provinces, Piéves, ou Communautés où sa présence aura été trouvée nécessaire, en lui fixant un honoraire raisonnable et décent.

La présente Délibération a été signée comme dessus.

Dudit jour 23 Novembre 1773

Monseigneur Doria, Evêque Président, a dit que dans cette Séance l'Assemblée des Etats devait procéder à l'élection de trois Députés à la Cour, c'est-à-dire d'un Député Ecclésiastique qui doit être choisi dans l'Ordre Episcopal, d'un Député Noble et d'un du Tiers-Etat, conformément à ce qui est prescrit par l'Arrêt du Conseil d'Etat du deux Novembre mil sept cent soixante-dix, Article 15, concernant les Assemblées générales et particulières de la Nation Corse ; qu'en conséquence on allait passer aux suffrages tous les Membres de cette Assemblée, à la réserve des Piévans et des autres personnes qui sur leur demande en seront excusées.

Immédiatement après Monseigneur l'Evêque Président, Mgr Stefanini, Evêque de Mariana, Mgr Guasco, Evêque de Sagone, et Mgr de Guernes, Evêque d'Aleria, ont dit que, quoique tous d'un commun accord soient pénétrés du désir le plus ardent de pouvoir porter aux pieds du Trône de Sa Majesté les hommages les plus respectueux, et d'y montrer les sentiments de respect et de reconnaissance qu'ils ne cesseront d'avoir pour sa personne sacrée, les affaires spirituelles de leur Diocèse ne leur permettant point de s'absenter, ils prient les Etats de recevoir leurs excuses. Mgr Stefanini, Evêque de Mariana, a ajouté que ses incommodités trop visibles et l'état chancelant de sa santé ne lui permettaient pas d'entreprendre le plus petit voyage.

Ensuite MM. François-Marie Casabianca, Philippe Costa, Jean-Baptiste Folacci et Pierre Pietri ont mis sous les yeux de l'Assemblée les raisons légitimes qu'ils ont de ne pas concourir à la députation.

Enfin dans l'Ordre du Tiers-Etat, tous les Députés, à la réserve des Sieurs François Torre, Jean-Ange Morlas, Félicien Gavini, Nicolas-Etienne Poli, Paul-George Flach, Jules-François Nobili, Jean-Mathieu Angeli et Ours-Jacques Fabiani, ont donné des motifs et raisons valables pour être dispensés de passer aux suffrages.

Sur quoi, l'Assemblée générale admettant les excuses de Nosseigneurs les Evêques et des autres Députés, a déclaré que Mgr Cittadella, Evêque de Nebbio, par le défaut de concours de la part des autres Evêques, demeurait nommé et élu de droit Député à la Cour pour l'ordre du Clergé à laquelle nomination et élection tous MM. les Députés ont unanimement applaudi par acclamation générale.

MM. les Députés de l'ordre de la Noblesse et ceux du Tiers-Etat ayant été successivement et séparément passés aux suffrages, à la réserve de ceux qui s'en étaient exclus par leurs légitimes excuses, les suffrages ayant été recueillis et comptés par Mgr l'Evêque Président et les deux Membres de la Commission des Douze qui assistent aux Etats et qui siègent autour du Bureau, ils se sont trouvés pour l'Ordre de la Noblesse en faveur de M. Annibal Folacci, et pour celui du Tiers-Etat en faveur du Sieur George Flach ; ainsi Mgr Cittadella, Evêque de Nebbio, et MM. Folacci et Flach, ont été nommés et choisis par l'Assemblée générale, nomination et choix qu'elle confirme, pour, en qualité de Députés de la Nation, se rendre à la Cour, présenter au Roi le Procès-Verbal des Délibérations prises et à prendre dans la présente Assemblée, porter aux pieds du Trône le tribut annuel des sentiments de respect, de reconnaissance et de soumission dont la Nation se trouve justement pénétrée envers sa Personne sacrée, implorer de la bonté de son cœur la continuation de toutes les grâces multipliées qu'il a daigné répandre sur ce peuple : lesquelles nominations et élections ont été acceptées par Mgr Cittadella, Evêque de Nebbio, MM. Annibal Folacci et George Flach avec les démonstrations de la reconnaissance la plus vive, promettant de ne rien négliger pour répondre à la confiance que l'Assemblée leur a montrée, et de remplir avec zèle les fonctions dont les Etats ont bien voulu les honorer.

Après quoi, la Séance a été remise à demain, vingt-quatre du courant, neuf heures du matin.

Et la présente Délibération a été signée tant par Mgr l'Evêque Président, que par les autres Seigneurs Evêques et MM. les Députés qui ont signé les deux précédentes.

Séance du 24 Novembre 1773.

Monseigneur l'Evêque Président, Nosseigneurs les Evêques et MM. les Députés s'étant rendus à la salle de l'Assemblée, Mgr l'Evêque Président a dit que parmi les établissements utiles et honorables que Sa Majesté a daigné former en Corse, pour y établir une tranquillité durable, la création des quatre Juntes nationales établies par l'Edit du Roi du quinze Août mil sept cent soixante-douze doit tenir le premier rang, puisque Sa Majesté en confiant à la Nation une partie de son autorité démontre l'opinion avantageuse qu'elle en a.

Que ce qui rend cet établissement plus glorieux à la Corse est que le Roi ait laissé à la Nation assemblée la nomination des Commissaires des Juntes; que, conformément à ce qui est prescrit par l'article 3 du susdit Edit, les Etats doivent s'occuper du choix de quatre Sujets pour chacune des Juntes, parmi lesquels Sa Majesté se réserve d'en choisir deux pour remplir les deux places qui doivent vaquer chaque année.

Que le moyen le plus sûr pour parvenir à un bon choix serait de le confier d'abord aux Députés des différents districts des Juntes, comme étant plus en état que personne d'avoir une connaissance exacte et fondée des Sujets à proposer; que lesdits Députés s'occuperaient du choix de huit Sujets qu'ils proposeraient successivement à l'Assemblée générale laquelle en choisirait quatre à la pluralité des suffrages.

Ensuite Mgr l'Evêque Président a fait connaître combien il est nécessaire, dans une opération aussi intéressante, de s'occuper avec zèle et impartialité du choix de sujets capables de remplir avec honneur les fonctions que l'Edit du Roi attribue à leurs charges, de démontrer dans une pareille circonstance le désir et l'empressement des Etats à concourir à cette même tranquillité, à répondre aux vues sages et bienfaisantes de Sa Majesté et à mériter par leur zèle la continuation des grâces et privilèges qu'elle a si généreusement accordés à la Nation.

Après quoi, les Députés des différents districts s'étant réunis et ayant délibéré ensemble sur les Sujets les plus capables de remplir dignement les places de Commissaires aux Juntes, ont proposé pour celle de Caccia, MM. Charles Grimaldi de Caccia, Jean Defendini de Bozio, François Raffaelli de Tralonca, Marc-Antoine Lanzalavi de Costa, Charles-Louis Giannoni de Cassano, Ours-Jacques Fabiani de Monticello, Xavier Marini de Calenzana, et Thomas Gabrielli de Tralonca.

Pour celle de la Mezzana, MM. Dominique Cuttoli de Celavo, Alphonse Pietri de Cauro, Jean Olivieri de Cinarca, Ange-François Bruni de Canale, Jean-Baptiste Folacci de Eccica, Dominique-Antoine Borgomani de Calcatoggio, François-Antoine Cittadella de Vico, Jean-Baptiste Baciocchi d'Ajaccio.

Pour celle d'Orezza, MM. Antoine-Jérôme Morlas de Nebbio, Jean-Baptiste Limarola de Nebbio, Jules-François Nobili de Nonza, Jean-Matthieu Angeli de Brando, Jean-Vito Pietri de Tavagna, Paul Casabianca d'Ampugnani, Antoine-André Filippi de Casinca, et Augustin-Ours Pietri de Tavagna.

Pour celle de Tallà, MM. Augustin Pietri et Jean-Grégoire Ortoli de Sartene, Roch Cesari de Quenza, Jean-Baptiste Roccaserra de Levie, Ange-Louis Matra de Matra, Antoine-Pierre Carlotti de Venaco, Joseph-Marie Alberti de Venaco, et le docteur Ferrandi, père, de Verde.

Lesquelles personnes ainsi proposées ayant chacune à part et successivement passé aux suffrages de l'Assemblée recueillis dans une urne, et les suffrages ayant été comptés en présence de Mgr l'Evêque Président et des deux Membres de la Commission des Douze, la pluralité des voix a été pour la Junte de Caccia en faveur de MM. Jean Defendini, Charles Grimaldi, Ours-Jacques Fabiani et Charles-Louis Giannoni.

Pour celle d'Orezza en faveur de MM. Antoine-Jérôme Morlas, Jean-Vito Pietri, Jean-Matthieu Angeli et Antoine-André Filippi.

Pour celle de la Mezzana en faveur de MM. Dominique Cuttoli, François-Antoine Cittadella, Jean-Baptiste Folacci et Jean-Baptiste Baciocchi.

Pour celle de Tallà en faveur de MM. Augustin Pietri, Jean-Grégoire Ortoli, Roch Cesari-Rocca et Antoine-Pierre Carlotti.

Après quoi la Séance a été remise à demain, 25 du courant, neuf heures du matin.

Et la présente Délibération a été signée tant de Monseigneur l'Evêque Président, que des Seigneurs Evêques d'Aleria et de Sagone, de MM. Tusoli et Pietri, Piévans, Costa et Jean-Vito Pietri, Nobles, Limarola et Vivaldi, Députés du Tiers-Etat.

Séance du 25 Novembre 1773.

Monseigneur l'Evêque Président, Nosseigneurs les Evêques et MM. les Députés ci-dessus nommés s'étant rendus à la Salle de l'Assemblée, Monseigneur l'Evêque Président a dit que le règlement du seize Avril mil sept cent soixante-douze concernant l'Assemblée Générale de Corse attribue aux Etats le droit de nommer et choisir dans l'Ordre de la Noblesse une commission composée de douze Sujets dont quatre doivent être pris dans les Députés des Provinces en-delà des Monts et huit dans ceux des Provinces en-deçà, pour résider par tour, à Bastia, au nombre de deux, pendant l'espace de deux mois, auprès de Nosseigneurs les Commissaires du Roi, à l'effet d'y remplir leurs fonctions et jouir des honoraires prescrits par le susdit règlement ; que l'Assemblée doit s'occuper, dans la Séance de ce matin, de ladite élection. Il a de plus observé que les Provinces d'en-deçà des Monts, qui devaient avoir aux Etats quinze Députés Nobles, n'en ont que six, vu la disette où la plupart des Provinces et Pièves se trouvent de Sujets reconnus Nobles par le Conseil Supérieur ; que, dans ce cas, il pense qu'il serait convenable d'y suppléer par la nomination de M. Jean-Ange Morlas qui, quoique représentant du Tiers-Etat dans cette Assemblée, se trouve Noble reconnu ; qu'à l'égard du huitième on pourrait y pourvoir par le choix d'un Sujet d'en-delà des Monts.

Sur quoi, la matière mise en délibération, il a été arrêté, sous le bon plaisir de Sa Majesté, que, cette année seulement, on admettra pour remplir le nombre des huit Sujets de la commission qui doivent être pris dans les Provinces en-deçà des Monts, un Noble des Provinces d'en-delà, et le Sieur Ange Morlas, Député du Tiers-Etat, mais Noble reconnu, avec l'expresse réserve et protestation que la présente détermination ne tirera à aucune conséquence pour l'avenir, et ne donnera droit aux Provinces en-delà des Monts de prétendre avoir plus de quatre Sujets à être élus dans ladite commission ; et ensuite, vu le défaut d'autres Députés Nobles, ont été de droit nommés et choisis par l'Assemblée Générale, et tout d'une voix, pour la partie d'en-deçà des Monts, MM. Jean-Baptiste Sansonetti, Jean-Vito Pietri, François-Marie Casabianca, Philippe Costa, André Ciaccaldi, Antoine-Jérôme Morlas, Jean-Ange Morlas et Jean-Grégoire Ortoli ; pour la partie d'en-delà des Monts, MM. Jean-Augustin Pietri, Jean-Baptiste Baciocchi, Pierre-Paul Cesari-Rocca et Jean-

Baptiste Folacci, pour par eux jouir des droits, honneurs, prérogatives et émoluments attribués à leurs charges, et remplir les devoirs qui y sont attachés.

Lesquelles nominations et élections ont été acceptées par MM. Sansonetti, Casabianca, Jean-Vito Pietri, Costa, Ciaccaldi, Augustin Pietri, Baciocchi, Cesari, Folacci, Ortoli, Antoine-Jérôme et Jean-Ange Morlas, avec promesse de se conformer en entier à ce qui leur est prescrit par le susdit règlement.

Ensuite l'Assemblée voulant régler les mois de service que chacun de MM. les Douze doit fournir à son tour, il a été arrêté que la réunion de deux Sujets par chaque bimestre serait faite par la même Commission ; en conséquence on est convenu d'un commun accord de la composer de la manière suivante : M. Sansonetti avec M. Jean-Augustin Pietri, M. Casabianca avec M. Cesari, M. Jean-Vito Pietri avec M. Baciocchi, M. Jean-Baptiste Folacci avec M. Antoine-Jérôme Morlas, M. André Ciaccaldi avec M. Ortoli, et M. Costa avec M. Ange-Jean Morlas.

Après, on a écrit les mois dans six billets différents, de la manière suivante : dans le premier billet Décembre 1773 et Janvier 1774, dans le second Février et Mars 1774, dans le troisième Avril et Mai 1774, dans le quatrième Juin et Juillet 1774, dans le cinquième Août et Septembre 1774, dans le sixième Octobre et Novembre 1774 ; lesquels billets contenant les mois et les noms de MM. les Membres de la Commission des Douze ayant été fermés et tirés au sort, on en a fait lecture de la manière suivante :

MM. Costa et Morlas pour les mois de Décembre 1773 et Janvier 1774, Pietri de Tavagna et Baciocchi pour les mois d'Avril et Mai 1774, Folacci et Morlas de Nebbio pour les mois de Juin et Juillet 1774, Sansonetti et Pietri de Sartene pour les mois de Février et Mars 1774, Casabianca et Cesari pour les mois d'Octobre et Novembre 1774, Ciaccaldi et Ortoli pour les mois d'Août et Septembre 1774.

Après quoi, tous les Membres de la Commission des Douze ont dit que la maison destinée à leur servir de demeure ayant besoin de quelques réparations ainsi que de quelques meubles pour la rendre plus décente, comme aussi de quelques chambres contiguës à la même maison, il serait à désirer que l'Assemblée pensât à pourvoir à des besoins aussi urgents.

Sur quoi, la matière mise en délibération, il a été arrêté que les réparations et les meubles qui, de l'avis de MM. de la Commission des Douze, peuvent être nécessaires, seront faits et fournis aux dépens de la Nation, et que M. l'Intendant sera supplié de les faciliter, en faisant avancer par la Caisse Civile les fonds qui peuvent être nécessaires pour cet objet, comme aussi de vouloir bien accorder quelques chambres contiguës à la maison des Douze pour rendre leur demeure plus commode et plus décente.

La présente Délibération a été signée comme dessus.

Dudit jour 25 Novembre 1773.

Nosseigneurs les Commissaires du Roi s'étant rendus à l'Assemblée ont dit que la Province de Balagne a renouvelé ses remontrances de l'année dernière au sujet de l'augmentation faite par Mgrs les Evêques sur les dépenses de leurs Tribunaux ; que plusieurs Provinces et Pièves s'étaient réunies aux Etats derniers pour demander la réduction des frais des Greffes Ecclésiastiques à la taxe du Pape Innocent XI ; qu'il fût déclaré que Sa Majesté ne doutait point que Mgrs les Evêques ne donnassent en cette occasion des marques particulières de leur équité et de leur désintéressement, et qu'Elle verrait avec plaisir que la Bulle dont il s'agissait fût remise en vigueur, en cas qu'elle ne fût pas déjà observée.

Sur quoi Nosseigneurs les Commissaires du Roi ont annoncé que Mgrs les Evêques étaient invités de nouveau à se conformer aux intentions du Roi dans cette Assemblée, en réglant dans un esprit de justice les droits contre lesquels on réclamait.

Ensuite Monseigneur Doria, Evêque d'Ajaccio, a dit que le Greffe de son Diocèse, observant un tarif moindre que celui que prescrit la Bulle d'Innocent XI, n'était pas dans le cas d'éprouver aucune réduction.

Monseigneur de Guernes, Evêque d'Aleria, a dit que, quoiqu'il ignore les dispositions de la Bulle du Pape Innocent XI, cependant, aussitôt qu'il est arrivé dans son Diocèse, il s'est occupé de la réforme du tarif pour le réduire au moindre taux possible.

Monseigneur de Cittadella, Evêque de Nebbio, a dit que ne jouissant de son Evêché que depuis peu de mois, ne lui étant parvenu aucune plainte sur cet objet, il a été dans le cas de suivre la taxe qu'il a trouvée établie, mais qu'il y donnera toute son attention et y portera les remèdes et corrections nécessaires pour la rendre conforme à la susdite Bulle.

Monseigneur Guasco, Evêque de Sagone, a dit que le tarif de son Diocèse ne peut être moindre que ce qu'il est. MM. les Députés tant de la Province de Calvi que de celle de Vico ont fait connaître que les demandes susdites ne regardaient en aucune manière le Diocèse de Sagone.

Au reste, tous Mgrs les Evêques d'un commun accord se sont montrés remplis de cet esprit de justice et d'équité qui doit les animer, promettant de se prêter à tout ce qui pourra contribuer au soulagement du Peuple, ce qu'ils auraient déjà fait si les plaintes ci-dessus annoncées leur fussent parvenues.

La présente Délibération a été signée comme dessus.

Dudit jour 25 Novembre 1773

Nosseigneurs les Commissaires du Roi ont dit que plusieurs Provinces et Pièves avaient formé des demandes relatives à l'établissement des Collèges et à l'instruction publique, que quoique la plupart de ces demandes se trouvaient répondues dans l'exposition des moyens que Sa Majesté se proposait d'employer pour parvenir à l'établissement d'une Université et de quatre Collèges, ils allaient les reprendre et annoncer quelles étaient sur chacune d'elles les volontés du Roi.

La Province de Balagne a demandé l'exécution du projet de fondation d'un Collège à l'Algajola et a proposé d'y réunir les bénéfices champêtres, et la Piève de Caccia a demandé que les revenus du bénéfice rural de Saint-Pierre, Saint-Augustin et Saint-Quilico, situé dans ladite Piève, soient appliqués à l'entretien d'une école pour ses habitants.

Nosseigneurs les Commissaires du Roi ont dit que Sa Majesté attendait les mémoires que la Nation avait promis dans sa dernière Assemblée sur cet objet, et que, quant à l'établissement d'un Collège à l'Algajola, l'Assemblée devait délibérer à ce sujet.

Les Pièves de Rostino, de Tavagna, de Rocca et Castello, Bonifacio et Istria se réunissent à demander que les Religieux des différents Ordres qui sont établis dans leurs enceintes soient obligés de tenir des écoles pour l'instruction de la jeunesse; et la Piève d'Ajaccio demande que les honoraires soient pris sur les 60 mille livres accordées par Sa Majesté au bénéfice de la Nation.

Nosseigneurs les Commissaires du Roi ont dit que les Religieux n'étant point assujettis à tenir des écoles publiques, Sa

Majesté ne croyait pas devoir leur en imposer l'obligation qui pourrait être contraire à leur Institut et à l'observation de leur règle ; qu'il serait d'ailleurs suffisamment pourvu à l'éducation publique, sans qu'il fût besoin de recourir à cet expédient ; qu'à l'égard de l'instruction des habitants de la campagne, c'était un devoir et un soin confié aux Piévans et Curés des Pièves et Communautés, sous l'autorité de Mgrs les Evêques au zèle et à la charité desquels on devait s'en rapporter ;

Qu'au surplus la remise de soixante mille livres sur le produit des deux vingtièmes de la subvention ne pouvait avoir pour destination le paiement des Maîtres d'école ; qu'elle n'avait été accordée à la Nation, que pour être employée à l'acquittement de ses charges et lui éviter, s'il était possible, des impositions particulières pour y subvenir.

Sur la demande de la Piève d'Ajaccio tendante à ce qu'il fût établi un Collège à Ajaccio pour l'instruction de la jeunesse, auquel seraient affectés la maison du Séminaire, ses revenus et une portion des biens des Jésuites ;

Nosseigneurs les Commissaires du Roi ont dit que Sa Majesté prendrait cette demande en considération, lorsqu'il serait question de l'emplacement et fondation des Collèges qui doivent être établis dans l'Ile.

Sur la demande de la Piève de Portovecchio à l'effet qu'il lui soit permis d'établir un Maître pour y enseigner la Grammaire et la Philosophie et de lui fixer un traitement sur les 60,000 livres qu'il a plu au Roi d'accorder sur la subvention au bénéfice de la Nation ;

Nosseigneurs le Commissaires du Roi ont dit que cette demande était refusée ; que le bénéfice des soixante mille livres avait une toute autre destination ; que, si la Piève de Portovecchio voulait avoir un Maître pour l'instruction particulière de ses habitants, elle devait prendre sur elle-même les frais de son traitement et de son entretien.

Sur la demande de la Piève de Calvi tendante à ce qu'il soit accordé, chaque année, à des Sujets choisis par les Commissaires du Roi, des places dans les Collèges de France où il y a des bourses de charité ;

Nosseigneurs les Commissaires du Roi ont dit que les établissements que Sa Majesté se proposait de faire en Corse pour l'éducation publique et gratuite ne laisseraient rien à désirer à cet égard et répondraient suffisamment à cette demande.

La Piève de Campoloro avait représenté que le Séminaire d'Aleria était occupé, depuis longtemps, par les troupes, qu'elle suppliait Mgrs les Commissaires du Roi de le faire évacuer, pour qu'il fût restitué à la jeunesse et qu'elle pût y être nourrie dans les sciences et la piété ;

La Piève d'Istria avait demandé qu'on donnât l'ouverture et l'entrée libre du Séminaire d'Ajaccio pour instruire la jeunesse qui restait sans éducation, n'y ayant point d'écoles dans le Diocèse ;

Nosseigneurs les Commissaires du Roi ont déclaré que Sa Majesté s'était déjà expliquée par l'organe de ses Commissaires dans la dernière Assemblée des Etats sur les demandes de cette nature ; qu'elle avait exigé dès l'an mil sept cent soixante-dix qu'on lui fit connaître pour le Séminaire d'Ajaccio comme pour celui de Bastia, ce qu'ils étaient dans leur institution, ce qu'ils sont aujourd'hui, leurs revenus et l'emploi qui s'en fait; que la Province d'Ajaccio avait fourni un mémoire à ce sujet, et que Mgr l'Evêque d'Ajaccio s'était réservé d'en produire un de son côté, dans le terme de quatre mois, qui satisferait entièrement aux éclaircissements que Sa Majesté désirait, et qu'il avait demandé la communication de tous les mémoires qui avaient été produits et pourraient l'être par la suite de la part des Provinces et Pièves de son Diocèse ; que ce mémoire n'ayant pas encore été fourni, non plus que ceux relatifs aux Séminaires de Bastia et d'Aleria, c'était aux parties intéressées à en provoquer la remise, pour que Sa Majesté fût en état de statuer en même temps sur tous ces différents objets.

Sur la demande des Pièves de Talcini, Venaco et Giovellina, de la Province de Corte, tendante à ce que Mgr l'Evêque d'Aleria ni ses successeurs ne puissent ériger, ni établir aucun bénéfice, Prieuré ou Abbaye sans en prévenir les habitants et sans le consentement des Piévans, Curés et autres Prêtres jouissant de bénéfices à charge d'âmes ;

Nosseigneurs les Commissaires du Roi ont répondu que Sa Majesté n'avait pas besoin que ses Provinces de Corse lui traçassent ce qu'elle avait à faire ; que son amour pour ses peuples lui dicterait du reste les précautions qu'elle aurait à prendre pour les préserver des entreprises que l'on pourrait faire contre les droits respectifs d'un chacun.

Sur la demande de la Piève de Niolo que le Couvent qui est abandonné dans ladite Piève fût de nouveau habité ou par les Religieux de la première religion ou par d'autres agréables aux habitants ;

Nosseigneurs les Commissaires du Roi ont dit que le rétablissement du Couvent de Niolo sera soumis aux dispositions qui interviendront relativement à l'exécution de l'Edit concernant les Religieux en Corse ; à l'effet de quoi Mgrs les Evêques sont instamment invités à mettre la dernière main à l'exécution de cet Edit.

Après quoi, Mgr l'Evêque d'Ajaccio a dit que la demande faite par la Piève d'Ajaccio pour l'établissement d'un Collège en y incorporant la maison et les revenus du Séminaire, est contraire à l'institution de ce même Séminaire ; que l'érection d'un Collège auquel Sa Majesté a destiné des fonds et des revenus ne doit point en occasionner la suppression ; que les mémoires promis sur cet objet ont été remis au bout de quatre mois au Greffe des Etats.

Ensuite la Séance a été remise à demain, 26 du courant, neuf heures du matin.

La présente Délibération a été signée tant par Nosseigneurs les Commissaires du Roi, que par les Seigneurs Evêques, et MM. les Députés qui ont signé les deux précédentes.

Séance du 26 Novembre 1773.

Nosseigneurs les Commissaires du Roi et Mgrs les Evêques et les Députés s'étant rendus à la Salle de l'Assemblée, Nosseigneurs les Commissaires du Roi ont dit que Sa Majesté, toujours occupée de tout ce qui peut procurer le bien de la Corse, et persuadée qu'un des plus précieux avantages dont la Nation pût jouir était l'éducation publique, avait cherché les moyens d'y pourvoir, ce que la Nation elle-même aurait dû indiquer en fournissant les Mémoires et les éclaircissements qui lui avaient été demandés, dès mil sept cent soixante-dix ;

Qu'en conséquence ils allaient remettre sous les yeux de l'Assemblée le plan que Sa Majesté avait fait annoncer aux Etats, et qu'Elle se proposait de faire exécuter.

Que ce plan embrassait quatre objets :

1º L'établissement d'une Université ;

2º Celui de quatre Collèges ;

3º Celui de deux Pensionnats ;

4º Des établissements d'écoles pour les Pièves et Communautés de l'intérieur de l'Ile qui en auraient besoin.

Sur l'établissement d'une Université, Nosseigneurs les Commissaires du Roi ont dit que ce serait une institution nouvelle pour la Corse; qu'il serait à désirer qu'elle pût être complète pour tous les genres d'études, et qu'elle fût composée des quatre facultés de Théologie, de Droit, de Médecine et des Arts ; que les Chaires seraient confiées à des Professeurs distingués par leur mérite et leur capacité; que l'Université ne pourrait être mieux placée qu'à Corte comme au centre de l'Ile, plus à portée par conséquent de tous les habitants, et parce que cette Ville a en quelque sorte la possession pour elle : qu'il serait juste d'ailleurs et conforme aux intentions de Sa Majesté de lui faciliter les moyens de l'agrandir et de l'accroître.

Que pour donner à cet établissement la solidité et la consistance nécessaire, il fallait qu'il fût revêtu de toutes les formes légales; que Sa Majesté ferait solliciter à Rome une Bulle d'érection qui serait enregistrée au Conseil Supérieur, afin que les Etudiants pussent être admis à profiter par tout des degrés qu'ils y prendraient, comme s'ils les avaient pris dans toute autre Université ; avantage dont la Corse n'a pas encore joui, et que l'Université fondée par Paoli ne pouvait pas procurer ;

Que le Roi destinait et emploierait à la fondation et dotation de l'Université, 1° le Don gratuit que les bénéficiers de l'Ile ont consenti de payer en 1765; 2° le produit du domaine d'Antisanti appartenant à Sa Majesté ; 3° la rente viagère que le Piévan d'Aregno s'est soumis de payer par acte du 19 Novembre 1774; 4° le loyer annuel estimé à 300 livres d'une maison située à l'Ile-Rousse; 5° le revenu d'un certain nombre de bénéfices champêtres que l'on pourrait réunir à l'Université.

Sur ces objets de revenus destinés à la fondation et dotation de l'Université, Nosseigneurs les Commissaires du Roi ont observé que le Don gratuit serait payé par tous les bénéfices de l'Ile sans exception, depuis les premières Dignités Ecclésiastiques jusqu'aux moindres chapellenies ;

Que Sa Majesté avait déjà fait connaître qu'Elle désirait que le produit en fût porté à 4,000 livres par an, et qu'Elle comptait que les mémoires que les Etats derniers ont promis de fournir sur cet objet, et les vues que le Clergé communiquera contribueraient à en perfectionner la répartition ;

Que le domaine d'Antisanti avait déjà été assigné par Paoli en dot à l'Université qu'il avait établie ; que le Roi en fera une concession en règle à celle qu'il se propose de fonder, et que lorsque ce terrain sera mis en valeur, on doit espérer qu'il sera d'un produit considérable et qu'on en tirera un parti très avantageux au moyen d'une bonne culture ;

Que la rente de 600 livres due par le Piévan d'Aregno était réclamée aujourd'hui par ce même Piévan ; qu'il avait remis un mémoire dont il convenait que la Nation prît communication pour l'approuver, ou l'improuver après qu'elle aurait examiné les moyens de réclamations qui y sont énoncés ;

Que le loyer de la maison de l'Ile-Rousse, évalué à 300 livres, était un revenu d'une perception facile, et qui n'exigerait que de l'attention dans le recouvrement ;

Que quant aux bénéfices champêtres, Sa Majesté avait fait déjà connaître aux Etats de 1772 qu'Elle était informée qu'il en existait 47 ou 48 ; qu'Elle avait demandé des notions exactes de leur nombre, de leur position, de leur qualité et valeur, et qu'on examinât et pesât avec attention tout ce qui pouvait empêcher, faciliter ou retarder la réunion de ces bénéfices à mesure de leur vacance ; que les mémoires qui avaient été promis par les Etats n'ayant pas encore été remis, il était important que l'Assemblée actuelle s'en occupât et s'expliquât d'une manière particulière sur les moyens de réunir une partie de ces bénéfices à l'Université.

Sur l'établissement des Collèges, Nosseigneurs les Commissaires du Roi ont dit qu'en les plaçant dans les quatre points principaux de l'Ile, les habitants seraient à portée d'en profiter également, et de faire instruire leurs enfants sous leurs yeux ou à leur proximité ; que des quatre proposés il y en aura un à Bastia, un à Ajaccio, un à Cervione et le quatrième en Balagne ; que Sa Majesté serait disposée à placer ce quatrième Collège à Calvi comme l'endroit le plus peuplé et où il y a d'ailleurs une Garnison et un Juge Royal ; que si cependant les Etats avaient des motifs de donner la préférence à l'Algajola, Elle écouterait volontiers leurs représentations et s'en rapporterait au vœu général de la Nation ;

Que chaque Collège, à l'instar de celui de Bastia, aurait un certain nombre de professeurs, et que, comme il y a eu des représentations faites sur le peu de fruit que la Nation a retiré jusqu'à ce jour de la forme donnée à l'établissement du Collège de Bastia, il y aurait à peser quelle forme meilleure il serait praticable d'adopter pour les études à l'effet de s'y conformer.

Sur les moyens que le Roi emploierait à la fondation et dotation des Collèges ;

Nosseigneurs les Commissaires du Roi ont dit que Sa Majesté y destinait :

1° Les biens légués par le Prêtre Leca,

2° Les biens des Jésuites,

3° Enfin un fonds de 80 mille livres appartenant au Collège d'Ajaccio, qui était placé sur les domaines de Naples, et dont Sa Majesté s'était procuré le remboursement ;

Que si ces moyens n'étaient pas suffisants pour l'entretien des quatre Collèges, les Villes où ils seraient situés auraient à y contribuer, à l'exemple de celle de Bastia, et qu'il pourrait à cet effet leur être accordé des octrois.

Sur l'établissement des Pensionnats, Nosseigneurs les Commissaires du Roi ont dit qu'il en serait établi deux, l'un à Bastia et l'autre à Ajaccio ; qu'ils seraient de la plus grande utilité pour les Pères de famille de l'intérieur et même pour ceux des Villes où ils seraient placés ; qu'on pourrait y faire élever les enfants, et les accoutumer de bonne heure à une discipline plus exacte que l'éducation domestique ;

Que dans les cas où l'autorité du Gouvernement serait nécessaire pour donner plus de confiance et de solidité à cet établissement, Sa Majesté se prêterait à tout ce qui lui paraîtrait utile et avantageux à cet égard.

Enfin, sur l'établissement des écoles pour les Pièves et Communautés de l'intérieur ;

Nosseigneurs les Commissaires du Roi ont dit que l'institution des écoles de Campagne ne devait avoir pour objet que d'instruire les enfants dans la Religion et de leur enseigner à lire et écrire : que cette partie de l'éducation regardait plus particulièrement Mgrs les Evêques, et que Sa Majesté comptait à cet égard sur leur zèle et leur vigilance ;

Que si les Pièves et Communautés n'avaient aucun revenu pour subvenir aux frais d'établissement et d'entretien de ces écoles, elles pourraient s'imposer la taxe qui serait nécessaire, en observant les formalités requises, et qu'elles obtiendraient toute autorisation nécessaire à cet effet.

Après avoir exposé et expliqué de nouveau le plan que Sa Majesté se proposait de suivre pour pourvoir à l'éducation publique en Corse,

Nosseigneurs les Commissaires du Roi ont dit que, relativement aux vues bienfaisantes de Sa Majesté, l'Assemblée actuelle avait à fournir les mémoires que les Etats avaient promis dans la dernière Assemblée sur les moyens à employer pour perfectionner la répartition du don-gratuit, la rendre générale pour tous les bénéficiers de l'Ile et en porter le produit annuel à 4,000 livres; que l'Assemblée verrait par l'état qu'ils remettraient sur le Bureau du produit de cette répartition jusqu'à ce jour, qu'il s'en fallait de beaucoup qu'il eût été porté au taux que Sa Majesté désirait ;

Que l'Assemblée avait encore à donner des notions et éclaircissements nécessaires pour connaître le nombre, la position, la qualité et valeur des bénéfices champêtres, et pour déterminer ceux qui seraient susceptibles d'être unis à l'Université pour contribuer à sa dotation ; que cet objet était trop important, trop utile à la Nation pour que l'Assemblée ne se portât pas avec zèle à satisfaire à ce que Sa Majesté attendait d'elle à cet égard ;

Qu'elle avait à examiner les réclamations du Piévan d'Aregno, et à déclarer si elle pensait qu'elles dussent être accueillies, et en conséquence, si on devait compter sur la pension viagère de 600 livres à laquelle il s'était soumis;

Que le lieu où il convenait d'établir un Collège en Balagne faisait encore un objet de délibération pour l'Assemblée ; qu'il fallait nécessairement déterminer s'il serait établi à Calvi ou à l'Algajola, que Sa Majesté avait la bonté d'exposer à la Nation les raisons qui lui faisaient penser qu'il serait mieux placé à Calvi ; que cependant Elle s'en rapporterait au vœu général de la Nation; qu'ainsi l'Assemblée ne pouvait se dispenser de prendre à cet égard une détermination définitive ;

Qu'un objet également important était d'examiner d'où provenaient les inconvénients qui résultaient de la forme donnée au Collège de Bastia, et ce qu'il conviendrait de déterminer pour y remédier et former un plan d'études à adopter pour tous les Collèges, afin d'en retirer l'utilité et avantage que Sa Majesté désirerait procurer à ses Sujets Corses ; que ce qui sera arrêté à cet égard pourvoira suffisamment à la demande faite par la Pieve de Bastia, de faire vérifier les raisons pour lesquelles les écoles qui y sont fondées sont si peu fréquentées et de pourvoir aux moyens convenables à ce que la jeunesse puisse profiter d'un secours aussi utile ;

Que, quant à l'établissement des Pensionnats, l'Assemblée avait à examiner s'il était nécessaire que l'autorité du Gouvernement intervînt pour leur donner plus de consistance et de solidité, et en conséquence qu'elle pouvait proposer ce qu'il lui paraîtrait à propos que Sa Majesté daignât accorder d'utile et d'avantageux sur cet objet;

Qu'enfin, sur l'établissement des écoles de Campagne, l'Assemblée avait à déterminer ce que les Pièves et Communautés auraient à faire lorsque Mgrs les Evêques auraient fait choix de Sujets capables et instruits pour faire les fonctions de Maîtres d'école dans les lieux où il conviendrait d'en instituer; qu'en général les obligations des habitants consistaient à fournir une maison d'école dont l'entretien était à leur charge ; à régler des gages au Maître d'école, soit en argent, soit en terres, à fixer en outre la rétribution à payer par les parents pour les enfants qui seraient instruits relativement à leurs facultés, à moins que les gages réglés au Maître d'école ne fussent suffisants pour pourvoir à sa subsistance sans avoir recours à une rétribution particulière par Ecolier; qu'ainsi l'Assemblée avait donc à arrêter les moyens que les Communautés auraient à employer pour assurer la subsistance et l'entretien des Maîtres d'école que Mgrs les Evêques institueraient sur la demande des habitants.

Après quoi Nosseigneurs les Evêques ont dit, tant en leur nom qu'en celui du Clergé, qu'étant sans cesse disposés à donner dans toutes les circonstances les preuves des sentiments de soumission et de respect dont ils ne cessent d'être animés envers Sa Majesté, désirant de se prêter aux intentions de Nosseigneurs les Commissaires du Roi, ils s'occuperont entre eux dans la présente journée de la répartition et augmentation du don gratuit à l'effet de le porter à la somme annuelle de 4,000 livres et fixer la portion de chacun des cinq Diocèses de Corse, et qu'ensuite dans l'espace d'un mois chaque Evêque assisté de deux Curés, qui seront nommés par les Bénéficiers sujets au don gratuit, s'occupera dans son Diocèse à en faire la répartition sur tous les Bénéficiers de la manière qu'il jugera la plus convenable, commençant par la première Dignité et finissant au dernier Chapelain, lesquelles répartitions seront remises aux Députés à la Cour afin que mises sous les yeux de Sa Majesté, elles puissent démontrer authentiquement l'empressement des Evêques et de leur Clergé pour tout ce qui peut plaire au Roi et être utile à l'Etat.

Mais Nosseigneurs les Evêques, après avoir démontré leur prompte déférence à tout ce qui venait d'être annoncé de sa

part, ont dit, tant en leur nom qu'à celui du Clergé, qu'encouragés par la juste confiance qu'ils ont dans le meilleur des Rois, ils ne peuvent s'empêcher de mettre sous ses yeux paternels l'espérance qu'ils avaient de n'être point sujets au don gratuit qui leur est demandé en ce jour, espérance soutenue par l'Edit du mois de Septembre 1769 concernant la Juridiction Ecclésiastique de Corse, lequel s'exprime en ces termes : « Notre zèle pour la Religion Nous a toujours fait
» regarder comme un de nos principaux devoirs l'obligation
» où Nous sommes d'employer pour le bien de l'Eglise, pour
» le maintien de sa Discipline dont Nous sommes Protecteur,
» pour la conservation de sa Dignité et Juridiction de ses
» Ministres, l'Autorité Souveraine qu'il a plu à Dieu de Nous
» donner ; c'est par ces motifs que Nous voulons que le Clergé
» de Corse jouisse des mêmes privilèges que le Clergé de nos
» Etats. » Et dans le second article du même Edit : « Avons
» maintenu et confirmé, maintenons et confirmons les Evê-
» ques, Prélats et Bénéficiers, Corps et Communautés Ec-
» clésiastiques dudit Pays dans les droits, rangs, honneurs
» dont ils ont bien et dûment joui ou dû jouir. »

Nosseigneurs les Evêques, engagés par ces différents motifs et encore plus par leur conscience, se croient obligés de renouveler leurs protestations et de présenter le Mémoire qu'ils avaient promis de produire, et vu les raisons qui y sont renfermées, ils ont lieu de se flatter que leur conduite ne sera pas désapprouvée, si l'on considère qu'un des devoirs de leur état est de défendre les droits du Clergé, que cependant ils entendent et protestent que ce qu'ils ont promis de faire, ne devant être regardé que comme un témoignage de leur respect, ne peut en aucun temps, ni en aucune manière préjudicier à leurs privilèges et à leurs droits ainsi qu'à ceux de tout le Clergé, jusqu'à ce que Sa Majesté mieux informée daigne prononcer avec connaissance de cause sur les raisons contenues dans leur Mémoire ou dans d'autres reproduits par eux-mêmes ou par leurs représentants s'ils sont jugés nécessaires ; desquelles réserves et protestations Nosseigneurs les Evêques tant en leur nom qu'en celui du Clergé ont requis acte auprès de Nosseigneurs les Commissaires du Roi qui le leur ont octroyé.

La présente Délibération a été signée tant de Nosseigneurs les Commissaires du Roi, que des Seigneurs Evêques d'Ajaccio et de Nebbio, de MM. Turchini et Pinelli, Piévans, de MM. Ciaccaldi et Annibal Folacci, Députés Nobles, des Sieurs Flach et Nobili, Députés du Tiers-Etat.

Dudit jour 26 Novembre 1773

Nosseigneurs les Commissaires du Roi ont dit qu'il avait été formé différentes demandes relatives à l'administration Ecclésiastique qu'ils allaient rappeler, et sur lesquelles ils avaient à annoncer les volontés du Roi.

Sur la demande de la Province de Balagne tendante à ce qu'il fût accordé une portion congrue au Curé de Palasca, sur les Dîmes de la Piève d'Ostriconi, attendu que la rente qu'il recevait n'était pas suffisante pour le faire vivre ;

Nosseigneurs les Commissaires du Roi ont répondu que cette demande ayant déjà été portée dans l'Assemblée de 1772 à la Séance du 8 Mai, ils avaient dit que Sa Majesté trouvait juste qu'il fût pourvu d'une manière convenable à l'honnête subsistance des Ecclésiastiques qui, comme les Curés, portaient tout le poids du Ministère, qu'il avait été arrêté que le Député de la Province, qui était lui-même de Palasca, présenterait un Mémoire au Comité Ecclésiastique, pour qu'il pût examiner la justice de la cause et en faire son rapport à l'Assemblée ; qu'il ne paraît pas que cette détermination ait eu d'effet, puisque la demande est renouvelée ; que l'intention du Roi est qu'il y soit statué dans cette Assemblée, après qu'elle aura été expliquée et débattue contradictoirement avec les Décimateurs.

Sur quoi les Députés de la Province de Balagne ont dit que n'étant pas instruits des demandes du Curé de Palasca, ni des raisons qu'il peut produire à l'appui, ils ont promis de l'avertir de fournir les raisons et les éclaircissements nécessaires pour connaître et terminer dans l'Assemblée sa prétention contradictoirement avec le Décimateur.

La présente Délibération a été signée comme dessus.

Dudit jour 26 Novembre 1773

Nosseigneurs les Commissaires du Roi ont dit que les Provinces et Piéves avaient formé des demandes relatives à la Législation, qu'ils allaient les rappeler toutes, et déclarer sur chacune d'elles les ordres et volontés du Roi.

Sur la demande de la Piève de Bastia tendante à ce que l'amende portée par l'Edit des mésus champêtres fût augmentée pour son territoire, comme le seul moyen de prévenir de la part des Propriétaires de bestiaux les dommages journaliers qu'ils causent ;

Nosseigneurs les Commissaires du Roi ont déclaré que cette demande était refusée, que l'Edit des mésus champêtres sera exécuté dans toute l'Ile sans aucun changement ni modification ; qu'au surplus la Piève de Bastia avait un moyen assuré d'empêcher les mésus des bestiaux, en usant de la faculté qui lui est accordée de clore ses terrains.

Sur la demande de la Piève de Caccia, à ce qu'il plût à Sa

Majesté de nommer pour chaque Junte un Assesseur qui soit adjoint aux Commissaires des Juntes ;

Nosseigneurs les Commissaires du Roi ont dit qu'il y avait suffisamment d'Officiers dans chaque Junte, qu'en conséquence la demande était refusée.

Sur la demande des Pièves de Canale, Caccia et Ampugnani, Province de Bastia, sur celle de la Piève de Pino, Province de Calvi, et celles de Talcini, Venaco et Giovellina, Province de Corte, qui s'accordent toutes à demander qu'il plaise à Sa Majesté d'établir la résidence du Conseil Supérieur à Corte, comme étant au centre de l'Ile, et conséquemment plus à la portée et commodité de tous les habitants ;

Nosseigneurs les Commissaires du Roi ont déclaré que cette demande avait déjà été refusée aux Etats de 1772, et ne pouvait être adoptée quant à présent ; que si la Ville de Corte prenait à l'avenir des accroissements et offrait des logements suffisants et convenables pour y loger le Conseil Supérieur, les Officiers qui sont à sa suite, et les Particuliers que les affaires appellent auprès de lui, Sa Majesté pourrait alors écouter le vœu général de la Nation, et prendre la détermination qui paraîtrait la plus avantageuse à ses Sujets Corses.

Sur le demande de la Piève de Casacconi, Province de Bastia, tendante à ce qu'il soit permis à chacun de plaider dans sa propre cause ;

Nosseigneurs les Commissaires du Roi ont dit que cette demande était accordée, et ont observé qu'on y avait déjà répondu dans les Etats de 1772, que cet objet était réglé et accordé tant par l'Ordonnance du mois de Septembre 1769 que par celle du mois de Mai 1771 concernant la Juridiction des Podestats, et par l'Edit de Juin de la même année sur la Procédure civile, à l'exception toutefois des Procédures criminelles, et à la charge que ceux qui useront de cette faculté observeront les formes prescrites.

Sur la demande de la Province entière de Balagne tendante

à ce qu'il soit établi un Juge à l'Algajola, comme il y en a eu un dans tous les temps, indépendamment de celui de la Ville de Calvi presqu'inaccessible par son éloignement et à cause des fleuves qui sont sans ponts ;

Nosseigneurs les Commissaires du Roi ont déclaré que la Province de Calvi s'était opposée à cette demande, attendu que la création d'une Justice à l'Algajola serait préjudiciable à la Province de Calvi, ruinerait son commerce sans être d'aucune utilité à la Balagne, et serait une dépense superflue ; qu'en conséquence la demande était refusée.

Sur la demande de la Province de Balagne tendante à ce que les Juges Royaux et tous autres Officiers de Justice soient relevés tous les deux ans, et qu'à la fin du biennal il soit envoyé des Syndicateurs dans toutes les Juridictions pour recevoir les plaintes du Peuple ;

Nosseigneurs les Commissaires du Roi ont déclaré que cette demande était refusée comme étant absolument contraire à l'avantage de la Nation, que Sa Majesté l'avait déjà refusée et proscrite, et qu'Elle défendait de la renouveler.

Sur la demande de la Province de Balagne tendante à ce que l'Huissier de la Juridiction ne puisse prendre que quatre sous sur chaque cause, suivant le tarif, au lieu de quatre sous pour chaque prononcé comme il a fait jusqu'à présent, et sur ce que la Piève de San Quilico a demandé de modérer les frais de Justice, de réduire la présence des Huissiers et toutes les significations des Communautés à deux sous de France au lieu de cinq ;

Nosseigneurs les Commissaires du Roi ont dit que le tarif des frais de Justice serait exactement suivi, que si les Huissiers s'en écartaient, les Parties pourraient s'adresser au Juge pour taxer leurs salaires.

Sur ce que la Province de Balagne a demandé qu'il fût ordonné que les Notaires enregistreraient leurs actes sur des registres, l'usage de les tenir en liasse étant trop dangereux ;

Sur la demande de la Piève de San Quilico de taxer le salaire des Notaires ;

Sur celle de la Piève d'Ajaccio d'un tarif des droits des Notaires et d'un règlement qui les oblige à faire un registre en carton, ou en parchemin, de leurs actes en feuilles volantes, et de les faire viser par le Juge à la fin de chaque année ;

Nosseigneurs les Commissaires du Roi ont dit qu'il avait été répondu sur ces demandes aux Etats derniers ; que l'Edit du mois de Juin 1771 prescrit aux Notaires de tenir des minutes séparées de leurs actes, d'en former des liasses pour les y ranger par ordre, et les inscrire ensuite sur des registres en papier timbré, ce qui doit se faire dans le courant du mois de Janvier de chaque année pour les minutes de l'année précédente. Qu'à l'égard du tarif pour fixer les droits de ces Officiers, il avait été pareillement répondu que Sa Majesté trouvait cette demande juste, et que pour remplir d'une manière plus complète le désir de la Nation, Elle s'était déterminée à s'en rapporter à elle-même pour la rédaction de ce tarif.

En conséquence Nosseigneurs les Commissaires du Roi ont annoncé que la Nation ne tarderait pas à jouir des avantages de ce tarif qui lui serait envoyé le plus tôt possible.

Sur la demande de la Piève de Calvi qui avait pour objet qu'il ne soit donné aucune foi en Justice aux témoins sommaires s'ils ne sont examinés en présence du Juge ;

Nosseigneurs les Commissaires du Roi ont dit qu'il faut que la Piève explique ce qui donne lieu à cette demande qui paraît déceler quelques abus pratiqués en Corse dans l'exécution des formes et des règles établies pour l'administration de la Justice.

Sur ce que la Piève de San Quilico, Province de Nebbio, a représenté qu'il serait à propos d'avoir dans la Juridiction Royale un Greffier ou Commis-Greffier Italien pour savoir la forme d'instruire les Procès civils ;

Nosseigneurs les Commissaires du Roi ont dit que cela était refusé, que c'était aux Avocats et aux Procureurs, et non pas aux Greffiers à instruire les affaires ; que l'Ordonnance civile leur trace la forme et la règle qu'ils doivent observer, et qu'ils n'ont besoin que de suivre cette loi dans l'instruction des Procès civils sans qu'il soit nécessaire d'ajouter de nouveaux Officiers à ceux créés par l'Edit portant établissement des Justices Royales.

Sur ce que la même Piève a demandé que le Statut Corse que l'on contredit journellement dans la Justice de Saint Florent fût observé en tout et partout ;

Nosseigneurs les Commissaires du Roi ont dit que cette demande était accordée, que Sa Majesté y avait répondu en 1772, que c'était un point réglé et accordé par l'article premier de l'Edit du mois de Juin 1771 concernant les Procédures civiles, publié au mois de Novembre suivant ; et ils ont ajouté que si les Juges inférieurs contrevenaient aux lois publiées en Corse, la voie de l'appel était ouverte pour faire reformer leurs jugements.

Sur ce que les Pièves de Talcini, Venaco et Giovellina demandaient que lorsque les Commandants, Commissaires des Guerres, Subdélégués et tous autres chargés de l'Administration auraient des ordres à donner pour le service de Sa Majesté, ils s'adressassent à l'Officier Principal de la Piève et de la Communauté, et que les Particuliers ne puissent à cet égard recevoir d'ordre ni être repris que par ledit Officier.

Et sur ce que la Piève de Talavo demandait que l'obligation qui est imposée de fournir des vivres et des chevaux, n'excédât point ses forces et fût restreinte aux ordres et au service du seul Commandant de cette Piève ;

Nosseigneurs les Commissaires du Roi ont dit que la prompte expédition des Ordres du Roi et le préjudice que les retards pourraient apporter à son service ne permettaient pas de s'assujettir strictement à la règle de ne s'adresser qu'au principal Officier des Pièves et Communautés pour les faire exécuter; que Sa Majesté néanmoins chargeait ses Commissaires de veiller à ce que cette règle fût suivie autant qu'il serait possible, afin que les corvées fussent également réparties, et qu'il ne fût rien exigé ni fourni que pour les besoins de son service.

Sur ce que la Province entière de Corte a demandé que le bachin qui doit servir au marché soit marqué de la marque de France et confié aux Officiers Municipaux qui seraient surveillés par le Juge Royal;

Que la Piève de Talavo a demandé que les mesures soient uniformes et portent l'empreinte de la marque prescrite par l'Ordonnance, et que la loi qui n'a admis que le poids de marc de France ait son exécution pour prévenir la fraude qui se commet dans la vente des denrées et marchandises;

Nosseigneurs les Commissaires du Roi ont dit que ces demandes étaient accordées; que l'Ordonnance qui n'admet que les poids et mesures de France serait exécutée, et que ceux dont on se servirait en Corse porteraient l'empreinte de la marque prescrite par cette loi pour faire connaître leur justesse, et établir la confiance et la sûreté publique, Sa Majesté ayant donné à Mgr l'Intendant les ordres les plus précis à cet égard.

Sur ce que la Province de Corte demande que le marché reste ouvert depuis le matin jusqu'à 24 heures du soir;

Nosseigneurs les Commissaires du Roi ont dit que cela était accordé, que les Officiers de Police pourraient faire sur cela le règlement qui leur paraîtrait convenable.

Sur ce que la Piève d'Ajaccio demande un tarif qui règle les salaires des Experts et Estimateurs publics;

Nosseigneurs les Commissaires du Roi ont dit que cette demande était refusée; qu'il y avait déjà été répondu dans l'Assemblée de 1772; que les Experts étaient mis dans la classe des Huissiers par l'article 6 de l'Edit de Juin 1771, au moyen de quoi leur salaire se trouvait réglé.

Sur ce que la Piève de Celavo demande un tarif qui règle le salaire des Médecins et Chirurgiens ;

Nosseigneurs les Commissaires du Roi ont dit que cela était refusé ; qu'ils avaient déjà répondu, à la tenue des Etats derniers, que l'intention de Sa Majesté n'était pas de régler par un tarif les honoraires des Médecins, Chirurgiens et Aides ; que leur ministère était libre et leurs fonctions volontaires, et que la concurrence que fait naître entre eux l'opinion qu'on a de leurs talents était la véritable mesure du prix de leurs services.

Sur ce que la Piève de Talavo demande que l'Ecu de 6 livres qui est pris pour 7 livres, 10 sous dans différents endroits de l'Ile, et pour 7 livres, 8 sous dans la Province d'Ajaccio, ait un prix uniforme, attendu qu'il en résulte une perte à son préjudice ;

Nosseigneurs les Commissaires du Roi ont dit que cette demande est accordée, que la fixation de l'Ecu de France sera de 6 livres ; que c'est le taux que Sa Majesté a établi ; que c'est se rendre coupable que de donner à la monnaie circulante une valeur idéale et arbitraire différente de celle déterminée par le Souverain ; et que c'est un abus que de porter l'Ecu de 6 livres jusqu'à 7 livres, 10 sous d'une valeur étrangère ; qu'il doit être réprimé et puni par les Officiers de Justice.

Sur ce que la Piève d'Istria demande que chaque Particulier qui trouvera des bestiaux sur son fonds puisse profiter de la moitié de l'amende qui a été fixée comme le porte l'Edit des mésus champêtres ;

Nosseigneurs les Commissaires du Roi ont dit que cela était accordé ; que l'Edit des mésus champêtres doit être maintenu dans toutes ses dispositions.

Et la présente Délibération a été signée comme dessus.

Dudit jour 26 Novembre 1773.

Nosseigneurs les Commissaires du Roi ont dit que les Pièves de Caccia et d'Istria avaient formé des demandes relatives à l'agriculture, que celle de la Pième de Caccia avait pour objet que les Propriétaires des biens fonds fussent tenus de planter tous les ans douze arbres fruitiers chacun, sous peine d'amende ;

Qu'ils étaient chargés d'annoncer que cette demande n'était pas admissible; qu'il ne pouvait être question de forcer par aucune loi, ni amende, les Propriétaires des biens à embrasser un genre de culture de préférence à un autre; qu'ils auraient donc toute liberté, comme par le passé, d'user de leurs terrains de la manière qui leur paraîtrait la plus profitable, sauf aux Etats à favoriser et encourager par des récompenses les cultivateurs qui se consacreraient à des travaux reconnus généralement utiles, ou qui feraient des découvertes importantes dans l'agriculture.

Que la Piève d'Istria demandait qu'il fût permis à quiconque voudrait de la Communauté d'Olmeto de planter des vignes sur les terres communes de ladite Communauté ;

Que cette demande exigeait d'être expliquée; qu'en supposant la propriété des Communautés bien établie sur leurs terrains communaux, elles avaient à délibérer sur le parti qui leur serait le plus avantageux, ou de les faire cultiver à frais communs et au profit de tous, ou d'en faire un partage s'il était praticable pour que chacun pût user de sa portion comme il l'entendrait; mais que l'intention de Sa Majesté était que personne n'eût le droit de les cultiver pour son compte, qu'elle n'en eût pouvoir et mission de la Communauté, après néanmoins qu'elle aurait été dûment autorisée à le faire ;

Sur quoi M. l'Abbé d'Olmeto, Député Ecclésiastique pour la Province de Sartene, a expliqué l'objet de la demande, disant que la Communauté d'Olmeto se trouve propriétaire de plusieurs terres sur lesquelles plusieurs Particuliers désireraient qu'il leur fût permis de planter en certains endroits des vignes sans être obligés de rien payer à ladite Communauté propriétaire ;

Nosseigneurs les Commissaires du Roi ont répondu que cette demande ne pouvait être admise qu'avec le consentement de la Communauté.

La présente Délibération a été signée comme dessus.

Dudit jour 26 Novembre 1773.

Nosseigneurs les Commissaires du Roi s'étant retirés, Monseigneur l'Evêque Président a dit qu'un des objets qui doit fixer l'attention de l'Assemblée est d'examiner si le lieu le plus convenable à l'éducation de la jeunesse pour l'établissement du Collège de Balagne, est Calvi ou Algajola.

Sur quoi MM. les Députés de Calvi auxquels s'est principalement joint Mgr Guasco, Evêque de Sagone, ont représenté aux Etats que la Ville de Calvi étant la Capitale de la Balagne, le Siège d'un Evêque, la résidence d'une Juridiction Royale et d'une forte Garnison, est à même de contribuer en quelque chose à ce qui peut manquer à l'entretien d'un Collège, et ce Diocèse manquant entièrement d'écoles, il paraît à tous égards que l'avantage commun exige que l'établissement du Collège soit plutôt à Calvi qu'à l'Algajola, puisque, outre l'infection de l'air, cette Ville manque de moyens et de ressources nécessaires à un établissement si utile, et que le Diocèse d'Aleria ayant l'avantage d'avoir l'Université à Corte et un Collège à Cervione, se trouve mieux pourvu que tous les autres ;

Que, quoique les biens du legs pieux du Prêtre Leca existent dans le Diocèse d'Aleria, le lieu de Lumio où ils se trouvent est distant d'un peu plus d'une lieue de Calvi ; qu'il a toujours été de sa Juridiction, et regardé comme un Faubourg de ladite Ville ; qu'en outre ce legs ne donne qu'un léger secours au Collège qui doit être établi ; que les biens que Sa Majesté a destinés et les moyens que la Communauté se réserve de prendre sont ceux sur lesquels sa régie et son soutien sont établis.

Il a été dit par Monseigneur l'Evêque d'Aleria et MM. les Députés de Balagne que, bien que l'établissement d'un Collège convienne à la Ville de Calvi comme étant plus vaste, plus peuplée et plus opulente que celle d'Algajola, il ne laisse pas que d'y avoir des motifs assez justes pour en déterminer l'établissement dans ladite Ville d'Algajola, étant située plus à portée de la Balagne qui est composée de sept Piéves dont la population est beaucoup plus abondante que celle de Calvi et de son territoire, ou Piève particulière qui ne forme que de très petits Villages ; Monseigneur l'Evêque d'Aleria a ajouté que sans égard aux convenances de l'une ou l'autre Ville, il réclame les droits de la justice en demandant la préférence pour Algajola, et ce par deux motifs : 1° parce qu'à la fin de la dernière Assemblée Générale des Etats de l'année 1772 il fut question dans une Séance du lieu où devait être placé le Collège de Balagne, et, après une mûre délibération, il fut décidé par la pluralité des suffrages recueillis par voie de scrutin qu'il serait établi à l'Algajola, d'où il résulte qu'il est d'une conséquence importante que les points une fois établis et fixés avec autant de solennité soient regardés comme déterminés définitivement, et qu'il ne soit ni juste ni convenable de les changer,

Le second motif est que, puisqu'il est vrai que la dotation de ce Collège doit être faite, outre les biens que le Roi y destine, avec le secours particulièrement du legs pieux de feu Don Ignace Leca de Lumio, il paraît juste qu'il soit spécialement appliqué au Diocèse d'Aleria à qui il appartient conformément à l'intention précise du Testateur, et à l'utilité et avantage qu'on en doit retirer; pour tous ces motifs Monseigneur l'Evêque d'Aleria ne peut s'empêcher de former des protestations tant en son nom qu'en celui de son Diocèse.

Enfin Monseigneur Guasco, Evêque de Sagone, et MM. les Députés de la Province de Calvi ont répliqué que la Délibération de l'année dernière a été l'effet de la surprise; que le Public l'a reconnue telle, et qu'il paraît que Sa Majesté en a eu la même idée lorsqu'Elle a ordonné qu'on procédât à un nouvel examen; que Monseigneur l'Evêque d'Aleria ne doit point ignorer que le Collège de Cervione va être établi avec des revenus étrangers au Diocèse; qu'en conséquence il ne devait pas trouver mauvais que le legs du Prêtre Leca soit appliqué à celui de Calvi, où ses Diocésains trouveront des moyens et des ressources capables de faciliter une bonne éducation.

Après quoi la matière mise en Délibération, il a été arrêté à la pluralité des suffrages, dont quarante-deux ont été en faveur de Calvi, et vingt en faveur d'Algajola, que le Collège serait, sous le bon plaisir de Sa Majesté, établi dans la Ville de Calvi, comme étant le lieu le plus propre pour l'instruction et l'éducation de la jeunesse et par les avantages dont il jouit préférable au petit lieu d'Algajola.

La présente Délibération a été signée tant de Monseigneur l'Evêque Président que des autres Seigneurs Evêques de Sagone et de Nebbio, de MM. Pinelli et Turchini, Piévans, Ciaccaldi et Folacci, Députés Nobles, Nobili et Flach, Députés du Tiers-Etat.

Dudit jour 26 Novembre 1773

Monseigneur l'Evêque Président a dit qu'un autre objet sur lequel l'Assemblée a à délibérer est celui qui concerne la pension que le Piévan d'Aregno s'est obligé de payer en faveur de l'Université de Corte contre laquelle il réclame de nouveau, la regardant comme une contribution à laquelle il s'est assujetti sans cette volonté libre qui caractérise la légitimité d'une obligation ; après quoi le même Piévan d'Aregno, Député Ecclésiastique de la Pièvе de Balagne à la présente Assemblée, a présenté un mémoire dans lequel il démontre combien il serait injuste de laisser sur lui une charge à laquelle il n'a donné son consentement que par force et pour éviter des traitements plus mauvais, ce qui n'est inconnu de personne de l'Assemblée.

La matière mise en délibération, les Etats convaincus de la justice des réclamations du Piévan d'Aregno ont, sous le bon plaisir de Sa Majesté, délibéré unanimement que le Piévan d'Aregno demeurera délié et déchargé de cette obligation par lui contractée dans l'année 1767 de payer sur le revenu de son bénéfice la somme annuelle de 600 livres à l'Université de Corte, regardant la promesse qu'il en avait faite comme produite par les violences exercées contre lui, et privée de cette volonté libre qui est nécessaire dans les Contrats, et que la susdite Université n'aura plus à exercer à l'avenir aucun droit ni aucune action contre le Sieur Abbé Pietri pour la susdite obligation.

Après quoi la Séance a été remise à demain, 27 du courant, à neuf heures du matin.

Et le Procès-Verbal de la présente Délibération a été signé tant de Mgr l'Evêque Président, que de Mgrs les Evêques et Députés qui ont signé les précédentes.

Séance du 27 Novembre 1773

Monseigneur l'Evêque Président a dit que Nosseigneurs les Commissaires du Roi ayant annoncé dans la Séance d'hier les intentions de Sa Majesté relatives à l'éducation de la jeunesse en Corse, il était nécessaire de délibérer dans la présente Assemblée :

Premièrement, sur les moyens propres à remédier à ce qui s'oppose au succès d'une bonne éducation dans les formes adoptées par le Collège de Bastia, et en conséquence déterminer un plan d'études qui convienne au génie de la Nation et qui réponde aux vues de Sa Majesté, qui sont de procurer à la jeunesse une bonne éducation, et des instructions utiles ;

2º Sur ceux nécessaires à proposer pour donner aux Maisons de pension, la consistance et la solidité qu'elles doivent avoir, et déterminer les points sur lesquels l'intervention du Gouvernement y sera nécessaire ;

3º Sur l'établissement des écoles de Campagne, les moyens à employer pour le choix et la nomination des Maîtres d'écoles, pour leur assurer leur subsistance, pourvoir à leur logement et à leur entretien, prescrire les règles qu'ils doivent suivre dans l'exercice des fonctions qui leur sont confiées ;

Sur quoi la matière mise en délibération, MM. les Députés de la Province de Bastia ont dit que ce qui occasionne le peu de concours aux écoles de cette Ville et le peu de succès de la part de la jeunesse n'est autre chose que le peu d'application des Maîtres, soit pour les Humanités, soit pour la Rhétorique ; que, quant à la Philosophie, le Professeur étant Français, la différence qui se trouve dans son langage et sa prononciation met les Ecoliers dans le cas de ne pas le comprendre.

Ensuite tous MM. les Députés ont dit que pour remédier à ce désordre et rendre utiles les établissements que Sa Majesté s'est proposé de faire pour l'instruction publique, il serait à souhaiter que Mgrs les Evêques donnassent une note des Sujets les plus dignes par leurs talents et par leurs mœurs d'être employés dans les Collèges de leurs Diocèses, et fissent part de leurs idées sur le plan d'études qu'ils pensent être le plus convenable au génie de la Nation, et aux vues que Sa Majesté s'est proposées pour faciliter à la jeunesse une éducation avantageuse; que MM. les Magistrats de Bastia ainsi que l'Assemblée des Nobles donneront leur avis sur le plan relatif au Collège de leur Ville.

Sur le second article qui concerne les Maisons qui doivent servir de pension, il a été arrêté que Sa Majesté sera suppliée d'accorder pour le Pensionnat de Bastia, un des deux Monastères supprimés, celui de Sainte Claire ou celui de l'Annonciation.

De plus Nosseigneurs les Evêques et MM. les Députés ont dit que, pour travailler avec fruit sur les moyens capables de donner de la consistance et de la solidité aux deux Maisons qui doivent servir de Pensionnat dont une doit être à Bastia et l'autre à Ajaccio, et indiquer les points sur lesquels on pourrait avoir besoin de l'autorité du Gouvernement, ils pensent qu'il serait nécessaire que l'établissement des Collèges précédât toute chose, vu que l'on ne peut connaître les besoins réels de cet établissement que par le concours de la jeunesse, qu'il faudrait au moins savoir distinctement quels sont les fonds que le Monarque, par un effet de sa magnanimité, a désignés à chaque Collège, tant pour leur établissement que pour leur entretien, le salaire de Professeurs, la quantité des élèves qui est accordée à chaque Collège; toutes ces connaissances mettront les Etats dans le cas de connaître en plein le besoin des Maisons de pension, les secours qui leur sont nécessaires et les moyens que l'on peut employer pour leur conservation ; elles indiqueront en même temps tout ce qui peut mériter la main secourable du Gouvernement.

Sur le troisième article il a été arrêté, sous le bon plaisir de Sa Majesté, que chaque Communauté pourra nommer un Maître pour enseigner à lire et à écrire et montrer le Catéchisme aux enfants, que dans le concours de cette place le Vice-Curé aura toujours la préférence, que les Maîtres d'école ne pourront exercer leurs fonctions qu'autant qu'ils seront approuvés par le Curé de la Communauté et munis d'une permission de l'Evêque Diocésain, que les Communautés qui auront des revenus pourront en assigner une partie au Maître d'école proportionnée à la quantité d'écoliers ;

Que ledit Maître sera pourvu par la Communauté d'une maison pour faire son école ;

Que les Communautés qui n'auront aucun revenu fixeront les appointements qu'elles jugeront convenables aux fatigues du Maître, lesquels appointements seront à la charge des pères de famille ou des enfants à faire instruire.

La présente Délibération a été signée tant de Mgr l'Evêque Président, que des Seigneurs Evêques de Sagone et d'Aleria, de MM. Piano et Franceschi, Piévans, Jean-Baptiste Folacci et Baciocchi, Députés Nobles, Graziani et Nicoli, Députés du Tiers-Etat.

Dudit jour 27 Novembre 1773

Monseigneur l'Evêque Président a dit que l'Assemblée devait s'occuper dans la présente Séance de la nomination et élection des deux Trésoriers d'Aleria et de Balagne, que les Députés des deux Provinces sont plus intéressés que personne à ce que cette nomination tombe sur des Sujets dignes de confiance et propres à remplir et administrer la charge qui va leur être confiée.

Ensuite les Députés de la Province d'Aleria ont proposé MM. Ange-Louis Matra, Martin-Marie Astima et Dominique Federici, afin que dans ce nombre l'Assemblée des Etats puisse en choisir un pour Trésorier Provincial.

MM. les Députés de Balagne ont seulement proposé M. Ours-Jacques Fabiani.

Après quoi la matière mise en délibération, on a passé aux suffrages les trois Sujets proposés pour la charge de Trésorier de la Province d'Aleria, et la pluralité des voix s'est trouvée en faveur du sieur Dominique Federici.

Et vu l'inutilité de recueillir les suffrages sur le Sieur Ours-Jacques Fabiani, attendu qu'il n'est en concurrence avec personne, l'Assemblée l'a élu ainsi que le Sieur Federici pour remplir les places de Trésorier dans les susdites Provinces, avec les prérogatives, honneurs et émoluments attachés à leurs charges.

La présente Délibération a été signée comme dessus.

Dudit jour 27 Novembre 1773

M. Joseph Guasco, Membre de la Commission des Douze, assistant aux Etats, a dit que l'Archiviste Caffesi a présenté des Mémoires qui démontrent le mauvais état où se trouvent les Archives de Bastia, et le besoin absolu d'y apporter remède pour l'intérêt du public et des particuliers;

Qu'ayant voulu reconnaître par lui-même l'état desdites Archives, il les a trouvées conformes au Mémoire du sieur Caffesi, les cahiers des écritures déliés, les feuilles répandues par terre, sans tablettes pour les recevoir, sans couvertures et sans aucun ordre, la chambre qui sert d'Archive humide et peu propre à la conservation d'un dépôt aussi intéressant ;

Que les devoirs de sa charge l'obligent de faire part aux Etats de ses observations, afin qu'ils puissent y porter les remèdes qu'ils jugeront les plus nécessaires.

Sur quoi la matière mise en délibération il a été arrêté que les Archives de Bastia seront mises en bon ordre et pourvues de tout ce qui pourra être nécessaire pour leur rétablissement, garde et conservation ; que MM. des Douze seront chargés de prier M. l'Intendant de permettre qu'il soit pris par anticipation sur la Caisse Civile les sommes nécessaires à cette dépense, et qu'ils auront soin de veiller sur l'emploi qui en sera fait ;

Et en outre que le dépôt et la garde des mêmes Archives continueront, sous le bon plaisir de Sa Majesté, à être confiés au Sieur Caffesi, Archiviste actuel.

Après quoi la Séance a été remise à après-demain, 29 du courant, neuf heures du matin.

La présente Délibération a été signée comme dessus.

Séance du 29 Novembre 1773

Monseigneur l'Evêque Président, Nosseigneurs les Evêques et MM. les Députés ci-dessus nommés s'étant rendus à la Salle de l'Assemblée, les Sieurs Dominique Milanta et Alexandre Buffa, Prieurs de l'Oratoire et Eglise de la Conception, se sont présentés et ont offert de préparer toutes les années, au temps qui leur sera indiqué, leur Eglise pour servir de Salle à l'Assemblée générale des Etats à condition que les mêmes draps, bancs, boiseries et tous les autres ustensiles qui servent en ce jour leur resteront ; que les Etats leur procureront les tapisseries nécessaires à l'ornement de la Salle, et que pour ce, il leur sera payé la somme de trois cent vingt-cinq livres, toutes les fois qu'ils seront obligés de la préparer, qu'ils s'obligent de fournir trois arbres servant de Mai, et de faire tirer cent huit boîtes aux jours d'ouverture et de clôture de l'Assemblée, à condition que la poudre leur sera fournie par la Nation.

Après quoi la matière mise en délibération, il a été arrêté que l'offre desdits Prieurs sera acceptée ; en conséquence l'Assemblée a autorisé MM. Guasco et Ortoli, Membres de la Commission des Douze, actuellement en exercice, de passer, au nom des Etats, tous contrats et obligations en forme.

En outre les Etats ont donné pouvoir aux mêmes Membres de la Commission des Douze de passer contrat avec M. le Prévôt de l'Eglise Paroissiale de Saint Jean-Baptiste pour la préparation de son Eglise, la fourniture des cierges, parements et musique, selon la forme accoutumée au jour d'ouverture et de clôture d'Assemblée des Etats, pour la somme de cent quatre-vingt-dix livres qui lui sera payée chaque année, et à cet effet l'Assemblée a concédé et donné auxdits Sieurs Guasco et Ortoli toute autorisation et pouvoir nécessaires.

La présente Délibération a été signée tant de Mgr l'Evêque Président que de Mgrs les Evêques d'Aleria et de Nebbio, des Sieurs Piano et Giubega, Piévans, Casabianca et Jean-Vitus Pietri, Nobles, Torre et Morlas, Députés du Tiers-Etat.

Dudit jour 29 Novembre 1773

Le Sieur Nicolas Stefanopoli, Député du Tiers-Etat de la Province d'Ajaccio, a dit que MM. Etienne et Barthélemy

Ducé frères, fils naturels et légitimés de M. Ducé, de la Ville d'Ajaccio, sont nés à Gênes dans le temps que leur père servait la République, en qualité de Capitaine, qu'ils ont toujours été animés de l'amour de leur Patrie originaire, qui est la ville d'Ajaccio, où ils ont des biens, et où ils sont actuellement résidents, qu'il paraît qu'on ne peut leur disputer la qualité de Corses de laquelle une naissance casuelle dans un autre lieu ne peut les priver; que cependant, pour éviter toute difficulté, les Sieurs Ducé frères l'ont chargé de supplier humblement les Etats de vouloir bien les reconnaître, et en cas de besoin les naturaliser Corses, et comme tels les admettre à jouir des mêmes privilèges dont jouissent les autres Sujets de Sa Majesté nés en Corse.

Sur quoi, la matière mise en délibération, il a été arrêté que les susdits Barthélemy et Etienne Ducé frères, sont et doivent être, sous le bon plaisir de Sa Majesté, considérés comme vrais Corses, jouir de toutes les grâces, privilèges et prérogatives dont les Sujets du Roi nés en Corse jouissent et doivent jouir; et que Sa Majesté sera suppliée d'accorder aux susdits Ducé frères les Lettres-Patentes de naturalisation qui peuvent leur être nécessaires.

La présente Délibération a été signée comme dessus.

Dudit jour 29 Novembre 1773

Messieurs les Députés de la Province de Bastia ont représenté que, quoique Sa Majesté ait daigné faire annoncer dans l'Assemblée générale des Etats de l'année dernière que son intention était qu'à l'avenir il ne fut pas permis aux habitants de Bastia qui auraient des procès contre des personnes d'une autre Juridiction de les attirer, en première instance, pardevant le Juge Royal de Bastia, mais qu'ils formeraient leurs actions, conformément au droit commun, pardevant le Juge Royal de la Juridiction du défendeur ; que, quelque manifestes que soient les intentions de Sa Majesté, les habitants de Bastia ne cessent de jouir d'un droit illégitime, irrégulier et opposé à toutes les lois, et nonobstant les oppositions des plaideurs, le Tribunal du Juge Royal de Bastia continue à connaître et à décider les causes qui sont d'une Juridiction différente.

Sur quoi, tous MM. les Députés supplient humblement Sa Majesté de vouloir bien adresser les ordres nécessaires au Conseil Supérieur pour l'exécution de ses volontés, et pour libérer son peuple de toutes les dépenses et frais qu'il est obligé de faire dans la défense de ses Procès en se transportant hors de sa Juridiction.

La présente Délibération a été signée comme dessus.

Dudit jour 29 Novembre 1773

Nosseigneurs les Commissaires du Roi s'étant rendus à la Salle de l'Assemblée ont dit, qu'ils avaient à rapporter les demandes formées par quelques Pièves à l'occasion de la construction de Ponts et autres édifices publics, sur lesquelles ils allaient annoncer les volontés du Roi.

Sur la demande de la Piève d'Orezza, Province de Bastia, tendante à ce qu'il soit construit des Ponts sur les Rivières qui n'en ont point, et particulièrement sur celle de Romitorio qui coule dans la Piève d'Ampugnani, et sur la demande de la Piève de Viggiano, Province de Sartene, à l'effet de construire ou réparer le Pont de Rizzanese qui est presque entièrement détruit ;

Nosseigneurs les Commissaires du Roi ont dit qu'il a déjà été posé en principe dans la dernière Assemblée des Etats à l'occasion de semblables demandes, que les chemins et les Ponts seraient construits aux frais de la Nation ; savoir : ceux qui intéressent la généralité de l'Ile aux dépens de tous les habitants ; ceux qui ne sont que pour l'utilité d'une Province par la Province seule ; et ceux qui sont pour l'usage d'une Communauté par la même Communauté ;

Qu'en conséquence Sa Majesté permet aux Pièves d'Orezza et de Viggiano de faire connaître plus particulièrement l'utilité et la nécessité des Ponts qu'elles demandent, les avantages qu'elles en pourront retirer, les moyens qu'elles se proposent d'employer pour subvenir à cette dépense, et qu'elle se déterminera alors volontiers à leur donner à cet égard toutes les facilités dont elles pourront avoir besoin.

Sur la demande de la Province de Balagne tendante à ce qu'il soit défendu de faire construire des bâtiments et autres édifices publics sur la place de l'Ile-Rousse proche de la mer, cet emplacement étant trop nécessaire pour les vaisseaux qui y abordent ;

Nosseigneurs les Commissaires du Roi ont observé qu'il y a eu opposition à cette demande de la part du Podestat de l'Ile-Rousse, qui a prétendu qu'elle était contraire aux intérêts de la Communauté qui a acheté cette place de plusieurs particuliers ;

Que cette demande paraît avoir des rapports avec l'utilité publique et mérite d'être approfondie : que l'intention du Roi était que les parties intéressées fournissent à M. l'Intendant des mémoires bien circonstanciés de leurs droits et de leurs prétentions respectives avec le plan de la place dont il s'agit ; que sur le compte que M. l'Intendant en rendrait, Sa Majesté statuerait de manière à concilier les avantages du commerce avec les intérêts des Particuliers.

Sur la demande de la Communauté de Bonifacio, Province

de Sartene, à l'effet qu'il fût permis de rétablir les vieux Moulins à vent qui se trouvent dans les bois de cette Ville pour l'utilité et le bénéfice de la Communauté ;

Nosseigneurs les Commissaires du Roi ont dit que Sa Majesté accordait cette demande, qu'Elle accueillerait toujours avec bonté les établissements de cette nature dont l'utilité était évidente ; qu'Elle permettait en conséquence à la Communauté de Bonifacio de se pourvoir devant M. l'Intendant pour faire autoriser cette reconstruction, ainsi que les moyens dont Elle se proposait de faire usage pour fournir à cette dépense.

La Piève de Mariana a demandé qu'il soit permis d'introduire dans l'étang de Chiurlino, ou Biguglia, de petits Bateaux dont le seul emploi serait d'embarquer des denrées et des bois pour les transporter à Bastia ;

Que le Roi s'est fait rendre compte de la position de cet étang ; qu'il lui en a été adressé une description exacte, accompagnée de mémoires faits avec soin sur le projet de le dessécher, et sur les moyens de faire cesser les inconvénients que les exhalations qui en sortent produisent dans l'air, dont elles altèrent la salubrité ;

Que le parti qui sera pris incessamment à cet égard et qui sera encore une nouvelle dépense pour le Roi donnera lieu à un règlement dans lequel Sa Majesté prendra en considération la demande de la Piève de Marana.

Nosseigneurs les Commissaires du Roi ont ajouté que Sa Majesté ne bornait point à l'étang de Biguglia les précautions que sa bienveillance pour ses Sujets Corses la portait à prendre pour écarter tout ce qui pouvait causer des maladies dangereuses et mortelles ; que dans cette vue Elle avait accueilli les propositions qui avaient été faites pour le desséchement de l'étang salé d'Aleria ; qu'Elle avait en conséquence donné des ordres pour examiner les moyens d'opérer efficacement le desséchement de cet étang, en coupant toute communication avec la mer et en faisant écouler les eaux dans la rivière du Tavignano, de manière qu'on n'ait plus à craindre le retour des inconvénients auxquels on veut parer ;

Que le Roi se proposait également de faire examiner s'il est vrai que l'étang de Diana corrompt l'air de la plaine d'Aleria, parce qu'alors Sa Majesté prendrait des mesures contre un pareil inconvénient auquel toutes autres considérations devaient céder ;

Que par une suite des mêmes vues, le Roi accueillait la demande que la Piève de Saint-Florent a faite en suppliant Sa Majesté de lui accorder une somme de 12,000 livres pour le terme de 20 années, et que cette Piève rembourserait sans intérêts, pour être employée au desséchement d'un terrain couvert, ce qui le rendrait cultivable et purifierait en même temps l'air infecté par la stagnation des eaux ;

Que non seulement Sa Majesté prêtera, mais qu'elle accordera même en pur don la somme de 12,000 livres que la Piève de Saint-Florent demande, aussitôt qu'il sera reconnu que cette somme sera suffisante pour opérer ce salutaire effet; que l'on a, en conséquence, ordonné la reconnaissance du terrain à dessécher et l'examen des moyens que la ville de Saint-Florent se propose d'y employer ; et que lorsque cette affaire se trouvera portée à un degré suffisant de clarté pour prendre un parti sûr, Sa Majesté réalisera l'espérance qu'elle veut bien donner aux Etats d'y faire fournir des deniers de la Caisse Civile une somme de 12,000 livres.

Nosseigneurs les Commissaires du Roi ont dit, qu'ils avaient à faire part aux Etats de deux dispositions ordonnées par Sa Majesté pour l'avantage de la Nation :

1° Qu'à l'exemple de ce qui se fait avec succès dans les autres Provinces du Royaume, il sera distribué gratuitement dans les différentes parties de l'Ile, où le besoin s'en fera connaître, des remèdes préparés contre les maladies auxquelles les habitants de la campagne sont le plus sujets, que la distribution s'en fera par les ordres de M. l'Intendant à qui il en est adressé, et qui fera répandre des instructions sur la manière d'en user;

2° Que des expériences faites avec soin aux frais du Roi, par l'Inspecteur d'agriculture sur l'éducation des vers à soie, ayant constaté qu'il y avait une différence prodigieuse entre la graine qui se trouve en Corse, et qui paraît être dégénérée, et la graine des Provinces méridionales de France qui se trouve infinement supérieure par la qualité et la quantité de la soie, Sa Majesté avait ordonné qu'il serait acheté des deniers de la Caisse Civile une certaine quantité de graine de Provence ou de Languedoc pour être distribuée gratuitement aux particuliers qui se trouveront en état d'élever des vers à soie ; et que cette distribution se fera pareillement par les ordres de M. l'Intendant.

Nosseigneurs les Commissaires du Roi ont dit que la Province de Calvi a exposé qu'il y a certains pêcheurs étrangers qui se servent dans le golfe de filets appellés *Tartaroni* ou *Rastelli*, qui non seulement prennent tous les petits poissons, mais qui chassent les autres des cales où ils sont dans l'habitude de venir;

Que l'usage de ces filets a déjà été interdit dans l'étang de Biguglia; que M. l'Intendant est autorisé à les défendre dans le golfe de Calvi et partout ailleurs ;

Que ces défenses seront renouvelées et entreront dans l'Edit à rendre pour établir des règles sur la pêche tant des étangs et des rivières que des côtes, et qui sera rendu aussitôt que les éclaircissements que le Gouvernement attend lui seront parvenus ;

Que ce même Edit pourra régler la prétention de la Communauté de Coggia qui réclame le droit de faire pendant les mois d'Août et de Septembre la pêche appelée des *Muges*, mais qu'il est nécessaire de savoir ce que c'est que cette pêche, à quel titre la Communauté de Coggia en jouit, et comment elle s'en trouve privée.

Sur quoi, la matière mise en délibération, Nosseigneurs les Evêques et MM. les Députés ont démontré la reconnaissance la plus respectueuse des soins infatigables de Sa Majesté à veiller à tout ce qui peut être avantageux à ses Sujets Corses, ainsi que l'empressement qu'elle démontre à exécuter tout ce qui peut contribuer à leur bonheur; ils ont encore fait connaître leur espérance d'utilité dans les moyens proposés et fondés sur la vigilance et le zèle de M. l'Intendant qui ne cesse de prendre le plus vif intérêt à tout ce qui a pu procurer l'avantage de cette Province.

La présente Délibération a été signée tant de Nosseigneurs les Commissaires du Roi que de Mgrs les Evêques et Députés qui ont signé la précédente.

Dudit jour 29 Novembre 1773.

Nosseigneurs les Commissaires du Roi ont dit qu'ils étaient autorisés à faire connaître à l'Assemblée les dispositions que Sa Majesté se proposait de faire des biens confisqués sur la famille Romei; que pour remplir les ordres qui leur avaient été donnés, ils allaient exposer ce qui s'était passé à cet égard, et ce que le Roi était dans l'intention de faire.

Antoine-Philippe, Marie et Pasquin Romei, parents des assassins de Gafforio, ayant prouvé qu'ils n'en étaient pas les complices, il a été jugé qu'ils seraient renvoyés en possession de leurs biens confisqués. On a reconnu qu'ils les possédaient par indivis avec les auteurs de l'assassinat de Gafforio, qui avaient les cinq huitièmes dans la totalité; que le partage en nature étant impossible, c'était le cas de les faire liciter avec le Domaine, ce qui était d'autant plus convenable que c'était le moyen de conserver dans le lot du Domaine un jardin actuellement occupé par M. le Baron de Falkenhayn, et de maintenir cet Officier dans la jouissance dudit jardin qu'il rend utile à la Corse par les épreuves et les modèles d'agriculture qu'il multiplie.

Pendant qu'on était occupé de cette opération, Jean-Baptiste Romei, convaincu de l'assassinat de Gafforio, et son fils Hyacinthe Romei ont présenté leur requête pour être admis à profiter de l'amnistie portée par l'Edit des Juntes, ils ont demandé que Hyacinthe Romei pût entrer dans l'Ile, Jean-Baptiste Romei consentant à en demeurer exclu, et ils ont demandé d'être renvoyés en possession de la part qui leur appartient des biens de la famille Romei.

Nosseigneurs les Commissaires du Roi ont dit que l'intention du Roi est que leurs personnes demeurent proscrites à perpétuité, l'amnistie ne pouvant point regarder les auteurs d'un crime que la Nation a en exécration, ni leurs descendants ;

Que cependant Sa Majesté ne serait point éloignée d'user de clémence en leur faisant rendre la valeur de leurs biens ; qu'on ferait vendre par subhastation, à la diligence de l'Inspecteur des Domaines, tous les biens de la famille Romei, et qu'on leur ferait remettre les cinq huitièmes du prix qui en proviendrait ;

Que le Roi désire de savoir de quel œil la Nation verra cet acte de clémence, que si l'aversion qu'elle a conservée contre les auteurs de l'assassinat de Gafforio est telle qu'elle voie avec peine qu'il soit apporté le moindre adoucissement à leur proscription, l'idée de la restitution de leurs biens sera abandonnée ; mais qu'alors, pour rendre cette proscription plus éclatante, et pour qu'il soit bien évident aux yeux de la Corse, que l'intérêt du Domaine n'a point influé dans cette détermination, Sa Majesté veut bien consentir que ce qui reviendrait aux assassins de Gafforio dans le prix des biens de la famille Romei soit consacré à un usage public et profitable à la Nation, et qu'il serve à la dotation ou de quelque Hôpital, ou de l'Université, ou de tout autre établissement de ce genre.

Après quoi, Nosseigneurs les Commissaires du Roi s'étant retirés, et la matière mise en délibération, l'Assemblée a dit que quoiqu'elle ne puisse se lasser d'admirer la clémence dont Sa Majesté ne cesse d'être animée, elle ne peut s'empêcher de lui représenter combien l'énorme assassinat commis par Jean-Baptiste Romei et ses compagnons sur la personne du Sieur Gafforio les rend indignes d'aucun regard de commisération, que la Nation ne verrait qu'avec chagrin la remise des biens à eux confisqués, que le désir commun serait de les voir appliqués à la dotation de l'Université, et qu'un nom aussi détestable à la Nation que celui de la famille Romei ne fut jamais prononcé en Corse.

Ensuite la Séance a été remise à demain, 30 du courant, à neuf heures du matin.

La présente Délibération a été signée tant de Mgr l'Evêque Président que de Mgrs les Evêques d'Aleria et de Nebbio et des autres Seigneurs Députés qui ont signé les autres de ce jour.

Séance du 30 Novembre 1773.

Monseigneur l'Evêque Président, Nosseigneurs les Evêques et MM. les Députés ci-dessus nommés s'étant rendus à la Salle de l'Assemblée, on a représenté une lettre de M. l'Abbé Germanes adressée aux Etats, ainsi que deux tomes de sa composition relatifs à l'histoire et aux révolutions de Corse.

Mgr l'Evêque Président en ayant ordonné la lecture, elle a été faite ainsi qu'il suit :

Lettre de M. l'Abbé Germanes, etc.

Après quoi, la matière mise en délibération, il a été arrêté que l'on écrira au nom des Etats à M. l'Abbé Germanes une lettre de remercîment sur les peines et soins qu'il continue de se donner pour la compilation des annales de cette Ile, ainsi que sur l'attention qu'il a eue d'adresser aux Etats assemblés les deux premiers tomes, que la Nation attend avec plaisir la fin de son ouvrage, que les Etats prochains qui auront eu le temps de le lire et de l'admirer ne manqueront pas de lui donner toutes les preuves de satisfaction et de reconnaissance que mérite un tel ouvrage, que l'Assemblée n'ignore ni le mérite ni les talents de l'Auteur. Ensuite il a été dit que la Lettre pour M. l'Abbé Germanes devait être ainsi qu'il suit :

Bastia, 30 Novembre 1773 etc.

La présente Délibération a été signée tant de Monseigneur l'Evêque Président que de Mgrs les Evêques Guasco et de Guernes, des Sieurs Guidoni et Sicurani, Piévans, des Sieurs Costa et Ciaccaldi, Députés Nobles, et des Sieurs Petronelli et Giudicelli, Députés du Tiers-Etat.

Dudit jour 30 Novembre 1773

Nosseigneurs les Commissaires du Roi ont dit que la Province de Vico et la Piève de Sorroinsù avaient renouvelée une prétention déjà présentée aux Etats de 1770 et 1772 sur le territoire de Paomia; que, dans la forme, ce serait une affaire contentieuse entre cette Province et le Domaine dont la connaissance se trouverait dévolue au

Conseil Supérieur ; mais qu'au fond c'était une prétention injuste et improposable ; qu'elle a été reconnue telle toutes les fois qu'on l'a approfondie, que le territoire de Paomia appartenait incontestablement à la République de Gênes, lorsqu'elle en a fait la concession à la Colonie Grecque, que la destruction de cette Colonie et l'usurpation de son territoire étaient également les effets de la révolte et du trouble, et qu'au moment que Sa Majesté ferait un acte de justice signalé, en rétablissant cette Colonie pour récompenser l'attachement et le respect que les Grecs ont toujours eu pour l'autorité légitime, il serait bien injuste de laisser le territoire qu'on leur rendrait grevé en faveur de qui que ce fût, de droits et d'usages qui n'étaient fondés sur aucun titre que sur les malheurs des temps et sur les abus qu'il entraînent.

Nosseigneurs les Commissaires du Roi ont ajouté qu'ils étaient autorisés à faire connaître à l'Assemblée à cette occasion les dispositions prescrites par Sa Majesté pour le rétablissement de la Colonie Grecque : qu'en conséquence ils annonçaient qu'elle serait établie à Cargese ; qu'on lui abondonnerait les territoires de Cargese, Paomia, Revida, Salogna et Lombriccia del Pero ; qu'à cet effet le Roi espérait l'acquisition de ces territoires pour la partie qui ne lui appartenait pas par voie d'échange avec les Propriétaires, contre des terrains équivalents dans la plaine de Sagone ou autres terrains domaniaux circonvoisins, que Sa Majesté avait donné des ordres pour qu'il fût construit dans ce moment-ci cent vingt maisons, pour former l'habitation de Cargese, sauf à augmenter le nombre des maisons par la suite, relativement à l'augmentation des familles Grecques ; que toute cette dépense était à la charge de Sa Majesté, et que pour y subvenir il y avait un fonds fait de soixante mille livres ;

Qu'on devait s'attendre que la Nation verrait avec reconnaissance la protection spéciale accordée par le Roi à des

Sujets fidèles, et la facilité avec laquelle Sa Majesté se déterminait à une dépense qui passerait certainement les soixante mille livres des premiers fonds, par seule considération que c'était un acte de justice qui serait utile à la Corse.

Après quoi la Séance a été remise à demain, 8 heures du matin.

Et la présente Délibération a été signée tant de Nosseigneurs les Commissaires du Roi que de Mgrs les Evêques et Députés qui ont signé la précédente.

Séance du 1ᵉʳ Décembre 1773.

Nosseigneurs les Commissaires du Roi, les Seigneurs Evêques et les autres Députés ci-dessus nommés s'étant rendus à la Salle de l'Assemblée, Nosseigneurs les Commissaires du Roi ont dit qu'ils allaient rapporter différentes demandes particulières faites par quelques Provinces, Villes ou Pièves, et annoncer sur chacune les ordres du Roi.

Sur ce qu'a demandé la Ville de Bastia qu'il fût fait un rapport d'estimation des réparations faites au pavé de la grande rue de ladite Ville, parce que indépendamment de ce que ce pavé a été mal réparé, la dépense se trouve monter à une somme trop forte ;

Nosseigneurs les Commissaires du Roi ont dit que cette demande était refusée, que la Ville de Bastia n'ayant point réclamé dans le temps, ce serait aujourd'hui élever des prétentions dangereuses que de revenir sur un pareil fait.

Sur la demande de la Piève d'Ampugnani tendante à ce que tout Particulier qui vendra, changera ou assignera en dot un fonds de terre, soit tenu d'en faire la déclaration dans la huitaine au Podestat qui en tiendra Registre, pour qu'on puisse connaître en tout temps la personne sur laquelle ce fonds aura passé ;

Nosseigneurs les Commissaires du Roi ont dit que cette demande est refusée, que l'établissement de l'Insinuation en Corse pourvoit suffisamment aux vues de cette demande ; et qu'il serait dangereux d'établir pour une Province des formes particulières, tandis que les règles générales établies pour toute l'Ile sont suffisantes pour maintenir la sûreté des propriétés et leurs accessoires.

Sur ce que la Province de Corte a demandé et fait des vœux pour que M. de Lenchères, qui a commandé dans ladite Province et dont elle fait l'éloge, fût conservé dans sa place;

Nosseigneurs les Commissaires du Roi ont dit, que Sa Majesté voyait avec plaisir les suffrages que la Province donne à la conduite de cet Officier ; qu'Elle ne prendrait aucun engagement de le lui continuer pour Commandant; mais que la Province et toute l'Ile étaient à portée de voir et de reconnaître que Sa Majesté apportait le plus grand scrupule dans le choix de ceux qu'Elle lui donnait.

Sur la demande de la Piève de Bonifacio, à ce qu'il plaise à Sa Majesté de permettre à la Communauté de Bonifacio de nommer deux Médecins et deux Chirurgiens, et que leur traitement, qu'il plaira au Roi de régler, soit pris sur le revenu de la Gabelle établie en sa faveur ;

Nosseigneurs les Commissaires du Roi ont dit que cette Communauté devait se pourvoir à M. l'Intendant pour se faire autoriser à cette dépense, s'il la trouvait nécessaire, et s'il approuvait le choix des moyens qu'elle se proposait d'employer pour y satisfaire.

Sur la demande de la Piève de Portovecchio à ce qu'il plaise au Roi d'accorder aux Habitants de la campagne, qui font partie de ladite Piève, les mêmes privilèges dont jouissent ceux de Portovecchio ;

Nosseigneurs les Commissaires du Roi ont dit, que cette

demande exigeait d'être expliquée, qu'il fallait dire en quoi consistent les privilèges dont on réclame la jouissance ; mais que, comme il n'y aura aucun privilège de maintenu en Corse, et que toutes demandes tendantes à en obtenir ont été rejetées dans les précédentes Assemblées, celle-ci était refusée sans autre éclaircissement.

Après quoi, Nosseigneurs les Commissaire du Roi ont demandé s'il y avait encore quelques propositions à faire, les Etats ayant répondu qu'il n'y en avait plus aucune, le présent Procès-Verbal, après avoir été lu et publié l'Assemblée séante, a été fermé,

A Bastia, les jour, mois et an que dessus.

Après quoi, Mgr l'Evêque Président a prononcé son Discours ainsi que Mgr Guasco, Membre de la Commission des Douze.

Signés : Costa, Feliciano Gavini, Jean-Baptiste Folacci, Annibal Folacci, Costa, Susini, F., Evêque du Nebbio, B.-A., Evêque d'Ajaccio, de Colla de Pradine, le Comte de Marbeuf ; Et plus bas : par Nosseigneurs les Commissaires du Roi, Giubega.

FIN DU PREMIER VOLUME.

Publications de la Société :

Bulletin de a Société des Sciences Historiques et Naturelles de la Corse, années 1881-1882, 1883-1884, 1885-1886 et 1887-1890, 4 vol., 724, 663, 596 et 606 pp.

Mémoires de Rostini, texte italien avec traduction française, par M. l'abbé LETTERON, 2 vol., 482 et 588 pp.

Memorie del Padre Bonfiglio Guelfucci, dal 1729 al 1764, 1 vol., 236 pp.

Dialogo nominato Corsica del R^{mo} Monsignor Agostino Justiniano, vescovo di Nebbio, texte revu par M. DE CARAFFA, conseiller à la cour d'appel, 1 vol., 120 pp.

Voyage géologique et minéralogique en Corse, par M. Emile Gueymard, ingénieur des mines, (1820-1821), publié par M. J.-M. BONAVITA, 1 vol., 160 pp.

Pietro Cirneo, texte latin, traduction de M. l'abbé LETTERON, 1 vol., 414 pp.

Histoire des Corses, par Gregorovius, trad. de M. P. LUCCIANA, 1 vol., 168 pp.

Corsica, par Gregorovius, traduction de M. P. LUCCIANA, 2 vol., 262 et 360 pp.

(Ces trois derniers volumes font partie du même ouvrage).

Pratica delli Capi Ribelli Corsi giustiziati nel Palazzo Criminale (7 Maggio 1716). Documents extraits des archives de Gènes. Texte revu et annoté par M. DE CARAFFA, conseiller, et MM. LUCCIANA frères, professeurs, 1 vol., 420 pp.

Pratica Manuale del dottor Pietro Morati di Muro. Texte revu par M. V. DE CARAFFA, deux vol., 354 et 516 pp.

La Corse, Cosme Ier de Médicis et Philippe II, par M. A. DE MORATI, ancien conseiller, 1 vol., 160 pp.

La Guerre de Corse, texte latin d'Antonio Roccatagliata, revu et annoté par M. DE CASTELLI, traduit en français par M. l'abbé LETTERON, 1 vol., 250 pp.

Annales de Banchero, ancien Podestat de Bastia, manuscrit inédit, texte italien, publié par M. l'abbé LETTERON, 1 vol., 220 pp.

Histoire de la Corse, (dite de Filippini), traduction de M. l'abbé LETTERON, 1er vol., XLVII-504 pp. — 2e vol., XVI-332 pp. — 3e vol., XX-412 pp.

Deux Documents inédits sur l'Affaire des Corses à Rome, publiés par MM. L. et P. LUCCIANA, 1 vol., 442 pages.

Deux visites pastorales, publiées par MM. PHILIPPE et VINCENT DE CARAFFA, conseiller, 1 vol., 240 pp.

Pièces et documents divers pour servir à l'Histoire de la Corse pendant la Révolution Française, recueillis et publiés par M. l'abbé LETTERON, 2 vol., 428 et 464 pp.

Procès-verbaux des séances du Parlement Anglo-Corse, du 7 février au 16 mai 1795, publiés par M. l'abbé LETTERON, 1 vol., 730 pp.

Sampiero et Vannina d'Ornano, (1434-1563), par M. A. DE MORATI, 1 vol., 83 pp.

Correspondance de Sir Gilbert Elliot, Vice-Roi de Corse, avec le Gouvernement Anglais. Traduction de M. SÉBASTIEN DE CARAFFA, avocat, 1 vol., VIII-533 pp.

Mémoires Historiques sur la Corse, par un Officier du régiment de Picardie (1774-1777), publiés par M. V. DE CARAFFA, 1 vol., 266 pp.

Mémoires du Colonel Gio. Lorenzo de Petriconi (1730-1784), publiés par M. l'abbé LETTERON, 1 vol., 245 pp.

Pièces et documents divers pour servir à l'Histoire de la Corse pendant les années 1737-1739, recueillis et publiés par M. l'abbé LETTERON, 1 vol., XIX-548 pp.

La conspiration d'Oletta — 13-14 février 1769, par M. A. DE MORATI, 1 vol., 158 pp.

Théodore Ier, roi de Corse, traduction de l'allemand de Varnhagen, par M. PIERRE FARINOLE, professeur au Collège de Corte, IV-75.

Documents sur les troubles de Bastia (1er, 2 et 3 Juin 1791), publiés par M. A. CAGNANI, 1 vol., 117 pp.

Pièces et documents divers pour servir à l'Histoire de la Corse, pendant les années 1790-1791, recueillis et publiés par M. l'Abbé LETTERON, 1 vol., XII-338 pp.

Correspondance du Comité Supérieur siégeant à Bastia (du 2 mars au 1er septembre 1790), publiée par M. l'abbé LETTERON, 1 vol. VIII-198 pp.

Lettres de Pascal Paoli, publiées par M. le docteur PERELLI, 4 vol., 600, 752, 400 et 368 pp.

Libro Rosso de la Corse, 3me partie, publié par M. l'abbé LETTERON, 1 à 584 pp.

Recherches et notes diverses sur l'Histoire de l'Eglise en Corse, par Mgr DE LA FOATA, évêque d'Ajaccio, 1 vol. de 304 pp.

Osservazioni storiche sopra la Corsica dell'abbate Ambrogio Rossi. — Livre XII et XIII, 1760-1789, publiés par M. l'abbé LETTERON, 2 vol. de 406 et 408 pp.

Correspondance de Sir Gilbert Elliot, Vice-Roi de Corse, avec le Gouvernement Anglais. (Dépêches d'Angleterre). — Traduction de M. SÉBASTIEN DE CARAFFA, Avocat, 1 vol. de VI-255 pp.

Journal de deux Campagnes en Corse par les troupes impériales (1731-1732), publié par M. le Capitaine E. ESPÉRANDIEU, 1 vol. de 86 pp.

BULLETIN

DE LA

SOCIÉTÉ DES SCIENCES HISTORIQUES ET NATURELLES DE LA CORSE

PRIX DU BULLETIN :

Pour les membres de la Société, un an . . . **10 fr.**

ABONNEMENTS :

Pour la Corse et la France, un an . . . . . **12 fr.**

Pour les pays étrangers compris dans l'union postale, un an. . . . . **13 fr.**

Pour les pays étrangers non compris dans l'union postale, un an . . . . **15 fr.**

NOTA. — Tout abonnement est payable d'avance, et se prend à l'année du mois de janvier au mois de décembre.

S'adresser pour les abonnements à M. CAMPOCASSO, Trésorier de la Société, ou à la librairie OLLAGNIER, à Bastia.

www.ingramcontent.com/pod-product-compliance
Lightning Source LLC
Chambersburg PA
CBHW072110220426
43664CB00013B/2064